Njoy

# Hotel Technology

## 호텔공학


박재성
김종규
한은숙
김규년
공저

기문사
www.kimoonsa.co.kr

# 머리말

30년이 훨씬 지난 호텔 첫 출근길을 기억합니다. 그날을 잊지 못합니다. 그때 저에게는 호텔에 관련된 서적이 간절했었습니다.

호텔 총지배인이 되고 싶었고 프로페셔널 호텔경영인이 되고자 노력하였습니다. 호텔에 첫발을 디뎠을 때 좋은 교재가 있었으면 더 큰 미래를 그려보지 않았을까 회상하면서 이제는 축적된 경험과 노하우를 바탕으로 호텔리어에게 힘이 되는 직무에 꼭 필요한 기술과 서비스 엔진을 이 책에 그려 놓았습니다.

제 이름이 적혀있는 첫 책을 기대하면서 기쁨보다는 책임감이 앞서지만 우리 속담에 "첫술에 배 안 부른다"는 속담처럼 책 쓰는 것은 고도의 인내와 고통, 정성과 끈기가 어우러져야 비로소 명서가 나온다고 생각합니다.

서점에서 흔히 접하는 호텔경영 관련 책과는 다른 나만이 경험하였던 다양한 이론과 실무를 토대로 최대한 기술적인 부분을 중점적으로 비중을 두려고 하였습니다. 이 책에 관심 있는 일반 독자분들과 호텔에 동경을 갖는 예비 호텔지망생인 호텔관련학과의 학생, 학과를 가르치는 호스피탈리티 교수님들을 위하여 Quality와 Contents를 기반으로 시간이 허락하는 한 집중적으로 한자 한자 써 내려갔습니다.

이 책은 크게 세 가지 주안점을 두고 집필하였습니다. 첫 번째, Technology 부분은 흔히들 호텔에서 근무하는 호텔리어는 특별한 기술 없이도 조금의 노동만으로 근무할 수 있다는 편견을 불식시키고자 서술하였습니다. 두 번째로 가장 중요한 호텔리어의 조직구조를 직책과 직무에 따라 명확한 업무와 사명감을 가지고 미션을 수행하는 방향성을 제시하였습니다. 그리하여 호텔의 최고 경영자(CEO)는 철학을 가지고 호텔을 설계 · 응용할 수 있는 기본서로 디렉터인 General manager의 지휘에 따라 부서별 경쟁력을 기반으로 호텔의 이윤을 창출할 수 있도록 하였습니다. 세 번째, 이

책에서 가장 중요 핵심인 호텔공학적인 부분인 엔지니어, 서비스엔진, 기술적인 테크니션, 저자가 직접 경험한 성과를 기획서에 담았습니다.

매일매일 연구하고 평생 학습을 통해 人 Joy Hotel Technology를 책에 담았습니다. 3년 반 동안 어려움을 헤쳐 나오면서 고비도 많았지만 오직 꼭 완성해야겠다는 신념으로 임했습니다. 그렇지만 책의 질적인 부분은 많은 아쉬움으로 남습니다. 집필 후 내용을 살펴보니 많이 부족하구나 생각되었지만 향후 연구 노력하여 2판에서 모자라는 부분을 보완하는 호텔공학책의 길잡이가 될 것을 약속드립니다.

저의 책 출간에 큰 도움을 주신 기문사 한인환 대표님, 한재성 영업부장님, 많이 부족하고 미흡한 원고를 정성스럽게 완성해주신 편집부에 고마움을 다시 한 번 전합니다. 그리고 국제대학교 학생처장 호텔관광학과 김종규 교수님의 칵테일 부문 많은 조언과, 한식 부문에 도움을 주신 배재대학교 식품영양학과 한은숙 교수님, 책의 중심적인 틀을 잡아주신 롯데호텔 김규년 박사님 그리고 29년 동안 저와 함께 호흡을 같이하고 행복과 기쁨을 같이한 The-K Hotel(Seoul) 모든 임직원 여러분께도 지면을 통해 감사드립니다. 끝으로 나의 모든 부분을 차지하는 박미선 여사, 사랑하는 딸과 아들인 박서연, 박세현에게도 잘 자라 주어서 고맙습니다.

저자를 대표하여<br>2021년 辛丑年 안양에서 박재성

# 들어가기

호텔을 연상하면 떠오는 단어가 관광객, 컨벤션 · 연회장, 카지노, 클럽, 바, 레스토랑, 피트니스클럽, 객실 스위트룸, 호화 예식장, 고급 레스토랑, 맛있는 빵이 있는 베이커리, 훌륭한 실내 인테리어 디자인, 세계 각국의 사람들과 고급 서비스를 제공하는 호텔리어 등 한 곳에서 건강, 음식, 휴식, 만남이 있는 인간의 행복을 꿈꾸게 하는 삶의 최고의 장소다.

성공한 사람들의 로망은 다양하게 나타나는데 남자들의 경우는 좋은 집, 좋은 차, 그 다음은 최고급 호텔 레스토랑에서 풀코스요리와 그랑크뤼 와인을 마시는 상상을 해보면 너무 행복할 것 같다. 그럼 호텔은 어디에서 어떻게 전해졌는지 살펴보자.

B.C 500년경 기숙사 Boarding House의 출현과 그리스에서의 온천욕을 위한 최초 리조트의 시작으로 오늘날 Hotel이라는 말이 현재 사용하고 있는 의미로 일반화한 것이 영국에서의 1800년경으로 추측하고 있으며 호텔의 이름으로 역사는 220년이지만 영국에서는 현재에도 inn이라고 하는 저렴한 요금의 대중숙박시설이 있다.

영어의 Hotel, 프랑스어의 Hôtel 라틴어의 Hospes는 여행자나 손님들을 접대하는 주인을 의미했는데 Hospes의 파생어로서 Hospitalis는 '극진히 대접한다' 라는 의미로 사용되었다. Hotel과 Hospital은 라틴어 Hospitale에서 나온 말이며, 라틴어의 Hospitalis는 영어의 Hospitality, 프랑스어의 Hospitalite가 되었는데 환대를 의미하고 있다. 이는 현대어의 의미에서는 병원을 뜻하지만 중세기에는 여행자의 숙박소라는 뜻으로 사용되었고 오늘날의 Hospital과 Hotel은 밀접한 관계가 있다고 볼 수 있다. 중세의 프랑스에서도 병원에 상응하는 말로 Hotel de Vile, Hotel Dieu라는 단어가 있었다.

현대 호텔산업에 영향을 미친 숙박시설은 19세기 초 · 중엽에 이르기까지 유럽에서 출현되었다고 볼 수 있으며 19세기 초 독일의 온천관광지 바덴바덴에 건립된 바디쉬홉(Badische Hof)을 이야기할 수 있다. 이 호텔은 초기의 여관에 비해 대단히 호화스러운 숙박시설로 건물구조도 크고 대 · 소의 응접실, 발코니, 식당, 침실 및 욕실들이 잘 정비되어 있을 뿐만 아니라 냉수와 온수가 공급되고 정원이 마련되어 있어 근대호텔과 크게 다를 바 없었다. 즉 19세기에 등장한 호텔은 초기의 여인숙과 비교할 때 지난날 베르사이유 궁전에서 펼쳐졌던 상류계급의 세련된 생활양식을 기초로 하여 호화로운 시설과 서비스 내용을 특징으로 하였다. Badische Hof은 흔히들 여인숙에서 호텔로의 가교로 평가하여 유럽 여러 나라의 호텔에 크게 영향을 미쳤음에 비추어 호텔 발전사에 차지하는 의미가 크다.

미국에서 최초 현대 개념의 호텔은 1794년에 건축되었다. 바로 뉴욕시 맨해튼 소재의 시티호텔(City Hotel)로 당시 맨해튼에서 상당한 규모의 큰 건축물이었다고 전해지고 있다. 73실의 규모에 각 객실에는 간단한 가구를 갖추고 있는 여유롭고 편안한 호텔이었다. 이 호텔은  1813년까지 뉴욕에서 가장 큰 호텔로 남아 있었다.

프랑스 호텔의 출현은 1850년 르그랑호텔(Le Crand Hotel)이 파리에 건립되었고, 1870년에는 세계에서 가장 호화롭다는 Hotel Grand National이 세워져 유럽의 상류사회에서 인기를 독차지하였다.

1880년에는 파리에 리츠(Ritz)호텔이 오픈하였다. 스위스 태생인 리츠(Cesar Ritz : 1850~1918)의 이름은 호텔경영사에 고급호텔의 창시자로 유명하며, 고급호텔의 건설과 운영에 뿌리가 되었고 근대의 영국호텔은 무엇보다도 리츠에 의해서 많은 발전을 보게 된 것이다. 그는 1889년에 런던에 세워진 Savoy Hotel을 인수하면서 호텔경영은 물런 식당업을 번창시켜 영국의 외식산업에 큰 영향을 끼쳤으며 1889년에는 영국 런던에 Carlton Hotel을 개관하면서 호텔경영 최초로 프랜차이즈에 의한 체인화를 실시하여 고급호텔로서 손색이 없었고 영국에서는 최초로 호텔의 욕실을 구비하기도 하였다.

미국은 대공업이 발달하여 대자본가가 출연하여 유럽의 호화 호텔을 능가하는 고급호텔을 건설하였고 뉴욕에서 개업한(1887년) 당시 세계 제1의 규모(객실 수 : 1,000실)로 힐튼체인 호텔의 간판인 월도프 아스토리아호텔(Waldolf-Astoria Hotel)이다.

스타틀러(E.M.Statler)는 호텔경영을 일반 대중이 쉽게 부담할 수 있는 가격으로 세계 최고의 서비스를 제공한다는 목표로 건설 · 운영한 최초의 본격적인 호텔은 버팔로 스타틀러 호텔(Buffalo statler Hotel :300room with bath : 1908년)이다. 스타틀러는 경영자로서의 탁월한 창조력, 경영이념, 운영(Operation)을 개선시키기 위한 과학적 기법의 도입과 노력의 결과로 이익을 창출하게 되었다.

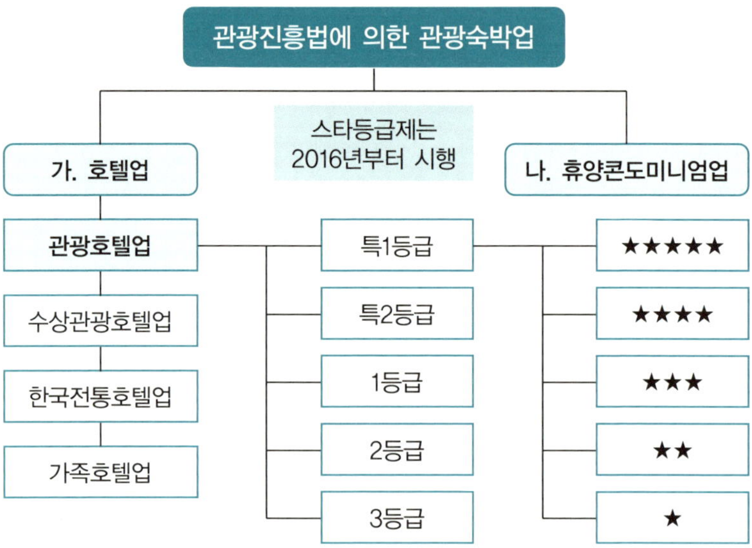


[호텔의 등급분류]

[포브스 여행가이드 호텔 등급결정 기준]

| 등급표시 | 명 칭 | 등급 설명 |
|---|---|---|
| ★★★★★ | Five-star Hotel | • 미국에서 최고 수준을 유지하고 있는 호텔을 의미한다.<br>• 최고급 식당은 필수이며, 일일 두 번 Housekeeping 서비스는 기본이며, 로비는 안락하며, 미적으로 아주 매력적이어야 한다.<br>• 건물 외관도 매력적이고 잘 유지되어야 한다.<br>• 가장 중요한 요인은 호텔 내에 모든 종사원들이 소비자들 자신이 매우 중요한 사람으로 느끼게 끔 만들어야 한다는 것이다. |

| 등급표시 | 명 칭 | 등급 설명 |
| --- | --- | --- |
| ★★★★ | Four-star Hotel | • 보통보다 넓은 객실 및 고급가구를 갖추고 있으며, 종사원은 잘 훈련되어 있고, 친절하여, 소비자가 원하는 것이면 모두 충족시켜 주려고 노력해야 한다.<br>• 고객 불만은 최소 수준을 유지해야 하며, 이 수준 호텔에서 소비자 투숙경험은 인상적이어야 하다. |
| ★★★ | Three-star Hotel | 별 하나 및 별 두 개 숙박시설이 제공하는 서비스를 모두 제공하며, 이중 한 개 이상의 서비스가 아주 우수한 수준이어야 한다. |
| ★★ | Two-star Hotel | • One-Star 숙박시설보다 약간 고급의 숙박시설로 객실의 크기가 조금 크고, 더 나은 가구, 각 객실 내 TV와 전화, 룸서비스, 식당, 수영장과 같은 여가 시설이 포함 될 수 있다.<br>• 호화롭진 않지만 청결과 안락함은 필수다. |
| ★ | One-star Hotel | • 깨끗하고 편안하지만 호화롭지 않은 호텔이다. 최소의 서비스를 제공한다.<br>• 24시간 Front desk를 운영하며, 전화 또는 Housekeeping 서비스가 제공되지 않을 수 있다. 식당이 없을 수도 있다. |

우리나라의 호텔 역사를 들어가 보면 1876년 강화도 조약을 계기로 일본을 포함한 세계 열강들이 앞 다투어 우리나라에 진출하게 되었고 이때 외국인들의 왕래가 빈번해지면서 비즈니스할 수 있는 공간이 필요했었는데 당시 현대 숙박시설이라 할 수 있는 호텔이 전무했던 우리나라는 입국하는 외국인들을 위한 호텔 도입이 절실하게 되었고 우리나라의 초기 호텔들은 바로 이러한 배경에서 생겨난 것이다. 한국의 초기 호텔은 자국민의 여행수요에 의해서가 아니라 외국인의 여행수요에 의해서 생겨난 것이다.

대부분의 초기 호텔들은 국내 자본이 아닌 외국 자본에 의존하여 건립되었고, 경영 또한 외국인에 의해서 이루어졌다. 초기 우리나라 호텔은 입지만이 우리나라였을 뿐 모든 것이 외국인에 의해 주도 운영되었던 것이다.

이 시기 우리나라에 설립된 대표적인 호텔로는 대불호텔, 손탁호텔(Sontag Hotel), 스튜어드 호텔(Steward Hotel), 하남각 등을 들 수 있다. 우리나라 최초의 호텔은 바로 인천 소재의  대불호텔이다.

대불호텔은 1889년 일본인에 의해 건축되고 운영되었는데 주로 제물포를 왕래하는 구미인 및 일본인을 대상으로 운영되었다. 대불호텔과 더불어 초기 호텔에 있어서 대표적인 것이 손탁호텔이다. 이 호텔은 대불호텔이 건축된 지 3년 후인 1892년 서울에 개관되었다.

손탁호텔은 1885년 초대 러시아 공사인 웨베르(Waber)와 함께 내한한 웨베르의 처형이었던 손탁(Sontag)에 의해서 개관된 호텔이다. 손탁은 웨베르 공사 부처의 추천으로 양식 조리와 외빈접대를 담당하면서 궁중에서 봉사하다가 차츰 명성황후의 신임을 얻어 정계의 이면에서 활약하였다. 그 후 손탁은 1895년에 고종으로부터 정동에 있는 한 가옥을 하사받아 주로 외국인의 집회소로 사용하였다. 그러다가 1902년 10월에 구식가옥을 헐고 2층 서양식 건물을 신축하여 새롭게 손탁호텔을 개관하였다. 기록에 의하면 이 호텔은 2층에는 귀빈용 객실, 1층에는 일반 객실과 식당을 두고 손탁이 직접 운영하였다고 한다. 조 · 러 수교 조약체결을 비롯해 고종이 친러 정책을 펴도록 한 러시아의 외교관이었던 웨베르(Waber)가 활약하던 시기에 손탁호텔은 경성 사교계의 중요 무대가 되기도 하였다.

1910년 한일합방 후 일본이 가장 먼저 한 일중에 하나는 침략을 목적으로 한반도의 주요 지역을 연결하는 철도를 부설하는 것이었다. 제일처음 1912년에 부산과 신의주에 철도호텔이 개관된 것을 시작으로 1914년 서울철도호텔(조선호텔) 그리고 1925년 평양철도호텔이 순차적으로 개관되었다. 특히 오랫동안 우리나라 호텔의 대명사처럼 불리어진 조선 호텔은 처음에 만철회사가 건설하였으나 후에 철도국이 직영하였다. 조선호텔의 객실 수는 69실로 당시로서는 동양일류의 호텔이라 할 만 하였다.

상업 · 교통 · 휴양지 중심의 호텔은 1915년 금강산호텔, 1918년 금강산 장안사호텔, 그리고 1929년 전에 세워진 서울의 경성호텔, 광화문호텔, 중앙호텔 지방에는 부산의 동래호텔, 목포의 목포호텔, 신천온천의 온천호텔, 원산의 송도원호텔, 인천의 조양호텔, 월미도호텔 등이 있었다. 그리고 1938년에는 반도호텔, 1939년에는 본정호텔과 임옥 호텔등이 서울에서 개관되었다.

1954년 9월 3일 교통부산하 반도호텔 그리고 1961년 관광사업진흥법이 제정 · 공포되면서 호텔의 발전을 가져왔다. 1962년 메트로호텔, 아스토리아호텔, 뉴코리아호텔, 사보이호텔이 개관되었으며 1964년 뉴스카이호텔(140실), 1966년 세종호텔(322

실)과 그린파크호텔(92실), 1967년 YMCA관광호텔(79실), 타워호텔(245실), 1968년 스타다스트호텔(47실), 이스턴호텔(50실) 그리고 1969년에는 뉴서울 관광호텔(151실), 프린스호텔(86실), 뉴용산호텔(56실), 센츄럴호텔(88실), 1963년에 국제관광공사가 개관한 워커힐호텔은 국영호텔로써 254개의 객실을 보유한 동양 최대의 리조트 호텔로 유명하였다.

민간주도의 호텔산업발전(1970년대 이후)으로 1970년에는 조선호텔이 540실로 재건축되었고, 풍전호텔(227실)이 개관하였으며, 1971년 로얄호텔(320실), 도뀨호텔(210실), 뉴내자호텔(80실), 1972년 코리아나호텔(279실), 1973년 프레지던트호텔(303실), 뉴오리엔탈호텔(84실), 헤밀턴호텔(139실), 서린호텔(217실) 각각 개관되었다.

1974년 서울관관호텔, 1975년 퍼시픽호텔(103), 여의도호텔(120), 엠파이어호텔(120), 1976년에 렉스호텔(111실), 프라자호텔(540실), 한강관광호텔(123실), 1978년 뉴국제호텔(154실), 신라호텔(672실), 하얏트호텔(655실), 서울반도호텔(272실), 1979년 서울롯데호텔(976실), 영동호텔160실), 가든호텔(410), 맘모스호텔(219실)이 각각 개관되었다.

1970년 전국에서 호텔이 집중된 서울의 경우 총 29개의 호텔이 총 3,073실의 객실을 보유하고 있었으나 1979년에는 55개의 호텔에 총 10,714실인 것으로 나타났다. 이는 10년간 우리나라 호텔산업이 호텔수 측면에서는 약 2배가 성장하였고 객실 수 측면에서는 약 3배로 성장한 것이다.

우리나라 호텔산업은 80년에서 90년대까지 10년 동안 객실 수에서는 18,547실에서 42,817실로 약 231%의 성장했으며, 호텔 수에서는 약 348% 정도 성장하였다.

다음은 2020년 2월부터 5월까지 우리나라 관광호텔 1Star부터 5Star까지 조사한 내용을 간략하게 설명하면 첫째, 5성급의 호텔수는 51개 객실 수는 20,323개이며 둘째, 4성급의 호텔 수는 92개 객실 수는 21,819개이고 셋째, 3성의 호텔 수는 207개 객실 수는 29,620개이며, 넷째, 2성급의 호텔 수는 275개, 객실 수는 18,903개 다섯째, 1성급의 호텔 수는 168개 총객실 수는 8,314개이다. 다시 1~5성급의 객실 수를 다 합하면 730개의 호텔수가 되고 객실 룸의 총 개수는 98,979개이다.

이 수치는 우리나라 전국의 관광호텔을 조사하여 나타낸 것이며 처음 조사 당시에는 호텔이 영업을 하다가 코로나19 바이러스의 기승으로 호텔영업이 직격탄을 맞아 고전하여 문을 닫는 호텔이 많아진 것으로 조사되었다.

이쯤에서 호텔의 역사를 뒤로 하고 호텔의 내부로 깊숙이 들어가 보기로 하자. 호텔은 다양한 사람과 다양한 문화가 공존하는 참 흥미로운 곳이다. 인간의 로망이 살아 숨 쉬는 곳이기도 하다. 호텔의 조직을 살펴보면 사장(CEO) 그 밑에 총지배인(GM), 부총지배인(Resident manager) 다음은 각 부서의 부서장, 차장, 과장, 대리, 주임, 사원 순이다.

다음은 5성급 호텔 조직도의 한 예이다. 총지배인 관할 내에 객실부, 식음료부, 마케팅부, 인적자원부, 회계부 기타 지원부서 등으로 조직을 나눠서 영업을 하는 형태를 말한다.

호텔경영학은 다른 학문 분야에 비해 한국 사람들 대부분의 인식이 '별로네' 라고 터부시하는 경향이 있어서 일찌감치 머리 좋은 인재들은 의학, 법학, 치의학, 경제학, 경영학, 전자공학, 생물학 등의 학문에 매진하여 왔었다지만 세상은 많이 변해서 다

**총지배인**(General Manager, 사장/상무)

총지배인의 역할은 호텔의 수장으로서 영업 모든 면에서 뛰어난 재능을 갖춰야 한다. 영업에 필요한 서비스생산관리, 인사관리, 세일즈 마케팅, 재무회계, 호텔경영전략을 영업에 반영하여 최고의 성과를 내야하는 것이 주된 업무이다.

외국호텔의 사례를 보면 4년제 호텔경영학과를 나와서 체인호텔이나 글로벌 호텔에서 경력을 쌓아 재능을 인정받으면 총지배인으로 발탁되어 세계 여러 나라 호텔에서 근무하게 된다.

우리나라는 아직까지 호텔의 역사가 짧아 토종인으로 체인호텔의 총지배인을 배출하지 못하고 있는 것이 안타까운 현실이다. 그것은 다국적 호텔기업을 운영하는 회사의 운영자가 유럽인이나 미국인이 대부분을 차지하며 영어라는 장벽 또한 쉽지 않은 현실이기 때문으로 여겨진다. 하지만 앞으로 우리나라가 경제적, 문화적으로 두각을 나타내고 있고 토종 호텔 브랜드가 외국에서 속속 오픈하여 발전을 하고 있어서 영어를 잘하는 인재가 호텔 쪽으로 매진한다면 머지않아 호텔분야에서도 최고의 총지배인으로 세계를 호령할 날도 멀지 않을 것 같다.

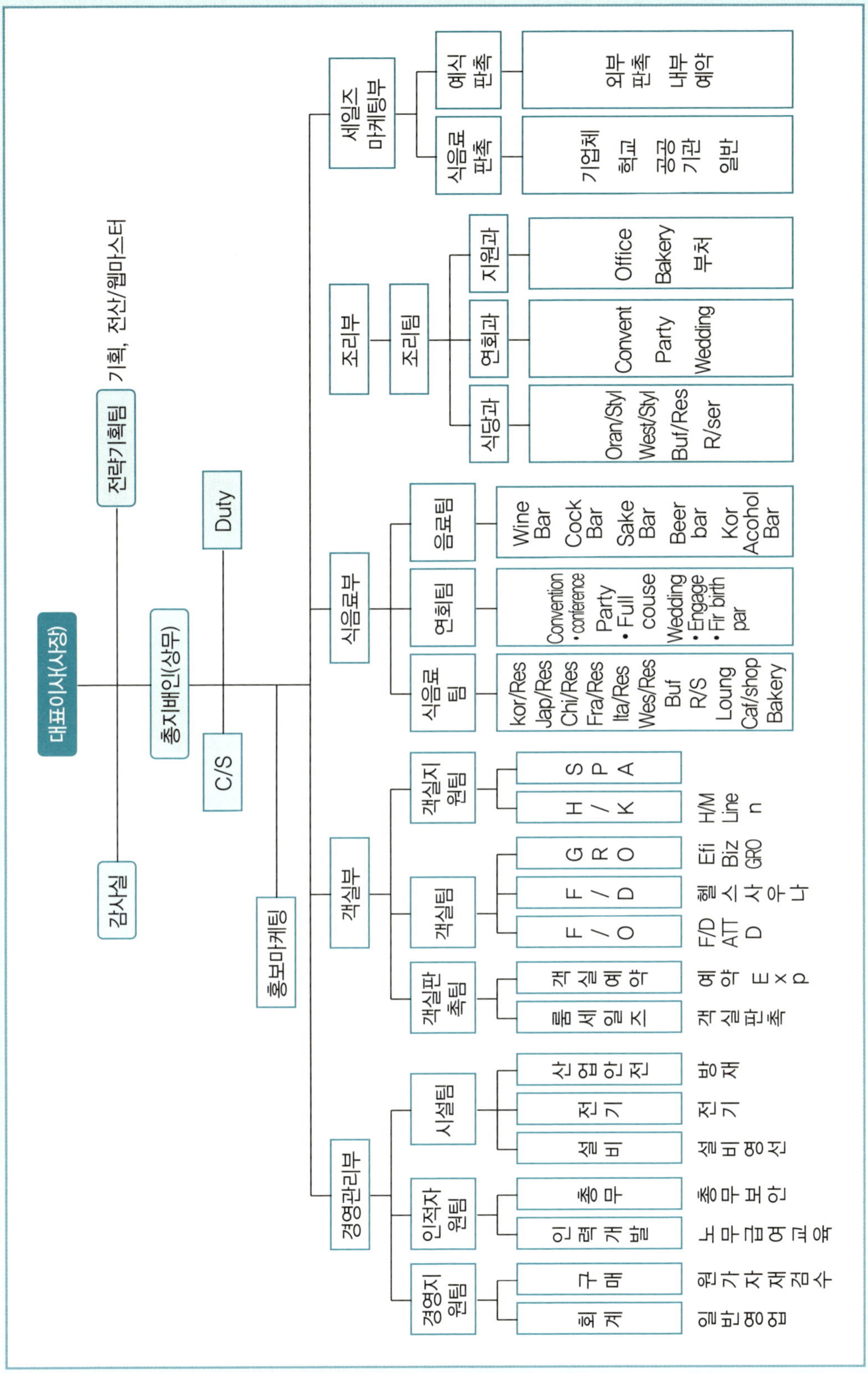

대표이사(사장)
감사실
전략기획팀
기획, 전산/웹마스터
총지배인(상무)
C/S
Duty
홍보마케팅
경영관리부
경영지원팀
회계
일반영업
구매
원가자재검수
인적자원팀
인력개발
노무급여교육
총무
총무보안
시설팀
설비
설비영선
전기
전기
산업안전
방재
객실부
객실판촉팀
룸세일즈
객실판촉
객실예약
예약 Exp
객실팀
F/O
F/D ATT D
F/D
헬스 사우나
GRO
Efi Biz GRO
객실지원팀
H/K
H/M Line n
SPA
식음료부
식음료팀
kor/Res Jap/Res Chi/Res Fra/Res Ita/Res Wes/Res Buf R/S Loung Caf/shop Bakery
연회팀
Convention •conference Party •Full couse Wedding •Engage •Fir birth par
음료팀
Wine Bar Cock Bar Sake Bar Beer bar Kor Acohol Bar
조리부
조리팀
식당과
Oran/Styl West/Styl Buf/Res R/ser
연회과
Convent Party Wedding
지원과
Office Bakery 부처
세일즈 마케팅부
식음료 판촉
기업체 학교 공공기관 일반
예식 판촉
외부판촉 내부예약


[5스타 호텔 조직도]

양성을 중요시하는 시대에 살고 있고 호텔의 인식이 많이 좋아지는 추세에 있으므로 앞으로 호텔경영학을 입문하는 학생들이 머지않아 매우 각광받는 직업인으로 선망의 대상이 되는 날도 멀지 않을 것으로 예측해 본다.

앞서도 언급했듯이 외국의 경우 글로벌호텔의 총지배인은 학부 호텔경영학을 전공해서 그 자리까지 올라가지만 우리나라의 경우는 호텔경영학 박사를 받아도 국내 호텔에서 총지배인의 자리에 올라가기 쉽지 않은 현실에서 중요한 시사점과 교훈을 얻는다.

또한 호텔경영학의 학부를 마치고 호텔에 취업해서 나중에 총지배인의 자리까지 가는 것은 더욱 어려운 현실이기도 하다.

자, 그럼 세계 최고의 글로벌 체인호텔이나 국내 로컬호텔에서 총지배인 사장이 되려면 어떠한 공부를 해야 할까? 이러한 의문점은 이 책을 다 읽고 Service technology engine을 장착하고 실행에 옮겼을 때 꿈은 이루어진다고 확신한다.

# 차 례

## Part Ⅱ
# 식음료부(Food & Beverage Department)

# Part I

# 객실부

## Room Department

# 人joy Hotel Technology
# 호텔공학

# Chapter 1 객실부 Room Department

## 객실부서의 설명

객실부서(Room Department)의 조직을 보면 부서장 차장, 과장, 대리, 주임으로 조직을 편성할 수 있으며 그다음 프런트 오피스(Front office)와 하우스키핑(Housekeeping) 객실판촉팀(Room Sales) 등으로 구분해서 업무를 임한다. 프런트 오피스(F/O)는 다시 객실사무실(R/O), 프런트 데스크(F/D), 이규젝티브 플러워 라운지(Executive Floor Lounge), 당직데스크(Duty Desk), 컨시어지(Concierge) [GRO(Guest Relation Officer)], 비즈니스센터(B/C), 피트니스센터(F/C)로 나뉘어서 업무를 수행한다. 객실관리(Housekeeping)는 객실판매를 생산하여 최고의 상품으로 만들어 내는 곳으로 다시 객실관리사무실(O/S), 층관리(F/S), 린넨실(L&L)로 나뉘어 업무를 수행한다. 객실판촉 부문은 객실판촉(R/S)과 객실예약(R/R)으로 분류하여 업무를 수행한다고 보면 된다.

세부적으로 Part별(F/O, H/K, R/S) 내용을 살펴보면 1. 프런트 오피스(F/O)는 객실 본부(F/O)가 있는 곳으로 백오피스 내에서 객실 전반적인 업무인 객실예약, 오퍼레이션, 회계 등의 업무를 보며, 두 번째, 프런트 데스크(F/D) 업무는 객실을 판매하는 곳으로 지배인 프런트 클럭, 프런트 캐셔, 나이트 오디터 등으로 구분해서 업무를 수행한다. 세 번째, 특별층(EFL)은 호텔 객실에서 VIP룸 층으로 특별하게 영업을 하며 이곳에서는 간단한 식사를 시간대별로 제공하고, 신문, 컴퓨터, 책 등 고객이 편안하게 쉬는 공간을 만든 층이라고 보면 맞겠다. 네 번째, 컨시어지(Concierge)는 현관업무로 컨시어지 지배인, 컨시어지 포터로 업무를 구분해서 수행하며 호텔 게스트의 여러 가지 관광, 항공티켓, 차량수배 등 가장 고급스러운 정보를 제공하는 곳이다. 다섯 번째, 비즈니스센터(B/C)는 호텔 내방고객의 컴퓨터나 팩스 간단한 문서 작성을 할 수 있는 곳이며, 여섯 번째, 도어데스크(D/D)는 고객에게 첫인상을 심어주는 최일선 근무지라고 보면 된다. 마지막 일곱 번째, 피트니스센터(F/S)는 피트니스와 수영장, 사우나 등 호텔 멤버십 가입고객과 투숙객의 운동을 관리하는 곳이다.

2. 객실관리(Housekeeping)를 보면 하우스키핑에서 객실을 정비 · 수리하고 린넨실에서는 호텔 내 · 외부 고객과 직원의 유니폼을 책임지는 부서로서 고객의 세탁업무, 식음료부서의 린넨을 책임지는 막중한 업무를 수행하는 부서이다.

다음은 3. 객실판촉부분인데(R/S) 판촉은 자체적인 외부의 외국관광객을 대상으로 외근과 내근으로 나뉘어서 객실만 따로 세일링하는 곳이다.

여기까지는 큰 틀에서 객실부 조직 구성도를 살펴보았으며 이번에는 그 조직을 운영하는 책임자 역할을 직급별로 전체적으로 설명하면 다음과 같다.

## 1. 직급별 직무

### 1) 부서장

객실부서의 총괄 책임을 지는 사람으로 객실영업의 최우선적으로 생각하고 업무에 임해야 된다.

첫째, 총지배인의 영업방침을 수용해서 세일즈마케팅부서장, 식음료부서장, 조리부서장과 커뮤니케이션이 좋아야 하고 바로 밑에 차장 이하 부서의 관리자와 종사원

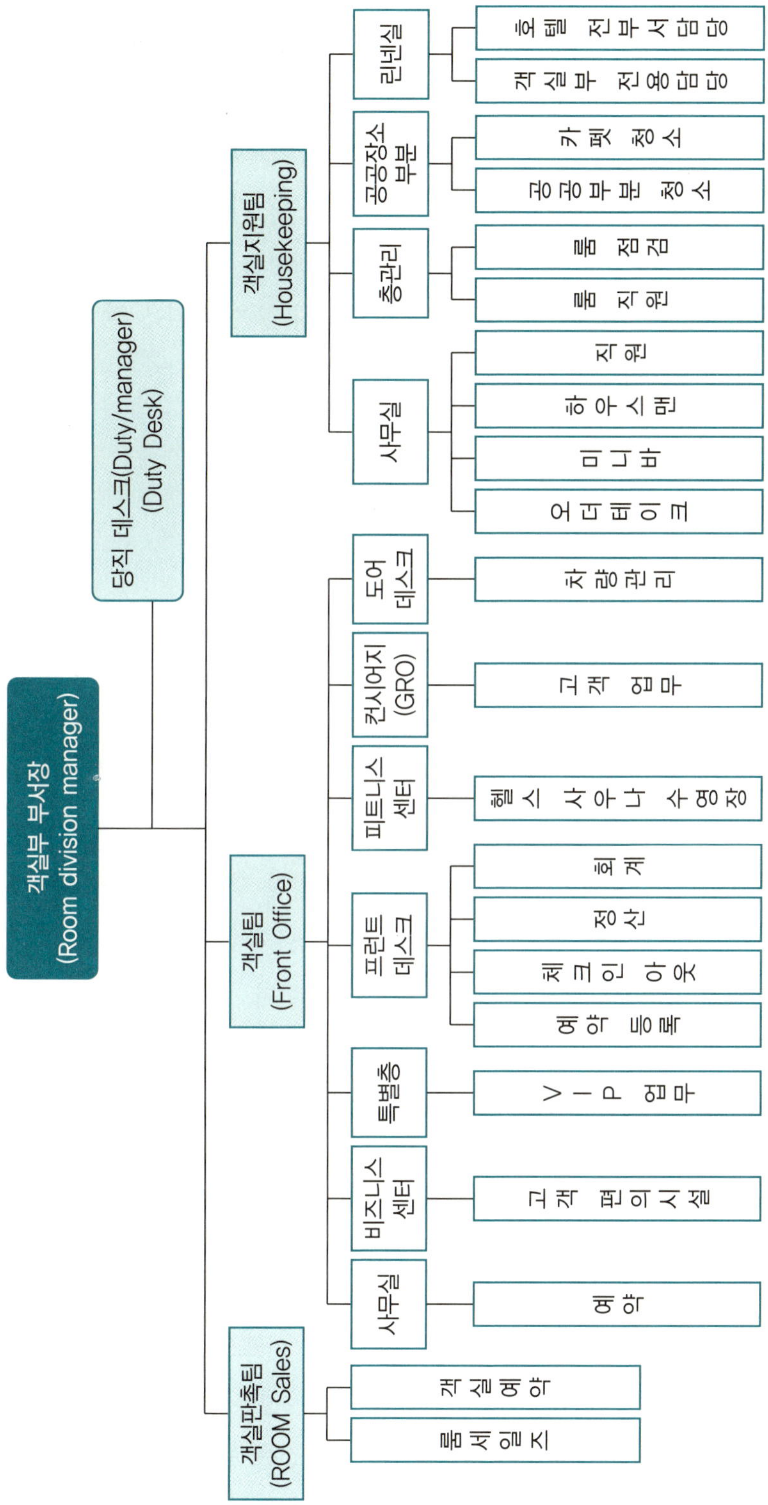
객실부 부서장
(Room division manager)
당직 데스크(Duty/manager)
(Duty Desk)
객실지원팀
(Housekeeping)
린넨실
호텔 전부서 담당
객실부 전용 담당
공공장소 부분
카펫 청소
공공부분 청소
층관리
룸 점검
룸 직원
사무실
직원
하우스맨
미니바
오더테이크
객실팀
(Front Office)
도어 데스크
차량관리
컨시어지
(GRO)
고객 업무
피트니스 센터
헬스 사우나 수영장
프런트 데스크
회계
정산
체크인 아웃
예약 등록
특별층
VIP 업무
비즈니스 센터
고객 편의시설
사무실
예약
객실판촉팀
(ROOM Sales)
객실예약
룸세일즈

[그림 1-1] 객실부 조직도

과의 밀접한 유기적인 협력을 강화하여 어려운 일이 닥치더라도 환경의 변화와 미래의 예측을 미리 파악하여 최고의 영업성과를 낼 수 있도록 하여야 한다.

둘째, 직원들의 서비스교육, 직무교육, 외국어교육 훈련 등도 체계적으로 육성할 수 있는 프로그램을 자체적으로 마련하여 객실부서가 발전할 수 있도록 하여야 한다.

셋째, 하위 직원부터 차장까지의 인사평가에서는 공정하게 평가가 이루어져야 하고 잘하는 직원은 적극적으로 추천하고 그렇지 않은 직원은 잘할 수 있도록 토대를 마련하여 한사람의 낙오자도 없이 회사를 위해서 헌신하는 직원으로 분위기를 만들어야 한다.

## 2) 차장

차장의 직무는 다음과 같다. 부서장의 영업방침을 따르고 부서장 부재 시 부서장의 역할을 대신하며 아래 직원의 다양한 목소리를 경청하여 들어줄 수 있는 범위에서 영업에 지장이 없는 한 반영을 한다. 반대로 회사 운영상의 여러 가지 힘든 부분은 참고 잘할 수 있도록 독려와 격려를 통해서 영업성과를 낼 수 있도록 맡은 바 임무를 충실히 해야만 한다.

그리고 영업의 실무책임자로서 객실의 다양한 영업프로그램을 창의적 기획서를 만들거나 직원의 제안제도를 반영하여 부서장에게 보고하고 영업판매로 이어질 수 있도록 영업기획에도 탁월한 실력을 배양해야 한다.

그다음 현장에서 일어날 수 있는 부분은 미리 예측해서 사고를 미연에 방지할 수 있도록 영업동선을 수시로 체크하고 관리해야만 하위직원들의 직접적인 어려운 점 등도 파악할 수 있는 것이다.

## 3) 과장

과장의 역할은 부서장과 차장의 업무지시를 따르고 하위직원의 모범이 되어야 하고 솔선수범하는 몸가짐으로 리더십을 발휘해야 한다. 그런 면에서 현장에 갑자기 손님이 몰려서 복잡할 경우 빨리 개입하여 서비스를 원활하게 돌아갈 수 있도록 하는 일도 과장의 역할이라고 볼 수 있다. 이러한 경우 현장실무자들은 갑자기 몰린 고객이 올 경우 당황할 수 있는데 이때 일손을 도움으로써 직원의 안도감과 평정심을 가질 수 있도록 도와주는 것이 작은 일처럼 여겨질 수 있지만 나중에 직원들의 마음 한 구석에서는 존경의 마음을 가질 수 있는 것이다.

또한 직원들의 하나하나 신경 써서 근무스케줄이나 애경사에도 적극적으로 리더십을 발휘하면 직원들은 현장업무에 더 힘써서 헌신한다.

### 4) 프런트 지배인

#### (1) Front Office Manager 역할

프런트 지배인은 프런트 오피스의 막중한 기능을 책임지는 자이다. 객실 및 서비스의 판매를 제공하는 부문인 만큼 그의 경영 테크닉, 업무감독, 리더십의 발휘와 역량에 따라 호텔 생산과 수익의 증대가 좌우된다. 또한 호텔의 총지배인이나 경영자가 가지고 있는 능력과 잠재력을 가진 자로서, 그 지위는 부장이나 과장급에 해당한다 하더라도 유능하고 미래지향적인 인물임은 틀림없다. 따라서 그는 그 기업에서 최고경영자(CEO)까지 기대하고 전망이 있는 자라 할 수 있다.

실제로 좋은 호텔인 경우 그 직책의 중요성을 인정하고, 그의 지위를 부지배인(Assistant Manager)이나 그 이상의 간부로 우대하고 있다.

프런트 지배인의 주요 역할은 다음과 같다.

❶ 야간회계감사와 업무보고서 확인
❷ 예약상황의 확인 및 예약시스템 모니터링
❸ 프런트 오피스 종업원들과 원활한 의사소통
❹ 객실예약, 고객등록, 고객서비스의 감독
❺ 고객서비스를 위한 부서 간 의견교환 및 업무협조체계 유지
❻ 부서 간 고객 계산관계 정리 및 임원에게 보고, 승인
❼ 객실부문 예산수립
❽ 일별, 주별, 월별 객실 예측보고서 작성 및 배부

⑨ 영업을 위한 거래처와 관계유지

⑩ 객실부서 종업원들의 인사, 복리후생, 스케줄관리

⑪ 기타 총지배인의 요구사항 추진보고

### (2) 프런트 지배인의 자격

#### ❶ 인성적 자질

프런트 지배인은 반드시 지도자 자격을 갖추어야만 하고 훌륭한 심성의 소유자 이어야 한다. 호텔의 고객은 천태만상이며, 이들을 접대하고 환대해 주어야 할 직책을 갖고 있기 때문이다.

프런트 지배인은 고객과 자기의 감독 하에 있는 종업원과 응대 시에는 항시 예의 바르며 친절하고 재치가 있어야 한다. 그리고 지시를 내릴 때는 준엄한 자세를 취해야 한다. 또한 대화는 야비하고 저속하지 않아야 한다.

#### ❷ 실무적 자질

프런트 지배인은 호텔 안의 모든 서비스에 관해 충분한 지식을 가져야 하며 자기의 책임 사항인 프런트 사무에 관하여는 통달해야 한다. 보편적으로 프런트의 각 업무를 거쳐 온 출신이므로 임무를 배당해주고 작업지시를 하며 시간을 할당하는 등의 모든 일을 익히 알고 있어야 한다. 한걸음 더 나아가 하우스키핑의 업무를 숙지하여야 하며, 한편 객실의 판매에 있어서 언제나 경제적 활동으로 주관하여야 한다.

결론적으로 그는 호텔에서 외교관이어야 하고 심리학자이어야 하며 유능한 세일즈맨이어야 한다.

#### ❸ 업무수행 절차

모든 프런트 사무의 수행과정과 그 양상을 이해하여야 할 뿐만 아니라, 그의 스태프들을 지휘 · 감독할 줄도 알아야 한다.

구체적으로 프런트 지배인이 수행하고 지시 감독하여야 할 사무절차를 직무 내용의 순서에 따라 요약 정리하면 다음과 같다.

### 가. 프런트 스태프의 조직과 훈련

자기에게 주어진 부서의 업무수행을 위해 필요한 룸 클럭, 인포메이션 클럭, 키 클럭 및 메일 클럭 등을 채용한다.

물론 대규모 호텔의 경우에는 이 부문의 인사권이 인사관리부문에 속한 사항이지만, 현장지배인의 의견을 무시하고서는 합리적인 운영의 결과를 기대할 수 없다. 왜냐하면 이 부서의 모든 스태프들은 업무상의 책임이 궁극적으로 프런트 지배인에게 귀착되기 때문이다. 이 스태프들의 조직과 훈련은 개별적인 인터뷰를 통해 필요한 모든 사항을 얻어야 한다.

그리고 사무의 계획과 절차를 마련할 때에는 비록 사소한 일이라 할지라도 각 스태프들에게 명료한 사무책임을 설정하여 주어야 한다. 이로써 각자는 무엇이 자기한테서 기대되고 있는가를 분명히 깨닫게 되며 누구와 협력하여야 하고 누구에게 자기의 책임이 규명될 수 있는가를 인지할 수 있기 때문이다. 나아가서 업무할당을 하는 경우에는 어느 일이 우선적으로 수행되어야 하며, 어느 일이 적정시간 내에 이루어져야 하는가를 명백히 해 두어야 혼란을 피할 수 있다. 훈련에서는 호텔의 여러 가지 시설의 배치 및 내용을 숙지하도록 하며 제반 규정을 확인토록 하고, 다른 부문과의 긴밀한 협조가 필요함을 강조해 주어야 한다. 가능하면 각자 자기의 맡은 임무의 성격, 내용과 책임을 분명히 해주어야 하고, 업무수행 방법을 익히도록 해 주어야 한다.

### 나. 종사원의 감독과 지휘

지배인은 자기의 스태프 개개인의 근무상황을 항시 주의 깊게 관찰해야 한다. 벨맨(Bell Man)이 자기의 위치를 지키고 있는지 혹은 할 일 없이 빈둥거리며 데스크 근처를 왕래하는 일이 없는지를 감독해야 한다.

담당 책임자가 해야 할 일이지만, 그럴 수 없는 경우에는 벨맨뿐만 아니라 엘리베이터 · 오퍼레이터 · 포터 및 벨맨까지 근무 감독함을 게을리 해서는 안 된다.

스태프 및 종업원들에게 업무지시를 할 때에는 예의바르고 친절한 어조로 한다. 그래야만 이들로부터 존경을 받을 수 있기 때문이다. 프런트 지배인은 절대로 고객 앞에서 자기 종업원의 잘못을 질책하지 말아야 한다. 스스로 잘못을 뉘우치고, 당황

하는 종업원을 고객의 면전에서 질책한다는 것은 돌이킬 수 없는 사기의 침체와 원망을 가져올 가능성이 있기 때문이다.

종사원의 근무상황을 불시의 점검(Spot Check)하면 효과를 가져 올 수 있으나 지나치게 수선을 피우는 것은 오히려 종업원에게 무관심과 부주의를 가져오는 요인이 되기 쉬우므로 적절히 선용해야 한다. 보다 긴밀한 협조의식의 앙양과 제기된 문제점 해결을 위해 스태프들과 정기적인 화합을 마련하여 충분히 이들의 고충과 건의를 받아주어야 한다.

유능한 감독자는 자기 스태프들의 이야기를 경청할 줄 아는 아량을 보여야 한다. 일례로 브레인스토밍(Brain Storming)과 그룹 디스커션(Group Discussion)의 형태로 경영의 개선, 작업방법의 개선, 고객불평의 처리방법, 종업원 신분상의 문제 등이 제기되고 이에 대한 적절한 대책을 찾아볼 수 있는 기회를 마련할 수 있다. 중지(衆志)는 한 사람의 생각을 앞서서 문제해결의 실마리를 가져다줄 수 있기 때문이다.

**다. 예약업무의 취급 및 감독**

호텔의 예약업무는 급격히 증대하여 오늘날에는 호텔 이용자에게 예약을 등한시하는 사람은 거의 없게 되었다. 이러한 현상은 나아가서 호텔업무 중에 예약업무의 중요성을 상대적으로 높이기에 이르렀고, 한편 예약업무의 증가를 가져와 대규모 호텔에서는 예약전담의 예약과(Reservation Department)의 발전을 보일 정도까지 확대되었다.

이러한 예약업무의 취급 및 감독은 프런트 지배인의 업무수행 능력과 성패를 결정짓는 의미도 동시에 내포하고 있다. 구체적인 예약취급 업무에 관해서는 별도로 기술할 것이나, 업무감독의 초점은 룸 클럭 혹은 레코드 클럭 등의 긴밀한 보조를 얻어 항시 변동되는 객실 상황을 파악하는데 두어야 한다. 이처럼 예약업무는 곧 상품의 주문과 같은 의미를 갖고 있으므로 기회손실(Opportunity Loss)은 돌이킬 수 없는 잘못을 가져오기 때문이다. 일반적으로 객실예약업무의 감독요청은 호텔의 규모나 상품의 성질에 따라 상이할 것이나, 통례적으로 요청되는 사항은 다음과 같다.

㉠ 공실(vacant) 및 투숙객실(occupied) 현황

ⓛ 예약상황(reservation chart) 확인

ⓒ 하우스키퍼의 일일보고(Daily Report)의 확인

ⓔ 예약확인(reservation confirmed) 및 초과예약(Over Booking)의 확인 등

이상의 여러 이용 가능한 수단을 최대한으로 분석하여 거래처 등의 동향과 도착 고객의 교통수단 등을 아울러 예의 판단 · 분석함으로써 오랜 경험을 토대로 새로운 예약의 가 · 부를 결정하고 추가 지시를 행하여야 한다.

객실이라는 특수제품은 당일 판매하지 못하면 영구히 판매할 수 없다는 제품의 특성을 항시 염두에 두어야 할 것이다.

### 5) 프런트 클럭(Front, Room/Clerk)

호텔의 얼굴인 프런트 데스크에서 호텔의 생동하는 모습을 대표하고 있다. 클럭의 주된 임무가 고객의 투숙업무 정리와 객실의 판매업무에 국한되지만, 중규모 내지 소규모 호텔에서는 클럭이 프런트 오피스의 모든 직무, 메일, 키, 인포메이션, 리셉션 등을 겸하고 있다. 이러한 의미에서 클럭의 직무수행은 궁극적으로 호텔전체의 운영에 막대한 영향을 미친다는 사실을 우선 염두에 두어야 한다.

특히 객실판매업무의 의의 내지 중요성은 호텔 수입의 원천이 객실판매에 의존한다는 사실에서 찾아볼 수 있다. 물론 오늘날 호텔의 경영방향이 한계성을 내포하고 있는 객실 수입에만 전적으로 의존하던 경향을 벗어나 점차 한계성이 덜한 식음료 판매수입의 증대에 치중하는 경향이 농후한 일이기도 하나, 원래 호텔이 갖는 특성에 비추어 객실 수입은 여전히 주된 원천임을 부인할 수 없다. 이러한 관점에서 프런트 클럭은 호텔객실을 판매하는 것이 그 주된 임무로, 경쟁이 없고 독점적 상품의 성격을 띠고 있다면 클럭은 매우 안일한 생각으로 기계적으로 주어진 자기의 일을 처리해도 무방할지 모른다. 그러나 현실적으로 호텔은 어느 기업 못지않게 경쟁적 기업경영을 하지 않을 수 없고, 이에 경영자는 좋은 시설과 서비스로 고객을 유치하려고 노력하고 있는 실정이다.

현관지배인과 마찬가지로 룸 클럭은 현관에서 가장 중요한 직무를 맡고 있는데, 그 주된 내용은 다음과 같다.

❶ **고객의 접대** 이는 호텔고객에게 보이는 최초의 공식 인사가 된다.

❷ **투숙객의 등록(Registration)업무** 객실의 판매 및 객실의 지정, 등록카드에 의거하여 고객의 인적사항(성명, 주소, 인원수, 여권번호 등)을 컴퓨터에 입력한다.

❸ **객실예약업무의 취급** 예약 없는 고객이 찾아들었을 때 현장에서 객실판매와 더불어 예약업무를 취급한다.

❹ **경영자에게 특수한 고객에 관한 보고** 호텔고객 중 특별한 서비스와 관심을 기울여야 할 특수한 손님과 의심스럽거나 달갑지 않은 손님에 관해 보고조치를 게을리해서는 안 된다.

❺ **객실열쇠의 발급** 투숙객이 등록을 완료하게 되면 객실열쇠를 고객에게 전달한다. 열쇠 발급은 프런트 데스크에 비치된 열쇠발급기(Card Key Encorder)에서 새로운 Key, 복사 Key를 발급한다. 이때 주의할 점은 고객의 안전을 위하여 객실번호, 숙박일수, 인원수 등을 정확히 입력하여 발행하여야 하며, 고객이 퇴숙하거나 연장을 하게 되면 또다시 새로운 Key를 발급해야 한다.

❻ **하우스키퍼와 협업적 업무처리** 객실의 동태에 관해 가장 신속히 파악할 수 있는 하우스키퍼(Housekeeper)와 협동적으로 업무처리를 하여야 한다.

❼ **객실변경(Room Change)업무** 객실변경은 고객이 다른 객실로 바꾸어 달라는 요청이 있을 때와 부득이하게 객실 고장으로 인하여 실시한다.

이때 룸 클럭은 지체 없이 Room ChangeSlip(1조 4매 : 프런트 데스크 1매, 하우스키핑 1매, 교환실 1매, 케샤 1매)를 작성하고 컴퓨터에서 Room Change를 실시한다.

### (1) 프런트 클럭의 지식

❶ **상품분석**(Products Analysis)

프런트 클럭은 상품에 대한 지식을 확실히 갖고 있어야 한다. 즉 객실의 규모, 위치, 각 객실의 비품, 실내 장식 및 요금에 관하여 정확하고 새로운 사항을 알고 있어야 한다. 이러한 최신사항을 알고 상품을 판매하기 위하여 룸 클럭은 수시로 객실을 순회할 필요가 있으며, 특히 객실 수리를 마친 후에는 반드시 돌아보고 확실히 파악을 해 두어야 한다. 또한 경영주나 관리층의 경영정책을 미리 숙지하여 동일목적을 향하여 호텔경영에 협동해야 하고 객실상품 이외에도 다른 식음료 상품까지 정확하게 파악하여 인포메이션을 응하여야 된다.

### ❷ 경쟁자분석(Competitor Analysis)

어느 기업이라도 경쟁자는 항시 존재하는 것이다. 훌륭한 룸 클럭은 자기 경쟁업체의 객실 및 부대시설의 내용에 관해서도 숙지하고 있어야 한다.

고객이 상대방의 객실요금 등이 비싸다고 항의를 제기하는 경우에도 그 이유와 장단점 등을 납득이 갈 수 있는 설명자료로 대처할 줄도 알아야 한다. 현명한 고객은 자기 스스로 상품의 우열을 판단할 줄 안다.

### ❸ 고객분석(Customer and Guest Analysis)

호텔이 고객에 관하여 충분한 지식을 가져야 하는 것은 단지 고객의 이름이나 아는 것이 아니라 인간성과 심성을 충분히 파악할 줄 알아야 한다는 점이다. 찾아든 고객이 여행에서 무척 지쳐 있을 때 룸 클럭은 등록하는 과정에서 얼마든지 훌륭한 몇 마디로 고객이 갈망하고 있는 동조자적 친구로 좋은 인상을 심어줄 수 있다. 훌륭한 룸 클럭은 훌륭한 상담역의 기능도 아울러 가질 수 있으므로 부단히 인간의 전반적인 심성과 심리를 관찰하고 자기의 직무에 이용할 줄 알아야 한다.

### ❹ 객실판매의 착안점

- 고객에게 고가의 객실을 팔려고 하는 장사꾼의 근성을 상대방에게 보이지 않도록 노력하고 주의한다.
- 고객이 호텔 객실상품에 관해 충분한 지식을 갖고 있는 경우에는 상품판매의 소구점(Selling Points)에 관해 충분한 설명과 강조를 잊지 말아야 한다.
- 복잡한 설명과 가격의 제시는 오히려 고객을 혼미하게 하거나 나쁜 인상을 줄 우려가 있다.

- 외관상으로 고객의 경제적 능력을 일차적으로 판단한 후 가능한 고가의 객실을 제시하는 경우에는 객실의 이점을 강한 설득력으로 역점을 두고 판매하여야 한다.
- 장기체재를 원하는 고객에 대하여는 각별히 주의해 객실판매에 임하여야 한다.
- 다정한 친구를 맞이하듯 정중하게 객실의 선택을 위해 고객에게 일임하고 객실에 담긴 사연이나 귀중한 비품 · 설비 등에 관해 착실히 설명을 해주어 구매의욕을 유발토록 한다.
- 고객이 원하는 객실이 없을 때에는 정중히 사과하는 어조로 미안함을 표시함과 더불어 다른 종류의 객실을 설명해 주어야 한다.

#### ⑤ 고객의 기본 불만 내용

- 예의를 모르고 불친절할 때
- 서비스가 신속하지 않을 때
- 반응이 없거나 지연될 때
- 냉정하거나 무관심을 표할 때
- 약속대로 이행되지 않을 때
- 지나치게 호텔의 영리만을 추구할 때
- 간부라고 해서 거만을 부리거나 만나자고 해도 만나주지 않을 때
- 서비스 및 국적의 차별을 받을 때
- 고객의 인격이 무시당하였을 때
- 과거의 숙박 당시와 현재의 제반 숙박조건이 일치하지 않을 때 등이다.

### (2) 고객의 등록

고객의 등록카드는 별도로 되어 있는 것과 컴퓨터로 작성되는 것이 있다. 호텔은 고객의 등록과정에서 다음 사항을 반드시 기록해야 하며, Registration Card는 호텔에서 규정된 양식을 사용해야 한다.

❶ 고객명은 분명하게 기입해 받는다. 잘 이해할 수 없을 때에는 확인해서 정확한 것을 Print Letter로 써 넣는다. 성명을 잘못 기록하면 Mail, Cable, Massage 등이 전해지지 않는 일이 있다.

❷ 주소도 명료하게 받고 잘 이해할 수 없을 때에는 그 자리에서 확인한다.

❸ Departure Date는 Booking되어 있는 기간을 재확인하여 기입한다. 변경이 있을 경우 숙박기간이 예약기간보다 짧을 때에는 문제가 없으나 길어질 것 같

으면 해당기간의 Room Available 상태를 확인한 후에 불가능한 경우는 고객에게 정확히 전하고 확인을 받는다. 여기에 기입된 출발일자는 체재기간을 의미한다.

❹ Passport No.(내국인의 경우 주민등록번호) 및 국적란은 반드시 기입해 받아야 한다.

❺ 생년월일, 직업, 회사명, 다음의 행선지 등도 될 수 있으면 기입해 고객명부 작성 등 각종 참고자료로 사용한다. 이상은 고객이 기입하는 사항이고, Room No. 가격 등은 룸 클럭의 기입사항이다.

❻ Rate란에는 그 Room의 Original Rate가 아니고 고객에게 청구할 수 있는 혹은 고객이 지급을 승낙한 금액을 기입한다. 여기서 주의할 점은 세금과 봉사료를 제외한 금액(Amount)을 기입한다.

❼ M.F.는 Mail, Femail의 약자이고 여기서는 성별 및 사람 수를 기입한다.

❽ Remarks의 난에는 동행자가 몇 호실에 있는지, 지급에 대한 Instuction 등을 써 넣는다. 그리고 누가 보아도 알기 쉽게 컴퓨터에 정확히 입력한다.

성이 다른 2명이 동실을 사용할 경우 성명란에 사선을 긋고 W/OOO라고 쓴다. 이것은 동일자의 REGI.CARD가 별도로 있다는 뜻이고 RecordClerk이 Slip을 만들 때 1인 1실의 것을 만들지 않도록 하는 배려도 있다.

### (3) 등록과정의 기초적인 단계

프런트 종업원은 등록 이전에 일어나는 사항, 즉 고객에게 대한 자신의 소개(접근단계), 상품의 설명(상품소개단계), 반대에 대한 응답(반대 극복단계), 판매(판매종결단계)의 과정을 잘 모르고 있으면 안 된다. 따라서 객실판매는 프런트 오피스의 주요한 목적이다.

도어맨에서부터 총지배인에 이르기까지 모두가 호텔상품 판매에 임하는 판매원(Salesman)이다. 룸 클럭은 오직 고객에게 불과 몇 초 동안에 자기 자신과 호텔의 이미지를 판매하는 것으로 어디까지나 호텔상품의 가치를 판매하는 것이지 객실을 판매한다고 생각해서는 안 된다.

#### ❶ 접근단계

접근단계의 주목적은 고객에게 재빨리 첫인상, 즉 호의적인 관심을 얻어내는 데 있다. 그러므로 직원의 첫 행동은 호의적인 인사와 미소를 지으며 우호적인 분위기로 서비스를 제공할 준비가 되어 있음을 보여야 한다. 마지못해 하는 'May I help you?'로서는 고객을 환영하는 기분을 주지 못할 것이다.

#### ❷ 상품소개단계

상품소개단계는 고객에게 상품과 서비스를 제공하는 과정으로 만일 고객이 객실료와 희망 객실유형에 관해 언급이 없을 때 일반적으로 중간 객실요금 또는 고가객실을 우선적으로 제시하는 것이 가장 좋다. 고객이 상품을 구매하는 목적은 구매를 통해 자기의 이익을 추구할 수 있기 때문이다.

훌륭한 객실판매원은 고객의 필요와 욕구를 만족시킬 수 있는 상품의 특성을 강조할 줄 알아야 한다. 비싼 객실을 판매하는 것은 판매수입을 증가시키는 결과이나, 판매는 어디까지나 가격을 판매하는 것이 아니고 가치를 팔고 있다는 것을 잊어서는 안 된다.

#### ❸ 반대 극복의 단계

반대 극복단계에서 훌륭한 판매원은 반대를 환영해야 한다. 고객의 반대에 대한 응답을 할 때에는 특히 자세가 중요하다. 즉 주의 깊고, 예의바르게 이야기를 귀담아 듣되, 결코 대답을 너무 조급히 해서는 안 된다.

반대 극복의 한 수단으로 고객의 요구사항에 간접적으로 부정하는 방법을 사용할 수 있다. 예컨대 "The rate too high?"라고 할 때 당신은 "Tm notsurprised you think the rate is high, but you haven't seen the room yet."이라고 응답할 수 있다.

#### ❹ 판매종결단계

판매종결단계의 가장 훌륭한 방법 중의 하나는 고객에게 주문, 즉 구매행위를 완결하도록 만드는 것으로 등록카드에 고객의 서명을 받는 과정이다. 직원은 "Would you like to register, Miss Brody? I know you willfind this room very comfortable."라고 말하며 판매를 종결짓는다.

### (4) 입실절차

기본적인 입실절차는 다음과 같은 방법으로 행해진다.

❶ 예약을 한 고객이라면 등록 시 룸 클럭은 예약철(예약랙)에서 그 고객의 예약 Slip과 컴퓨터에서 고객의 예약상황을 찾아낸다.

❷ 룸 클럭은 등록카드가 완전히 작성되었는지 확인하고 크레디트 카드로 지급하는지에 관한 질문도 하여 등록카드를 검토한다.(등록)

❸ 룸 클럭은 객실료와 퇴숙일자를 확인한다.

❹ 룸 클럭은 객실번호, 객실료를 기재하며 이때 객실을 지정한다.

❺ 룸 클럭은 등록카드에 작성된 고객의 인적사항을 짧은 시간 내에 정확히 컴퓨터에 입력한다.

❻ 룸 클럭은 열쇠발급기에서 만들어진 객실열쇠를 건네기 전에 고객보다 먼저 도착한 우편물, 메시지 또는 소포가 있는지를 확인 점검한다.

❼ 룸 클럭은 벨맨에게 객실열쇠를 건네주면서 객실까지 안내해 드릴 것을 권한다. 만일 고객이 벨맨 서비스를 거부할 경우 객실의 위치를 구두로 설명해준다.

### (5) 단체등록

단체가 도착할 경우 특별한 취급절차가 요구된다. 즉 단체의 사전등록(Preregistration) 고객이 입숙(Check in)하기 전에 완료되어야 한다. 또한 관광단체 또는 컨벤션 그룹 등의 회계업무를 간소화하기 위하여 단체를 위한 고객원장(Mlaster Folio)을 준비한다. 단체가 도착하기 전에 해야 할 기타 사항을 열거하면 다음과 같다.

❶ **예약** 실제도착시간, 항공기 및 운항번호(Flight Number) 출숙시간 등을 사전에 알아둔다.

❷ **아침조기도착** 조기도착 고객에 관해 사전에 알고 있어야 하며, 정해진 출숙시간으로 객실정비가 지연될 때를 대비하여 고객이 지루하게 기다리지 않도록 적절히 시간관리계획을 세운다.

❸ **특별사례취급** 단체의 인솔책임자 성명을 알고, 트윈룸과 싱글룸의 사용숫자 파악과 특히 휠체어(Wheel Chair)나 특별한 침대의 요구 등이 있으면 사전에 파악해 둔다.

❹ **입실명단(Rooming List)** 사전에 명단을 준비하여 Rooming Slip을 미리 작성할 뿐만 아니라 각 객실의 열쇠를 준비한다.

❺ **단체 등록 시 데스크와 분리** 일시적 사용목적으로 데스크를 2개 설치하여 단체와 F.I.T.고객과의 혼잡을 피하는 것이 능률적이다.

### (6) 객실 배정

고객이 희망하는 객실을 유형, 위치 및 가격에 따라 적절히 잘 지정하는 것은 아무리 강조하여도 지나치지 않다. 고객은 호텔 존립을 위한 절대이유이다. 룸 클럭이 고객에게 호의를 베푸는 문제에 관해 마지못해 하거나 판에 박은 듯한 일상적인 접객태도로 일관하는 잘못된 통념에 사로 잡혀 있으면 안 된다. 룸 클럭의 비전문적 접객태도 및 판매행위는 잠재적 반복 고객 또는 단골고객을 놓칠 수가 있는데, 이는 훌륭한 세일즈맨이 새로운 고객을 발견하는 것보다 고객을 잃어버리는 것이 더 쉽기 때문이다.

#### ❶ 객실지정의 기초적 절차

- 고객이 등록하면 룸 클럭은 등록카드를 검토하고 객실료 및 출숙일자를 확인한다.
- 객원장에 고객의 성명, 객실번호, 요금, 인원수, 출숙일자 및 회사명 등의 해당 사항을 기재한다.
- 고객이 기다리는 우편물이나 메시지가 있는지 먼저 물어본 후 벨맨에게 고객을 지정 객실로 안내케 하고 벨맨은 가방을 들고 안내한다. 고객의 객실지정은 가능한 능률적으로 즐겁고 예의바르게 그리고 신속하게 하며 프런트에서 지체됨 없이 고객을 입실시키는 것이 중요하다.

### ❷ 객실배정 시의 유의사항

일반적으로 객실지정에서 예외적인 사례를 발견할 수 있는데 그것은 다음과 같다. 고객원장 및 등록카드에 'DNS' 라고 명기된 것은 'Did not Stay' 를 의미한다. 이것은 고객이 등록을 필하였으나 호텔에 체류하지 않거나 조기 출숙을 의미하는 것으로 이때 고객은 주로 객실료의 불만, 객실 불결, 벨맨 및 룸 클럭의 무례 등으로 이러한 현상이 생기는데 이를 방지하기 위하여 경영진은 철저히 상황을 점검 통제해야 할 것이다. 'RNA' 란 용어는 고객이 등록을 끝마쳤으나 객실을 지정받지 못한 상태로 'Registered, not Assigned' 의 머리글자이다. 이 경우는 고객이 조기 도착하여 프런트에서 아직 하우스키퍼 리포트를 받지 못했을 때 일어나는 경우이다.

'PIA' 란 용어는 'Paid in Advance' 의 약어로 고객이 선급금을 지급했을 경우이다. 선급한 고객에게는 예약 Slip과 컴퓨터에 룸 랙에 표시를 하여 요금을 재청구하지 않도록 충분히 주지시키고 만일 객실료만 선급되었을 경우에는 여타 부서에서 발생한 계산서는 곧 현금이나 호텔후불로 처리되어야 한다. 고객 중 가벼운 휴대품(Light Baggage)을 가지고 있을 때 선급을 요구하는 것이 상례이나 어떤 고객은 아침 일찍 퇴숙하기 위해 선급(PIA)을 하기도 한다. 재청구의 실수를 미연에 방지하기 위해 컴퓨터상에 Paid out을 정확히 기입하여 쉽게 식별할 수 있도록 한다.

그리고 예약 및 투숙고객의 'SPATT' 란 표시는 '특별 관심표명(Special Attention)' 을 의미하는 것으로 그 고객은 귀빈임을 주지케 하고 룸 클럭은 그 고객의 존재가치를 인정하고 최고의 서비스를 제공해야 한다.

## (7) Rooming Control

### ❶ Rooming Control의 중요성

객실통제는 효과적인 객실판매를 통해 최대의 가격으로 최대의 객실을 판매하기 위함이다.

### ❷ 예약의 점검

#### 가. Flight No. 확인

예약카드이며 Flight No.가 기재되어 있지 않을 경우 예약처에 연락, Arrival Time을 확인한다.

### 나. Cancellation 유무

예약 취소(Cancellation of Reservation)는 호텔에서 흔히 볼 수 있는 현상이다. 고객이 일단 예약하였을 때에는 그 객실은 판매계약이 성립된 것과 같다. 그러나 아직 대금이 지급되지 않았으므로 어디까지나 매매의 계약행위에 불과하다. 이 경우 예약을 정당하게 적정시간 안에 취소, 통보해 오는 경우는 호텔경영상 별로 손실은 없으나 그렇지 못하고 아무런 통보없이 고객 일방에서 나타나지도 않고 예약상태를 그대로 유지하는 경우가 많다. 이 경우에는 호텔의 손실을 피할 수 없게 된다. 그러므로 호텔을 이용하고자 하는 고객의 건전한 상식과 교양이 있어야 하나 현실적으로 그렇지 못하므로 손실을 사전에 예방하기 위하여서는 것은 두말할 필요가 없다. 룸 클럭은 세심한 주의와 노력이 있어야 한다. 매일 예약대장이나 카드를 체크해보면서 고객이 약속한 시간 내에 나타났는가의 여부를 확인해 보아야 한다. 만약 시간 내에 오지 않으면 일단 예약의 취소로 간주하고서 즉시 재판매할 수 있는 조치를 취해야 한다. 그러나 호텔에 따라서는 이 재판매(Re-Selling)할 수 있는 시간을 결정하는데 있어 약간 다른 면을 보여주고 있다.

고객이 가장 많이 오는 시간을 재판매의 시간으로 정한다든가 혹은 항공기의 도착시간을 기준으로 하여 이 시간이 지나서도 오지 않을 때를 그 시간으로 정하는 수도 있다. 어쨌든 룸 클럭은 세심한 체크로 호텔예약 취소가 경영에 미치는 손실을 사전에 방지할 수 있게끔 각별히 주의하여야 한다. 예약의 취소는 도착예정일 이전에 최초의 연락을 받는 경우와 당일이 되어서 연락이 있는 경우가 있다. 예약카드에 이미 Canceled의 Stamp가 찍혀 있고 취소를 연락해온 자(통상예약자)와 연락을 받은 자의 성명, 일별 등이 기록되고 있기 때문에 이것들을 예약카드에 기재한다. 기재 후 컴퓨터에 예약번호를 찾아 Delete시켜 준다.

### 다. No Show 가능 예약의 판단

이것은 취소의 경우와 달라서 도착을 안한 것이 아니다. 하루 늦게 도착하는 일은 가끔 있기에 예약자와 전화로 연락을 취할 수 있는 경우이면 No Show에 관해서 물어본다. 예약자도 자세한 것을 모를 경우에는 No Show라고 해서 예약카드에 기재한다. 기재한 후에 예약카드는 버리지 말고 최초의 카드와 함께 예약부서로 넘긴다.

### 라. Suite Room Control

Suite Room은 객실 수가 비교적 적고 객실료가 비싸서 판매율이 저조하다. 따라서 룸 클럭은 Walk-in Guest 또는 일반 객실예약고객에게 호텔에서 규정한 할인율을 제시하고 유도하여 판매의 효율성을 기한다.

## ❸ 출발예정의 확인

### 가. 예정변경이 없는 경우

퇴숙시간이 당일 12:00까지라고 전달한다. 만약 오후 늦게 퇴숙(LateCheck-out)을 원하면 호텔에서 규정한 추가요금(Over Change)을 고객에게 통지한다.

### 나. 예정일이 변경되는 경우

예약상태를 확인하는 것은 물론 당일의 객실상황을 확인해서 O.K를 해야 하며 변경이 된 경우에는 Change Record에 기입하고 Change Slip을 작성한다. 또한 컴퓨터에 숙박기간을 수정하고, 하우스키핑 사무실에도 변경사실을 통보한다.

### 다. 예정보다 빠른 출발

- Date of Departure가 빠를 경우 컴퓨터의 Check out 날짜를 재조정한다.
- 당일 Early out일 경우 즉시 객실과(Housekeeping)로 통보하여 Availabe 상태를 만든다.

### 라. Over Booking의 경우

예약이 Over가 되어 Extension이 안 될 경우는 정중하게 불가능 여부를 설명한다. 연장 가능한 객실이 부족해서 부득이 일부만 Extension을 해줄 경우는 다음과 같은 순으로 연장을 시킨다.

- V.I.P
- Longterm
- 고급객실
- F.I.T

### 숙박기간 연장 시

고객이 예정된 숙박기간의 연장을 요구할 때에는 다음과 같은 과정이 요구된다.

- 숙박연장이 가능한지의 객실현황을 파악한다.
- 숙박연장이 불가능할 때에는 정중하게 설명하고 차선의 방법을 제시한다. 숙박연장이 가능할 때에는 고객을 프런트로 오게 해서 지급방법을 결정(현금지급일 경우는 예치금 추가 요구)하고 새로운 객실열쇠를 만들어서 사용하도록 한다.
- 등록카드와 컴퓨터의 숙박기간을 수정한다.
- 고객이 퇴숙인데도 아무런 연락이 없이 퇴실하지 않은 경우에는 12시경부터 Today's expected departure report를 Print out시켜서 고객과의 통화를 시도하여 당일 객실현황에 따라 연장 여부를 통지한다.

## ❹ No Show와 Cancellation

### 가. 원인

No Show는 거의가 예약자 또는 투숙하는 당사자의 무관심 내지는 무성의에 기인하는 경우가 대부분이지만, Cancellation은 적어도 호텔 측에게 예약자가 알려주는 경우가 많다. 또한 거의가 갑작스럽게 일어난 예약자의 사정에 의한 경우가 많다.

### 나. 방지책

예약을 받을 당시에 어떤 변동사항이 있을 때에는 즉시 연락을 호텔 측에게 주도록 하는 의식을 고취시킨다. Confirm 강화, Confim의 횟수를 늘리기보다는 정확히 한다. 예약자 측에서는 무언가 성의있는 태도를 보이게끔 유도하는 것이 중요하다.

예약을 받을 때 예약자, 연락처, 지급관계, 숙박기간, Room Type 등을 정확히 받아 Confirm 시 성의있게 물을 수 있도록 한다. 일요일, 공휴일 또는 연휴 시 도착예정 예약은 미리 그 전일 Confirm을 하여 연락을 못 취해서 Confirm에 착오를 빚는 일은 없도록 한다.

항공기 연착(Late Flight) 등에 따른 명단 Check, Late Flight Number 등 No Show에 대비한다.

### ❺ Turn Away

Turn Away는 고객의 예약이 확인되었음에도 초과예약이나 기타 예기치 못한 사정으로 인하여 객실을 제공하지 못하고 다른 호텔로 모시게 될 경우이다. Turn Away는 가까운 곳의 동급 이상의 호텔로 안내해야 하며, 다음과 같이 분류할 수 있다.

#### 가. No Reservation

알선 호텔명과 예약접수, Clerk의 성명을 기록하여 고객에게 전달하고 호텔의 위치와 찾아가는 방법을 설명한다.

#### 나. Claim Reservation

고객은 예약했다고 주장하나 당 호텔에 예약기록이 없을 때에는 통상적인 No Reservation 고객과 같이 처리한다. 그러나 진심에서 우러나오는 최선의 서비스를 제공하여 고객의 불평을 최소화한다. 그리고 고객에게는 반드시 다음 사항을 문의하여 기록해 놓아야 한다.

- 언제 예약하였는가?
- 예약경로는 어떻게 되는가? ·
- 누가 Confirm을 하였으며 Confirmation이나 Number를 갖고 있는가, 만약 추후에 고객의 예약기록이 확인되면 책임의 소재를 확인하여 호텔 측이 실수인 경우에는 상응하는 조치를 취해야 한다.

#### 다. Late Arrival

예약 시에 명시된 고객의 도착예정시간보다 1시간 이상 늦게 도착한 경우에는 Turn Away되는 호텔까지의 왕복 교통편을 제공하고 Log Book에 기록하여 다음날의 숙박에 차질이 없도록 한다.

#### 라. Guaranteed Reservation

도착 보증된 예약을 말하는데 GTD로 표기한다. GTD 예약은 다음날 12시까지 객실을 비워두어야 하고, 도착하지 않을 경우에는 No Show Charge를 한다. GTD 예

[표 1-1] 턴 어웨이 발생 시 조치

| Turn Away 발생 시 조치(예) |
| --- |
| **❶ Turn Away 발생원인이 호텔 측에 있는 경우**<br>• 예약카드 누락의 경우<br>• Confirm된 예약으로 호텔도착 예정시간 이내에 도착한 경우<br>• Deposit 또는 Guaranteed된 예약으로 24:00분 이내에 도착한 경우<br><br>**[조치]**<br>• 타 호텔예약 및 교통편의 제공<br>• 1박분 객실료의 50% 부담<br>• 고객희망에 따라 다음날 당 호텔로 모심(Pick up Service)<br><br>**❷ Turn Away 발생원인이 고객에게 있는 경우**<br>• 도착시간이 없고 예약처 및 본인과 확인이 되지 않은 예약으로 18:00가 경과한 경우<br>• 공항 도착시간으로부터 3시간이 경과한 경우(Flight Delay는 별도 감안)<br>• 통보된 호텔도착시간으로부터 1시간 이상 경과한 경우<br>• 통보된 Flight의 탑승객 명단에 없는 경우<br><br>**[조치]**<br>• 타 호텔예약 및 교통편의 제공<br>• 본인 희망 시 다음날로 당 호텔로 모심<br>• Flower Service with Apology<br><br>**❸ 조치에 필요한 경비 처리방법**<br>• 교통편의 제공은 가능한 업무용 차로 하며 택시의 경우는 수납과 가불로 하고 차후 판촉부 Turn Away 변상비로 처리한다.<br>• 객실료(1박분의 50%)의 지급은 후불로 경리과에서 하고 판촉부에서 처리한다. |

약의 Tum Away는 발생하지 않아야 하며 최악의 경우에 발생되면 지배인 이상의 책임자가 직접 정중히 상황설명과 함께 사과해야 하며 최선을 다하여야 한다.

### ❻ 객실의 변경

호텔객실은 고객의 요청과 또는 호텔운영상 불가피한 사정으로 이전하지 않으면 안 될 때가 있다. 이 경우 호텔고객의 기분을 상하지 않도록 세심한 주의를 기울여야 할 것은 물론이다. 후자의 경우에는 고객에게 충분히 납득이 갈 수 있도록 사정을 성명하고 기꺼운 동의를 얻을 줄 알아야 한다. 어떠한 경우이든 일단 객실을 변경할 때에는 다음 절차를 취함이 원칙이다.

- 린넨 룸이나 하우스 키퍼에 객실변경표(Change Slip)를 보내 먼저 고객이 이전해 갈 방을 정리하도록 한다.
- 포터에게 통지표(Poriter's Order Slip)를 보내 고객의 짐을 이전할 방으로 옮기도록 하고 완료 후 알리도록 한다.
- 변경통지표(Change Notice)를 3부 작성하여 캐셔, 고객, 데스크에 각각 송달 · 비치하여 객실번호와 요금 등을 변경 정리토록 한다. 이는 물론 인포메이션, 메일 등의 모든 슬립의 정리도 동시에 이뤄져야 한다. 그렇지 않으면 잘못된 전화의 연락, 우편물의 실수, 계산의 착오 등을 가져올 우려가 있다.
- 여러 가지 기록도 즉시 정정하여야 한다. 이 기록의 종류로서는 고객 도착 및 출발기록, 고객 이력철 등이 그 중요한 내용이다.

#### ❼ 지급조건의 변경

- 본인의 지급이 회사 및 타인의 지급으로 변경
- 회사 및 타인의 지급이 본인지급으로 변경
- 모든 비용의 지급이 일부 비용의 지급으로 변경
- 지급조건의 변경가능 조건
  - 지급자의 여신거래 계약이 체결되어 있을 경우
  - 지급자가 프런트에 와서 신용카드를 제공한 경우
  - 현금을 예치한 경우

#### ❽ Up Grading

예약의 조정에는 다소의 오차가 발생할 수 있으므로 때로는 고객이 요구한 객실을 제공하지 못하는 경우가 있다. 이때 예약된 객실보다 높은 요금의 객실을 예약요금으로 제공하는 것을 Up Grading이라고 하며, Supervisor 이상의 허락을 받아서 처리하고 등록카드와 컴퓨터의 Additional Information란에 U/G라고 표기한다. 또한 2

박 이상의 경우에는 다음날에 원래 예약된 객실의 여유가 있을 때 판촉효과 및 고객우대 개념으로 U/G할 경우도 있는데, 이는 지배인급 이상의 관리자가 결정할 수 있으며 U/G된 경우에도 실제 지급예정 요금과 관계없이 모든 서비스는 예외인 경우를 제외하고는 정상적으로 제공한다.

### ❾ Walk in Guest

Walk in을 어떻게 취급하느냐는 룸 클럭의 수단에 있으며 예약이 없는 경우이므로 호텔의 입장에 고급객실을 유도, 판매할 수 있다. 단, 지급보증을 확실히 해두어야 한다. 충분한 Deposit이 필요하다. Overmight인 경우 Room Rate의 1.5배, 신용카드 혹은 국내에 확실한 연락처에 지급보증 등이 있다 해도 조심하지 않으면 안 된다.

Deposit을 당연하게 생각하는 고객이 있는 반면, 상당한 거부반응을 일으키며 화를 내는 고객이 있으니 항상 조심하여 취급한다. 위의 경우 이외에도 자주 찾아오는 고객이 예약없이 오는 경우가 많으므로 유의하여야 한다. 이와 같은 고객은 예약이 없어도 객실을 제공받을 수 있고 호텔로부터 특혜를 받을 수 있다고 생각하므로 취급에 신경을 써야 한다. 이러한 경우 투숙 후 고객관리카드를 대조하여 지급관계, 예약자료 등을 확인하도록 한다.

특히 예약은 했으나 당일예약이 확인이 안 된 경우는 다음과 같다.

- 고객의 성명이 정확하게 기재되어 있지 않은 경우
- 고객의 도착일에 잘못이 있을 경우
- 해외 Agent를 통한 예약의 중계가 잘못되었을 때 위와 같은 이유로 확인이 어려운 경우가 있으면 어떠한 이유라도 고객에게 불안감을 주어서는 안 되며, 확인이 안 되는 경우에도 최선을 다하고 있다는 인상을 주어 고객에게 정중히 사과하고, 외적인 요소로 착오가 있을 경우 고객에게 충분히 납득시켜야 한다.

#### 가. 고객 성명의 오기

고객의 이름이 잘못되어 있는 경우로는 예약자가 고객의 이름을 정확히 모를 경우 자기 이름으로 예약을 하는 경우와 또는 평소에 부르던 애칭만으로 예약을 하는 경우이며, 전혀 다른 이름 혹은 First Name과 Last Name이 바뀌는 경우 또는 예약접수자의 실수로 Last Name의 첫 글자가 발음이 비슷한 다른 알파벳으로 오기하여 확인이 안 되는 경우이다.

#### 나. 도착일의 착각

고객성명의 오기인 경우에도 확인이 안 되는 경우 예약날짜가 잘못되어 있는 경우가 있으므로 컴퓨터로 후일 예약도 확인을 해야 하며, 전일 No Show된 예약도 확인한다. 특히 구미인의 경우 날짜변경선을 지나서 오는 경우가 있으므로 그 점을 감안하여 예약당일을 전후하여 확인을 한다.

또한 Flight 사정으로 지연되는 경우도 있으며 그러한 경우 본인이 항공사나 여행사를 통하여 호텔에 예약변경 통보를 요청하는 경우가 있으나, 그 통보가 호텔로 연결이 안 될 경우도 있다. 그러한 경우 손님에게 충분히 납득을 시키고 불쾌감을 갖지 않도록 정중히 사과를 한다. 예약이 확인되었을 경우 그 예약카드를 살려주도록 한다. No Show되었던 카드는 다시 정정하여 Pickup으로 정리하며 후일 예약인 경우 Date Change를 하여 당일 Pick up으로 처리된다.

#### 다. 확인이 안 되는 예약

해외의 각 Agent, Airline 등에서 예약을 할 경우 Free Sale계약으로 인해 일방적으로 Confimation Slip을 발행하는 경우가 있으므로 유의하여야 한다. 특히 여러 여행사를 통하여 예약이 중계될 경우 호텔 측에 예약이 미접수되는 경우도 있다.(보기 : 해외여행사…H.R.I..호텔)

이러한 경우 방을 제공해야 하며 고객의 확인 슬립을 회수하거나 복사를 하여 예약카드에 첨부하여 후일 참고가 되도록 한다.

### ⑩ 객실이 없을 경우 예약객의 도착

이러한 형상은 Full Booking으로 타 호텔로 Turn Away를 해야 할 경우가 있다.

#### 가. 특정 Room Type이 부족할 경우

Request한 객실이 없고 다른 형태의 객실이 있을 경우 객실형태의 통보 여부를 확인하고 통보가 안 되어 있는 경우 두 가지 Room Type의 가격차가 크지 않으면 Grade up시키고 객실가격을 정확히 통보한다.

가격의 차가 큰 경우 먼저 고객의 의향을 물어 Grade up을 유도한다. 단, 본인지급이 아닌 경우 CO.A/C, Agent A/C에 유의해야 한다. 객실을 Special Rate(S.R)로 제공하되, 다음날 Room Change를 요청하는 일이므로 경중하게 말한다. 그 외에도 본인이 Grade up을 원하지 않을 경우에도 S.R로 제공하고 다음날 Room Change의 승낙을 받으면 반드시 교체대장에 다음날 Room Change할 것을 기입한다.

### 나. 빈 객실이 없을 경우

Full Booking으로 인하여 객실을 제공하지 못할 경우 고객이 도착해서 예약확인을 받았는데 객실을 제공받지 못하면 고객으로서는 여간 불쾌한 것이 아니다. 이는 호텔 측에서도 상당히 큰 손실이며, 고객으로부터 좋은 인상을 받지 못한다. 룸 클럭으로서는 고객을 대하는 것이 상당히 난처한 일이며, 고통스러운 일이기도 하다. 이러한 경우 성의를 가지고 고객을 응대하며 고객이 수긍할 수 있도록 모든 조치를 취해야 한다. 지배인에게 보고하여 고객에게 사과를 드리고 즉시 수준이 비슷한 호텔에 예약을 하고 왕복교통편을 제공하며 타 호텔에 직접 안내를 하는 것도 잊어서는 안 된다.

어떠한 경우라도 다음날 만전의 준비를 해놓고 기다리며 Flower Service 등 지배인의 사과도 아끼지 말아야 한다. 타 호텔의 Room Change는 50%를 1박에 한해서 지급토록 되어 있고 반드시 다음날은 당 호텔에 투숙시키기로 되어 있다. 이때 고객의 거부반응으로 투숙을 꺼려하거나 기피할 때에는 부득이 50% Room Change를 지급하고(1박분) 그날부터는 본인이 지급하도록 하며 Information에 차질이 없도록 모든 조처를 취한다.

### ⑪ 달갑잖은 고객의 접대

호텔고객이 등록하는 과정에서는 달갑잖은 고객의 접대를 맞이하여야 할 경우가 있다. 이때 룸 클럭은 호텔의 명성과 평판에 영향을 줄지도 모르는 이러한 고객을 가능한 한 재치로서 피할 수 있게끔 처리하여야 한다. 경찰 당국이나 관련 기관원과 협조하여 호텔영업에 지장을 초래하지 않도록 노력하는 한편, 데스크에서 이 고객이 등록하려고 하면 객실이 모두 판매되었다고 하든가 혹은 최고가의 객실을 제시하는 등의 방법을 취한다.

이러한 고객과 마찬가지로 등록하는 고객이 짐을 갖고 오지 않았거나 수상한 데가 보이는 고객에게는 요금의 선급을 요청하고 예정된 체크아웃 시간에는 계산서를 마감하여 고객의 동태에 각별한 주의를 기울인다.

특히 각 호텔은 상호 이익을 지키기 위하여 불량객에 대한 정보를 교환하고 있으며, 이에 발견 시에는 즉시 해당호텔로 연락을 해주어야 한다. 또한 불량객 중에는 금전적인 능력은 있으나 객실시설을 상습적으로 망치거나 고성방가로 타 투숙객의 안락을 해치는 고객이 있다. 이런 고객의 투숙 요구 시는 비록 빈 객실이 있더라도 만실이라는 것을 이유로 숙박을 거절한다. 이외의 이유로 한다든가 만실의 이유를 설명한다든가 할 경우에 고객이 납득하지 않는 경우가 있으므로 주의해야 한다.

## 6) 프런트 캐셔(Front Cashier)

### (1) 통일회계제도의 유래와 특징

호텔회계제도는 1925년 미국의 뉴욕호텔협회(Hotel Association of NewYork City)에서 호텔통일회계제도를 시작한 이후로 이듬해인 1926년에는 호텔통일회계제도(USAH)가 발표되었고, 계속 수정 · 보완되고 있다. 이 제도의 특징으로는 다음과 같은 것이 있다. 첫째, 업장의 다원화로 발생장소와 다른 거래를 고객별로 회계처리를 한다.

둘째, 판매가 완료된 수익의 기록을 부문별로 회계처리하며, 이것을 손익계산서에 집합시킨 것이다. 셋째, 호텔의 수익은 서비스의 제공과 공간의 확보, 시간제 사용권의 임대로 발생하며, 모든 거래의 기록은 프런트 회계오피스에 전기되어 고객 원장(Great Ledger)에 기록된다. 넷째, 고객이 입숙하여 퇴숙할 때까지 판매한 외상거래(City Ledger)는 호텔회계기에 의하여 일관성 있게 장부에 기록하여 누락을 방지한다는 점이다.

이 호텔회계기를 이용해 신속 · 정확 · 간단히 요금계산을 하며, 종업원의 책임한계를 명확히 해주고, 감사에 증거물로서 남는다. 이와 같은 호텔회계기를 이용한 회계조직이 중앙집중식 회계처리이다. 또한 호텔협회의 호텔회계준칙작성위원회가 미국공인회계사회(AICPA), 증권거래위원회 및 미국회계학회(AAA)와 더불어 압력단체인 특정산업체회계실무(Industry Practice)로 등장함으로써 호텔 회계는 더욱 특수성이 반영된 회계로서 발전해 왔다.

호텔회계는 동일한 장소에서 2개 업종 이상의 수익회계가 발생하고 고객별로 그 회계처리가 이루어진다. 즉, 서비스상품을 제공하고 그의 반대급부로 수익이 실현되므로 수익에 대한 인식 기준, 매가의 원가계산 및 판매의 기록과 관리에 관하여 특수성이 반영된 회계제도가 필요하게 된 것이다.

한편, 유니폼 회계제도(Uniform Accounting System)가 제공하는 영업부문의 구분에 의해서 열거하면

- 객실(Rooms)
- 식음료(Food and Beverage)
- 카지노(Casino)
- 전화(Telephone)
- 차고 및 주차장(Garage-Parking Lot)
- 골프코스(Golf Course)
- 골프 프로 숍(Golf Pro Shop)
- 고객용 세탁(Guest Laundry)
- 수영장-카바나-욕실 (Swimming Pool-Cabanasbaths)
- 테니스(Tennis)
- 기타 영업부문(Other Operated Departments)
- 임대료 수입 및 기타 수익 (Rentals and Other Income) 등으로 나뉜다.

### (2) 프런트 캐셔의 업무내용

프런트 캐셔는 객실이용에 대한 회계업무 및 외화교환업무를 주로 하며 고객의 요청에 의한 귀중품 보관업무도 수행하고 있다.

#### ❶ 빌(Bill : Guest Folio)의 작성

프런트 캐셔는 객실이용객의 빌(고객계산서)을 작성한다. 빌은 작은 호텔의 경우

는 손으로 작성하게 되나, 객실 수가 많은 호텔(200인실 정도 이상)은 호텔 머신을 사용해서 기록하게 되므로 그 조작방법을 배우지 않으면 안 된다.

빌은 날짜, 이용객, 성명, 객실번호, 객실요금, 남녀별 인원수, 국적 및 지급조건 등 룸 클럭에 등록된 것에 따라 기입되어 등록카드에 첨부되어 넘겨 온다. 프런트 캐셔는 넘겨 온 빌에 객실요금, 서비스료, 세금, 기타 각종 요금을 기입하여 넣는다. 각종 요금에는 전화사용료, 팩스이용료, 수익료, 음식료비 등이 포함되는데, 이를 위해 해당 부문에서 사용된 각 전표를 넘겨받는다. 여기서 프런트 캐셔는 각 전표에 기재된 이용객명, 서명, 객실번호, 금액을 확인하여 해당 이용객의 빌에 요금을 컴퓨터에 입력시킨다. 이 모든 요금은 이용객의 체크아웃 시에 정산된다.

최근 들어 대부분의 호텔에서는 컴퓨터에 의한 중앙전산화시스템이 갖추어져 객실고객이 호텔 내 부대업장을 이용 후 정확하게 서명만으로 해당 업장 직원이 확인 후 Room Change하게 되면 자동적으로 프런트 캐셔에 있는 Guest Folio에 이용금액이 기록된다.

그리고 이용객이 체크아웃할 때 빌을 정산하는 방법에는 세 가지가 있다. 첫째, 현금계산으로, 이는 현금을 수령하므로 채권관계가 자연히 소멸되어 별 어려움이 없다.

둘째, 신용카드 이용객인 경우이다. 신용카드 소유자가 체크아웃을 할 때에는 빌을 정산하면서 그 카드가 유효한가, 어떠한가를 확인한 후 취급한다. 셋째, 신용카드 소유자 외의 외상에 대하여는 호텔에서 외상을 승인하고 있는지의 여부를 확인한 후에 취급한다. 빌 위에 이용객의 소유 등을 될 수 있는 한 상세하고 명확하게 기입하여 이용객의 서명을 받는다.

### ❷ 외화교환업무

외화는 각 국의 각종 현금 및 각종 여행자수표가 포함되고, 환율(Exchange Rate)에 근거하여 환산, 지급하면 된다. 교환업무의 수속은 신청서와 외국통화 매입인 의뢰서(Application for Foreign Exchange)가 필요하며, 기재사항은 날짜, 객실번호, 국적, 패스포드 번호, 성명, 서명, 희망금액 그리고 취급자의 사인 등이 된다.

외국인이 숙박하는 호텔의 외화교환업무는 비교적 단순하기는 하나 현물거래이기 때문에 세심한 주의를 기울여야 한다. 또한 정확하고 스피드한 정확성으로 외국환업무를 유니크한 입장에 있는 업무라 할 수 있다.

외환계는 매일 아침 거래은행에 문의하여 그 날의 환율(Exchange Rate)을 표시판에 게재한다. 또한 업무를 종료하기 직전에는 교환한 외국통화현금, 여행자수(Traveller's Check)별로 집계하고 교환보고서(Exchange Report)에 정리, 기입하고 외국통화매입의뢰서와 외국통화를 같이 출납과(General Cashier)에 제출한다.

### ❸ 귀중품의 보관

호텔을 찾는 고객이 소지한 물품 중에 귀중품을 맡길 때에는 프런트 캐셔에게 맡긴다. 귀중품을 보관할 때에는 확인하고 보관증을 발행하여야 한다. 만일 고객이 귀중품을 호텔 내에서 분실하였을 때에는 호텔 측에서 책임지지 않는다.

그리하여 호텔 내의 프런트 등록카드와 객실 내에는 귀중품 보관 및 주의 공고를 하고 있다. 즉, 고객이 입숙할 때에 반드시 등록카드에 성명, 주소, 회사명과 서명 등을 기입하고 나면 하단에 눈에 잘 띄도록 '귀중품을 반드시 호텔 프런트 캐셔에게 맡겨 주십시오.' 라는 내용으로 권유하고 있다.

금고의 사용은 우선 금고기록서에 성명, 주소, 객실번호, 날짜, 서명을 고객이 기입하도록 한 후 동시에 금고기록서용 봉투의 서명란에 취급담당자는 금고 열쇠의 번호 기입과 서명을 하고 나서 열쇠를 고객에게 건넨다. 금고사용이 끝나고 물건을 반환할 때에는 확실히 해당 고객의 서명을 받아 둔다. 혹시 열쇠를 분실할 경우는 그 비용을 명시해 둘 필요가 있다.

## (3) 업무수행절차

서비스가 제공되는 시점에서 호텔투숙객이 반드시 현금으로 지급한다고 볼 수 없다. 객실료 및 음식료 등의 요금계산서가 호텔 내의 후불로 집계되어 출숙 시(Check out Time) 지급하는 것이 통상적이며, 호텔 내에는 다양한 시설이 분산되어 그 이용료에 대한 계산이 프런트 업무실(Front Office)로 집계 · 청구되므로 가능한 빨리 고객의 체크 아웃시간에 맞추어 정확하고 완전하게 정리되어 있어야 한다.

이러한 청구내용들을 빌에 전기하고 각 영업부문의 매상회계를 산출하게 된다. 또한 체크아웃을 할 때에는 현금과 외상거래(City Ledger)가 발생하는데, 이들은 경리부 출납과를 통한 수익으로 계산된다.

### (4) 업무수행상 주의 사항

고객이 이용한 호텔 내 모든 영업장에서 발생되는 계산서를 집계하여 청구서를 작성함은 물론 현금 수납과 보관, 각 영업장 캐셔의 지도와 외화교환업무, 여행자수표, 후불판매에 따른 사항들을 취급하게 된다.

#### ❶ 여행자수표

여행자수표는 여행자가 가지고 다니면서 쓰는 자기앞 수표와 같은 것이다. 여행자가 직접 현금을 지니고 다니는 심적 위협을 느끼지 않도록 현금과 같이 사용할 수 있도록 한 것이다. 이것은 하나의 수표로 현금을 주고 매입할 때 서명을 하고, 사용할 때 서명을 해서 쓰기 때문에 제 삼자는 사용이나 위조를 할 수가 없다. 따라서 두 번 서명하지 않은 것은 분실이나 도난 시에 타인이 사용할 수 없도록 하기 위한 것이다.

#### ❷ 신용카드 판매제도(Credit Card)

후불판매제도 또는 신용판매제도라고도 하며 공신력이 있는 기관이 중심이 되고 호텔과 여행업자가 회원이 되어 그 회원에 대하여 후불제도를 실시하는 것이다. 그리고 지급방법은 카드소지자와 관계없이 지점이나 은행이 직접 지급을 하기 때문에 편리하며 호텔 측에서는 현금판매와 다름이 없이 취급한다.

이와 같이 고객이 카드를 제시할 때 다음과 같은 점에 주의해야 한다.

- 카드가 유효기한 내의 것인가?
- 신용카드에 서명한 것과 신용카드의 영수증에 서명할 때 같은 필적인가 확인한다.
- 카드의 뒷면에 서명되어 있지 않은 경우에는 신분증 제시를 요구하여 본인 여부를 확인한다.

### ❸ 대외후불(City ledger)

지급수단에서 대외후불인 경우는 여러 가지 제약조건을 가지고 있다. 여행사의 경우는 발생금액이 상당히 큰 편이고 여행사의 특성상 영세한 곳도 많기 때문에 연회계기간을 기준으로 하여 충분한 지급보증을 받아서 그 범위 내에서만 후불처리하게 되는 경우가 많다. 가령 월평균 추정 후불발생액에 해당하는 금액을 해당 여행사 거래은행에 질권설정을 하고 그것을 담보로 매월 발생한 금액은 익월까지 정산하게 하되, 정산이 제대로 안 되는 경우는 바로 후불계약을 파기하거나 기타 방법으로 처리하는 것이 보통이다.

여행사의 경우 월 거래금액이 많으므로 악성후불로 남을 경우 호텔에 상당한 손해를 끼칠 수밖에 없고 또 그런 예가 특급호텔에서 발생되었던 사례가 있다. 일반단체의 경우는 예약 시 판촉담당자가 후불로 처리해도 무방하다고 판단되면 후불확약서(Credit Apprication)을 작성하여 사전에 여신과장(Credit Manager)의 승인을 얻어야 하고, 만약 문제가 발생할 경우는 판촉담당자와 여신과장이 책임을 원칙으로 한다.

### (4) 현장회계

현대 호텔은 단순한 숙박영업부문에서 탈피하여 다각경영의 형태로 이행되고 있으며, 각 부문은 그 나름대로 영업목적에 대한 노력이 눈부시게 나타나고 있다. 그 영업이 동일한 장소에 있다고 하여 단독적으로 분리하여 영업하지 않고 영업내용에 따라서는 외래객들이 상당한 수를 차지하고 있다.

일단 호텔에 숙박하게 되면 호텔 내의 어떤 영업장에서도 사인 하나로 통하게 되기 때문에 숙박객은 마음대로 이동하게 된다. 그러므로 여기에 응하여 각 영업부문에서도 숙박객으로 인하여 발생된 사항들을 조속히 집계하여 언제든지 숙박객의 요구에 응하여 결제되도록 준비한다. 그러므로 합리적으로 신속하게 계산될 수 있는 조직이 필요하다.

## 7) 나이트 오디터(Night auditor/Clerk)

### (1) 나이트 오디터

나이트 오디터는 호텔 내부의 다양한 업장에서 마감을 하게 되면 리포트를 캐셔들이 가지고 오면 최종적으로 점검하고 그날 호텔의 총매출을 마무리 하는 중요한 회계 업무를 담당한다고 보면 된다.

오디터는 호텔의 고독한 지배인이며 밤의 동반자이다. 생동하는 거대한 호텔의 기능도 밤과 더불어 정숙을 유지한다. 고객의 개별 활동도 멈추어지고 내객(Patron)의 왕래도 뜸해진다.

나이트 오디터는 이러한 호텔의 적막 속에서 밤의 숨결을 만끽하면서 하루의 경영 결과를 차분히 체크한다. 다시 말하면 특별히 늦게 도착하고 고객을 위해 투숙(Rooming)시키는 일 이외에는 객실의 판매가 없으므로 일반적으로 오후 11~12시에서 다음날 7~9시까지 근무에 임하고 호텔의 일정한 양식으로 객실점유상황을 체크하여 객실 수입에 관한 자료를 작성하여야 한다.

이 자료는 다음날 제출되며, 이 작업과 함께 호텔의 야간업무의 실질적인 책임자가 된다. 물론 야간지배인이 별도 당직에 임하기는 하지만 현관기능의 실질적인 책임자로서 다른 일반 접객종업원의 지시 · 감독을 한다. 또한 야간의 긴급사태에 항시 대응할 수 있는 별도의 명령체계와 질서를 명확히 해두는 것이다. 이런 모든 일을 나이트 클럭은 되풀이 반복하면서 호텔의 기능을 부단히 연결해 두는 막중한 임무가 부과되어 있는 것이다.

### (2) 나이트 오디터의 업무내용

야간업무는 주간업무의 연장이며 주간 근무자로부터 미결된 업무를 인계받아 정리 · 마감하고 총정리를 하는 것이다. 그리고 다음날 업무수행을 할 수 있도록 다음과 같은 업무내용을 수행하고 있다.

- Message, Mail Check
- 각종 전달물 확인(Will Call for Blue Slip)
- Sleep Out Room Check
- Night Clerk Report 및 각종 Report 작성 등

#### ❶ 메시지 및 Mail Check

고객에게 전달될 각종 우편과 메시지가 누락된 것이 없나 확인해 보며 미전달된 메시지는 문 밑으로 넣어주며 우편(편지 또는 팩스) 등 고객에게 전달 · 확인받아야 하는 중요한 메시지는 Red Notice Paper를 작성하여 문 밑으로 넣어준다.

### ❷ 각종 전달물 확인(Will Call for 및 Blue Slip)

자정이 넘어서 미전달된 물품은 Will Call for 와 Blue Slip을 분류하여 Blue Slip의 경우 Key Box에 Blue Slip이 남겨져 있는지 확인하고 또한 그 고객이 다음날 체크아웃인 경우 Red Notice Slip을 사용하여 문 밑으로 그 고객에게 물품이 보관되어 있음을 알리도록 한다. 물품의 보관상태를 파악한 후 다음날 아침 근무자에게 인계하여 계속 Follow up할 수 있도록 한다.

### ❸ Sleep out Room Check

자정이 넘어서 Key Check를 실시하여 투숙고객의 객실 사용 여부를 확인한다.

#### 가. Room Check의 필요성

일반적으로 하우스키핑의 Room Check Report와 Front Desk에 보관되어 있는 키 및 예약조건 등을 확인하여 가능한 룸 체크를 하지 않는 것이 고객의 사생활을 침해하지 않는 좋은 방법이나, 하우스키핑의 룸 체크 리포트 작성시간(18:00 이후의 변동상황과 고객과의 Communication) 잘못으로 발생되는 Non-Sleep은 정확히 파악하기 어려우며 이로 인하여 발생되는 Allowance 혹은 Slipper를 최소로 줄이기 위하여도 Room Check는 필요하다.

#### 나. Room Check의 방법

- 컴퓨터에 나타난 Staying Guest와 Key를 확인하여 Sleep-out Guest를 확인한다.
- 확인된 Sleep-out Guest Room No.를 하우스키핑의 체크리포트와 확인하여 짐이 없는 객실을 판별해낸다. 짐이 없는 객실은 최종적으로 Room Check를 해보도록 한다.
- 최종적으로 짐이 없다고 판명된 객실은 예약 Source 및 Second Call 예약을 확인하여 Skipper 처리할 것인지, 또는 Check out시켜 Bill을 Holding할 것인가를 결정한다.

#### ❹ No Show 및 Cancel 카드 정리

자정이 지나서도 Check in이 안 된 카드를 정리하여 No Show 및 Cancel Card로 분류하며, No Show Card는 컴퓨터로 현재 투숙 중 또는 앞으로 예약되어 있는 고객과 Double Booking이 되어 있는지 확인한다.

현재 투숙 중인 고객일 경우, 현재 적용된 가격과 차이가 없는지 혹은 지급 관계가 이상이 없는지 확인하여 예약 Slip에 Remark한다. 또한 No Show된 예약 중 Flower 혹은 Fruits 및 기타 Treatment가 있을 경우 회수토록 하며 기타 팩스, 편지, 전달물이 있는 경우 그 품목을 확인하여 팩스, 편지는 Holding시키도록 하고, 전달물인 경우 다음날 그 물품을 맡긴 사람에게 연락하여 그 물품을 찾아가도록 한다.

#### ❺ 각종 보고서 작성

모든 업무가 마감이 되면 Computer Final Report에 의거하여 각종 보고서를 작성한다.

- Night Clerk Daily Room Report
- Group in House Report
- Today's VIP
- Expected Arrival Report
- Expected Departure Report
- Area Summary Report
- In house Report
- 매출일보
- 영업일보

### (3) 업무의 인수 · 인계

호텔에서 인계 · 인수는 룸 클럭에서 나이트 클럭으로, 나이트 클럭에서 룸 클럭으로 매일 이루어진다. 예컨대 프런트 오피스는 타부서와 달리 결코 마감과 스톱이 없다. 오늘날 대부분의 프런트 데스크 근무자는 1주일 중 5일간 근무에 8시간 근무별로 채택, 계속 2일간은 비번으로 쉬는 것이 일반적인 경향이며, 심지어 하루 10시간 근무에 주 4일 출근하는 호텔도 등장하고 있다. 호텔의 근무제는 분담교대로 3구분하고 있다.

- Daily Shift(낮교대) – 07:30 A.M.~03:30 P.M.
- Swing Shift(오후교대) – 03:30 P.M.~11:30 A.M.
- Graveyard Shift(야간교대) – 11:30 P.M.~07:30 A.M.

호텔부서 중 가장 많은 고객을 취급하는 프런트 데스크에서는 24시간 계속되는 영업활동을 감안할 때 인계 · 인수는 필수적으로 중요시된다. 교대는 지정된 장소와 시간에 인계 · 인수일지에 의하여 엄격히 이루어져야 한다.

예를 들어 만약 어느 고객이 룸 클럭에게 다음날 아침 시내 정기관광 예매를 부탁하였으나 깜박 잊고 예매도 하지 않고 이를 인계하지도 않았을 경우에 고객으로서는 그 기회를 놓치게 되므로 이로 인해 발생되는 불평과 불만은 최고도에 이를 뿐만 아니라 호텔은 그 한 건으로 인한 악영향이 의외로 크다. 서비스의 파생효과가 좋든 나쁘든 매우 승수적으로 확산된다는 사실을 알아야 한다.

인수 · 인계의 내용을 살펴보면 다음과 같다.

#### ❶ 금일의 객실상황

교대자에게 금일 도착, 출발 및 판매가능 객실을 알려주고 또 예약 확인된 사항 중 늦게 도착(Late Arrival) 하는 고객의 객실확보 및 변경될 사항을 인계한다.

#### ❷ VIP 상황

현재 투숙 중이거나 앞으로 투숙할 VIP에게 특별한 배려를 기하기 위하여 그 인적사항을 인계한다.

#### ❸ 수상한 고객상황

현재 투숙 중이거나 앞으로 투숙예정인 고객 중 수상하거나 불량성이 있다고 간주되는 고객의 인적사항을 인계하여 동태를 파악하도록 한다.

#### ❹ 정산과 최고

일반적으로 호텔은 장기 숙박객 중 주말 마감 계산서의 지급을 지연하는 고객의 명단을 교대근무자에게 인계, 빠른 시간 내에 지급토록 독촉하게 하여 기업의 자금순환을 원활하게 하도록 해야 한다. 또한 수하물이 없이 (Light Baggage) 단기숙박 예정으로 투숙한 고객으로부터 선급을 수령치 못했다면 이에 대한 명단도 인계하여 지급토록 종용한다. 기타 장기악성 후불자 명부도 수시로 인계하여 계속 독촉해야 한다.

#### ❺ 할인사항

할인은 각 호텔의 영업방침에 의거, 장기 투숙객이나 단체 또는 개인은 호텔의 규칙에 준하거나 상사의 지시에 의하여 적용되므로 할인율과 할인 사유를 명백히 기입함으로써 경영자와의 오해나 세무기관 및 관리 감독기관과의 사후처리에 지장이 없도록 해야 한다.

#### ❻ 주요 행사

회의, 연회 등의 주요 행사 개최에 대하여 종류별, 인원, 장소를 기록한 장부를 인계하여 행사참여자에게 큰 혼란을 초래하지 않도록 한다.

#### ❼ 열쇠의 인계 · 인수

열쇠는 호텔 전체의 모든 재산과 생명을 보호하는 관건이므로 만약 호텔이 정한 규칙 이외의 처리는 도난사고 등을 야기시킬 매우 위험한 요소를 내포하고 있으므로 철저한 인계 · 인수를 통한 관리를 하여야 한다. 모든 열쇠 취급자는 교대 시나 퇴근 시에 상호간 일지에 의하여 인계 · 인수하거나 열쇠 담당자에게 반환하여야 한다.

#### ❽ 기타 인계 · 인수

상기에 열거한 이외의 사항 중 특별한 사항이나 업무지시, 기타 업무수행에 참고하여야 할 사항 등은 교대 시에 인계하며 예약장부, 퇴숙고객 행선지 주소록(Forwarding Address), 당일투숙 및 퇴숙객의 등록카드, 기타 영업수행과 각종 서비스 제공상 필요한 사항과 장부는 반드시 인계 · 인수되어야 한다.

## 8) 메일 클럭(Mail Clerk)

### (1) 메일 클럭의 업무

메일 클럭은 호텔의 우체국장이라고 보면 되는데 새로 전달되는 우편물(편지 · 메시지) 등을 고객에게 전해주고 미도착 고객의 우편물을 보관하였다가 전해주고, 떠난 고객한테는 추송해 주는 등의 일이 메일 클럭의 기본 직무이다.

숙소를 여행지마다 바꿔 옮기는 여행자들에게 어김없이 새로운 주소로 편지가 전달되는 예를 외국여행자들은 흔히 체험하는데, 이는 모두 메일 클럭의 숨은 정성이 깃들어 있기 때문이다. 메일 클럭의 근무 장소는 작은 호텔에 있어서는 프런트 데스크관에서 클럭 등 다른 프런트 데스크 직원과 혼합되는 것이 보통이나, 100실 이상의 규모가 비교적 큰 호텔에서는 프런트 데스크 뒷면에 따로 우편물을 정리 · 분류하는 경우가 많다. 업무량이 많은 호텔(대략 500실 이상)은 우편국 분소를 설치하여 완전히 독립된 장소에서 그 기능을 보일 정도이다. 메일 클럭은 고객, 호텔의 간부 및 종업원 모두의 우편물을 전적으로 책임을 지며, 프런트지배인이나 책임자의 지시 · 감독하에 놓인다.

메일 클럭의 직무내용을 살펴보면 다음과 같다.

❶ 모든 우편물(편지 · 메시지 · 소포 등)의 수령

❷ 수령한 우편물의 일시부인 · 분류 · 배포

❸ 필요한 반송처리(송달자 또는 우편국으로)

❹ 수령된 등기우편 및 소포에 관한 기록유지

❺ 우편함의 청소

❻ 모든 우편물의 처리 결과 확인

한편, 메일 클럭이 그 직무를 수행하는 데 필요한 설비는 물론 호텔규모와 업무량에 따라 틀리겠지만, 다음의 설비는 일반비품으로 이용된다.

#### 가. 편지함

어느 호텔이든 가장 먼저 현관에서 볼 수 있는 것이 편지함이다. 흔히들 키박스라는 통상적 호칭이 있지만, 엄밀한 의미에서는 편지함이 같이 딸려 있을 때에 비추어

'열쇠 편지함' 이라 부르는 것이 타당할 것이다. 보통 이 함은 상하단에 각기 열쇠와 편지를 보관하도록 만들어져 있으며, 이 구멍이 너무 얕아도 좋지 않고 너무 깊어도 곤란하다. 항시 적당한 우편물을 넣어둘 수 있고 객실열쇠를 쉽사리 끄집어 낼 수 있는 정도가 알맞다. 또한 높이는 6.6피트 이상은 곤란하다는 것이 호텔 전문가의 일반적 견해이다.

### 나. 알파벳 분류함

메일 클럭의 신속한 우편물 취급을 위해 알파벳 순서로 된 함이 필요하다. 이는 고객의 성명, 객실번호, 주소를 알파벳순서로 정리해 둠으로써 도착하는 우편물에 따라 즉각 분류가 가능하기 때문이다.

### 다. 우편함

고객이 항상 객실이나 호텔 내에 있지 않고 또한 고객 도착 이전에 편지가 먼저 도달되는 등의 사례에 비추어 별도의 우편함을 비치해 두었다가 고객이 투숙 등록할 때나 혹은 외출에서 돌아오면 전달하는 편리한 방법도 강구하는 것이 좋다. 이 함은 보통 일반 우편 소포 · 전달불능의 세 가지 부분으로 나누어져 있다.

### 라. 전달불능 우편함

주소 · 수신인 등의 불명으로 전달할 수 없는 우편물을 보관하는 함이다.

### 마. 등기우편 기록부

우편물의 취급에서 발생할지도 모르는 다툼을 명백히 하기 위해 수령자의 서명을 요하는 기록부의 비치가 필요하다.

이상의 여러 설비 이외에도 소포함 · 시외 우편함 등 각기 편리한 방법으로 여러 설비가 고안되고 있다. 최근에 건립하는 호텔에서는 도착 정리된 우편물을 랙에 넣으면 자동으로 우편함과 객실의 나이트 테이블에 점등이 되어 고객은 자기의 우편물 도착을 알게 되는 설비가 장치되고 있다. 우리나라에서도 최근 건립된 호텔의 일부에서 이러한 설비를 볼 수 있다. 소홀히 다룰 수 없는 우편물의 서비스는 호텔의 평판에 그 영향을 미치고 있다.

### (2) Mail 및 Parcel의 취급방법(예)

#### ❶ Incoming Mail

Incoming Mail은 매일 오전에 관리과 우편함을 통해 전달받게 되는데, 접수 전에 잘 분류하여 날짜와 시간을 Mail Book에 기재하며, 등기 및 소포 등을 수령할 때에는 반드시 날인을 하고 접수하도록 한다. 특히 우편 서비스는 신속 · 정확하지 않으면 중대한 문제가 발생할 수 있으므로 담당자는 세심한 주의가 요구된다.

**가. 이름 및 객실번호 확인요령**

도착된 우편물의 Last Name과 First Name을 잘 살펴보아야 하고 어려운 Spelling인 경우 동료 및 상사에게 문의하여 실수를 하지 않도록 한다. 특히 동명이인의 경우나 Initial이 기재되어 있지 않은 때에는 고객에게 확인하여 본인에게 전달한다.

**나. 예약 및 등록이 없는 우편물**

현재 투숙객 중에 수취인이 없거나 예약객 중에도 없는 경우에는 즉시 반송 처리를 하도록 하고, Forwarding Address로 부쳐달라는 Request가 있는지도 확인한다.

**다. 소포물 등 긴급한 전달을 요하는 우편물**

이 경우에는 벨맨을 통해서 직접 객실로 배달, 처리하고 객실에 고객이 부재중인 경우에는 Check Room에 보관하며 Notice Card를 Key Box에 꽂아서 수시로 체크한다. 또 당일이 아닌 예약객의 전달문은 예약과에 연락을 해서 예약 Slip에 그 내용을 적어 놓거나 컴퓨터에 입력하여 Check in시에 바로 전달될 수 있게 한다.

**라. 보관방법과 발송**

접수된 우편물이 연락처 및 Forwarding Address도 없고, 예약객 명단에도 없는 경우는 다음과 같은 양식을 우편 및 소포에 붙여서 하루 2회 이상 4주 동안 Check List로 매일 확인하여 그 기간이 지난 후에는 발송인에게 다시 반송하도록 한다. 양식표는 다음과 같다. 물론 발신인 주소가 있을 경우에는 표와 같은 용지 및 도장을 찍고, 반송처리하면 되지만, 주소가 없는 경우에는 전달 가능한 우편물로 기록을 남기

[표 1-2] Forwarding Address의 작성

| Mr. Mrs. Miss | |
|---|---|
| Room No. | Date / / |
| Forward Address | |
| | |
| Hold Until : | |
| Forward Until : | (Clerk : ) |
| | |

고, 별도의 장소에서 1년간 보관한다. 단, 특수우편물인 경우에는 지배인에게 보고하여 그 지시를 따르도록 한다. 그리고 반송을 보낸 우편물이 다시 되돌아오는 경우에도 전달 불가능 우편물로 처리한다.

### ❷ Out Going Mail Service

원칙적으로 우편물을 접수, 발송해야 하나 보통 호텔 내에서 우표를 별도로 판매하고 있으므로 사전에 우편물의 내용 및 무게, 요금 등을 알려줘서 불편하지 않도록 하고 야간에 접수된 우편물은 Paid out Vouchder에 Sign을 하여, 요금은 프런트 캐셔에 보관토록 한 뒤, 다음날 오전에 우표를 구입해서 발송될 수 있도록 한다. 물론 외국으로 보내는 우편물은 "Via Air Mail" Stamp를 찍는다.

### ❸ Forwarding Address

투숙객이 Check out할 때 Mail, Facsimile, Message를 차후 도착예정지로 보내주길 원할 때 도착예정지의 주소, 전화번호 및 연락처를 받아서 Check out한 고객에게 전달될 수 있도록 하는 서비스를 말한다. 이 경우 적절한 요금을 받도록 하며, Forwarding Address양식에 기록을 받는다.

### 9) 키 클럭(Key Clerk)

#### (1) 키 클럭의 업무

호텔 현관에서 고객에게 키를 건네주는 일을 하며 정중하고 상냥한 태도로 근무에 임하여야 하며 객실판매의 기여, 프런트 데스크 안에서의 긍정적인 마인드로 업무에 충실하여야 한다. 키 클럭은 그 직명이 내포하고 있듯 으뜸가는 책임은 룸 클럭에 달려있다. 객실의 판매와 열쇠의 관리 고객의 접대는 가장 밀접한 관련을 갖고 있기 때문이다.

다음은 키 글럭의 주 업무 내용이다.

❶ **레지스트레이션의 보조(Assists in Registration)** 이 클럭은 보통 고객이 한참 붐빌 때에는 룸 클럭의 곁에서 재빨리 객실의 열쇠를 건네주고 벨맨을 지시하면서 룸 클럭의 객실지정으로 도와준다.

❷ **열쇠 및 우편물의 인도** Key Box 속에 보관, 비치된 우편물을 고객에게 인도해준다. 우편물 팩스 · 카드 · 정기 간행물 등 모두를 열쇠의 인도와 함께 준다.

❸ **패스 키(Pass Key)의 관리** 이 클럭은 패스 키를 갖고서 벨맨에게 인도해 주었을 때에는 시간과 벨맨의 성명을 기록 · 회수될 때까지 체크한다.

❹ **고객의 전달을 이행한다.** 고객의 전달사항을 별지의 카드나 혹은 메모철에 기록 · 유지하여 두었다가 방문자에게 서비스한다. 다음 양식은 미국의 호텔에서 이 키 클럭이 고객의 전달을 이행하는데 쓰이는 카드로서 2부 작성되어 하나의 Key Box에, 다른 하나는 교환실에 즉각 보내져 모든 사태처리에 대처한다.

❺ **예비열쇠(키)의 관리** 키 클럭은 호텔의 예비열쇠(키)의 관리책임이 있다.

❻ **불량(고장)열쇠의 보조조치** 성능이 불량한 열쇠는 즉시 새것으로 바꾸고 고객이 불쾌하지 않도록 하여야 한다.

❼ **고객 질의에 대한 응답** 비록 가까운 위치에 인포메이션 클럭이 있더라도 고객의 간단한 질의에 대해서는 해답을 해주어야 한다. 이리저리 왔다갔다해야 하는 고객의 번거로움을 피하기 위해서도 필요한 일이다.

### 10) 과장

과장의 역할은 객실부서장의 통솔하에 업무를 전달받고 시행하며 또한 창의력을 바탕으로 조직을 운영하게 되는데 이는 직원을 리더하는 능력과 풍부한 경험을 바탕으로 효율적으로 업무를 수행해야 한다. 그밖에 부서업무계획수립 직원의 관리감독 직원의 전반적인 스케줄관리 Vip객실 점검 분실물 관리감독 등이다.

다음은 객실관리 하우스키핑(Housekeeping Manager)의 설명이다.

### 11) 하우스키핑 지배인(Housekeeping Manager)

지배인의 역할이다. 과장의 업무지시를 잘 받들어서 보좌하며 지배인은 현장에서 가장 많이 활동하고 키핑 내 직원과 닌넨실과의 밀접한 관계를 유지해 조직의 영업을 극대화하는데 많은 노력을 해야 한다.

과장 부재 시 과장의 역할을 대신하며 관련부서와의 협조 교육계획수립 및 시행 Vip정보수립 하위직원에게 정보전달을 하달한다. 다음 지배인의 하는 일을 폭넓게 서술해 보면 다음과 같다.

#### (1) 하우스키핑 지배인(Housekeeping Manager)

하우스키핑 지배인은 다른 말로 이그제큐티브 하우스키퍼(Executive House-keeper) 등으로 부르고 있다. 하우스키핑 지배인은 무엇보다도 하우스키핑 종사원들에게 영향을 주는 갖가지 요인을 파악하고 인간관계가 원활하게 진행되도록 운영할 수 있는 능력을 갖추어야 한다. 하우스키핑 종사원들을 통솔하는 능력과 아울러 채용, 교육, 평가, 능력개발 같은 인간관리의 기술도 객실지배 인은 체득하고 있어야 한다. 하우스키핑 지배인은 이러한 문제들을 독자적으로 관리해야 하지만 호텔에 공식적인 인사과가 있으면 인사전문가들과 협조하여 관리한다.

하우스키핑 지배인은 또한 건물청소기술에 정통해야 한다. 청소약품, 청소방법 및 청소장비를 알아야 하고 빌딩의 구조와 관리방법도 익히고 있어야 한다. 간단한 엔지니어링의 원칙을 하우스키핑 업무에 응용하는 능력도 갖추어야 하며 실내장식의 기초도 파악하고 있어야 한다.

회계, 재정 및 구매 기술과 같은 경리에 관한 지식도 하우스키핑 지배인이 갖추어야 할 요건이다. 호텔의 다른 부서와의 상관관계도 이해해야 하며 다른 부서의 책임자들과도 효과적으로 업무에 관해 협의할 수 있어야 한다. 모든 소비자 상대의 조직체가 안고 있는 마케팅문제에 대해서도 명확한 지식을 갖고 있어야 하며, 호텔의 서비스판매에 대해서도 적극적인 역할을 해낼 수 있어야 한다.

하우스키핑 작업을 부서원들에게 공평하게 배정하고 계획하는 것은 물론, 작업이 만족스럽게 이루어지도록 감독하는 것 역시 하우스키핑 지배인의 책임이다. 하우스키핑 지배인은 부하직원을 훈련시키고 개발해야 한다. 호텔 린넨의 보급과 하우스키핑용 물자 및 장비의 유지 · 통제 책임도 객실지배인이 맡고 있다. 또 구매, 인사 및 작업성과에 관한 기록도 갖추어야 한다. 객실판매 상황에 대하여 매일 보고서를 작성하고 객실준비를 위해 객실요원과 긴밀하게 협조해야 한다.

조그만 호텔에서는 모든 책임을 하우스키핑 지배인이 혼자서 다 해내기도 한다. 그러나 일반적으로는 그 밑의 어시스턴트와 인스펙터에게 책임의 일부를 이양하고 부서 전체의 관리자로서 종사하여야 한다. 이 하우스키핑 지배인의 업무내용을 요약하면 다음과 같다.

❶ 부서업무의 수립계획과 수행에 따른 업무배정
❷ 부서 종업원의 업무감독과 훈련
❸ 부서 종업원의 면접, 채용, 징계업무(인사규정 준수)
❹ 성수기, 비수기의 직원 근무스케줄 조정
❺ 호텔의 재산보호(창고관리, 린넨 관리, 비품 및 소모품 등의 심사와 기록유지)
❻ 월말 재고조사 실시(린넨 및 모든 비품)
❼ 모든 보급품 청구에 대한 검토, 통제 및 결재
❽ 객실 수리 계획수립 및 수리사항 점검
❾ 화재, 사고 등 긴급사태에 대한 준비
❿ VIP객실 사전 검점
⓫ Pass Key 통제 및 보관관리
⓬ 분실물의 보관 · 관리 감독
⓭ 객실점검 및 소홀하기 쉬운 지역에 대한 주기 점검

한편, 대규모 호텔의 하우스키핑부서에는 1~3명의 하우스키핑 지배인이 있다. 이들은 하우스키핑 종사원들에게 직접적인 책임을 진다. 그는 자기 관리에 있는 종업원들에게 주어진 작업이 제시간에 완전히 이루어지는가를 감독하고 책임을 진다.

부지배인은 작업방법을 제기하고 그에 필요한 인원수를 배정하기도 한다. 부지배인의 통상적인 업무는 객실을 담당하고 있는 메이드와 남자종업원을 관리하는 일이다. 하우스키핑에 필요한 장소와 린넨룸 보수반 및 각 청소인원을 관리하기 위해 또 다른 부지배인이 필요하다. 야간당직인원이 충분하다면 야간 하우스키핑 작업에도 부지배인이 필요하다. 부지배인은 지배인이 지닌 자질을 모두 갖추고 있어야 한다. 적어도 부지배인은 인원을 잘 관리하고 하우스키핑 기술에 정통해야 한다. 이들은 또한 프런트 오피스와 각 부서의 책임자 및 감독관들과 온종일 가장 접촉이 많으므로 그들과 용이하고도 효과적으로 의사소통을 할 수 있어야 한다. 하우스키핑 부지배인의 업무내용을 요약하면 다음과 같다.

❶ 하우스키핑 지배인 업무보조 및 부재 시 업무대행
❷ 관련부서와 업무협조사항 협의
❸ Staffing Schedule 관리
❹ 지배인을 보조하여 적정 인력계획 수립 및 인력배치
❺ 객실점 유율에 따른 인력조절 및 업무배치
❻ 각종 인사 관련 업무처리
❼ 객실 시설물의 보수계획 수립 및 이행
❽ 객실정비 Back Side(객실지원팀, 세탁소, 사무실, 창고)와 각 층 간의 일원화된 업무관리
❾ 대외 공문발송
❿ 지배인을 보조하여 교육계획 수립 및 이행
⓫ 객실비품 및 고객용품의 상태점검 및 교체 보수계획 수립 및 이행
⓬ VIP 고객에 대한 정보 습득 및 정보전달
⓭ 각종 Report(오더테이커/점검원/룸메이트/객실지원반 등) 점검

### (2) 하우스키핑 지배인의 요건

최고 경영진이 생각하는 주요 핵심적 경영 팀의 한 사람인 성공적 전문 하우스키퍼가 되는 길에는 훌륭한 지도력, 관리능력, 인격과 현대적 하우스키퍼 업무를 정확히 수행할 수 있는 숙련과 기술에 대한 심오한 이해가 필요하다.

사람에 대한 진정한 흥미와 관심은 그가 직업에 성공하는데 도움이 될 것이다. 하우스키핑과 정비부분은 호텔 내에서 가장 유능한 종업원(가끔 최소한의 숙련은 최대의 불리)을 거느리고 있어야 한다. 그러기 위해 계속적으로 종사원의 모집, 훈련, 지시 및 동기를 부여할 필요가 있다. 전문 하우스키퍼의 시간 중 약 75%가 종사원에게 시간을 할애하는 바, 이는 정책을 이해시키고 임무를 설명해 주고 문제를 해결하고 그리고 매일 발생하는 다양한 상황을 대처하는 것이다.

종업원에게 기강유지와 명령계통을 통한 조직의 기능을 지탱할 수 있는 범위에서 하우스키핑 책임자는 조직 내에서 일어나는 "다채로운 성격"의 각종 문제에 관해 우아한 관용을 보여야 한다. 인간적인 경영관심을 그들 종사원이 알 수 있게 해 주어야 한다. 리더십은 "당신이 원하는 때 그들이 그것을 할 수 있도록 하는 것이며 당신이 원하는 것을 할 수 있도록 부하종업원을 지도하는 것이다"라고 서술하고 있다. 이것은 독선적인 전횡보다 지도력에 의해서 가능하다.

전문 하우스키퍼는 다음의 수칙을 수행하기 위해 관리능력을 겸비해야 한다.

❶ **인력을 유효하게 이용한다.** 이것은 다른 동료 종업원에게 업무를 위임하여 효과적으로 업무가 대신 되는 것을 포함한다. 1,000실의 객실을 청소하기 위하여 모든 사람은 어디로 가야 하는지 무엇을 해야 할지를 일각의 지체없이 행하여 지도록 충분히 알려줄 필요가 있다. 또한 출숙 객실은 다음 도착 객실 사용을 위해 신속히 정비되어야 한다.

❷ **업무보고의 용이한 방법을 고안한다.** 커뮤니케이션의 한 방법인 Feed Back 재조사 추적의 낭비를 배제한다.

❸ **일상 업무의 표준절차를 개발한다.** 이것은 호텔의 고객에게 한결같은 서비스의 특징을 살리면서 종업원으로 하여금 일상적 근무습관을 개발하게 한다. 일상 업무가 표준화되면 업무를 종사원 상호 간에 교체할 수 있다.

**❹ 재고품을(Inventory)를 줄인다.** 이것은 값비싼 소모품 및 고가의 비품을 취급하는 모든 부서에 필수적으로 적용된다.

**❺ 모든 종사원에게 동기를 부여한다.** 종사원의 높은 도덕률은 필수적이다. 그것을 견지하기 위해 하우스키핑과 어시스턴트는 언제나 충분한 인내와 유모감각을 살려 심리학을 이용할 줄 알아야 한다.

**❻ 최고경영진이 제안하는 도전은 기꺼이 받아들인다.** 때 묻지 않은 새 유니폼을 착용, 마치 결혼하는 신랑의 양복처럼 깨끗한 제복이 필요하다. 그리고 전문 하우스 키퍼는 침착함을 잃지 않아야 한다.

**❼ 계획하는 종사원이 필요하다.** 종사원들에게 그들이 좀 더 능률적으로 업무를 수행할 수 있도록 그들의 상상력을 자극한다. 문제는 언제나 다음과 같이 질문을 해야 한다.

'당신의 근무는 최선의 방법인가?' 이것은 흔히 메이드나 하우스 맨을 지휘하는 감독자에게 업무를 수행하는 일반 종사원에게도 질문되어야 한다.

**❽ 종업원의 교육수준을 향상시킨다.** 훈련을 통한 적당한 성인교육반에 참석할 수 있도록 종사원을 고무시킨다. 종사원과 일당 근무자를 포함한 종사원들의 자질향상을 위해 연구, 조사, 교육의 방법을 이용한다.

**❾ 매니지먼트의 실습생을 개발, 발견하기 위하여 신규 모집계획도 수립된다.** 이것은 호텔을 향상시킬 뿐만 아니라 실습생에게 승진의 기회부여가 되기도 한다. 이것은 사실 부족상태에 있는 중간 간부 계층인 Supervisor를 위한 훈련에 필수적이다.

**❿ 타 부서의 매니저와 협동과 조정을 한다.** 무릇 훌륭한 호텔은 전체와 통일을 이루어야 한다. 하우스키핑은 단순한 전체조직의 한 구성원에 불과하며 각 부서는 상호 봉사해야 한다. 전문 하우스키퍼는 고로 각 직위가 조직의 자체 계획에 어떻게 적응해야 할지 그 방법을 이해해야 하고, 하우스 맨이 쓰레기를 수거하는 것이 조직의 성공에 실로 중요함을 인식하도록 느끼게 해야 한다. 모든 종사원에게 그의 업무가 전체 경영체에 어떻게 관계하고 있나를 이해시켜야 하고 그는 경영 조직체계의 한 주요한 구성원임을 인식시켜야 한다. 훌륭한 매니저

는 또한 각급 종사원이 서로 편리하게 의사 교환하여 기업 전체의 발전이 종사원에게 충분히 전달되도록 한다.

### (3) 하우스키핑 작업의 감독

여러 가지 경영기능을 열거할 때 감독기능은 제일 마지막에 언급되는 것이 보통이다. 감독기능을 효과적인 경영수행의 최종적이고 최상위에 있는 장식물과 같은 기능이라고 생각한다면 그것을 제일 마지막 자리에 두어도 괜찮다. 그러나 감독이라는 기능을 계획, 조직, 인사, 지시와 같은 활동이 완전히 끝난 뒤에야 비로소 시작되는 활동이라고 생각해서 그것을 마지막 자리에 둔다면 그것은 전적으로 불충분한 일이다. 감독이라는 기능은 모든 다른 경영기능의 일환을 이루고 있으며 신중한 평가를 바탕으로 삼고 있는 것이기 때문이다.

이러한 사실은 하우스키핑과 같은 서비스분야에는 특히 타당하다. 하우스키핑은 작업의 성질상 감독하기가 대단히 어려운 분야이다. 하우스키핑 업무에 조사하는 종업원들은 감독자들의 눈에 잘 뜨이지 않는다. 이들은 호텔 건물의 여러 구획된 지역에 흩어져 혼자서 작업을 하는데 이 지역을 일일이 감독하기란 전혀 불가능하지는 않다 해도 상당히 어려운 일이다. 그들의 작업성과는 뚜렷이 손에 잡히는 것이 아니다. 그것은 검사하기 힘들고 측정하기란 더욱 어렵다. 따라서 그들의 작업성과를 양(료)적으로 재기는 어렵다. 작업성과의 질에 대한 기준은 더욱 애매하다. 관리작업의 질을 양적으로 측정하려고 하다가는 결국 '어느 정도로 깨끗한 것이냐' 는 깃의 애매하고 복잡한 함정에 빠져들기가 일쑤이며, 이런 식의 논쟁은 하우스키핑 전문가들끼리 이야기할 때마다 반드시 튀어나오기 마련이다.

하우스키핑 서비스의 특성 때문에 하우스키핑 작업을 실제로 감독한다는 것은 개개의 작업자들에 대한 감독이 된다. 훌륭한 작업성과를 얻으려면 개개의 작업자들이 그런 성과를 얻을 수 있고, 얻을 의사를 가지도록 잘 조직하고 유도해야만 한다. 따라서 작업성과를 감독하려고 하는 하우스키핑책임자의 첫 번째 지상과제는 자신의 노력이 그러한 성과를 얻기 위해 직원들의 능력과 의욕에 어떤 영향을 미치는가를 이해하는 일이다. 그렇다고 하우스키핑작업을 통솔해서 하우스키핑작업을 감독할 수 없다는 뜻은 아니다. 오히려 하우스키핑 작업을 통솔하는 감독기능은 중요한 요소이다. 그러나 그것은 마지막 단계나 혹은 뒷처리처럼 되어서는 효과가 거의 없으며 호텔관리업무의 모든 단계마다 합리적으로 적용될 때 가장 큰 효과를 가져온다.

호텔을 경영하는데 특별하고 중요한 감독수단이 있다. 이것은 가격관리, 생산관리 및 품질관리의 세 분야에 적용된다.

## ❶ 가격관리

### 가. 예산

예산은 가장 중요한 가격관리수단이다. 대부분의 호텔들이 연례예산을 사용하고 있기 때문에 경험있는 하우스키퍼에게는 예산은 새로운 것이 아니다. 연례예산은 두 가지 목적에 사용된다.

첫째, 다음 회기의 운영비를 예상할 수 있게 해준다. 둘째, 실제의 결과를 측정하는 기준이 된다. 이 두 가지 목적은 호텔운영에 대단히 중요한 것이기 때문에 예산을 편성할 때에는 신중하게 주의를 기울여야 한다.

### 나. 예산편성

예산을 편성할 때 하우스키퍼는 과거의 결과를 그대로 미래에 연장시키지 않도록 주의해야 한다. 이전 회기의 실제비용이 다음 회기의 예산에 대한 좋은 근거가 된다. 그러나 하우스키퍼의 사려 깊은 판단에 의해 무엇을 바꾸면 비용을 절감할 수 있고 어떤 변화가 비용에 영향을 미칠 것이며 생산성을 높여 비용증대를 어떻게 상쇄할 수 있을까 하는 것을 평가하도록 해야 한다. 임금은 관리비용 중 가장 큰 몫을 차지한다. 임금을 결정하는 보통의 방법은 개개의 직무유형에 소요되는 종업원 수를 계산하고 그 다음 직무유형당 종업원에게 지급하는 임금을 곱하는 방법이다. 근속자에 대한 연공가봉, 노동계약에 의해 보장된 임금인상 특별상여금, 임금과 관련된 비용(연금 등)처럼 확정되어 있는 임금증가의 영향은 임금예산 중에 포함시켜도 좋고 제외해도 괜찮다.

중요한 점은 일관성이 있어야 한다는 것이다. 어떤 추가비용이 한 연도에 포함되었으면 그 다음 연도에도 그것을 포함시켜야 한다. 그렇게 하지 않으면 예산의 비교가 무의미하게 되고 예산을 세우는 의의는 감소된다.

그 다음으로 예산에 추가되어야 하는 것은 필수품의 비용이다. 여기에는 중요 비품으로 간주되는 품목보다 가격이나 수명이 떨어지는 소규모의 가구, 기재 및 청소도구의 비용과 함께 유리창 닦기, 병충해 관리처럼 외부기관에서 구입하는 서비스의 비용도 꼭 포함시켜야 한다. 구매기록은 청구서 필수품명세기록과 함께 지난 연도의 필수품에 지출된 비용에 대한 정보자료가 된다. 어떤 품목을 포함하느냐는 문제에 있어서는 앞서 임금예산 때 지적했던 것과 똑같은 경고가 필요하다. 다른 부서의 예산에 들어가야 마땅할지도 모르는 값비싼 품목을 포함시킬지, 않을지 하는 문제에 일관성이 있어야 한다. 이러한 사실은 어떤 하우스키핑과 다른 부서의 경제적인 업무를 비교할 때 특별히 타당한 것으로, 한 호텔과 다른 호텔을 비교할 때 이런 경우가 생긴다.

주요 비품품목은 거의 언제나 예산상에 별도항목을 차지한다. 보통 중요 설비 또는 고정재산이라고 하는 것은 가격이 1백 달러가 넘고 사용수명이 1년 이상인 것을 말한다. 필요한 중요 설비는 언제나 구체적으로 표현해 두어야 한다. 즉, 대체할 중요 설비의 상태, 사용기간에 관한 기록의 형식으로 구체적으로 나타낸다. 다 낡아버린 기존 비품을 대체하는 경우가 아닐 때에는 새로운 비품의 경제적 이득을 객관적으로 나타내는 것이 중요하다. 만약 새로운 설비가 노동력을 절약하는 것이라면 절약된 노동력의 가치를 계산해서 비교해야 한다. 만약 그 설비의 가격이 노동력 절감의 예상 가치를 초과한다면 그 시설을 구입해야 하는 다른 이유가 제시돼야 한다. 작업성과의 질을 개선한다든가 번거로운 일을 제거하는 것이 그러한 이유가 될 수 있다. 객실개장 비용은 업무체제에 따라 관리비용의 특별항목으로 추가될 수도 있다. 카펫 및 이와 비슷한 값비싼 가구설비품목의 비용을 하우스키핑비용으로 하느냐 않느냐 하는 것은 소요된 경비총액이나 호텔운영 방침에 따라 다르다.

하우스키퍼는 필요한 가구설비에 대해 충분한 자료를 가지고 있어야 하나, 그것을 하우스키핑 예산 속에 포함시키기 전에 그 비용을 어떻게 처리할 것이냐 하는 방법에 대해서 결정해 두어야 한다.

### 다. 예산집행

하우스키핑 비용을 관리할 때 예산은 즉각 집행되기 시작한다. Executive House-keeper는 예산 총규모를 지난 회기의 실질경비와 비교해야 한다. 예상되는 비용 증가액은 다음 항목과 밀접한 관련을 맺고 있다.

- 판매량
- 인플레 또는 디플레의 영향
- 일반적인 기업수준과 관련되어 있는가?

만약 총액이 일치되지 않으면 중요 항목의 경비를 모두 검토하고 기간별로 경비를 비교하여 어디에서 가장 큰 차이가 생기는가를 알아내야 한다. 평당, 피트당 또는 고객 1인당 경비를 비교하는 것은 가능할 것이다. 전체 하우스키핑예산을 해당 기간별 또는 해당 업무별로 숙박한 고객숫자로 간단하게 나누거나 평방피트로 나눈다. 그러나 액면가치에 따라 간단하게 이 같은 비교를 할 수 없다. 왜냐하면 기간별 또는 호텔별로 이러한 비율에 영향을 끼치는 요인들이 많기 때문이다. 해가 감에 따라 실질적인 운영경비는 예산에 의거하여 측정되어야 한다.

일반적으로 1개월 기준의 비교가 가장 실제적이다. 비교를 함으로써 예산의 근거가 된 기본가정에 대한 수정이 허용되어야 한다. 투숙비율은 예상 비율과 실제로 일치했는가? 예기치 않았던 임금인상이 노임경비에 얼마만한 영향을 끼쳤는가? 물품 또는 설비분야에 예기치 못했던 대규모 지출이 있었는가? 실제지출이 예산보다 적었던 항목에 대해서는 지출항목이 모두 이행되었는지 검토해 보아야 한다. 만약 하우스키핑부서가 정확하게 계획을 세우고 조직이 잘 되어 있다면 예산과 실제 지출 사이에 아주 만족할 만한 일치점이 나타날 것이다.

### 라. 기록

기록은 비용, 생산, 품질의 세 가지 중요분야 전부에 해당되는 관리수단이다. 초과시간, 작업시간, 구매품, 공급품에 대한 기록은 대단히 가치있는 관리자료이다. 개개직원의 작업일정표는 관리기능에 도움이 되며 하우스키핑 작업 기간을 어떻게 할당하느냐 하는 방법을 결정하는데 유용하다. 기록은 쓸모가 있도록 정확하게 유지되어야 하고 때때로 간추려야 한다.

### ❷ 생산관리

매일의 객실보고는 일종의 생산관리이다. 이 기록은 많은 하우스키핑 직원에 의해 달성된 생산량을 나타낸다. 이런 점에서 매일 정확하고 신속한 기록을 완료하면 틀림없이 도움이 된다. 하우스키퍼들은 여러 가지 종류의 정기적인 작업을 감독하기 위해 여러 가지 기록을 사용한다. 카펫 세척, 바닥손질, 페인트 도장, 커튼 세탁, 전등소제, 블라인드 소재 등은 값비싼 작업이기 때문에 신중하게 관리해야 한다.

객실 하나하나 보고서가 있어서 한권으로 된 책자 속에 끼웠다 뺐다 하도록 해둔다. 한 객실이 모든 준비가 완료되면 해당 페이지에 기록한다. 이것은 방 하나하나에 필요한 작업을 검사하는 대단히 유용한 방법이다.

오늘날의 전자공학은 고객을 위한 특별 서비스를 수행하거나 하우스키핑업무에 대한 정보를 빠르게 처리하는 새로운 장비들을 개발하고 있다. 수많은 정교한 장치가 호텔과 호텔에 설치되어 있다. 어떤 장치는 자동적으로 고객을 깨우거나 메시지를 전달하며 화재경보, 절도경보 및 사운드 시스템도 제공되고 있어 생산관리 측면에서 획기적인 관리방안이 모색될 때이다.

### ❸ 품질관리

앞에서 보았듯이 여러 가지 의미에서 하우스키핑작업의 질적 수준을 감독하는 것은 개개인의 하우스키핑작업자들 자신이다. 그렇다고 해서 자기 호텔의 필요에 맞게 하우스키핑 작업의 질적 수준을 보증할 책임이 경영층으로부터 제거되는 것은 아니다. 오히려 이러한 사실은 이 분야의 특수성을 감안하여 경영측이 하우스키핑 작업의 질을 어떤 방향으로 수행해야 하는가를 제시하는 것이 된다.

물론 경영자 측은 종업원들을 훈련시키고 유도하며 질적으로 수준 높은 작업이 저절로 이루어지도록 하우스키핑작업을 계획하고 조직하는 쪽으로 모든 노력을 경주할 것이다. 좋은 방법, 좋은 도구 및 시설, 능력 있고 지시에 잘 따르는 직원들로부터 좋은 결과가 나온다. 하우스키핑작업의 감독자들은 특히 이런 점에서 해야 할 역할이 막중하다. 이들은 부하직원이 수행하는 작업의 질이 좋고 나쁜데 따라 적절한 결과가 뒤따른다는 증거를 보여주어야 한다.

경영자 측은 하우스키핑 작업의 질을 평가할 수단을 가지고 있어야 한다. 검사가 최선의 방법이다. 검사가 효과를 얻으려면 정기적이어야 한다. 이 말은 검사가 언제 있다고 예보해야 한다는 것이 아니고 시종일관 하우스키핑체제의 일부분을 이루어야 한다는 뜻이다. 하다가 말았다가 하는 식의 드문드문 하는 검사는 쓸모가 없다. 검사는 권위가 있어야 한다. 검사를 하는 사람은 하우스키핑 작업의 종업원들로부터 존경을 받고 있는 인물이어야 한다. 호텔지배인 또는 Executive Housekeeper가 그런 지위를 가지고 있지만, 이들은 대체로 매일처럼 이러한 일에 전념할 만큼 충분한 시간이 없다. 정기적인 검사를 확실히 하기 위해 이러한 책임을 직원 중의 어떤 사람에게 위임하는 것이 보통이다. 선발된 사람은 유능하고 객관적인 인물이어야만 한다. 이 사람에게 신중한 훈련을 실시하고 검사형식을 작성하여 적절한 수단을 제공해 주어야 한다.

오더테이커(Order Taker)의 업무는 고객으로부터 각종 주문을 접수 처리하는데 있지만, 그 중에는 호텔 전반에 걸친 인포메이션도 포함되어 있기 때문에 호텔 각 부서로부터 영업 전반에 걸쳐 매일같이 정보를 수집하여 새로운 것이 있을 때에는 연구 검토하여 고객으로부터 언제, 어디서 여하한 전화문의가 있다 해도 항상 자신 있는 대답을 하여 줄 수 있는 준비가 되어 있어야 한다. 그러나 규모가 작은 호텔에서는 하우스키핑오피스(Housekeeping Office)의 전체적인 사무업무도 겸하고 있는 것이 보통이다. 여기에서는 오더테이커의업무와 사무실에서 수행되고 있는 업무를 요약하고자 한다.

### 가. 고객으로부터의 주문처리(Taking Order)

고객으로부터의 각종 의뢰를 받아 각 담당자에게 지시한다.

- 응대 시 말씨에 각별히 유의한다.(사소한 일로 고객의 기분을 상하게 하는 일이 있다)
- 고객의 주문이 객실과 업무가 아니고 타 부서에 관련된 업무내용일 때에는 정중하게 그 취지를 전하고 즉시 관련부서에의 연결을 도모한다.(사정에 따라서는 관련부서에서 고객에게 직접 연락하도록 해서 용건을 물어 보도록 한다)

- 고객의 의뢰사항이면 어떤 사소한 것이라도 기록해 둔다.(객실번호, 접수시간, 접수자명, 완료시간을 반드시 기록한다)

### 나. 야간 주문건(Night Order Take) 메모의 정리 · 집계

- 야간업무에 있어서의 고객으로부터 의뢰를 내용별로 분석하고 건수를 집계한다.
- 월말에 보고서를 작성한다.

### 다. 린넨 발송의뢰 전표의 정리와 린넨과에 린넨 발주

각 담당층에서 보내온 전표를 정리하고 일괄해서 린넨과에 보낸다.

### 라. 사용한 린넨 집계표의 정리

전일 투하분의 린넨을 집계하여 린넨과에 보낸다.

### 마. 일일 객실점검보고서(Daily Rooming Report)의 작성

각 담당 층에서 보고받은 객실점검보고서를 정리하고 프런트에 제출한다.

### 바. 작업의뢰전표의 정리

- 각 층에서의 작업의뢰전표를 정리, 객실대장(Room History)에 기록, 어느 정도 정리된 시점에서 영선부에 보낸다.
- 긴급의 수리가 필요한 경우에는 그때그때 영선부에 연락해서 수리를 요청한다.

### 사. VIP 및 급한 객실의 연락VIP에 대한 작업항목 참조

프런트에서 청소를 서두르는 객실의 연락을 받았을 때 시간 및 객실번호를 물어서 담당자에 연락한다.(작업적으로 곤란한 경우에는 그 내용을 프런트에 연락하고 변경을 요청한다)

### 아. 소모품의 출고

소모품(객용, 사무용, 청소용)은 각 층에서는 2주간의 분량을 보관하고 대량은 객실 사무실에서 구매가 요청되어 입고해서 보관한다.

그 순서를 살펴보면 다음과 같다.

㉮ 출고의뢰를 각 담당층에서 출고일의 2일 전에 제출시킨다.

㉯ 각 층에서의 전표를 정리하고 부족품이 있으면 지급구매에 연락해서 보충한다.

㉰ 출고일

- 각 플로어에서 물품을 가지러 온다.
- 전표와 대조해서 확인해서 출고한다.(반드시 수령자의 사인을 받는다)
- 출고대장에 기록한다.

㉱ 각 플로어에 출고한 후 다음 회에 출고분 및 예비량을 전표로 구매에 의뢰한다.(항시 어느 정도의 Stock을 보관하고 긴급시에 대비한다)

㉲ 월말에 품목별, 월별 소모량 금액을 산출한다.

### 자. 비품(대출용품목)의 관리

항시 비품의 소재를 명확히 하고 '인디케이터'에 표시해 둔다. 그리고 대출부에도 기록해 둔다.(대출인, 객실번호, 품목, 차입자, 반납일자, 대출자 등을 반드시 기입한다)

### 차. 과원의 총무, 인사에 관한 업무

- 과원의 일보, 월보를 작성한다.
- 월별 근무표의 작성근무결과표를 집계한다.
- 기타 인사과, 총무과에 제출할 보고서를 작성한다.

### 카. 관련부서의 전화연결

전화연결상의 주의사항을 살펴보면 다음과 같다.

- 반드시 최초에 자기의 소속명, 성함을 정중하게 밝힌다.
- 요점, 필요사항들을 간단히 이야기한다.
- 사사로운 개인통화는 삼간다.

### 타. 고객의 보관물 관리

### 파. 고객의 분실물 관리

### 하. 기타 객실과 업무

세탁실적조사(Valet Inventory)는 1개월간 고객으로부터 주문된 Laundry, Dry Cleaning, Pressing을 종목, 종별로 구분하고 산출한다. 구분은 Guest와 House use로 하나, 요금은 종류에 따라 다르므로 산출할 때 계산에 정확을 기하도록 주의해야 한다.

[표 1-3] Laundry 요금구분

| 종 목 | 종 별 |
|---|---|
| ① Regular Laundry<br>② Regular Dry Cleaning<br>③ Regular Pressing | ① Special Laundry<br>② Special Dry Cleaning<br>③ Special Pressing |

## 12) 하우스맨(House man) 또는 오더테이커(Order taker)

키핑 내에서 다양한 업무를 하며 룸 인스펙트를 겸하여 근무하고 룸메이드 관리감독하며 미니바 업무도 수행한다.

## 13) 룸 어텐던트(Room Attendant)

주간에는 Order Taker의 업무를 보조하며 고객의 특별요구사항이나 설치물과 각 층에서 요구하는 협조사항 들을 수행한다. 또 야간에는 모든 하우스키핑의 업무를 담당한다.

❶ 수리할 전열기구를 전기과로 보내고 수선된 것을 회수한다.

❷ 고객 Check out 후 Close된 금고 Open 및 고장난 금고를 수리한다.

❸ 고객의 특별요구사항(VTR, 가습기) 요구 시 객실에 설치한다.

❹ 전일에 판매된 Mini Bar 품목을 층별로 분리한다.(Mini bar 층별 판매현황표 출력)

❺ Tum Down Report 층별로 전달한다.

❻ House Keeping Report의 실제투숙 상황과의 확인을 한다.

❼ 각 층에서 사용한 Floor Master Key 접수 분실물대장을 정리한다.

❽ 프런트에서 확인을 요구하는 객실을 점검한다.

### 14) Mini Bar 전담요원

Mini Bar는 객실매출 수익 면에서 큰 영향을 줄 수 있다. Mini Bar의 근본적인 운영목적은 객실 내에 냉장고를 비치하여 간단한 주류와 음료, 안주류를 진열 판매하고, 곧바로 준비된 음료를 즐기며 후불형식으로 편리하게 이용할 수 있도록 함이다. 그리고 Mini Bar의 합리적인 관리로 부가가치를 높이는 역할을 담당한다.

구체적인 업무내역을 살펴보면 다음과 같다.

❶ Mini Bar 판매관리 및 Inventory를 한다.

❷ Mini Bar 품목선정 및 교체작업을 한다.

❸ 판매직계 및 보고서를 작성한다.

❹ Mini Bar 점점 및 Posting을 확인한다.

❺ Mini Bar 물품수령 및 각층에 지급한다.

## 2. 객실 운영의 시사점

호텔의 영업은 식음료부서에서 음식과 음료를 판매하고 객실부서에서 룸을 판매해서 수익을 창출하는 것입니다. 그러한 측면에서 룸의 상품을 어떻게 준비하고 고객이 선호하는 형태와 디자인, 기호, 편리성, 차별화, 고급화, 유행을 타지 않은 트래디한 스타일의 룸을 오픈하기 전 세밀하게 준비해서 시작부터 철저하게 시스템화하여 영업을 시작해야만 무한경쟁에서 살아남을 수 있지 않나 생각한다.

사실 아무리 철저한 준비를 해도 후발주자와 경쟁자의 도전으로 국내외 관광객들의 눈높이에 맞추는 것은 생각만큼 쉽지 않다. 그러므로 끊임없이 연구하고 노력하여 창의적인 타 호텔과 차별화를 기치로 변화에 앞장서서 나가는 것만이 최고의 호텔 자리에 오를 수 있다고 생각한다.

그러나 지금까지 설명한대로 하드웨어적인 측면에서 발전한다고 해도 결국은 이러한 준비된 시설을 어떻게 누가 운전을 하느냐에 또한 승패가 달려 있으며 2차적인 운영의 묘를 살리면서 게스트, 고객에게 만족을 주어야 한다. 이는 호텔리어의 숙련된 고객서비스가 환상적인 궁합으로 일치가 됐을 때 비로소 기업의 목적에 부합하는 것이다.

그러면 이러한 목표지향적인 성과를 내는 것은 과연 어떠한 호텔리어를 운전자의 위치에 포지셔닝해야 하나 의문점이 들 것이다. 이러한 답은 다음 관리부의 인사팀 설명에서 언급하도록 하겠다.

다시 본론으로 들어가면 하드웨어인 객실의 전반적인 여러 가지 형태와 타입 등을 나열하여 기초적인 상품지식을 알아보도록 하겠다.

[표 1-4] 다양한 객실타입의 분류

| 구분 | 분 류 | 설 명 |
|---|---|---|
| 객실의 등급 | •스탠다드 룸(Standard room)<br>•슈페리어 룸(Superior room)<br>•디럭스룸(Deluxe room)<br>•비즈니스 전용층 룸(Executive Floor Room)<br>•스위트 룸(Suite room)<br>•로얄 스위트 룸(Royel Suite room) | •보통 룸<br>•스탠다드보다 조금 좋음<br>•높은 층, 디자인 고급<br>•EFL(특별한 고객층)<br>•특실<br>•최고급 룸 |
| 객실의 용도 | •금연 룸(Non smoking room)<br>•여성전용층 룸(Ladies floor room)<br>•온돌 룸(Ondol room)<br>•커넥팅 룸(Connecting room)<br>•스튜디오 베드 룸(Studio bed room)<br>•워크아웃 룸(Work out room)<br>•장애인용 룸(Handicap room)<br>•장기전용 룸(Long term guest room) | •담배를 피지 못함<br>•여성들만의 층<br>•대한민국 전통방<br>•두 개의 방들 사이 연결 룸<br>•카우치 베드 설치 룸<br>•운동할 수 있는 룸<br>•불편한 고객의 룸<br>•오래 투숙할 수 있는 방 |
| 객실의 종류 | •싱글 베드 룸(Single bed room)<br>•더블 베드 룸(Double bed room)<br>•트윈 베드 룸(Twin bed room)<br>•트리플 베드 룸(Triple bed room)<br>•더블앤싱글 베드 룸(Double & single bed room)<br>•더블앤더블 베드 룸(Double & double bed room) | •1인용 침대 한 개인 룸<br>•2인용 침대 한 개인 룸<br>•1인용 침대 두 개인 룸<br>•1인용 침대 세 개인 룸<br>•1인용과 2인용 침대 룸<br>•2인용 침대가 두 개인 룸 |
| 객실의 방향 | •인사이드 룸(Inside room)<br>•아웃사이드 룸(Outside room) | •바깥 조망이 가능한 룸<br>•외부의 경관을 볼 수 있는 룸 |

### 1) 객실등급에 대한 설명

#### (1) 스탠다드 룸(Standard room)

객실 룸 상품 중에 가장 저렴한 룸이라고 볼 수 있으며 보통 보유 비율로 따지면 60~70% 정도이며 안에 들어가는 침대는 싱글 베드, 더블 베드, 트윈 베드로 세팅되며 객실 면적은 다른 등급의 룸보다 사이즈가 적으며 주로 조망권이 좋지 않은 곳으로 배치한다.

#### (2) 슈페리어 룸(Superior room)

스탠다드 룸보다 사이즈가 조금 더 크고 층도 중간층 정도 위치하며 조망권도 있으며 침대 수는 스탠다드 룸하고 같다고 보면 된다.

#### (3) 디럭스룸(Deluxe room)

디럭스 룸은 슈페리어 룸의 위 단계 룸이며 평수도 넓으며 객실 안에 들어가는 여러 가지 디자인 면에서도 훌륭하고 가구, 인테리어 등 고급스럽게 꾸며지며 위치도 높은 층의 전망 좋은 객실이다.

#### (4) 비즈니스 전용층 룸(Executive Floor Room)

특별한 층의 룸으로 가장 좋은 위치에 룸을 배치하고 한 층을 전부 만들 수도 있고 그렇지 않을 수도 있는데 이는 호텔의 고객선호도와 점유율을 산정하여 배치하는 것이 좋다. 여기에는 각종 컴퓨터, 팩스 등 비즈니스 고객의 편리성을 위해서 최대한 움직이지 않고 층에서 다 이루어질 수 있게끔 꾸며지며 특히 간단한 식사, 음료도 무료로 제공되는 것이 특징이다.

#### (5) 스위트 룸(Suite room)

스위트 룸은 그 호텔에서 가장 좋은 방이며 특실이라고도 하며 내부인테리어 디자인은 가장 최고의 것으로 꾸며지며 욕실 또한 월풀로 되어 있고 편리한 전자제품도 비치되어 있고 음료바, 서재, 주방, 응접실, 사무공간 등이 넓은 평수로 되어 있는 것이 특징이다.

#### (6) 로얄 스위트 룸(Royel Suite room)

로얄 스위트룸은 스위트룸 이상의 방으로 한 단계 더 높은 규모와 디자인이 되어 있으며 호텔객실의 최상층에 위치해 조망이 좋은 것이 특징이며 호텔에 따라 프레지덴셜(Presidential suite) 룸이라고도 구별해서 부른다.

### 2) 객실의 용도 설명

#### (1) 금연 룸(Non smoking room)

10년 전만 하더라도 객실에서 담배를 피울 수 있는 룸이 있었는데 최근에는 거의 사라지고 금연 룸으로 되어 있으며 호텔 전체가 금연구역으로 지정되어 있는 우리나라 호텔의 최근 추세이다.

#### (2) 여성전용층 룸(Ladies floor room)

호텔에서 여성우대 상품으로 1층을 여성층으로 만들어서 여성고객에게 큰 호응을 얻고 있으며 여성들의 지위와 신분상승, 전문직 등 사회생활의 활발한 활동으로 호텔 출입의 빈도수가 늘어나는 추세여서 여성고객의 틈새시장을 공략하는 것도 좋은 전략이라고 생각한다.

#### (3) 온돌 룸(Ondol room)

호텔에 따라서 온돌 룸을 2~5개 정도 비치하여 고객을 맞이하고 있으나 최근에 동양인과 유럽인들도 찾는 등 고객이 늘어나는 추세에 따라 앞으로 늘려 나가는 것이 영업에 도움이 될 것이다. 특히 최근 우리나라 관광호텔 방문고객이 외국사람에서 국내고객으로 변화되는 추세에 발 빠르게 이를 반영한 영업전략을 세워야 할 것 같다.

### (4) 커넥팅 룸(Connecting room)

2가족 이하의 가족 구성원이 투숙하기 좋은 방이며 2개의 객실 사이로 통로문이 있으며 이를 열고 나가면 다른 방이 있기 때문에 2가족이 한 곳에서 좋은 관계를 유지하는데 알맞으며 단체 여행객이 어울려서 즐기기에도 안성맞춤인 객실이다.

### (5) 스튜디오 베드 룸(Studio bed room)

공간활용도가 높은 객실이다. 주간에는 의자로 사용되며 저녁에서 침실로 사용할 수 있는 카우치 베드(Couch bed)가 설치된 룸이다. 요즈음 이러한 형태의 룸은 거의 사라지고 없으며 이러한 이유는 객실 내의 엑스트라 베드가 준비되어 있어서 변화되는 추세인 것 같다.

### (6) 워크아웃 룸(Work out room)

사이클, 런닝머신 등의 설치로 객실 내에서 운동할 수 있어 바쁜 비즈니스 게스트가 선호하는 객실이다.

### (7) 장애인용 룸(Handicap room)

몸이 불편한 고객이 사용할 수 있도록 객실 내 모든 시설물을 사용하기 편리하게 문턱이 없고, 휠체어, 세면대, 욕조 등도 낮은 위치에 있는 것이 특징이며 호텔의 등급심사 기준에 장애인 룸이 의무적으로 비치되어 있어야 좋은 점수를 받을 수 있다.

### (8) 장기전용 룸(Long term guest room)

외국고객이나 국내고객의 오랫동안 비즈니스로 인해서 오래 머무를 수 있도록 취사도구, 세탁시설, 전기기구, 싱크대 등을 편리하게 갖춰놓은 룸으로 특히 사업가나 외교관 등이 주고객이다.

### 3) 객실 침대에 따른 설명

#### (1) 싱글 베드 룸(Single bed room)

룸 안에 싱글 베드가 한 개 있는 것을 말하며 대부분의 호텔에서는 싱글 베드 룸을 고객이 많이 찾지 않아 더블 베드로 바꾸는 것이 합리적이다.

#### (2) 더블 베드 룸(Double bed room)

2인용 침대가 한 개 설치되어 있는 방을 말하며 고객 선호도 면에서 가장 적합하다. 대부분 호텔에서 더블 베드 룸을 설치한다.

#### (3) 트윈 베드 룸(Twin bed room)

보통 싱글 베드 1인용 침대가 두 개 설치되어 있는 방을 의미한다.

#### (4) 트리플 베드 룸(Triple bed room)

싱글 베드가 세 개 있는 방으로 단체고객을 대상으로 만들어진 객실이다. 여기에 엑스트라 베드가 중간에 들어가면 3인 이상의 단체고객 투숙도 가능하다.

#### (5) 더블앤싱글 베드 룸(Double & single bed room)

가장 많은 객실에 세팅된 형태이며 더블 베드 한 개, 싱글 베드 한 개 등으로 3인 이상 가족이 묵을 수 있다. 특히 휴양지 호텔에서 가족동반 고객에게 많이 이용되고 있다.

#### (6) 더블앤더블 베드 룸(Double & double bed room)

더블 베드 룸이 두 개인 객실을 의미하며 이 객실은 4인 가족이 사용하기에 적합한 것으로 성이 다른 자녀에게는 엑스트라 베드를 중간에 설치되기도 하며 이러한 객실은 단체고객에게도 사용되어 여러 면에서 활용도가 좋은 형태이다.

### 4) 객실의 위치 설명

#### (1) 인사이드 룸(Inside room)

주로 외부경관을 볼 수 없도록 배치된 룸이며 층 또한 낮은 층으로 되어 있어서 여행사의 가이드나 호텔 내부고객의 하우스유스 단체 관광객이 이용하는 룸이다.

#### (2) 아웃사이드 룸(Outside room)

호텔의 전망이 가장 좋은 위치에 있으며 가격도 인사이드 룸보다 비싸게 책정되어 있다. 특히 바닷가 호텔은 가장 먼저 예약이 완료되는 룸이며 고객이 최상의 기분전환으로 고객만족도가 가장 높은 객실이다.

## 3. 객실 룸의 가격과 다양한 경쟁력 상품

### 1) 객실요금의 중요성

객실요금은 앞서도 언급했듯이 호텔의 설립 전부터 어느 정도의 판매가격대를 90% 이상 결정하고 호텔을 짓기 시작한다. 그만큼 초기 단계에서부터 계획에 의해서 내부 인테리어 디자인이 완성되고 Open해 큰 변수가 없으면 그대로 가격이 책정되어서 판매가격을 받는다. 그러므로 처음부터 고객의 타깃 층을 겨냥해서 만들어지기 때문에 다양한 변수까지 고려하여 객실이 완공되기 때문에 첫 단추가 가장 중요한 주춧돌이 된다.

이렇듯 잘 완성된 객실 상품을 호텔리어의 인적서비스를 가미하고 다양한 테크닉을 발휘하여 주상품인 객실 룸과 식음료상품 피트니스 멤버십 협력호텔과의 상호보안적 패키지 교환 등 공격적으로 타 호텔 객실과 다른 차별성을 가지고 판매 전략을 세운다면 객실 본래의 목적에 부합하는 최고의 매출로 호텔에 기여할 것으로 생각한다.

그런 의미에서 기초적인 객실요금과 상품 등을 공부하고 이를 바탕으로 폭넓은 사고로 타 호텔의 객실부서와 경쟁의 우위를 점하는 디딤돌이 되리라 확신한다.

## 2) 객실요금의 책정 여섯 가지 중요한 근거 요인

### (1) 호텔 브랜드 가치

호텔 브랜드 가치는 한마디로 정의하면 호텔의 "품격", "밸류"이며 이것은 고객이 냉정하게 평가를 하는 것이다. 다른 전자산업에서 브랜드 가치를 설명하자면 우리나라 전자업계의 최고의 1위 자리를 차지하고 있는 삼성은 외국에 경쟁업체와도 차별화로 굳건히 수성을 이어나가고 있으며 애플과의 스마트폰 경쟁에서도 우위를 점하고 있는 것이다.

글로벌 경쟁시대에 삼성의 브랜드 가치평가가 높은 것은 고급스러운 이미지 첨단 시스템 편리성 최고의 디자인 등 세계최고라는 고객의 평가가 있었기 때문이다. 이러한 것은 소비자에게 비싼 값을 지불하고서라도 삼성 제품을 사겠다는 확고한 믿음에서 비롯되었다고 생각이 되며 이러한 절대적인 신뢰야말로 지속적으로 쌓아온 품질 향상의 결과물인 것이고 다른 어느 제품보다 월등하게 낫기 때문에 고객이 구매를 하는 것이다.

그러면 우리나라 호텔은 어떠한가! 기존에 5성급 호텔이 전국적으로 수십 개이며 수많은 호텔들이 무한경쟁 속에서 살아남기 위해 안간힘을 쓰고 있다. 기존의 알려진 유명한 호텔들은 현상유지를 위해 여러 각도로 공격적으로 영업에 매진하고 있으며 다른 신규 진입을 준비하고 오픈하는 호텔들은 그만큼 시장진입이 어렵기 때문에 기존 호텔보다도 더 정성을 쏟아 시장에 뛰어든다.

기존 호텔업체는 수성을 위하여 신규시장 진입 호텔은 그 시장을 빼앗기 위해서 무수한 경쟁을 펼치고 있는 실정이다. 이러한 치열한 경쟁에서 최고의 호텔 브랜드 가치를 인정받으려면 철저하게 계획을 세우고 전 직원이 똘똘 뭉쳐서 최고의 시설을 이용하여 개인의 서비스마인드를 몸에 장착하여 최고의 고객서비스로 항상 실천을 한다는 사명을 가져야 한다.

이러한 서비스 정신을 가진 직원이 호텔에 많을 때 자연적으로 호텔의 브랜드 가치는 높아지고 호텔을 찾는 고객은 자연스럽게 충성고객으로 거듭날 것이다.

### (2) 호텔 하드웨어시설

예전의 호텔은 전통을 중요시 하여 복고풍으로 승부를 하였다면 요즈음 트랜드는 최고의 내외관 고급 인테리어, 디지털객실, 첨단 IT정보망, 편리한 내부구조, 국제행사를 할 수 있는 대연회장, 최신 피트니스센터 및 운동시설, 꼭 필요한 식음료 영업장, 카지노게임장 등 고객이 호텔을 찾았을 때 즐길거리, 먹거리, 놀거리 등 어느 하나 부족함이 없었을 때 고객은 행복해 하고 만족하고 즐거워 할 것이다. 사람은 누구나가 자기를 최고로 알아주는 것을 좋아하는데 이러한 시설과 최고의 왕같은 대우를 받았을 때 만족하는 것이다.

### (3) 호텔 접근성

브랜드가치, 하드웨어시설, 인적서비스, 식음료품질성, 피트니스센터 등 많은 것이 만족스러워도 가장 중요한 입지 접근성이 좋지 않으면 좋은 평가를 받는 데는 한계가 있다.

요즈음 서울 시내는 워낙 교통체증이 심해서 5km거리를 승용차로 움직여도 30분 많게는 1시간 이상까지 걸리기 때문에 입지적인 위치가 정말 중요할 수밖에 없어서 새롭게 오픈한 호텔은 이러한 점을 간과해서는 안 될 것이다. 또한 최근에 5성급 호텔은 외국 관광객보다 국내고객으로 채워지는 추세에 있고 10년 전에는 호텔을 방문하는 것은 문턱이 높았으나 호텔 예식장이 허용되면서부터 일반고객층도 호텔을 방문하고 초청받는데 어려움이 없기 때문에 호텔의 거부감이 많이 사라졌다.

이러한 부분에 맞물려 장수연, 돌잔치, 동문회, 송년회 등도 호텔에서 많이 하기 때문에 일반고객층의 대중교통도 중요한 수단으로 전철이용이 용이한 입지에 호텔이 있을 때 상당한 플러스 요인으로 작용한다고 볼 수가 있는 것이다. 이러한 부분은 예전의 호텔출입은 부유층이나 돈 많은 졸부가 출입한다고 생각했던 과거의 낡은 생각은 바꿔야 되며 이제는 누구나 5성급의 호텔을 출입하는데 신분의 차이가 없어졌기 때문에 이러한 부분도 중요한 고려사항으로 인식하여야 한다.

### (4) 인적 서비스

호텔상품은 크게 객실과 식음료상품으로 나뉜다. 이 두 상품은 거의 정해져서 만들어지면 이 상품을 판매하는 것은 사람이며 이것을 어떻게 고객에게 전달하느냐에 따라 상품의 질이 나쁘거나 좋거나 보통이거나 받는 고객의 느낌은 천차만별이지만 우선 고객의 평가 이전에 호텔리어의 기본적인 고객을 행복하게 해줄 수 있는 자질과 품성 마인드 등이 갖춤으로서 만족한 서비스를 고객에게 제공되는 것이다.

이러한 서비스는 보통의 사람들은 누구나 할 수 있다고 쉽게 단정할 수도 있겠지마는 절대로 그렇게 쉬운 것은 아니다. 왜냐하면 고객이 행복하고 만족할 만한 서비스를 제공하려면 하루아침에 되는 것이 아니고 무수한 경험과 노하우가 몸에 쌓이고 축척되어야지 비로소 고객이 만족할 만한 최고의 인적 서비스가 표출되는 것이다.

이렇듯 호텔의 브랜드 가치나 사람의 인적 서비스도 오랜 노력의 산물인 동시에 동종 호텔들과 다름의 특별한 그 호텔만의 장점인 것이다.

### (5) 식음료 품질성

호텔은 다국적 외국인과 국내인의 출입하는 장소이며 각각의 개성도 다르고 문화도 다르기 때문에 특히 호텔투숙객의 한 사람 한 사람 먹는 음식을 만족시켜야 호텔을 찾는 고객으로부터 찬사를 받을 것이다. 전체적인 음식 맛이 좋았을 때 있는 동안에도 행복하지만 체크아웃을 하고 자기네 나라로 돌아갔을 때 오랜 기억으로 기억될 것이며 다음에 또 방문한다면 꼭 다시 찾게 되는 원동력이 되리라 확신한다. 하지만 반대로 갖춰져 있는 다양한 음식이 맛도 떨어질뿐더러 먹을 것이 다양하지 않으면 체재기간도 불평불만으로 지속될 것이며 체크아웃한 후에 자국의 나라로 돌아가서는 안 좋은 기억과 인상 때문에 두 번 다시 한국을 찾지 않을 것이며 또 방문한다고 한들 그 호텔에 가보고 싶은 마음은 절대 없을 것이다.

이뿐만 아니라 대접을 융숭하게 맛있게 받았다면 자기가 아는 모든 사람들에게 "그 호텔 음식은 정말 맛있어! 꼭 기회가 되면 그곳에서 음식을 먹어봐!"라는 입소문을 낼 것이며 이러한 전체적인 고객이 많을 시 마케팅비용까지 절약할 수 있는 훌륭한 자산인 것이다. 반대로 그렇지 않을 경우 악소문을 퍼트려서 호텔의 존속 자체도 위태로울 수 있는 음식의 맛은 여러 번 이야기해도 부족함이 없을 것이다.

### (6) 피트니스센터 운영

5성급 호텔 최고급 호텔은 피트니스클럽이 시스템과 시설이 훌륭하게 준비되어 있어서 외국의 비즈니스고객이나 관광객은 호텔을 이용할 때 하나의 기준점이 되며, 요즘은 현대인의 대부분이 기본적인 수영, 헬스, 정구, 사우나 등을 즐긴다. 그러므로 시설이 완벽하지 않거나 한 가지라도 부족한 것이 있으면 이 또한 불편하기 때문에 소홀함이 없어야 고객이 만족할 것이다.

## 3) 객실요금의 종류

### (1) 공표요금(Tariff, Rack rate)

Rack Rate은 식음료 영업장에 비치되어 있는 메뉴판과 같은 것으로 생각하면 된다. 즉 객실요금표이며 이것은 주무관청에 신고한 정상가격이며 대내외 공표한 정찰가격다. 다른 용어로 Full rate, Full charge라고도 한다. 이 요금은 공적인 성격을 띠고 있어서 행정적인 지도를 받기도 하며 같은 지역에 위치한 동급호텔의 기준과 표준에 의한 협정가격이라고도 볼 수가 있다. 원래는 Tariff란 미국에서 수입품에 관세를 부과하기 위한 관세율을 표기하던 것을 호텔에서 사용하고 있다.

### (2) 스페셜 레이트(Special rate)

호텔의 정책적인 상황에 따라 변동을 해주는 것으로 장기체류고객, 호텔멤버십고객, 객실매출 증대에 기여한 고객, 여행사직원, 부대 업장 매출에 도움을 주는 고객 등에게 다양한 형태의 특별요금으로 탄력적인 가격정책이다. 타 호텔의 경쟁에 우위를 점하기 위해서 마케팅상 실시하는 것으로 총지배인의 최종적인 승인에 따라 판매를 한다.

이러한 가격은 무분별하게 프런트 클럭이 함부로 남발하는 것이 아니라 프런트 데스크에서 선후 융통성을 발휘하여 최저 마지노선의 가격을 염두에 두고 어느 정도 룰에 의해서 판매하는 것이다.

### (3) 시즈널 레이트(Seasonal rate)

호텔은 영업이 잘될 때와 그렇지 않을 때가 있는데 이럴 때 적용되는 요금을 달리하는 정책적인 영업 전략이 필요하다. 그래서 비수기에는 객실점유율을 높이기 위해서 할인을 더해 줌으로써 예약율을 높이고 반대로 성수기에 고객이 몰릴 때는 정상요금이나 좀더 가격을 높여 받는 것을 말한다.

### (4) 그룹 레이트(Group rate)

이 요금제도는 단체관광객이나 호텔의 세미나 컨포런스, 학술대회, 컨벤션 등의 많은 사람들이 단체로 객실을 예약할 때 적용하는 요금제도이다. 한방에 2인 많게는 3인 등이 방을 쓰는 경우에 할인 가격으로 요금을 책정하며 세일즈 마케팅 부서 판촉 직원과 행사 담당자와 서로 협의해서 가격이 책정된다.

### (5) 커머셜 레이트(Commercial rate)

Corporate rate라고도 부르며 호텔에서는 매출과 객실점유율을 끌어올리기 위해서 공공단체나 특정기업 그리고 비즈니스 투숙객에게 요금을 할인해서 판매하는 제도이며 보통 공항근처에 있는 호텔의 경우나 항공사 직원 승무원이 대상이다.

또한 인터넷요금이나 세탁비, 전화요금, 아침식사 등 각종 다양한 부분에서 부대이용요금을 할인해줌으로써 호텔은 안정적인 객실을 확보할 수 있으며 장기적, 지속적으로 객실점유율을 높여 매출에 기여할 수 있는 장점이 있다.

### (6) 싱글 레이트(Single rate)

고객이 싱글 객실을 예약하고 예약확인 번호까지 받은 상태에서 예약당일 고객이 도착하여 프런트 직원이 예약한 객실을 배정해야 하는데 싱글 방이 없을 때 부득이 트윈 룸이나 더블 룸을 제공하고 객실 요금을 싱글요금으로 받는 것을 말한다. 이러한 상황은 보통 성수기의 객실이 만실인 경우에 종종 발생한다.

### (7) 미드나이트 차지(Midnight charge)

오후 늦게 도착한다고 예약한 고객이 개인적인 사정이나 비행기가 늦게 도착하여 호텔의 도착 시간이 다음날 새벽에 체크인할 경우 객실요금을 배정하는 가격이다. 이는 당일 도착하지 않았다고 해서 프런트 직원이 객실을 판매하지 않고 남겨 뒀다가 고객이 도착했을 때 야간 가격으로 받는 것을 말한다.

### (8) 캔슬레이션 차지(Cancellation charge)

객실을 예약하고 투숙하지 않는 경우를 말하는데 이럴 때 캔슬차지를 받는 것을 말하며 약관에 따라 부과되는 요금이 다른데 한 달 전, 일주일 전, 하루 전, 당일 취소 등이다.

호텔의 객실점유율에 따라 신용카드나 현금으로 선수금(Deposit)을 입금하여 예약보증금(Guarantee)을 받았을 경우에 해당되는 경우이다. 보통 개인예약고객보다는 단체관광객의 여행사예약이나 기업체 세미나 등의 많은 고객이 행사에 객실까지 사용할 때 행사팀에서 일이 생겨 부득이 취소할 때 이러한 경우가 발생한다.

### (9) 홀드 룸 차지(Hold room charge)

홀드 룸 차지는 웨이팅할 때 부과되는 요금이며 다음의 3가지 경우이다. 첫째로, 항공기 연착륙으로 호텔의 도착 시간이 자정을 넘겨서 늦게 도착할 경우 다른 고객에게 객실을 판매하지 않고 홀드해 두었다가 도착하면 판매하는 것으로 이때 가격은 평소보다 조금 낮게 책정한다. 둘째로, 고객이 일주일 객실 예약을 하고 중간에 이틀 다른 지역으로 다니러 갔다가 3일째 돌아와서 계속해서 쓰던 방을 사용하는데 이틀 자리 비운 것은 중간에 짐을 빼지 않고 그대로 방 안에 놔두는데 이럴 때 정상요금이 적용되지 않고 홀드 룸 차지로 금액을 산정해서 지불하는 것을 말하며 이 금액은 하루 방을 쓰는 요금보다는 저렴하다. 셋째로, 대통령이나 외국의 높은 사람, 유명연예인, VIP 등 특수한 여러 가지 이유 등으로 여러 개의 객실을 판매하지 못할 경우 홀드 룸 차지를 하게 된다.

### (10) 엑스트라베드 차지(Extra bed charge)

보통 일반 객실 더블 룸, 싱글 룸, 트윈 룸 등의 침대가 세팅되어 있을 때 침대 수보다 인원이 많을 경우 방을 두 개를 써야 하지만 엑스트라 베드를 침대 중간에 설치하여 한 사람이 더 잘 경우에 추가적으로 설치가 가능하다. 또한 여행사 단체로 그룹이 방을 쓸 경우 이러한 경우 종종 발생한다.

### (11) 오버 차지(Over charge)

호텔 규정상 체크 아웃시간은 보통 오전 12시에서 오후 1시로 정해져 있다. 하지만 고객의 요청에 의해서 조금 늦게 방을 비우겠다고 하면 추가 시간만큼 금액을 내야 한다. 이럴 때 오버차지 요금이 적용된다.

### (12) 컴플리멘터리 레이트(Complimentary rate)

컴플리멘터리 레이트(무료요금)는 여행사직원이 많은 단체관광객을 모시고 호텔에 투숙을 할 경우 관광객은 단체요금을 지불하지만 가이드는 무료로 방을 제공하는 경우에 해당한다. 이밖에 호텔에 다양하게 매출에 공헌을 하는 사람, 장기투숙객, 총지배인이 승인한 사람이 이에 해당된다.

## 4) 객실 상품

### (1) 객실 프로모션

객실 상품은 Tariff(Rack rate) 공표요금을 100% 객실요금으로 채웠을 때 가장 이상적인 판매 방법이지만 여러 가지 경제적인 측면과 사회환경적인 측면에서 쉽지 않기에 객실부 내에서는 다양한 방법과 아이디어로 판매를 늘리는 여러 가지 방안 중에 프로모션 상품을 만들어서 판매촉진을 향상한다.

성수기에는 할인정책을 하지 않아도 만실일 경우가 많으나 비수기에는 60%를 채우기가 쉽지 않기 때문에 프로모션을 시행해서 객실점유율을 높인다. 요즘은 하루가 다르게 경쟁적으로 호텔이 많이 생겨 갈수록 시내의 호텔은 수익구조를 맞추기가 쉽지 않은 형편이다.

타 호텔과의 경쟁 우위를 점하기 위한 프로모션 상품을 만들어도 이것 또한 나오자마자 경쟁호텔에서 금방 벤치마킹을 하기 때문에 차별화된 프로모션 상품을 시장에 계속 내놔야 한다.

다음은 호텔 객실의 프로모션 상품의 사례를 소개해 보도록 하겠다.

[표 1-5] 객실 프로모션 상품

| 호 텔 | 내 용 | 비 고 |
|---|---|---|
| 롯데호텔<br>(롯데시티호텔 울산) | • 스탠다드 룸 1박과 만 원의 행복 'The만족' 이벤트를 진행한다. 요금은 9만 원(세금별도)으로 1만 원 추가 시 C-café 조식 1인 롯데시네마권 2매, 패밀리트윈 업그레이드를 선택해 이용할 수 있다. | 여유만만<br>(프로모션) |
| 신라호텔<br>(신라스테이) | 11월 한 달간 홈페이지를 통한 예약 시 최대 20%까지 할인 | 온라인예약<br>(스팟 프로모션) |
| 조선호텔<br>(부산웨스틴) | 부산 웨스틴조선호텔은 5월 가정의 달을 맞아 다음달 5일부터 8일까지 선보인다.<br>35만 원(세금, 봉사료 포함)에 숙박부터 식사, 온천 사우나에서의 휴식까지 모두 즐길 수 있는 객실 특가 프로모션이다. | 가족 愛<br>프로모션 |
| JW<br>메리어트호텔 | 호텔 예약실 혹은 메리어트 웹사이트를 통해 슈페리어 객실을 예약할 경우, 메리어트 리워즈 포인트 1500점 추가 적립(투숙 당 1회 제공, 최대 2주 소요) 및 객실료 10% 할인 혜택을 제공하며 실내 수영장과 피트니스 센터를 무료로 이용할 수 있다. | 메리어트<br>리워즈 고객<br>대상 |

### (2) 패키지 프로모션

객실 패키지는 객실과 식음료 그 외 부대업장 내의 다양한 상품을 결합해서 가격을 저렴하게 판매하는 것으로 특히 계절별, 특별한 날, 명절, 기념일 등 비수기 또는 특별한 날을 이용하여 패키지 프로모션을 기획하는 것이 특징이다.

다음은 5성급 호텔 패키지 프로모션을 표로 정리해 놓았다.

[표 1-6] 패키지 프로모션

| 호 텔 | 내 용 | 비 고 |
|---|---|---|
| 그랜드<br>힐튼<br>서울 | **기념일 패키지**(250,000, 세금+봉사료 별도)<br>호텔 귀빈층 이그제큐티브 플로어룸 1박(조식 포함)<br>클럽라운지 이용 수영장&체련장 &사우나 무료 이용<br>아라미스 랩 시리즈 스킨케어 포맨 에이지 레스큐웨이스로션 더 히스토리 오브 '후' 수분크림<br>(공진향 : 수, 수연 크림) 샴페인 1병<br>(제이콥스크릭 샤도네이 삐노누와) 카나페 12조각, 치즈, 크레커<br>엔터테인먼트 테마 클럽 바발루 20% DC | 기념일<br>패키지 |
| 그랜드<br>하얏트<br>서울 | **뉴 로맨스 패키지**(280,000,세금+봉사료 별도)<br>[체크인 오후 3시 체크아웃 오후 3시]<br>파스텔톤 풍선과 장미꽃이 셋업된 한강 전망의 그랜드 룸 1박 사우나, 수영장, 체육관 무료이용<br>샴페인과 초콜릿 셋업 체크아웃 3시까지 연장<br>더 테라스에서 2인 조식부페 그랜드룸 업그레이드한 클럽룸 이용 시 (330,000, 세금+봉사료 별도) | 뉴로맨스<br>패키지 |
| 서울신라<br>호텔 | **메모리지 패키지**(280,000,세금+봉사료 별도)<br>[체크인 오후 3시 체크아웃 정오]<br>이그제큐티브 디럭스 객실1박 이그제큐티브 라운지 2인 조식 뷔페 및 해피아워(해피아워 : 이그제큐티브 라운지에서 17시 30분~20시까지 주류, 음료, 스낵제공)<br>폴라 프라이크 Welcome Flower & 파스텔톤 풍선 장식Welcome Chocolate 허니문 기념키 증정(투숙 후 배송까지 최소 한 달) 사우나, 수영장 무료이용<br>면세점 VIP Gold 카드 교환<br>선택사항 : 50,000원 추가 시 더파크뷰 2인 조식부페 | 메모리지<br>패키지 |
| 밀레니엄<br>서울힐튼<br>호텔 | **윈터 이스케이프 패키지**(25만 원, 세금, 봉사료별도)<br>디럭스룸시티뷰, 밀튼지저브래드 2개 제공<br>카페 395 2인 조식, 피트니스센터, 수영장 무료 이용 | 윈터<br>이스케이프<br>패키지 |
| JW<br>MARRIOTT<br>SEOUL | **섬머 패키지**(6월1일~8월31일까지)<br>옵션1. 슈페리어객실1박+체험스쿠버다이빙(2시간 1인)<br>옵션2. 슈페리어객실1박+페이셜 트리트먼트(1시간 1인)<br>〈포함사항〉<br>JW MARRIOTT로고 비치타월 증정<br>수영장 및 피트니스클럽 무료 이용<br>PADI 다이브코스 연속참가 가능 | 섬머 패키지 |

### (3) 온라인여행사 OTA(Online Travel Agency)

요즈음 스마트폰 시대에 가장 잘 어울리는 객실판매 방법 중 한가지로 호텔식음료

상품과 더불어 객실상품을 모바일로 바로 검색해서 룸을 예약하는 것으로 특히 호텔을 출입하는 연령대가 젊어질수록 이용률도 높으며 가장 합리적인 방법으로 고객은 선택의 폭이 넓어 검색과 이용만 잘하면 저렴한 가격에 객실을 사용할 수 있기 때문에 시간이 지날수록 더욱더 활성화될 것으로 전망하고 있다.

그러므로 호텔객실 실무담당자는 이러한 대세를 적극적, 능동적으로 활용하여 OTA업체와 협력을 모색하여 서로 윈윈하는 전략을 세워 틈새 객실 판매에 온 힘을 쏟아 객실점유율을 높이는데 최선을 다한다.

### (4) 동종호텔 MOU 상품

우리나라 체인호텔들은 체인화 전산망으로 할인이라는 시스템이 잘 되어 있어서 객실 판매를 할 때 판매 점유율을 높일 수 있는 기본적인 구조여서 체인호텔의 객실 판매율이 로컬호텔보다 상대적으로 높은 편이다.

그러면 국내 로컬호텔의 객실판매를 높이기 위해서는 어떠한 전략을 가지고 영업에 활성화를 도모해야 하는가? 라는 질문을 던졌을 때 여러 가지 의견과 답을 찾을 수 있는데 그 중에 한 가지는 객실 내의 실무자 중심의 적극적인 MOU전략을 이용할 필요가 있다. 체인호텔, 로컬호텔을 대상으로 자기가 처해 있는 약점을 강점으로 설명해서 MOU협력을 통해서 객실을 비수기에 점유율을 높이는데 적극적으로 활용할 필요가 있는 것이다.

## Standard Operation Procedure

### On the Telephone

1. Good Morning Seoul Hilton, May I help you?
2. Yes, hello. Yes. This is Seoul Hilton.
3. Yes. I will transfer your call. Thank you.
4. Excuse me, but who are you looking for?
5. I' m sorry, he/she is on the phone.
6. Could you call back, please?
7. Could you hold please?
8. I' m sorry, nobody is picking up.
9. Would you like to leave a message?
10. Yes, I' ll find out right away. Could you hold please?
11. F' l find out and call you. Thank you.
12. Thank you for waiting.
13. I have the number you requested.
14. I' m sorry to have kept you waiting. How may I help you?
15. I' m sorry, Could you repeat please?
16. Yes, we will wake you at 00:00. Thank you and Good night.
17. Hello. This is your 00:00 Morming Call. Have a nice day. Thank you.
18. All the lines are busy at the moment. I will give you the direct line.
19. If there is a call for you, I will transfer the call. Have a good time.
    Thank you.
20. Hel She/ (or name) is at 00 at the moment. I will transfer your call.
    Thank you.
21. Mr./Ms. 00 is waiting at 00 at the moment. Will you be going there?
22. I' m sorTy, the phone is off the hook. I will send a person right away.
    Could you call back in five

### For Regular Service

23. Welcome. Please come in. Please have a seat.
24. Would you like to send a fax?
25. Would you like to use a computer?
26. Would you like to use a meeting room?
27. Do you have a reservation for a meeting room?
28. Would you like to make copies?
29. Would you like to confirm your flight?
30. Would you like to change your flight schedule?
31. Would you like to visit the American Embassy?
32. Would you like to send it DHL?
33. Would you like to check an incoming DHL?
34. Would you like to request a printing order for name cards?
35. When will you need it by?
36. The usage fee for a cellular phone is KW 30,000 per day.
37. Large meeting rooms can accommodate 8-10 people and OHP, Slide-projector, conference-phone, and projection panel can be used.
38. We will deliver the fax to your room right away.
39. Computer print-outs are KW 500 per page.
40. Typing is KW 12,000 per page.
41. Copies are 250 won per 1 A-4 size page.
42. The rate for Korean-English translators are 230,000 won per day.
43. Translations are KW 40,000.
44. You can use the Internet. You can use the Video Player

Chapter

# 2

# 객실과별 운영내용

## 프런트 오피스(Front Office)

### 1. Front office(F/O)

객실사무실은 전체 객실의 본부라고 보면 되는데 처음 조직도상의 순서대로 나열하면 객실의 부서장, 차장격인 팀장, 과장, 대리, 주임 순으로 근무에 임하며 여기에 다시 오퍼레이터가 있으며, 객실판촉, 판촉예약, 객실예약, 나이트 오디터(Night audit), 그 다음 전체 객실의 운영상 부서장을 보좌하여 객실 전반적인 업무를 책임지는 여직원이 업무를 수행한다.

예전에는 호텔의 규모와 인력관리 면에서 여유롭게 운영했다면 IMF(1997년)를 겪으면서 기업의 구조조정과 혁신을 거듭하여 인력을 효율화하고 조직을 극대화함으로써 불필요한 것은 과감하게 탈바꿈하는 현실에 직면해 있다. 이러한 현재의 위치에서 꼭 필요한 곳에 인력을 배치하여 업무의 효율성과 효과성을 배가시키는 시스템으로 계속해서 바뀌고 있다. 이러한 측면에서 있어야 할 곳에 인력을 배치하여 업무에 최

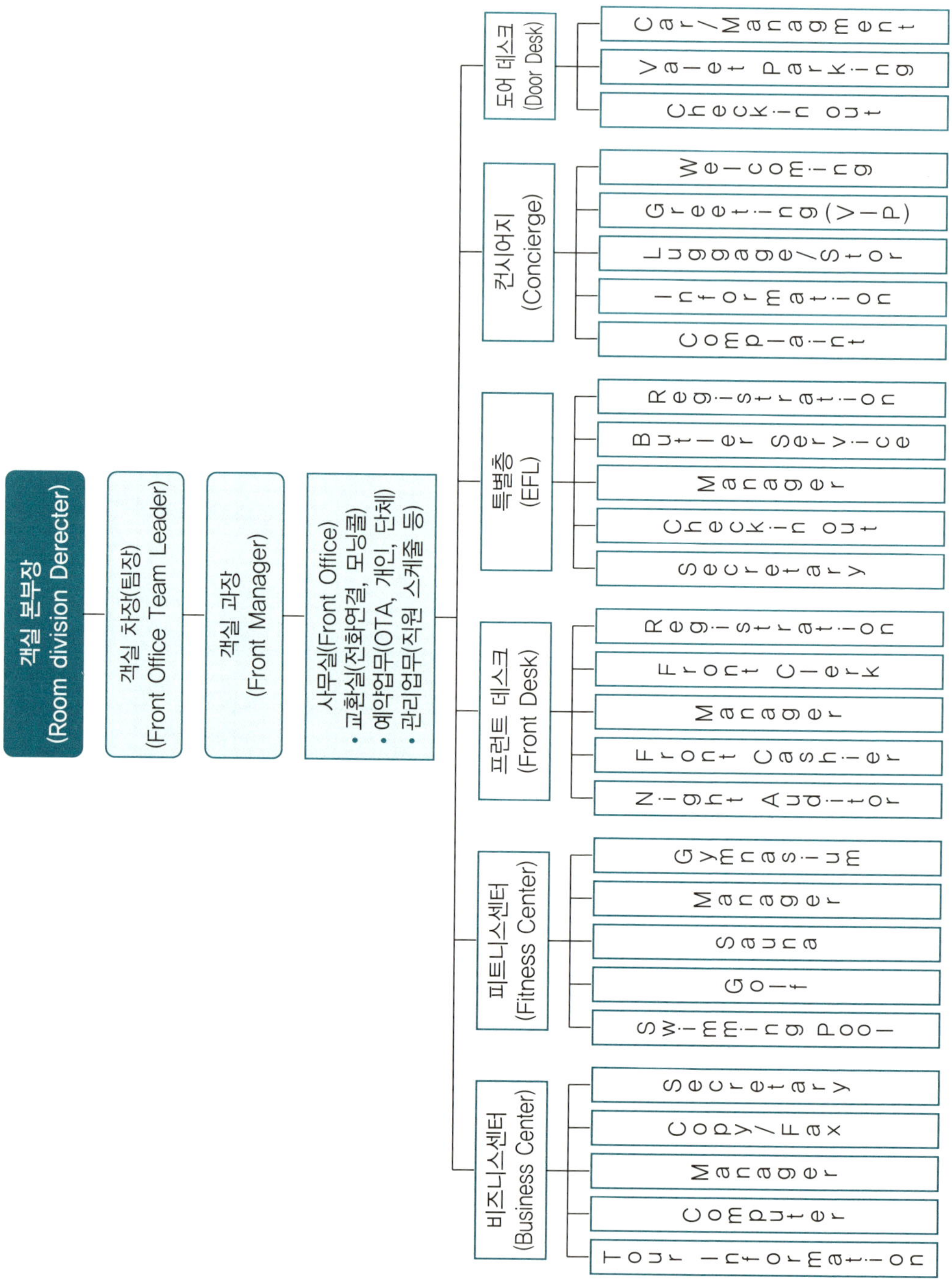


[그림 2-1] 객실 프런트 오피스 조직도

고의 성과를 도출하는 것이 중요하다. 그러므로 사무실 내에도 이러한 부분을 인식하여 인원감축과 적재적소에서 맡은바 임무를 충실히 하여야 한다.

다음은 서울에 있는 5성급 호텔 객실부의 서비스 스탠다드 표준표를 나타낸 것이다.

**Standard Operation**

1. Shift Hand Over
2. VIP Rooms Check
3. VIP Escort
4. Check Turn Down Service
5. House Patrol
6. Handle Guest Complaints
7. Allowance On Guest Claim
8. Guest Accident
9. Missin Guest Property
10. Damage To Guest Propety By Hotel
11. Damage To Hotel Rroperty
12. Lost and Found
13. Death In Hotel
14. Fire In The Hotel
15. Keys Control
16. Electric Power Failure
17. Lobby Control
18. Guest Requests
19. Intoxicated Guests
20. Employee Accident

| HIFT HAND-OVER | 핸드 오버 |
|---|---|
| 1. Read the log book | 1. 로그 북 |
| 2. Read the black log book. | 2. 검정 로그 북을 읽습니다. |
| 3. Read all memorandumsdelivered. | 3. 모든 메모를 읽습니다. |
| 4. Read daily B/Q report. | 4. 매일 B / Q 보고서를 읽습니다. |
| 5. Check daily VIP's arrivalreport. | 5. Daily VIP의 도착 보고서를 확인하십시오. |
| 6. Check yesterday's revenue of room and F/B | 6. 어제의 수익 OF ROOM과 F / B |
| 7. Check GM's car schedule fortoday. | 7. GM 자동차 스케줄을 오늘 확인하세요 |
| 8. Take note unsolved problem for follow up. | 8. 미해결 문제를 참고하여 UP. |
| 9. Check daily CC : Mail. | 9. 일별 CC : 메일을 확인하십시오. |

## 1) Back Office 실무 업무내용

5성급 호텔 기준으로 보면 부서장, 팀장, 과장, 여사무원이 사무실에서 상주하며 큰 틀에서 운영을 하고, 과장은 관리 · 영업적인 측면에서 파트별 프런트 데스크, 피트니스센터, 특별층, 컨시어지, 비즈니스센터, 도어데스크 등을 관여한다. 그중에서도 인사부분, 조직부문, 고객서비스부문, 타 부서 영업장협조부문 등 업무적으로 콘트롤하는 위치에서 모범적인 자세로 조직을 이끌어 가는 게 주업무이다.

교환업무, 룸예약업무, 내외근 판촉업무, OTA업무 등은 실질적으로 호텔 내의 일과 객실부 영업에 관계되는 부서 내의 크고 작은 일들을 사무실 내에서 같이 협업 융화하여 업무를 처리하는 곳이라고 보면 된다.

세부적으로는 부서장의 영업정책을 보좌하여 운영에 관한 여러 가지 기획된 서류를 만들어서 자료를 준비해주는 파트별 직원 스케줄을 관리하는 여사무원이 있으며, 교환원(2인)은 호텔전체 전화 오퍼레이팅 역할과 부서 내 전화 연결, 호텔정보제공, 예약에 관한 것, 모닝콜 등의 업무를 본다.. 그다음 룸 레져베이션에서는 객실의 그룹

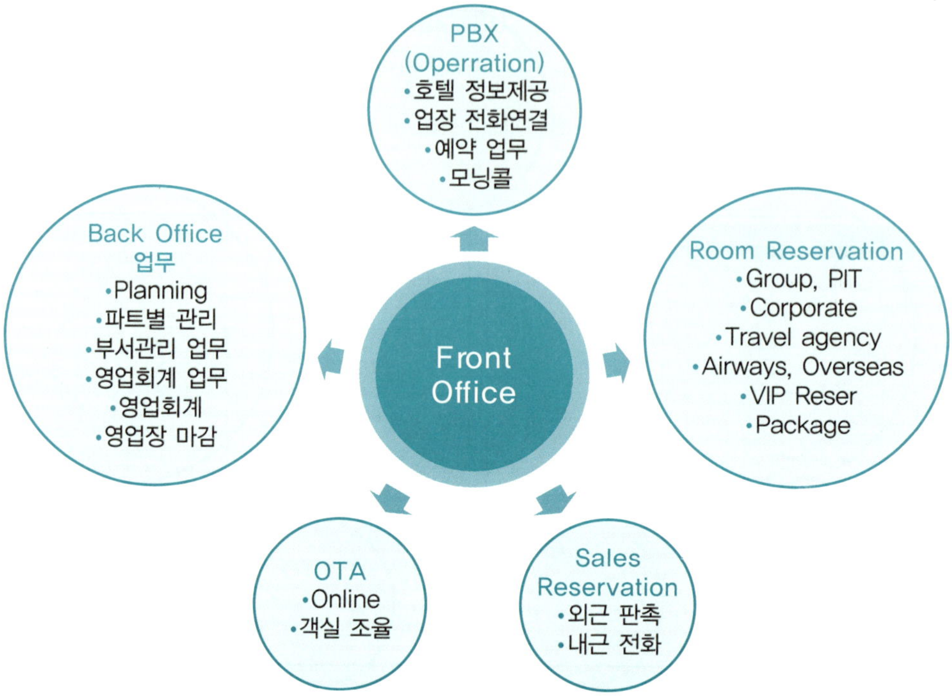


[그림 2-2] 프런트 오피스 업무내용

예약, 기업체예약, FIT예약, 홈페이지예약, 여행사 예약, 항공사 예약등 객실예약의 모든 부분에서 예약업무를 보는 직원(2인)이 근무를 하고, 다음은 객실판촉 내근직원이 레져베이션 직원과 협업하여 같이 업무를 협업한다. OTA(1인) 근무자는 외근과 내근으로 업무를 보면서 객실 점유율을 높이는데 요즈음 역할이 커지고 있다. 이렇듯 객실부 사무실 내에서 영업을 잘할 수 있도록 많은 부분에서 지원을 해 줘야 프런트 데스크에서 영업을 잘할 수 있다.

## 2) Room Reservation 근무직원의 내용

고객을 위한 서비스마인드, 고객이 원하는 객실을 가장 부합되는 가격에 최적의 객실을 제공하겠다는 생각으로 객실상품, 호텔 내 부대시설의 다양한 정보와 정확한 지식, 친절한 전화응대 서비스 그리고 최고의 수익을 올리고자 하는 판매 욕심을 가진 직원이 가장 이상적인 예약실 직원이다.

객실 상황을 파악해 고객으로부터 예약을 받으면 객실예약금을 확인해서 확정한 다음 접수된 관련 문서는 잘 보관을 한다. 그리고 객실 예약취소에 대비해서 초과 예약(Over booking)을 5%~10% 정도 내에서 받아 두고 초과 예약을 받을 때는 꼭 고객에게 설명하여 나중에 빈방이 없을 때 상세하게 안내를 해주는 것도 잊어서는 안 된다. 이것은 객실의 이용률을 최대한 높이기 위한 테크닉으로 매출을 증진하고자 하는 것이다.

그런 다음 수시로 체크를 해서 예약변경 취소 등 상황에 따라 탄력적으로 실수없이 매끄럽게 일처리를 해야 한다. 예약을 받는 도중에 난해한 상황이 발생하면 즉시 지배인이나 과장에게 보고해서 빠른 일처리로 고객에게 불편함이 없도록 하여야 한다.

또한 객실이 부족할 때는 VIP고객, 단골고객, 거래회사, 판촉고객 순으로 예약을 접수하는 것도 좋은 방법이며 예약을 접수할 때는 고객과의 내용을 컴퓨터 데이터에 빠짐없이 기록해서 오류가 없도록 한다. VIP고객의 예약이 확정되면 지배인급 위에 즉시 보고하고 객실 내외근 판촉직원과 서로 업무에 협조한다. 또한 모든 예약 객실 데이터를 분석, 보고하여 향후 부서장의 경영보고에 참고자료를 사용할 수 있도록 한다.

FAX예약, 방문예약, 여행사예약, 항공사를 통한 예약, 인터넷예약, 서신예약, OTA(온라인여행사) 등을 꼼꼼히 체크해서 예약에 차질이 없도록 한다.

객실예약 접수 순서를 보면 다음과 같다.

> ㉠ 고객명과 인원 ➡ ㉡ 국적, 연락처 ➡ ㉢ 숙박날짜(도착시간) ➡ ㉣ 객실사용기간 ➡ ㉤ 객실 타입과 요금 ➡ ㉥ 고객 요구사항 ➡ ㉦ 결제방법(선수금) ➡ ㉧예약번호 제공 ➡ ㉨ 예약접수자 성명 ➡ ㉩ 예약 재확인과 컴퓨터 입력 완료

### (1) Room Reservation 세부 업무내용

Room Reservatio은 객실 Back office 중 가장 중추적인 업무를 하는 곳이다. 세부적으로 FIT reservation, Corporate reservation, Travel agent reservation, Group reservation, VIP reservation, Overseas reservation office, Package reservation의  예약업무를 설명하면 다음과 같다.

❶ FIT reservation 한 명에서 여러 명 예약을 하는 것을 의미하며 국제 · 국내 전화나, 온라인 · 오프라인, FAX 등으로 예약하는 것으로 룸 예약에서의 비율은 높지 않지만 까다롭다. 영업장이나 호텔시설을 이용이 다른 단체에 비해 높기 때문에 신경을 많이 써서 예약을 잘 받아야 한다.

❷ Group reservation 큰 호텔일수록 단체예약을 비중있게 관리하며 특히 비수기에 룸을 채우기가 쉽지 않아 단체예약을 적극적으로 판매하되 룸이 훼손되는 관리 측면에서 조율을 잘해야 한다. 예를 들어서 어떤 단체는 방을 쓰고 나가면 룸이 많이 더럽고 냄새나기 때문에 이왕이면 단체고객도 선별해서 받아야 장기적으로 룸을 유지 · 보수하는 유지비가 절약된다. 그룹예약은 투어그룹, 박람여행사 예약, 컨벤션예약, 항공사승무원예약, 특별행사예약 등으로 구분한다.

❸ Corporate reservation 주로 객실판촉에서 들어오는 것과 전화로 들어오는 것, 세일즈마케팅에서 식음료행사와 같이 병행해서 예약이 들어오는 경우이며 이때 판촉직원과 방배정에 문제가 없도록 조율을 잘해야 한다.

❹ Travel agent reservation 예전에 여행사 예약은 일본에서 가장 많이 룸을 채웠다면 요즈음에는 중국 관광객인 일명 보따리 장사 고객이 많이 들어와서 룸을 채우고 있다.

단체의 인원과 비중에 따라 할인율 적용범위, 성수기 · 비수기 할인율을 그리고 성수기에는 조절을 하여 받아야 한다. 이러한 부분은 객실부서의 책임자에게 꼭 확인해서 일처리를 매끄럽게 해야 한다.

❺ VIP reservation 특별한 고객을 말하며 주말에 예식을 하고 숙박하는 고객, 사회적으로 명성이 있는 고객이다. 본인이 예약을 직접 하지 않고 대리인을 시켜 예약을 하는 경우, 단골고객으로 디럭스 룸 이상을 사용하며 1년에 자주 객실을 이용하는 고객은 꽃바구니와 환영카드, 과일, 와인서비스 같은 세심한 부분까지 신경 써야 한다. 비밀이 보장되는 한도 내에서 신분노출을 꺼리는 고객은 적절하게 등록카드에 기록해서 단골고객으로 지속적으로 관리한다.

❻ Overseas reservation office 호텔의 규모나 운영 형태 등에 따라 다르며 특히 체인호텔은 자체적으로 설치 운영하는 경우가 많다.

❼ **Package reservation** 비수기에 객실판매 향상을 위해 자구책의 하나로 다양한 상품과 연계해서 만든 상품으로 영업기획, 객실 자체로 많은 상품을 제일 먼저 숙지해서 예약을 받을 때 막힘이 없이 판매가 이루어져야 한다.

### 3) PBX(Private Branch Exchange system) Operator 업무내용

Operator 전화 교환원은 20년 전만 해도 따로 독립된 파트에서 여러 명이 근무를 했었는데 지금은 대부분의 큰 호텔들도 객실부 내 사무실에서 예약실 직원과 협력해서 업무를 보고 있다. 이러한 배경은 아날로그 시대에 호텔 대표전화가 모든 전화를 연결해주는 방식이었다면 지금은 디지털시대에 고객이 직접 영업장으로 전화를 하기 때문에 특별한 경우가 아니면 이제는 교환원의 업무는 많이 퇴색되고 있다.

교환원의 업무가 예전엔 전화 연결이 우선이었다면 지금의 오퍼레이터는 전화 멀티플레이어로서 항상 쾌활하고 명랑하며 상냥한 서비스마인드가 투철한 인격을 갖춘 여성이 가장 적합한 적임자일 것이다.

실질적인 업무에 대해서 알아보면 첫 번째, 통신매개체로서 기능인데 이는 호텔 외부에서 발신자와 수신자의 연결을 수행하는 것이며, 두 번째는 정보제공의 기능으로 다양한 내 · 외부고객들의 부대시설과 호텔서비스나 상품 문의에 신속하게 정보 및 서비스 종류의 구체적인 내용이나 호텔 각종 행사, 이벤트 등을 항상 숙지하여 고객에게 제공하여야 한다. 세 번째는 홍보 및 판매촉진 기능으로 고객의 다양한 문의에 신속정확하게 응대해 호텔의 이미지를 높이고 이를 통해서 매출의 증진 효과 그리고 호텔 내 · 외의 걸려오는 전화를 영업장에 원스톱으로 연결함으로써 적극적인 마음가짐으로 고객유치에 응대한다.

네 번째는 모닝콜(Wake up call) 요청인데 고객에게 요청이 왔을 때 객실번호와 시간 등을 정확하게 메모하고 기록하여 한치의 오차도 없이 임무 수행을 해야 한다. 그리고 다섯 번째, 지금은 스마트폰이 보편화되어서 국제전화나 시내전화 연결을 요청하는 게 거의 없지만 혹시 전화가 고장이나 다른 사항 때문에 전화 걸기 요청이 왔을 때에는 상냥하게 연결을 해주며 요금이 계산되는 것도 잊지 않게 안내하는 것이 숙련된 오퍼레이터의 요령일 것이다.

여섯 번째, 투숙객이 전보를 보내고자 할 경우 수신인의 주소와 내용, 발신인의 성명과 요금을 확인해서 기록하며, 일곱 번째, 외국어 소통이 불가능한 고객을 위해서 컨시어지에 연락해 간단한 통역서비스를 해주는 비서업무도 수행한다. 또한 긴급사태에 대비해서 비상사태가 일어나면 즉시 당직지배인에게 연락하고 사안에 따라 총지배인에게 직접 보고한다.

이러한 실무적인 업무를 하는데 필요한 준수사항은 다음과 같다.

- 상냥하고 예의바른 응대서비스
- 참을성 있고 상냥하고 숙련된 마음가짐을 가질 것
- 교환원으로서 국제적인 매너와 에티켓을 항상 실천할 것
- 고객응대에 필요한 외국어 능력을 갖출 것
- 응대 시 표준어와 겸양어, 겸손어, 존경어로 서비스할 것
- 전화 벨이 2번 이상 울리기 전에 받기
- "죄송합니다", "감사합니다.", "즐거운 하루 보내세요."라는 다양한 패턴으로 전화응대하기
- 고객을 평가하지 말고 항상 존경할 것
- 고객의 비밀은 절대 비밀이며 프라이버시를 존중할 것
- 사무실 내의 동료직원과 협력과 동료애를 가질 것
- 능숙하고 효율적인 전화응대 요령을 갖출 것
- 전화응대 시 실수와 잘못된 사항은 즉시 고객에게 정중히 사과할 것
- 투숙고객의 응대 시 고객님의 이름이나 호칭을 꼭 사용할 것
- 장황하게 설명하지 않고 합리적인 설명으로 응대하며 이밖에도 호텔을 대표한다는 보이지 않는 텔레마케팅 전도사로서 업무에 최선을 다하는 모습이 아름다운 호텔리어의 모습이다.

### 4) Sales reservation 업무내용

Sales reservation은 자체적으로 객실 내에서 운영하는 판촉직원을 둬서 운영하는 게 책임감도 있고 부서 내에서 커뮤니케이션이 잘 이루어져 객실판매를 강화하는데 훨씬 좋은 방법이다.

### 5) OTA 업무내용

Online Travel Agency인 OTA는 개별자유여행이 증가하면서 항공, 숙박, 레저 등 여행자의 성향에 따라 간편하게 설계할 수 있는 서비스가 증가하고 여기에 메타섭치 서비스가 결합되면서 젊은이들 사이에 모빌폰으로 손쉽게 호텔 객실을 검색해서 숙박예약을 하기 때문에 이러한 인식을 호텔 객실관리자는 빠르게 활용할 필요가 있다. 온라인 특히 모바일 OTA 업체와 제휴 관계를 잘 협력해 호텔객실 판매의 경쟁력을 높일 수 있는 방안이다.

업체로는 Hotels.com, HotelTrivago, HotelsCombined Ctrip, Agoda, Trivago, Booking.com, Expedia 등이 있다.

## 2. Front desk(F/D)

Front desk는 객실부서의 실질적인 영업을 총괄하는 곳으로 직접적으로 고객과의 접점에서 고객응대 서비스가 빈번하게 이루어지는 곳이다. 여기에서 근무하는 근무자는 지배인, 주임, 프런트 클럭, 케셔, 나이트 오디터(Night auditor) 등이 근무하며 각자의 위치에서 역할을 수행하는 것이다.

지배인은 프런트 내의 전체적인 조율을 하며 호텔 내 VIP관리, 마스터키 관리, 근무스케줄 관리, 직원근태 관리, 예약사항 체크, 컨시어즈와 유기적인 업무협의, 하우스키핑 업무협의, 비즈니스센터 관리, 식음료영업장과의 업무협의와 프런트 내의 직원 공백 시 자리를 메우는 소소한 부분까지 책임지는 큰 역할을 한다. 그리고 바로 아래 주임은 캡틴급으로 지배인을 보좌하여 실질적인 프런트 근무를 하며 직원과의 유기적인 업무 조화를 이루어 프런트 판매에 주력한다.

클럭 직원의 업무는 대부분 고객의 예약체크(FIT, Group), 체크인, 체크아웃, 객실판매, 후불고객 체크아웃업무, 키불출, 고객 등록카드기록, 전화예약  컴펌, 캐셔업무 등 고객과의 접촉이 가장 많이 발생하는 업무를 맡고 있다. 다음은 프런트 캐셔의 업무이며 고객의 환전업무, 체크인 · 아웃 시 캐셔업무, 귀중품보관, 온라인 오프라인 예약체크 등 프런트의 크고 작은 업무를 수행한다.

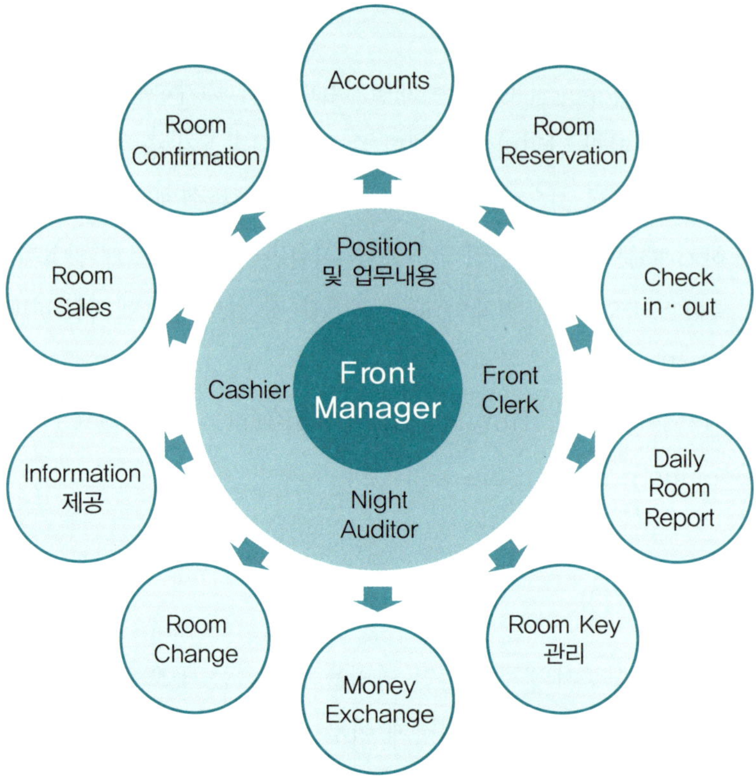


[그림 2-3] Front desk(F/D) 업무내용

나이트 오디터는 식음료영업장에서 영업이 종료가 되면 여러 군데 업장에서 프런트 데스크로 영업마감 리포트를 가지고 빌과 함께 방문한다. 그러면 오디터는 업장캐셔와 리포트와 마감한 돈을 매출일보와 정확한지 확인 후에 이상이 없을 시 회계 처리를 한다.

Front desk에서 하는 업무를 열 가지로 나눠서 설명하면 다음과 같다.

### 1) Room Reservation 업무내용

프런트 데스크에서 당일 근무하는 직원은 고객으로부터 워킹이나 전화로 예약 컴펌이 오면 예약 절차에 따라 능숙하게 업셀링해서 받을 수 있는 테크니션이 되어야 객실의 매출, 서비스, 직무향상을 이룰 수가 있다. 단순하게 세일즈한다고 생각하는 것보다 미래의 고객을 재창출한다는 생각으로 예약업무를 하는 것이 가장 바람직한 직무자세라 하겠다.

### 2) Check in · out 업무내용

프런트 데스크에서 가장 많이 하는 업무가 체크인 · 아웃 업무인데 고객이 예약을 했거나 예약하지 않고 오는 고객을 정성스럽게 대해 즐겁고 행복한 첫인상을 주어 호텔을 '참 잘왔어!' 라는 생각을 들 수 있도록 정성을 다해서 업무를 수행한다.

### 3) Room Key 관리 업무내용

주로 클럭들의 업무로 룸 리스트에 객실배정이 확정되면 키 보관함에 고객성명, 객실번호 등을 기입하여 개인별 그룹별 Key를 분류하여 준비해 놓는다. 또한 컨시어즈나, 세일즈마케팅, 식음료 연회행사에서 필요하다고 했을 때 룸 키로 룸쇼를 하고 나서 반납을 정확하게 하여 보안상 문제가 없게 꼼꼼하게 키 관리를 하여야 한다.

### 4) Room Confirmation 업무내용

프런트 데스크 근무자는 예약확인을 철저하게 체크하여야 하며 단체예약인 경우 당일 Expected arrival group인 경우 오전에 그룹별 사용객실의 수와 종류, 룸당 투숙인원수, 도착시간, 식사관계, 교통 사항, 관광 사항, 지불관계, 수화물, 인솔자 등을 확인하여 오후에 체크인 업무를 담당하는 직원의 수월한 업무진행을 위한 사전 준비를 잘해 놓아야 한다.

### 5) Information 업무내용

데스크에서 근무하는 직원은 인포메이션 업무에 해당되며 특히 전화안내인 경우 더욱 친절하게 응대를 해주어야 한다. 또한 현장에 직접 방문하는 고객은 상냥한 미소, 친절한 언어 반갑게 최선을 다하여 응대하며 객실뿐만 아니라 호텔 전반에 대한 설명 안내 내 · 외부의 모든 부분도 고객이 불편함이 없도록 도와야 한다.

### 6) Room Change 업무내용

룸 체인지는 여러 상황이 발생한다. 룸을 판매한 후 고객이 마음이 바뀌어 룸이 맘에 들지 않아서, 이상한 냄새가 나서, 화장실에 문제가 생겨 전자기기 작동이 안 되서, Hold Room Charge 등 다양한 문제에 직면했을 때 컨시어즈나 벨맨에 연락하여 룸 키를 불출하고 전 키는 꼭 확인하여 되돌려 받는다.

### 7) Room Sales 업무내용

주로 워킹게스트가 방문했을 때 판매하는데 이때 고객에게 부담을 주지 않은 범위 내에서 고가의 룸을 판매하는 것이 유능한 세일즈 클럭이다. 직원의 마음가짐에 따라 회사의 매출이 올라가기도 하고 그렇지 않을 수도 있는데 어차피 그날 팔지 않은 고가의 객실은 손해를 본다고 생각한다면 오늘 근무한 데스크 근무자의 역량에 따라 회사의 매출은 천지 차이로 변한다.

### 8) Money Exchange 업무내용

5성급 호텔은 여러 포지션에 따라 업무가 다른데 머니체인지 업무는 캐셔의 업무이다. 주로 여직원이 담당을 하며 주로 달러, 엔화, 위안화 등을 데스크 주위에 환율고지를 하고 시간대별로 변동한 사항으로 정직하게 환전 업무를 한다.

### 9) Accounts 업무내용

라이트 오디터의 주요 업무 중에 하나이며 호텔의 마감을 회계처리하는 것으로 식음료 각 업장별 매출정산을 정확하게 체크하여 이상이 없으면 마감하고 동시에 리포트를 프린트하여 새벽 두 시경 가감처리한다.

### 10) Daily Room Report(객실영업일보) 업무내용

객실영업일보는 객실의 영업내용을 보고하는 중요한 문서로 객실점유율, 객실이용에 관한 사항, 객실매출현황, 세일즈마케팅 숙박객분석 등을 기록하며, 당일의 숙박사항을 전날의 실적과 비교 · 분석, 평가하고 당월누계, 전월누계, 전년도 동월의 누계 등의 자세한 사항을 기록한다.

## 3. 컨시어지(Concierge)

벨 데스크와 컨시어지가 있는데 여기에서는 컨시어지 업무를 벨업무와 명칭을 하나로 합쳐서 설명을 하도록 하겠다.

우선 컨시어지 조직을 보면 프런트 데스크와 마찬가지로 지배인, 캡틴, 벨맨 등으로 구분하는데 여기서 최고 높은 지배인의 업무범위는 객실부서장의 업무하달을 받아 객실사무실, 프런트 데스크, 도어 데스크, 피트니스센터, EFL, 비즈니스센터 등의 타 부서와 업무를 협조하고 특히 식음료 부서와의 유기적인 업무협의가 중요하다.

실질적인 컨시어지 내의 직원관리, 스케줄관리, 객실 내 VIP 고객관리 및 영접 환송 등 직원의 업무 공백 시 대체근무를 한다. 바로 아래 캡틴은 지배인의 업무하달을 받아 업무에 반영하고 VIP 고객관리 및 영접 환송, 공항서비스(Airport service), 차량수배 및 배차관리, 고객의 수화물 관리 및 처리, 응급환자처리, 고객의 불평불만처리, 호텔고객의 정보제공 및 처리 등의 실질업무와 타 부서와의 업무협의도 주업무이다. 벨맨은 캡틴의 기본적인 업무 외에 국기게양관리, 객실 내 고객의 룸 체크인 · 아웃 업무도 중요한 업무 중의 하나이다.

### 1) Ball Desk 업무내용

벨 데스크 업무는 프런트 데스크의 체크인, 체크아웃 업무를 도와주며, 고객의 수화물 관리, 호텔 전체의 분실물 관리, 페이징 서비스, 국기계양 업무를 주로 하며 도어 데스크와 유기적인 업무협조를 통하여 인력효율화에 도움을 준다.

### 2) Tourium information service 업무내용

컨시어지의 업무는 주로 호텔의 VIP 고객을 대상으로 서비스를 제공하는 업무이

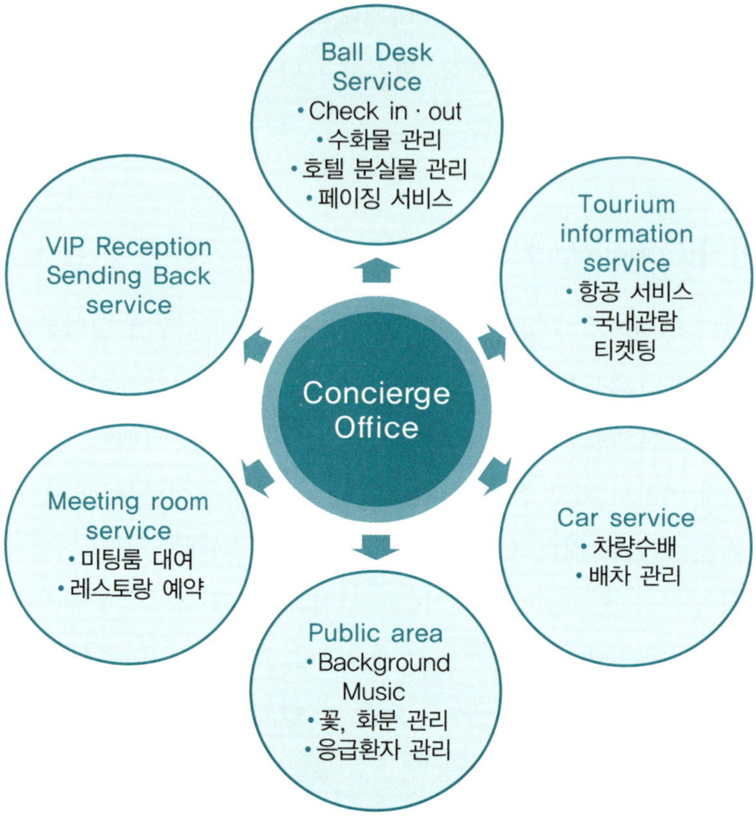


[그림 2-4] Concierge 업무내용

므로 언제 어느 때 고객이 여러 가지 도움을 요청 시에 막힘이 없이 정보를 신속하게 제공하고 동시에 항공권예약 티켓팅 구매, 기차표예매, 스포츠경기 입장권, 쇼핑안내, 음식소개, 버스시간, 공연, 극장, 콘서트 등 모든 사항을 일사천리로 최고의 서비스를 제공하여 개인비서 업무역할까지 해야 한다는 마음가짐으로 업무에 임한다.

### 3) Car service 업무내용

일반고객과 VIP 고객의 요청에 따라 다르게 대응하며 VIP 고객에게는 리무진을 요청하여 서비스하고 때에 따라서는 렌트카도 체크하여 고객이 선택할 수 있도록 한다.

### 4) Public area service 업무내용

호텔로비 프런트 데스크 에어리어 반경에서 컨시어지 주위를 관리하는데 현관 앞 자동문, 회전문, 에스컬레이터, 엘리베이터, 계단 등의 안전사고에 대비, 예방조치는 물론 호캉스족의 호텔출입으로 어린이, 유아의 사고에 충분히 대처할 수 있는 능동적인 사고가 중요하다.

### 5) Meeting room service 업무내용

VIP 고객이 요청할 때 호텔 내의 컨벤션 연회 식음료에 문의하여 중소 대여장의 가격이나 사이즈, 수용인원, 회의에 필요한 장비 등을 정확하게 컴펌하여 고객에게 제공한다.

### 6) VIP Reception Sending Back service 업무내용

VIP List를 제공받아서 공항에 스탠바이해 데려오고 호텔에 도착과 동시에 객실 등록카드 서명만으로 체크인 완료와 체크아웃 시에도 이와 같은 역순으로 업무를 제공한다.

## 4. GRO(Guest relation officer)

요즘 같은 호텔업계의 무한 경쟁시대에 가장 차별화된 경쟁력의 원동력이다. 컨지어지가 일반고객을 상대로 접객을 한다면 GRO는 VIP 고객을 상대로 접객서비스를 하기 때문에 각별하게 신경을 많이 써서 업무에 임하여야 한다. 이는 그만큼 고객의 씀씀이가 일반고객과는 비교가 안 될 정도로 소비를 많이 하기 때문이며 이들을 잘 관리해야 호텔에 단골 충성고객으로써 매출에 상당한 기여를 한다.

GRO는 VIP고객의 체크인 체크아웃 및 객실의 등록을 받아주고, 호텔 내 · 외 모든 부분에서 정보제공 및 귀빈층 라운지 업무를 도와준다.

## 5. Door Desk(D/Desk)

가장 먼저 고객을 맞는 곳이 Door desk이다. 워킹게스트나 차량을 가지고 호텔의 문을 들어설 때 처음 고객을 맞는 곳이고, 이곳의 첫인상이 어떠냐에 따라 호텔의 이미지가 상당히 중요한 부분을 차지한다고 해도 과한 말이 아닐 것이다.

워킹게스트도 많이 들어오지만 주로 차량을 가지고 오는 고객은 꼭 호텔 정문 도어 데스크에서 안내를 받아 호텔에 입장하고 또한 정문에서 고객이 하차했을 때 차량 문을 열어주는 것은 기본 중의 기본이다. 주차부분까지 안내하며 운전자가 급한 용무로 빨리 호텔에 들어갈 때나, 고객의 운전미숙 멤버십회원, 단골고객, VIP 고객 등의 발렛파킹 서비스도 능수능란하게 처리해야 한다.

그리고 외국에서 호텔의 주소만 가지고 방문할 때 적극적인 자세로 업무에 임해야 한다. 특히 외국관광객이 택시에서 무거운 가방을 여러 개 가지고 왔을 때 벨카트를 준비해서 벨데스크까지 안내하며 반대로 체크아웃 시 차량 연락이나 방송 등 벨맨의

[그림 2-5] Door Desk 업무내용

벨카트를 함께 도와줘서 호텔을 떠나는 고객에게 좋은 인상을 심어주는 것도 도어맨의 업무이다.

그밖에 객실 내 프런트 데스크, 컨시어지, 식음료 부서 등의 업무에 관계있는 타 부서 직원과 유기적인 업무협조로 고객서비스에 만전을 기하여야 한다.

### 1) Reception Service 업무내용

호텔 내외에 출입하는 모든 고객을 대상으로 안내를 해주며 객실, 식음료부서의 성격에 따라 구분하여 안내를 해주며 전체적인 것은 예약부서로 안내하여 원스톱 서비스를 할 수 있도록 한다.

### 2) Car Service 업무내용

다양한 고객을 대상으로 택시, 버스, 일반차량의 출입을 관리하며 택시탑승, 버스탑승, 일반승용차, 고급승용차, 내리고 타는 것을 적극적으로 돕고 특히 호텔의 단골고객, Vip 고객의 카 서비스를 실시하여 호텔의 품격을 높이는데 소임을 다한다.

### 3) Valet Parking Service 관리 업무내용

호텔의 Vip 고객을 대상으로 호텔 정문 앞 가장 가까운 곳에 주차를 해주며 특히 여성고객은 특별히 신경 써서 차량을 서비스한다.

### 4) Group Guest Service 업무내용

단체고객의 버스출입은 호텔 현관에서 무분별하게 혼선과 호텔의 번잡함을 야기할 수 있기 때문에 각별히 신경을 써야 하며 벨데스크와 유기적으로 협조한다. 여행사 고객의 버스는 짐이 많기 때문에 벨맨에게 연락하여 빠르게 현관로비 쪽으로 이동시킨 후 수화물 보관함으로 옮겨 다른 차량과 고객의 혼선이 최대한 발생하지 않도록 한다.

## 5) Lost & Found Service 업무내용

호텔 내에서 분실물이 발생하면 도어맨이 대부분 처리를 하지만 호텔 밖에서 분실물이 발생하면 도어 데스크의 업무로써 도어맨에게 인수인계하고 분실물에 대한 자세한 사항을 보관함 기록지에 작성하여 최대한 루스가 나지 않도록 한다.

## 6) Information Service 업무내용

호텔의 다양한 정보를 숙지하고 데일리예약서를 포켓에 가지고 있다가 고객의 요청 시 자세하게 알려주는 역할을 한다.

## 7) Door stand By Service 업무내용

많은 고객이 출입을 하지 않더라도 항상 정위치에서 고객을 주시하고 도어데스크는 호텔의 얼굴이기 때문에 항상 흐트러짐 없는 곧은 자세로 업무에 임한다. 혹 비수기에 고객의 출입이 드물더라도 이럴 때일수록 나태해지거나 호텔리어로서 흐트러지는 모습을 보이지 않는 자세가 중요하다.

[표 2-1] 5스타 체인호텔 Concierge 업무내용

| Standard Operation Procedure | Standard |
|---|---|
| *Section : Concierge<br>Task : F I T Check-IN<br>**Procedure** | |
| 1. Prompt attend to guest's arrival at Stand by with a correct carriage.outside of entrance | Stand by with a correct carriage. |
| 2. Politely greet guest with a smile and"Good afternoon sir. Welcome to the Seoulmake eye contact. | "Good afternoon sir. Welcome to the SeoulHiton," to returning guest "Welcome back tothe Seoul Hiton mr(Smith)." |
| 3. Check the number of luggages with theIf the guest arrives by taxi, always | If the guest arrives by taxi, always lookinside the taxi to check whether there's any guest's belonging left behind. |
| 4. Load the luggage. | Load the heaviest and hardest items on thecart or wagon first. any fragile ordamageable items like a PC, camera andbottle must be seperated and treatedcarefully or hand carried to the guest. |
| 5. Place the luggage beside the Bell Deskand attach the hotel luggage tag(sidetag)to the biggest one. | |
| 6. Lead the guest to the reception desk. | |
| 7. Pay attention to the check-in guest atthe Reception Desk. | Tell the receptionist that mr. smith's arrived |
| 8. upon receptionist's call, get the room key and escort the guest to the room. | Your room is 1011, sir. It's on the 10th floor, which is our non-smoking floor. |
| 9. Escort the guest into the lift saging, "After you, mr(smith)." | |
| 10. In the elevater, explain hotel oulet facilities to the guest. | There is Health club on the second floor, sir.<br>operating hour is from 06:30 in the morning until 09:30 in the evening.<br>Please enjoy swimming complimentary at the pool on the second floor and if you wish to you can also use sauna on the mezzanine floor.<br>Also, explain the other facilities in the main lobby and lower lobby. |

## 6. Business center

비즈니스센터는 사무기기를 비치하여 PC, FAX, 노트북 등을 방문고객에게 편리하게 사용할 수 있도록 하며, 어느 것을 이용하느냐에 따라 유료와 무료로 요금이 정산이 된다. 프린트, 복사, 번역, 통역업무와 각종 고객의 문서, 소포 등도 취급하며 항공권예약 취소 등도 가능하다.

비즈니스센터에서 근무하는 직원은 객실부서 내에서도 어느 정도 경력이 있는 직원이 배치되며 특히 영어가 능숙한 직원이면 더할 나위 없는 적임자라고 볼 수 있다.

### 1) FAX Service 업무내용

호텔의 출입하는 모든 고객을 대상으로 서비스를 제공하며 팩스받기 · 보내기 등 투숙고객, 세미나고객, 예식고객의 업무를 대행하거나 도와주는 역할을 한다.

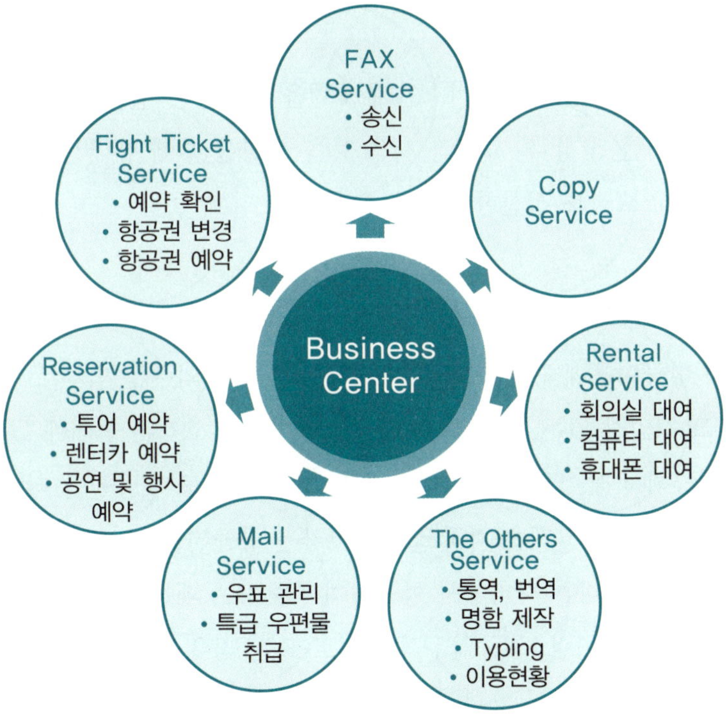


[그림 2-6] Door Desk 업무내용

[표 2-2] Business center 업무내용

| | |
|---|---|
| 1. Preparation for the day' s work<br>2. Book Binding<br>3. Handling of Interpretation SVCMiscellneous Voucher Posting<br>5. To charge for PC Rental and PC Printing<br>6. Photocopying<br>7. Handling of Messenger SVC<br>8. Business Card Printing Order<br>9. Translation SVC Handling<br>10. Handling of requirement on an Internet Access<br>11. Handling of Cellular Phone Rental<br>12. Incoming Fax Handling | 13. Outgoing Fax Handling<br>14. Incoming Courier<br>15. OutgoingCourier<br>16. Business/General Information SVC<br>17. Flight Reconfirmation<br>18. Appointment Arranging SVC<br>19. Fax Billing and Posting<br>20. Flight Reservation and Ticketing<br>21. Meeting Room Rental SVC<br>22. Flight Schedule Change<br>23. Typing SVC |

## 2) Copy Service 업무내용

복사서비스도 호텔출입의 모든 고객을 대상으로 하며 복사를 직접 하기도 하지만 고객의 요청에 따라 대행하여 처리해 주는 것이 좋다.

## 3) Rental Service 관리 업무내용

고객의 요청에 따라 호텔 내 모든 행사장의 시설부문과 시간, 인원 등을 숙지하여 원하는 평수와 가격을 알려 주고 예약도 계약 확정하는데 도움을 주는 업무이다.

또 다른 업무는 핸드폰 렌탈서비스인데 호텔을 출입하는 일반고객에게 빌려주는 시스템으로 계약서를 작성 후 요금과 사용 등을 설명한 후에 휴대폰을 제공하고 다 사용하면 반납받고 요금도 정산한다.

## 4) Fight Ticket Service 업무내용

외국고객의 항공이용에 관한 예약과 변경사항 등을 도와주는 업무로 한치의 오차도 없어야 하고 책임감 있는 일처리가 중요하다. 대부분 고객은 국내에 들어올 때 왕복항공권을 예약해서 들어오지만 그렇지 않은 고객은 편도 항공권만 티켓팅해서 오는 고객도 있다. 이러한 고객은 자국으로 돌아가는 항공권을 본인 스스로 예약을 할 수도 있지만 아무래도 다른 나라에서 항공권예약을 하는 데는 어려움이 있고 관광을 오는 사람과 학회나 컨퍼런스 등 업무적인 일로 오는 경우 시간이 많지 않기 때문에 이러한 경우 직원이 도와줘서 고객의 항공권 예약을 서비스하는 것이 호텔의 신뢰도를 높이는 계기가 된다.

## 5) Reservation Service 업무

비즈니스센터 내에서는 다양한 사무기기와 브로슈어가 준비되어 관광관련 예약사항을 바로 검색과 업무를 볼 수 있으므로 고객이 원하는 관광, 렌트, 쇼핑, 콘서트, 공연 등 시간과 장소 가격을 체크하여 고객에게 설명하고 맞춤서비스를 해준다.

## 6) Mail Service 업무내용

우편물 서비스로 예전에는 프런트 데스크에서 이 업무를 봤지만 지금은 대부분 큰 호텔은 비즈니스센터에서 보고 있다. 엽서, 편지 등을 고객이 원할 때 발송해주며 등기인 경우에는 호텔에서는 어렵기 때문에 고객에게 설명 후 정확하게 컴펌을 하는 게 중요하다.

## 7) The Others Service(기타 서비스) 업무내용

통역 · 번역서비스, 타이핑, 명함 제작 등이 있으며 간단한 통역과 번역은 직원의 역량에 따라 서비스하고 어려운 전문용어 번역은 전문서비스에 의뢰하여 수수료를 부과하고 호텔 매출로 발생한다. 명함 제작은 고객의 프로필을 받아서 기간 내 가능한 부분에서 처리를 해주고 중요한 내용은 꼼꼼하게 확인해서 완성품이 전달됐을 때 미스가 나면 절대 안 된다. 또한 타이핑 서비스는 업무가 바쁘지 않고 충분한 시간이 있을 때에 해주며 상황에 따라 요금을 부과할 수도 있다.

[표 2-3] 5스타 체인호텔 Business center 업무내용

**Standard Operation Procedure**

Task : Book Binding

**Procedure**

1. Greet guest and ask what he or she needs.
2. Kindly listen and promptly respond to guest' s request.
3. Carefully receive materials to be binded.
4. Estimate and inform the cost.
5. Discuss and judge cover color, ring size, which way to be binded.
6. If possible, keep the guest' s required time or make a compromise with possible time.
7. When guest is satisfied with book binded, make a "Business Center Voucher" and get a signature, room number with imprinted name.
8. Good-bye guest with an appreciation.
9. Immediately, confirm the room number, name with fidelio and post it.
10. Close a bill.

**Standard**

- Greet saying "Good morning May I help you?" with a joyful voice.
- Binding is W5,000/ea.
- – Binding machine should be put in thestationary desk.
  – Cover sheet is kept in the drawer ofbook shelves and ring is kept in the closet above Mackintoshi CRT.

## 7. Operator(PABX)

Operater(PABX : Private Automatic Branch Exchange) 교환업무는 예전에는 객실부 소속으로 따로 사무실이 있어서 그곳에서 24시간 교환업무를 했으며 교환실장 아래 교환원이 많게는 7명 적게는 5명이 3교대로 운영하였다. 최근 호텔에서는 객실부 사무실 직원과 같이 협력해서 업무를 수행하고 있으며 이러한 부분은 인력관리 측면에서 효율성이 있다. 예전처럼 영업장을 교환원이 일일이 전화를 연결해 주는 것이 아니라 영업장 내에 직통전화가 설치되어 있어서 고객이 영업장을 직접 전화해서 예약이나 궁금한 사항을 알 수가 있다.

지금의 교환업무는 호텔 내 · 외선을 연결 전화요금 관리 국제전화관리, 지역 · 국제 간의 통신장애 문제로 도움이 필요할 때, Wake-up업무, 고객 메시지 접수 등 문의사항이나 특별한 이벤트, 객실예약, 고객불편사항, 연회장 예약 등 호텔의 중요한 정보제공과 고객이 궁금한 것을 알려주는 역할로 전환되었다.

## 8. Executive Floor Lounge(EFL)

우리나라가 80년대 이후 고도성장을 거듭하면서 호텔분야도 빠르게 변하여 왔다. 외국 바이어들의 국내 호텔에 체류 비즈니스 업무가 많아지면서 특히 이 시기에는 우리나라가 아시아 지역 국제 비즈니스 중심국가로 주목을 받았다. 국내를 찾는 많은 나라의 비즈니스 고객의 니즈를 만족시키기 위해서 객실구조 공간을 특별하게 꾸미게 되었는데 이러한 인식은 5성급 호텔들이 너도나도 경쟁적으로 객실을 설치하여 영업을 하는 계기가 되었다.

비즈니스 특별층 고객은 단체 및 일반객보다 소비활동에 경제적으로 여유롭고 부담을 갖지 않기 때문에 호텔의 매출기여도, 수익증대, 구전으로 인한 마케팅 홍보효과 등 여러 가지 면에서 중요한 VIP고객인 샘이다. 이러한 측면에서 객실부가 Executive Floor층을 어떻게 운영할 것인가는 호텔의 명운과도 직결된다고 봐도 틀린 말은 아닐 것이다.

Executive Floor층은 디럭스 룸보다 가격이 높게 책정되어 모든 면에서 최상의

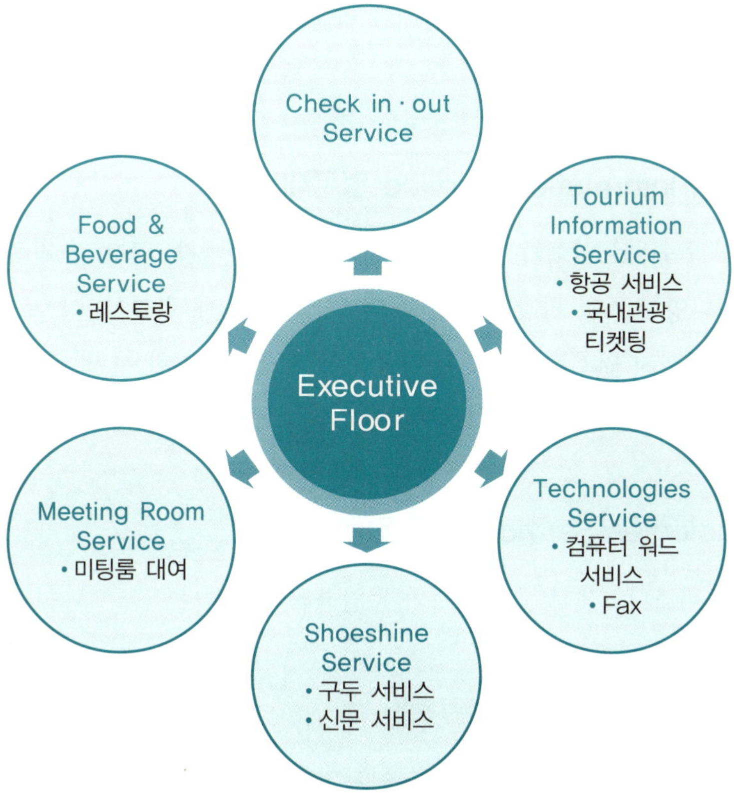


[그림 2-7] Executive Floor 업무내용

시설로 갖춰져 있다. 그중에서 언제든지 회의를 할수 있는 전용 회의실(Meeting room), 간단한 음료와 식사를 할수 있는 라운지(Lounge), 조용하게 책을 읽을 수 있는 응접실(Drawing room) 그리고 플러어매니저(Floor manager), 식음료 전문 서비스요원인 버틀러(Butler)는 항상 최고의 서비스를 제공하기 위해 특별히 준비된 공간과 인적서비스이다.

### 1) Check in · out Service 업무내용

특별층 고객은 호텔 도착 시 프런트 데스크에 들르지 않고 바로 EFL로 안내되어 전용라운지에서 빠르게 체크인 서비스를 받을 수 있다. 벨데스크나 컨시어즈에서 연락하면 등록카드며 볼펜, 환영편지, 꽃다발을 준비하여 고객 도착 시 라운지 직원이 고객의 성함을 불러주며 맞이한다. 반대로 라운지에서 음료를 마시는 동안 여유롭게 체크아웃 수속을 할 수 있다.

### 2) Tourium Information Service 업무내용

고객의 관광안내와 비행기, 콘서트장, 레스토랑, 공연장, 극장 등 각종 예약과 변경 및 취소, 다양한 쇼핑 관광정보를 제공한다. 라운지 내에 비치된 브로슈어를 통해 안내 컴펌 예약까지 원스톱 서비스가 가능하며 최고의 다양한 서비스를 한 번에 하는 곳이 Executive Floor service 인포메이션 서비스이다.

### 3) Technologies Service 관리 업무내용

컨시어지, 비즈니스센터 등의 업무와 동일하게 시행한다.

### 4) Shoeshine Service 업무내용

고객이 저녁에 슈즈박스에 구두를 넣어두면 야간에 직원이 구두를 가져와서 닦아서 아침 6시에 구두를 갖다 놓아 고객이 깨끗이 신을 수 있도록 서비스한다.

### 5) Meeting Room Service 업무내용

특별층 내에 미팅 룸이 준비되어 있어서 10명~20명 내에는 충분히 회의를 할 수 있으며 이 또한 무료로 제공된다.

### 6) Food & Beverage Service 업무내용

라운지에서 근무하는 직원을 버틀러(butler)라고 부르며 식음료부서에서 섬세하고 책임감 있고 서비스가 최고인 직원을 선별해서 근무하기 때문에 고객의 만족도가 높다. 오전 6시부터 오후 10시까지 Open하며 아침식사는 10시까지이며 이것이 끝나면 점심과 저녁 세팅을 하는데 낮시간은 초콜릿, 과일, 쿠키, 차 등을, 저녁에는 Happy hour(18시~20시) 동안 맥주, 와인, 위스키, 칵테일, 스낵류 등을 제공한다.

[표 2-4] 5스타 체인호텔 Executive Floor 업무내용

| Standard Operation Procedure | |
|---|---|
| *Section : Executive Floor<br>Task : Escort | Place the baggage on the luggage rack.<br>Explain guest room amenities, if the guest stays for the first time with us. (safetybox,TV,Benalla System...)<br>Wish him a pleasant stay saying "Have a pleasant stay with us. Mr..."<br>Close the door softly. |
| **Procedure** | **Standard** |
| Get the room key and show the way to the room.<br>On the corridor, explain the fire exits, location ofthe ice machine and hotel outlet facilities tothe guests.<br>Knock the door three times and open the door,and explain how to handle the key card.<br>Enter the room and hold the door while the guest walks into the room. | Help the guest with baggage.<br>Walk 3 steps ahead of the guest.<br>Keep the door open with "Double Lock."<br>Move člockwise. |

## 9. 피트니스센터(Fitness Center)

Fitness Center는 1989년 「체육시설 이용에 관한 법률」과 "시행령"에서(골프장,

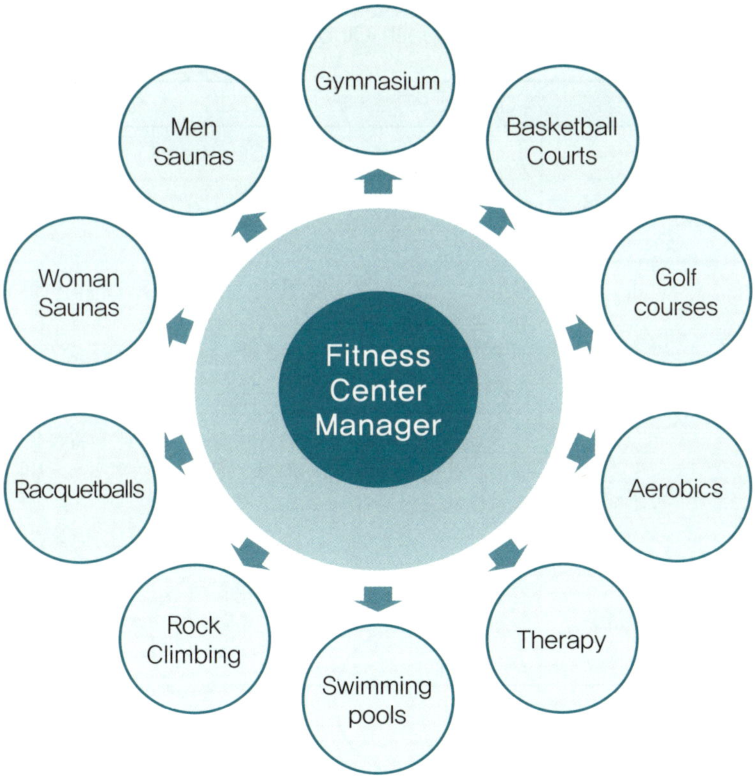


[그림 2-8] 피트니스클럽 업무내용

체련장, 에어로빅장 등) 실내수영장을 포함한 2종 이상의 체육시설을 동일인이 한 장소에서 설치하여 하나의 단위체육시설로 경영하는 업으로 규정하고 있다.

피트니스센터는 규모가 큰 호텔일수록 부가가치를 창출할 수 있는 범위가 넓기 때문에 호텔을 경영하는 경영자는 이러한 부분을 인지하고 고객의 취향을 고려하여 한 발 앞선 최신 최첨단장비와 시설, 프로그램, 코칭스텝, 서비스직원 등 하드웨어뿐만 아니라 소프트웨어 인적 서비스의 시스템이 갖춰 있어야 고객의 운동과 생채리듬을 이끌어 내서 최고의 만족을 높일 수 있는 Fitness Center가 된다.

Fitness Center의 시설은 호텔의 특성 및 여건에 따라 Gymnasium(Exercise room), Saunas, Basketball Courts, Golf courses, Racquetballs, Aerobics, Rock Climbing, Swimming pools, Therapy 등 개인 트레이너와, 건강상담원, 간호사, 코치 등을 두어 전문적으로 고객에게 맞춤서비스를 함으로써 호텔의 명성을 쌓을 수 있는 최고의 상품이다.

[표 2-5] 5스타 체인호텔 Opening the Health Club 업무내용

| Opening The HEALTH CLUB | |
|---|---|
| Step | Standard |
| 1. 안전관리실에서 Key를 수령한다. | Key 반출장부에 이름과 시간을 기재한 후 M층과 2층의 Key를 수령한다. |
| 2. M층으로 간다. | Health Club 현관문을 연다. M층 Key를 Desk 안쪽 전화기 옆에 놓는다.<br>귀중품 보관함 9번에서 골프장 Key와 Coin이 담긴 종이컵을 가지고 체련장으로 간다. |
| 3. 체련장을 Open 한다. | 빨간 고리에 연결된 Key를 사용하여 체련장 외곽문을 연다.<br>냉온수기 옆에 있는 스위치 박스를 열고 스위치를 켠다.<br>휴게실의 혈압계와 체중계의 전원을 켠다.<br>운동기구의 전원 플러그를 연결한다. TV와 음악을 켠다. |
| 4. 골프장을 Open 한다. | 녹색 고리에 연결된 Key를 사용하여 Golf Locker Room을 연다.<br>Locker Room으로부터 골프채를 운반하여 정리한다.<br>Coun과 Master Key를 서랍에 보관한다. |

| Step | Standard |
|---|---|
| 5. 수영장을 Open 한다. | 수영장 입구의 Key Box를 열고 스위치를 켠다. (2/3만 켠다)사우나에 타올과 매트를 깔아준다.<br>녹색고리에 연결된 Key를 사용하여 수영장 외곽문을 연다.<br>오랑제리쪽 출입문을 통해 밖으로 나가 수영장 정문을 연다.<br>수영장 입구와 Locker Room의 불을 켠다.<br>Jacuzzi를 가동시킨다. |
| 6. Desk를 정리한다. | Key Box 위에 위치한 CD Player와 염프의 전원을 켠다.<br>수납장에 보관된 TV 수신 헤드폰을 꺼내어 Desk 위에 정리한다.(번호순으로 정리한다)<br>Log Book을 꺼내 전날의 전달사항을 확인한다. |
| 7. 신문을 수령한다. | Health Club Reception Desk로부터 신문을 수령한다.<br>수령한 신문을 반으로 접어 신문보관대에 정리한다.(영자신문은 따로 정리한다) |
| 8. 수영장을 정리한다. | Table. Bed를 줄에 맞추어 정리한다.<br>Jacuzzi를 청소한다. |

[표 2-6] 5스타 체인호텔 운동기구의 관리 업무내용

| 운동 기구의 관리 | |
|---|---|
| Step | Standard |
| 1. PowerJog의 관리 | 가장 많이 사용하는 에어로빅 기구이며 먼지, 땀, 윤활유 등으로 오염되기 쉬운 기구이므로 각별한 관리가 요구된다.<br>전원 플러그와 콘센트의 상태를 확인한다.(누전, 합선으로 인한 화재방지)<br>앞덮개, 플라스틱 부분의 땀, 먼지 등을 자주 청소한다.<br>기구 뒤에 먼지가 많이 쌓이는 부분은 솔과 진공청소기로 청소한다.<br>주행 소리가 시끄럽거나 모터소리 등을 체크한다. |
| 2. Stair Master의 관리 | 전원 플러그와 콘센트의 정기적인 점검 그래픽 표시창, 몸체 윗부분, 손잡이 부분은 오염되기 쉬우므로 주기적인 청소가 필요하다.<br>발판, 체인, 그 외 연결부위는 윤활유의 정기적인 공급이 필요하다. |
| 3. The Bike의 관리 | 전원 플러그와 콘센트의 정기적인 점검 그래픽 표시창, 몸체 윗부분, 손잡이부분은 오염되기 쉬우므로 주기적인 청소가 필요하다. |
| 4. Rowing Machine의 관리 | 전원 플러그와 콘센트의 정기점검한다.<br>손잡이 줄이 자주 끊어지기 때문에 수시로 체크하여야 한다.<br>브라운관. 몸체, 발판 등은 주기적으로 청소한다. |

| Step | Standard |
|---|---|
| 5. Ski Master의 관리 | 몸체의 스테인리스 부분은 땀이 떨어지면 얼룩이 많이 지는 곳이므로 자주 청소하여야 한다.<br>손잡이. 발판, 그 외 기계적인 부분은 정기적으로 나사 등을 조여주어야 하며, 윤활유를 공급하여야 한다. |
| 6. Cybex Circuit 기구의 관리 | 중량과 연결되어 있는 캐이블이 손상되지 않았는가 수시로 점검한다.(운동 중 캐이블이 끊어지면 사고의 위험이 크다)<br>몸체 도색 부분은 도색이 벗겨지는 경우가 자주 있으므로 주기적인 부분 도색작업이 필요하다.<br>나사의 조임상태를 자주 점검한다.<br>연결 부위, 베어링 부분은 주기적인 윤활유 공급이 필요하다.<br>안장 등의 래자 부분은 찢어진 부분이 없나 체크하고 늘어지거나 손상된 부분은 교환하여야 한다. |
| 7. Free Weight의 관리 | 덤벨의 손잡이와 중량의 연결부위의 조임 상태를 정기적으로 점검하고 조여준다.<br>E-Z Bar 같은 조립이 가능한 기구는 부품 망실에 주의한다.<br>녹이 나거나 하는 경우를 방지 하기 위해 WD-40으로 닦는다. |

[표 2-7] 5스타 체인호텔 에어로빅장의 관리 업무내용

| 에어로빅장의 관리 | |
|---|---|
| Step | Standard |
| 1. 탁구대의 관리 | 탁구대의 연결부위가 헐거워 지지 않도록 자주 조여준다. 에어로빅 시간이 지나면 마루 중앙부분에 설치한다.<br>두개로 분리되어 있기 때문에 충격이 가지 않도록 조심스럽게 펴주고 턱을 잘 맞추어 준다.<br>네트를 설치한 후 라켓과 공을 탁구대 위에 놓아둔다. 땀으로 얼룩지기 쉬우므로 자주 닦아 준다.<br>오후 에어로빅 시간이 되면 탁구대를 접어 벽 쪽에 붙여 둔다. 네트와 라켓 등의 장비는 타을 보관대에 정리, 보관한다. 탁구공이 조명 등 위로 많이 올라가기 때문에 가끔 수거해주어야 한다. |
| 2. 음향기기의 관리 | 오디오 세트는 먼지에 약하다. 따라서 먼지 등을 자주 닦아주어야 하고 전원이 꺼져있는지 외관상의 이상유무를 확인한다.<br>CD나 음악 Tape 등이 분실되지 않도록 하고 정리정돈을 잘 해주어야 한다.<br>TV, VTR은 자주 닦아 주어야 하고 Video Tape가 분실되지 않도록 정리하고 자주 확인한다. |
| 3. 마루바닥의 관리 | 마루바닥은 먼지나 머리카락 등으로 오염되기 쉬운 부분이므로 매일 진공청소기로 청소하여야 하고 주기적으로 걸레질을 하도록 한다. |

| Step | Standard |
|---|---|
| 4. 전면 거울의 관리 | 땀이나 손자국 등이 남기 쉬운 부분이므로 윈덱스와 걸레로 자주 닦아주어야 한다. |
| 5. Step Board와 아령의 관리 | 스텝 보드는 쓰러지지 않도록 잘 정리하여 세워 두도록 하고 발로 밟는 기구이므로 자주 닦아 오염을 방지하여야 한다.<br>아령은 보관상 잘 정리하여 보관하지 않으면 매우 지저분해 보인다. 따라서 보관함에 잘 정리하여 보관할 필요가 있다. |
| 6. 미용 Met의 관리 | 미용 매트는 타올 보관함 열에 잘 정리하여 세권 보관하여야 하며, 발자국 등으로 오염되기 쉬우므로 원렉스로 자주 닦아주어야 한다. |

[표 2-8] 5스타 체인호텔 타월의 관리 업무내용

| Towel의 관리 | |
|---|---|
| Step | Standard |
| 1. Laundry에 간다. | B/L층에 위치한 Laundry에 간다.(Bath Towel을 개는 시간은 오전 10시, 오후 1시, 오후 4시경이다) |
| 2. Cart를 확보한다. | 빈 Cart가 있는지 살펴보고 없을 경우 Laundry 직원에게 부탁하거나 사용한 타월이 담겨져 있는 Cart를 비워서 사용하는 것이 좋다. |
| 3. Towel을 담는다. | Cart에 타월을 담을 때는 빈틈없이 차곡차곡 담아야 운반하기 편리하다. Bath Towel, Massage Towel, Dock Towel 등 필요한 것을 찾아서 담는다. |
| 4. Towel을 운반한다. | 운반 중 타월이 쏟아지지 않도록 각별한 주의가 필요하다. 특히 2층 통로를 지날 때는 손님이나 연회 행사에 방해가 되지 않도록 해야 한다. |
| 5. Towel을 정리한다. | Massage Towel은 줄을 맞추어 잘 정리한다. Bath Towel은 Hilton상표가 보이도록 2번 접기를 한다. Doctor Room에 보기 좋게 보관한다. |
| 6. Towel올 Set Up한다. | 체련장, 골프장, 에어로빅장에는 Massage Towel만을 비치한다. 수영장 입구와 탈의실에는 Bath Towel과 Massage Towel을 정해진 위치에 보기 좋게 Set Up한다. |
| 7. 사용한 Towel의 관리 | 사용한 타월은 타월 보관대에 마련된 공간에 모아 두었다가 정기적으로 Cart에 수거하여 Laundry에 내려 보낸다. |

[표 2-9] 5스타 체인호텔 운동기구의 관리 업무내용

| 운동기구의 관리 | |
|---|---|
| Step | Standard |
| 1. 물을 떠온다. | M/L층의 Room Service 주방에서 생수통에 물을 떠온다. 생수통을 깨끗이 세척한 후 물을 받는다. 물은 항상 2통 이상의 재고를 확보한다. |
| 2. 물통을 보관한다. | 생수통은 Doctor Room의 출입구 근처에 보관한다. |
| 3. 물통의 교환 방법 | 냉온수기의 물이 떨어지면 생수통의 입구 주위를 깨끗이 닦아준 후 교환한다. 교환 시에 물통의 입구 부위는 물속에 잠기게 되므로 손으로 만지는 일이 없어야 한다. |
| 4. 컵의 잔량을 확인한다. | 주기적으로 컵의 잔량을 확인하여 떨어지는 일이 없도록 한다. |
| 5. 냉, 온수기의 청소 | 냉 · 온수기를 뒤로 돌린다. 물 받을 통을 준비한다. 우측 하단에 금색 마개가 있다. 이 마개를 열고 기계안의 오수를 뽑아낸다.(맑은 물이 나올 때 까지 물을 뺀다)<br>냉온수기 앞에 부착되어 있는 물받이를 청소한다. 월 1회 반드시 청소하여야 한다. |
| 6. 쓰레기통을 확인한다. | 자주 쓰레기통을 확인하여 쓰레기통이 넘치지 않도록 한다. 종이컵이 쓰레기통 주위에 떨어져 있는 경우가 많다. 눈에 보일 때마다 종이컵을 수거하여준다. |

[표 2-10] 5스타 체인호텔 골프장의 관리 업무내용

| 골프장의 Serving | |
|---|---|
| Step | Standard |
| 1. 손님을 골프장으로 안내한다. | 투숙객은 호텔 내 지리에 익숙하지 않으므로 직접 손님을모시고 골프장으로 안내한다. |
| 2. 요금을 안내한다. | 골프장 이용 시 투숙객 5,800(세금포함 1 Basket)의 요금이 부과됨을 미리 알려준다.(무료 이용으로 알고 있는 손님도 간혹 있다. 따라서 반드시 안내하여야 한다) |
| 3. 연습용 골프 클럽을 안내한다. | 비치되어 있는 클럽을 금색 Shaft는 남성용, 검은색 Shaft는 여성용이라는 것과 클럽의 번호(우드 1, 3번, 아이언 3, 5, 7.9, pitching wedge) 등을 간략하게 설명한다. 왼쪽 클럽(우드1번, 아이언5, 7, pitching wedge)을 안내한다. |
| 4. 골프공을 공급기에서 받는다. | Desk 서랍에서 Coin을 꺼내어 골프공을 공급받는다. 손님이 원하는 자리의 Caddy Machine에 골프공을 부어 준다. |

| Step | Standard |
|---|---|
| 5. Caddy Machine의 사용법을 안내한다. | On, Off Switch와 Brush, Tee Switch 그리고 Tee StopSwitch 등을 안내한다. |
| 6. 요금 계산에 대하여 안내한다. | Room Charge와 Cash 두 가지 방법에 대하여 안내하고 손님의 의견에 따라 Cash일 경우 돈을 직접 받는다. |
| 7. Reception Desk로 간다. | Room Charge일 경우 두 장의 Bill 전부를, Cash일 경우 거스름돈과 노란색의 Receipt를 가지고 골프장으로 간다. |
| 8. 손님에게 Sign을 받는다. | Room Charge를 하는 손님에게는 Bill의 하단부에 Room No.Print Name. Sign 등을 기재 하도록 하고, Cash일 경우에는 손님에게 거스름돈과 노란색의 Receipt를 주도록 한다. |
| 9. Sign을 받은 Bill을 Reception Desk에 다시 돌려준다. | Bill을 Receptionist에게 돌려주어 Room Carge되도록 한다.<br>간혹 이름과 방번호를 식별하기 힘들 정도로 기재하는 손님이 있어 Sign을 받을 때 확인하고 식별하기 어려운 것은 구두로 확인할 필요가 있다. |

[표 2-11] 5스타 체인호텔 헬스클럽 클로즈 업무내용

| Closing The Health Club | |
|---|---|
| Step | Standard |
| 1. 외팍문을 잠근다. | 체련장(적색 Key), 수영장(녹색 Key) 외곽문을 잠근다. |
| 2. 사용한 타월을 수거한다. | 체련장 보관함에서 사용한 타월을 수거한다.<br>골프장, 예어로빅장에서 사용한 타월을 수거한다.<br>수영장 사우나의 큰 타월과 매트를 수거한다.<br>수영장 입구 타을 보관함에서 사용한 타월을 수거한다.<br>탈의실에서 사용한 타월을 수거한다. |
| 3. 부족한 타월을 보충한다. | 체련장, 골프장, 에어로빅장에 작은 타월을 보충한다.<br>수영장 입구 보관함에 큰 타월과 작은 타월을 보충한다.<br>탈의실에 큰 타을과 작은 타올을 보충한다. |
| 4. 운동기구들 닦는다. | 윈덱스와 마른 걸레를 이용하여 운동기구를 닦는다.<br>전원플러그를 뽑는다. |
| 5. 골프장을 정리한다. | 공을 수거한다. 골프채를 닦은 후에 골프락카에 옮겨 보관한다.<br>coin 과 Master Key를 수거한다.<br>골프장 전원을 끄고 Locker Room을 잠근다. |
| 6. 탁구대를 접는다. | 에어로빅장의 탁구대를 접어서 한쪽 벽으로 붙여 놓는다. 네트와 탁구공 등 기구는 타올 보관대에 정리한다. |

| Step | Standard |
|---|---|
| 7. 체련장을 마감한다. | 휴게실 전원을 끄고 문을 닫는다.<br>헤드폰을 수납장에 넣는다. 음향기기기의 전원을 끈다.<br>체련장 조명스위치를 끈다. |
| 8. 수영장을 정리한다. | 수영모와 헤드폰 커버를 세척하여 건조시킨다.<br>Jacuzzi 전원을 끈다. Table과 Bed를 정리한다.<br>수영장 조명 스위치를 끈다. |
| 9. 현관문을 잠근다. | 수영장 현관문을 잠근 후 수거한 타골을 Laundry에 반납한다.<br>2층 Key를 안전관리실에 반납하고 Key 반출 장부에 반납시간과 이름을 기재한다. |

### 1) Gymnasium(체련장)

호텔규모가 클수록 Gymnasium의 규모도 비례하며 갖가지 다양한 시스템과 운동기구를 비치해 놓고 멤버십고객에게 최고의 운동이 될 수 있도록 하는 곳이다. 요즘은 최첨단 장비는 물론 1급 자격증의 전문트레이너가 있으며 고객의 체형에 맞는 운동 프로그램으로 최고의 운동효과를 볼 수 있도록 회원제 클럽으로 운영한다.

### 2) Basketball Courts(바스켓볼 코트)

호텔에서 멤버십으로 운영하며 다양한 운동할 수 있는 시설을 갖추는 게 경쟁력이 있다. 고객의 취향이 다양하기에 운동도 편중되지 않는 것이 바람직하며 이런 부분에서 농구코트는 최상의 조건이다.

### 3) Golf Courses(In · Out door) 골프코스

이름있는 레슨코치의 트레이닝을 홍보하고 고객을 맞이한다. 골프는 실내골프와 실외골프장이 있으며 이 두 곳을 마련해서 회원들에게 둘 다 제공하는 것이 가장 좋지만 둘 중 한 곳이 장소의 부담이 있다면 요즘 컴퓨터 골프코스도 있기에 굳이 실외의 18홀을 가지 않더라도 기분을 낼 수 있어 이것도 하나의 방법이다.

### 4) Aerobics(에어로빅실)

전문 에어로빅코치는 기본이며 남성회원들이 농구나 체련장에서 주로 운동을 한다면 여성에게는 에어로빅을 들 수 있다. 여성고객의 호응도가 높으며 요즘은 에어로빅이 무리하지 않고 몸의 유연성을 기르는 운동이어서 남성회원들에게도 인기가 늘어나는 추세이다.

### 5) Therapy(테라피)

유럽에서 오래전부터 널리 알려지고 보급되어 운동 강도가 낮고 주로 건강을 관리하는데 화학적 · 물리적 부분을 이용하여 현대인의 스트레스를 예방 · 치료하는 방법이다. 전문직원이 최첨단 전문장비를 이용하여 치료한다.

### 6) Swimming Pool(스위밍풀)

호텔을 출입하는 다양한 내 · 외국 관광객이 많이 이용하는 시설이 수영장이다. 이곳에도 전문 수영코치가 상주하여 일반고객이나 회원고객의 요청 시 일일, 월별 등으로 자세하게 설명해주고 레슨을 도와준다.

### 7) Rock Climbing(암벽등반)

등산을 즐기는 많은 사람들이 색다른 등산은 없을까 하다가 새로운 등산 코스를 발명했는데 이것이 암벽등반의 시초라 하겠다. 암벽등반은 양손과 양발을 모두 사용하는데 3개는 발판으로 하고 1개는 움직여서 정상까지 올라간다. 자일, 매입 볼트 등의 도구를 사용한다. 호텔에서 이러한 암벽등반을 축소해서 만들어 놓으면 암벽등반 초보자나 즐기는 사람에게도 사랑받게 될 것이다.

## 8) Racquetballs(라켓볼)

5성급 호텔에서는 라켓볼장을 많이 갖추지는 않지만 없는 것보다는 충분한 경쟁력이 있어 오너의 운영하고자 하는 목적이 뚜렷하면 시도해보는 것이 좋다. 경기는 1인, 2인, 3인 등으로 연습과 게임을 통해서 즐길 수가 있다.

## 9) Sauna(사우나)

Woman Sauna(우먼사우나)와 Men Sauna(맨사우나)는 4성급 호텔이나 5성급 호텔에는 기본적으로 시설이 설치되어 있다. 우리나라 사람들이 워낙 사우나를 좋아하기도 하고 호텔을 영업하는데 없어서는 안 될 시설이다.

Chapter

# 3

# 객실관리 하우스키핑

# Housekeeping

## 하우스키핑 설명

하우스키핑을 해석하면 객실관리, 객실지원이라고 말할 수 있다. 이는 객실부내에서 시설과 고정자산, 린넨류 등 안전과 청결을 관리하는 객실정비 · 객실생산팀이며, 객실의 청소 화장실, 객실 내 공공장소, 카펫청소와 린넨류의 관리이다. 이는 객실에서 사용되는 모든 린넨과 식음료부서에서 사용되는 린넨도 함께 관리하고, 고객의 세탁물 옷수선 클리닝 등과 호텔 내의 직원의 유니폼도 함께 관리하는 가장 육체적인 노동이 필요하고 공을 많이 들이는 백사이드에서 일을 도맡아 하는 부서라고 설명할 수 있다.

하우스키핑은 과거의 수동적인 업무에서 벗어나 객실상품과 더불어 베버리지판매와 어메니티판매로 고객이 잠시 머무르고 가지만 짧은 시간에 고객의 구매력을 자극하는 아이디어 상품을 세팅해서 판매하는 것도 키핑의 본래의 객실관리에 충실하면서 매출에도 기여하는 미래의 하우스키핑도 생각해 볼 수 있다.

예를 들어서 현재 우리나라에서 베스트셀러 책을 소개해서 현대인이 꼭 읽어야 할

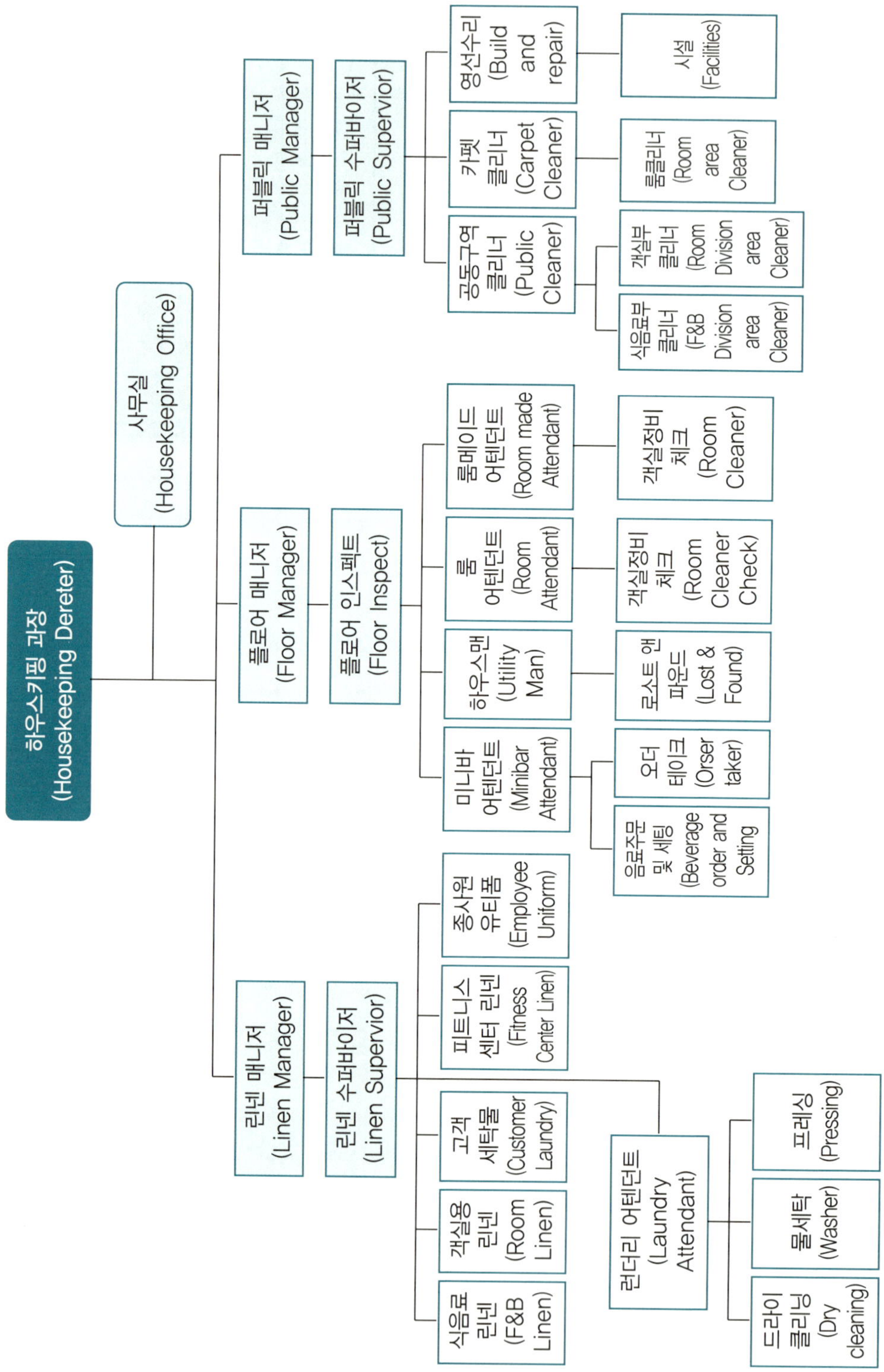


[그림 3-1] 객실관리 하우스키핑 조직도

책이라든지 여자를 사로잡는 진정한 사랑의 매너법이라든지 책이 아니더라도 고객이 무엇이 필요한가? 라는 의문점을 가지고 접근하면 틈새 매출을 올릴 수 있는 공간이 될 것이다.

객실관리의 책임자는 프런트 오피스에서 상품을 판매한다면 하우스키핑에서는 객실을 생산하는 부서로써 갖춰진 여건 내에서 만지고 문지르고 닦고 청소하고 광을 내고 끊임없이 고객의 니즈를 만족시킬 수 있는 동력을 가지고 직무에 힘써야 영업부서에서 신명나게 적극적인 객실판매를 할 것이다.

이는 예전의 수동적인 관리자의 틀에서 벗어나 능동적으로 판매에 기여한다는 자부심과 애사심으로 하우스키핑을 운영했을 때 미래가 보장되고 더 나아가 호텔의 가치를 높이는 것이다.

그러므로 하우스키핑의 과장은 객실부 부서장, 차장의 업무지시와 운영 방향을 잘 수행하여 부서 내 프런트 오피스 과장과 잘 협업하고 그 외 섹션의 파트 지배인을 잘 리드하여 원만한 직원의 통솔력을 갖춰야 한다. 또한 타 부서와의 유기적인 업무협조는 물론 식음료부, 조리부, 관리부, 마케팅부 등과도 원활한 관계를 유지하는 것도 중요한 임무이다.

지배인의 역할은 과장의 업무지시를 따르고 파트별 퍼블릭지배인, 층별관리지배인, 린넨담당지배인으로 나뉘어서 업무를 본다. 첫 번째 퍼블릭지배인의 역할은 호텔 전반적인 부분과 식음료부서의 전체적인 카펫청소, 조경, 꽃, 화분 등의 소소한 것까지 관리 담당하여 깨끗한 것은 물론이고 주위를 조화롭게 유지하는 업무와 객실부서 내의 전체적인 관리까지도 광범위하게 신경 써서 업무에 임해야 한다. 두 번째, 층별관리지배인은 객실 내의 모든 부분을 관리감독하여 어느 한 부분도 소홀함이 없도록 하는 하우스키핑의 전체적인 실무자이며 그 책임이 막중하다. 세 번째로 린넨지배인은 회사 전체적인 린넨과 세탁물 수선과 클리닝 그리고 영업부서 내의 유니폼과 객실부 린넨류, 식음료부서의 린넨류 등 세심하게 관리하지 않으면 낭비하는 부분이 많기 때문에 체계적인 전산망을 통하여 엑셀로 데이터화하여 빠른 일처리를 하는 것도 지배인의 선도적 역할일 것이다.

파트별 수퍼바이저, 인스펙트의 임무는 지배인을 보좌하여 폭넓은 실무경험을 통하여 영업에 필요한 부분이 있으면 주저없이 지배인에게 보고하여 빠른 조치로 영업에 소홀함이 없도록 하여야 한다. 하위직원들의 에로사항이나 어려운 점을 파악하여 수정할 부분은 빨리 바꿔 직원의 불편한 점이 없어야 하며 자기위치에서 해결하지 못할 부분은 지배인에게 보고하여 조치를 할수 있게 하는 것도 직무에 연관된 리더십일 것이다.

다음의 하우스맨이나 룸어텐던트, 오더테이크, 미니바에서 중간역할을 하고 실무업무를 보는 직원은 실질적인 노동의 강도가 특히 많은 종사원이기 때문에 각자의 위치에서 고객을 만족시킨다는 보람 있는 마음가짐으로 업무에 임하면 경력과 직무향상이 쌓이고 승급과 진급으로 이어져 계속 정진할 수 있는 발판이 될 것이다.

### 하우스키핑 사무실(Housekeeping Office)

객실관리 사무실은 키핑을 총괄하는 객실관리 디렉터인 과장을 보좌하는 여직원을 한 명 두어서 객실관리에 필요한 여러 가지 업무 중 오더테이크, 미니바 구매, 로스트 앤 파운드, 업무와 직원의 스케줄 등 멀티테스킹의 기본적인 사무업무 및 고객응대뿐만 아니라 여러 가지 업무를 능숙하게 처리하여 파트별 Floor Management, Public Area, Linen & Laundry 업무를 원활하게 지원해 주는 역할까지 하는 곳이다.

## 1. 층관리(Floor Management)

객실층 관리는 층별로 로비부터 룸 안의 모든 부분을 관리하는 파트로써 대리석, 창문, 가구, 출입문, 카펫, 벽, 화장실 등을 보수, 청소하고 수명을 오래도록 유지하도록 한다. 건물의 청결은 고객에게 항상 만족감을 줄 수 있도록 관리한다.

그러므로 섹션을 책임지인 매니저는 이러한 부분을 염두에 두고 연계획, 월계획, 주계획, 1일 계획을 수립하여 한치의 오차도 없이 객실의 내구성을 높이고 직원들과 소통하고 협력하여 맡은바 임무에 충실히 수행해야 한다.

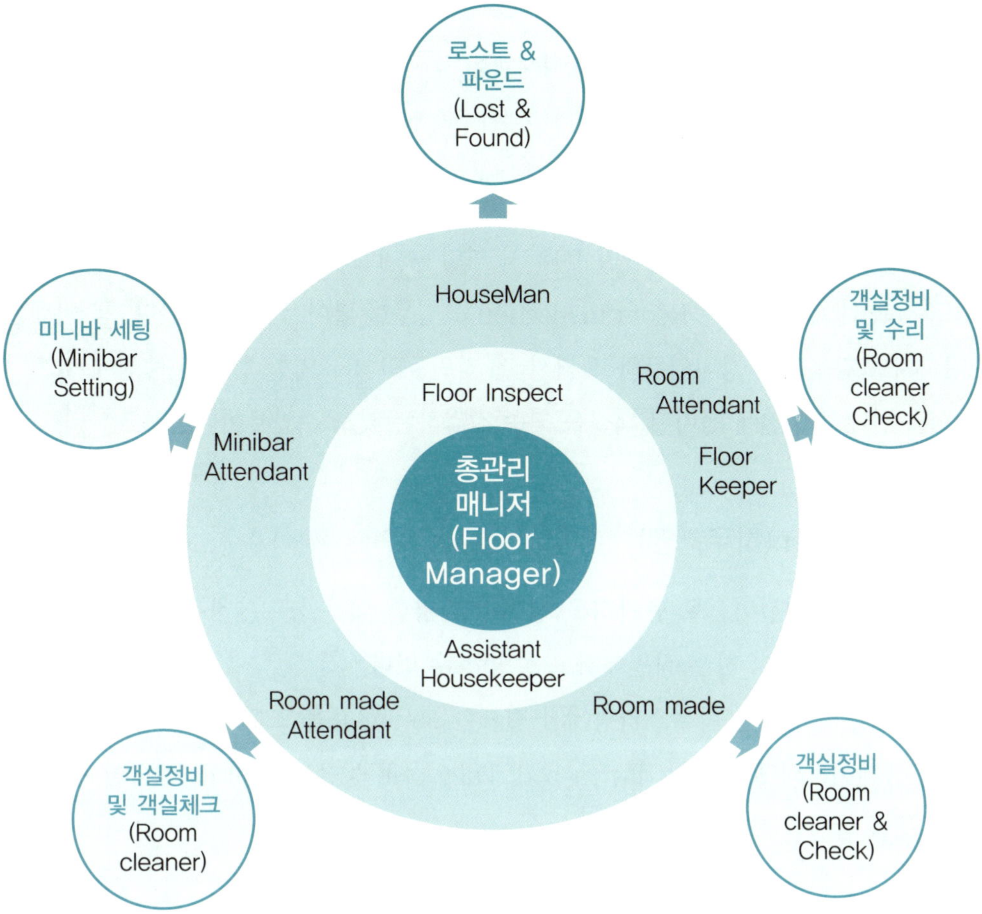


[그림 3-2] 층관리 근무자의 조직역할

## 1) Floor Manager(층관리 매니저)

층관리 매니저는 섹션의 책임자로서 하우스키핑 전체 중 층관리에 필요한 상품 유지관리, 층정비, 비품관리와 집기관리, 린넨류 관리와 섹션 직원들을 작업지시와 관리감독을 하며 재산보호와 화재 및 도난 인사사고 등이 일어나지 않도록 항상 최상의 층관리에 힘써야 한다.

몇 가지 업무내용을 나열하면 부서 내 업무미팅 참석, 예산편성 및 집행, 분실물관리 및 처리, 각종 보고서 작성, 하위직원의 교육 및 훈련, 객실비품 및 소모품관리, 각종 문서 처리 및 확인(재고조사, 근무일지, 수리발주처, 월말보고서), 하위직원의 적정인원 유지 및 배치, 층직원의 근무태세관리, 작업지시 및 관리감독 등이다.

### 2) Floor Inspect(플로어 인스펙트) 또는 Assistant Housekeeper(어시즈전트 하우스키퍼)

층관리 부매니저로서 매니저의 부재 시 역할을 대행하여 업무를 수행하며 층 점검 및 순찰과 때에 따라서는 Room Inspection을 업무를 맡아서 하기도 한다. 룸 어텐던트를 지도 감독하며 정비업무하고 섹션 간 직원들의 가교역할 협업의 중심에 있으며 객실을 판매하기 전에 정비된 객실을 최종 점검하는 것도 주업무이다.

### 3) HouseMan(하우스맨)

하우스맨은 실질적으로 층관리 섹션에서 다양한 업무를 수행하는 실무자이며 가장 많은 일을 도맡아 하는 직원이라고 설명할 수 있다.

주업무를 설명하면 하우스키핑에서 필요한 모든 물품을 조달하고 배치하며, 층별 청소, 룸메이드의 보조역할, Extra bed, baby crib 등을 투입하고, 세탁물 수거 및 운반 등을 담당한다.

#### (1) Lost & Found(로스트 앤 파운드)

고객이 체크아웃을 하고 나면 룸에 고객이 분실물이 있을 수가 있다. 이러한 부분은 철저하게 관리하여 분실물을 찾아 주어야 하며 혹 정보가 없을 수가 있는데 중요한 물건일수록 꼼꼼하게 체크하여 고객에게 100% 찾아주는 시스템을 갖춰야 한다.

이것은 호텔의 레벨과 관계가 있으며 이러한 부분을 잘 관리하는 것은 고객 재창출에 커다란 영향을 미치고 충성고객을 만드는데 기여한다.

### 4) Room Attendant(룸 어텐던트)

룸어텐던트는 객실청소가 기본업무이며 고객의 편의를 최대한 도와주는 역할을 수행한다. 객실정비 시 숙련된 업무로 신속하게 가장 빠르게, 쾌적하고 청결하게 룸상품을 제공할 수 있도록 항상 준비된 마음가짐으로 성실히 일을 하여야 한다. 특히 룸메이드 직원들과 호흡이 잘 맞아야 하고 서로 협동하여 업무를 극대화해야 한다.

### 5) Room made Attendant(룸메이드 어텐던트)

룸메이드 어텐던트는 룸메이드 직원의 관리감독과 업무를 수행하는데 적극적으로 도와주며 업무를 최상의 결과로 나타나는데 역할을 충실히 하여야 한다. 그러기 위해서는 룸메이드 직원과 허물없이 지내야 하고 솔선수범, 희생하는 마음가짐을 실천할 때 서로 마음을 열고 목표에 도달하는 팀워크를 갖출 수 있다.

[그림 3-3] Floor indicator panel(객실층 룸메이드)

### 6) Floor Keeper(플로어 키퍼)

플로어 키퍼의 업무는 층 청소 담당자이며 담당층의 메이드 출근사항을 확인하며 층비품을 점검하고, 장식물과 꽃꽂이, 복도를 점검한다. 고객의 세탁물을 구분하여 린넨 세탁물을 수거하고 기록하여 세탁실로 보내며, 룸메이드의 작업량을 배분하는 등의 업무를 맡는다.

### 7) Room made(룸 메이드)

룸메이드는 객실부 하우스키핑 소속으로 큰 호텔일수록 인원이 많이 필요하며 서울시내 5성급 호텔 중에 객실 수가 많을수록 메이드도 많이 필요하기 때문에 그에 따른 관리도 어려운 것이 현실이다. 메이드의 기본적인 업무는 객실의 재생산과 생산을 주 업으로 하고 있으며 객실 하나를 청소하는데 온 힘을 집중해서 철저하게 깨끗이 청소하는 것이 무엇보다 중요하다.

하루에 청소하는 객실 수는 적게는 8개에서 많게는 17개 정도 되는데 적은 수는 이그젝티브 룸과 스위트 룸 넓이의 큰 평수와 관계가 있다.

기본적인 청소는 객실의 룸, 화장실, 가구 등을 청소하고 그다음 어메니티용품도 정해진 자리에 세팅을 한다. 룸에 수리할 부분이 있으면 체크해 놓았다가 체크리스트에 기록하여 나중에 룸 인스펙트나 룸메이드, 어텐던트 하우스맨에 연락을 취해서 빠르게 조치할 수 있도록 한다.

### 8) Minibar Attendant(미니바 어텐던트)

미니바 어텐던트의 역할은 객실 내에 비치되어 있는 모든 용품과 미니바에 들어가는 제품을 구매하고 현장비치, 재고관리 등의 업무를 수행한다.

#### (1) Minibar setting(미니바 세팅)

객실 내의 미니바에 들어가는 다양한 용품과 미니어처, 어메니티, 안주 등을 빠짐없이 층별로 세팅 후 부족한 부분은 체크하여 신속하게 구입하도록 한다.

## 2. 공공장소 부분(Public Area)

조직을 편성할 때 규모가 큰 5성급 호텔(객실 500개 이상, 면적 2만 평 이상) 중 면적이 넓은 평수를 가지고 영업을 한다면 조직표상 따로 시설과를 두어 공공장소 부분을 관리한다. 그보다 적은 면적을 가지고 시내 한복판에 호텔건물만 있다고 가정한다면 여기에 해당되는데 객실부 하우스키핑에 속해서 호텔 전반적이고 시설적인 면

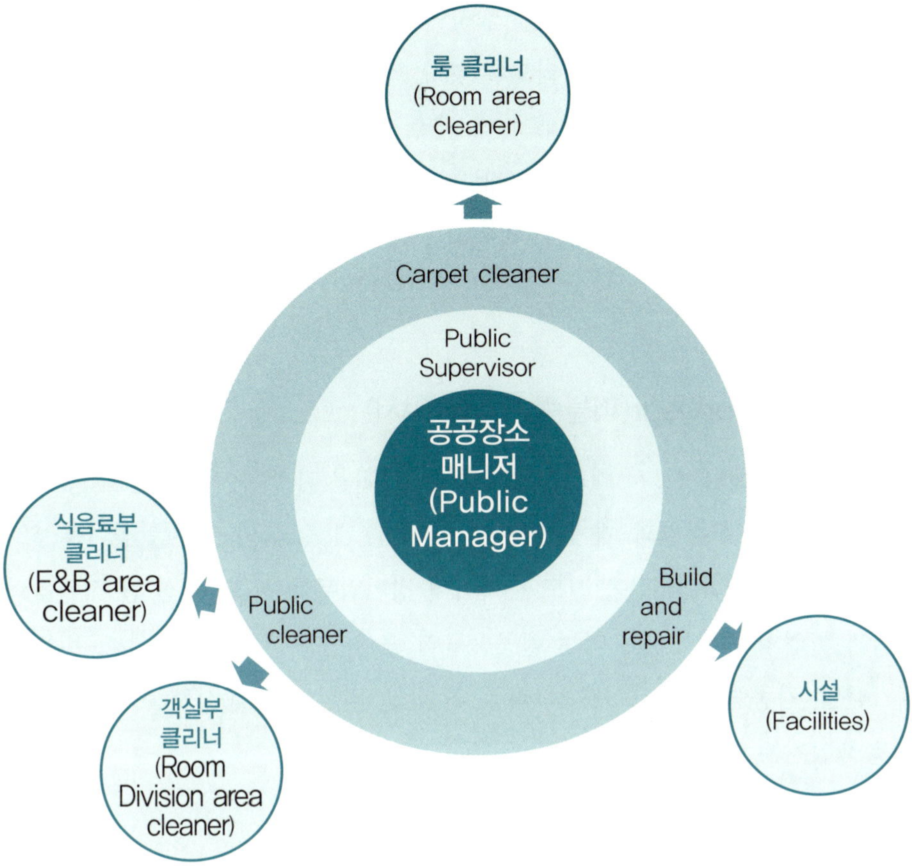


[그림 3-4] 공공장소 관리 근무자의 조직역할

즉 공공장소(Public area)의 주차장, 옥외수영장, 피트니스센터, 연회장, 호텔 내 화장실, 로비, 출입문, 복도, 회의장 등 호텔 내의 모든 시설부분은 여기에 속해 있다고 보면 된다. 광범위한 지역을 수리 · 수선하고, 카펫청소 등 건물 내의 모든 부분을 관리하는 곳이다.

이는 곧 호텔의 이미지, 평판, 구매력, 재방문, 고객의 입소문 등과 직결되기 때문에 세심하게 신경을 많이 써야 되므로 관리자의 책임이 막중하다고 하겠다.

### 1) Public Manager(공공구역관리 매니저)

공공관리구역 섹션의 책임자로서 하우스키핑 전체 중 공공관리구역에 필요한 유지관리, 공공관리정비, 섹션의 직원들의 작업지시 관리감독을 하며 재산보호와 화재 및 도난, 인사사고 등이 일어나지 않도록 항상 최상의 공공관리에 힘써야 한다.

몇 가지 업무내용을 나열하면 부서 내 각종 보고서 작성, 하위직원의 교육 및 훈련, 객실비품 각종 문서 처리 및 확인(재고조사, 근무일지, 수리발주처, 월말보고서), 하위직원의 적정인원 유지 및 배치, 직원의 근무태세관리, 작업지시 및 관리감독 등이다.

### 2) Public Supervisor(퍼블릭 수퍼바이저)

공공관리 세컨매니저로서 매니저의 부재 시 역할을 대행하여 업무를 수행하며, 공공관리구역 점검 및 순찰과 때에 따라서는 Public cleaner의 업무를 맡아서 하기도 한다. Room clerk(룸 클럭)을 지도 감독하며 정비업무를 하고, 섹션 간 직원들의 가교역할과 협업의 중심에 있으며 호텔공공구역 중 식음료영업장 화장실, 로비복도 피트니스클럽, 각종연회장, 객실층, 락커룸, 휴게실, 비상계단, 종사원숙소 등의 다양한 구역을 책임지는 역할을 담당한다.

### 3) Carpet cleaner(카펫 클리너)

객실 내 층별 복도층은 대부분 카펫으로 깔려 있어서 관리를 어떻게 하느냐에 따라서 카펫 수명과 연결된다. 카펫 청소의 시작은 처음 진공청소기로 한 다음 샴푸작업을 하는데 세제를 넣고 기계로 세척 후 카펫 탈수기로 물기를 제거하고 말린다. 고급 카펫인 경우 수시로 깨끗하게 청소를 하여 수명을 오래가게 하고 고객으로 하여금 청결한 이미지를 심어 객실의 안락함을 선사한다.

### 4) Room area cleaner(룸 클리너)

룸 클럭의 주업무로 객실룸에 커피, 음료수, 그 외 이물질이 엎질러졌을 때 빠르게 재건하는 것으로 룸과 층별로 세심하게 얼룩진 부분이 없도록 철저하게 관리한다.

## 5) Build and repair(영선수리)

객실 내부 룸과 공공구역 식음료 등 전체적으로 수리를 하고 호텔이 오래될수록 룸의 고장이 잦기 때문에 수리할 부분을 빨리 처리해 프런트 데스크에서 객실판매에 한치의 오차가 없도록 수리에 만전을 기한다.

### (1) Facilities(시설, 영선)

5성급 호텔의 조직을 보면 영업을 할 수 있도록 소프트역할을 하며 후방에서 영업부가 일을 잘 할수록 지원을 해주는 부서가 시설영선과라고 보면 된다. 여기서 근무하는 직원들인 경우 나이와 연륜이 있는 편이며 호텔 객실, 식음료, 조리부서의 크고 작은 영업장의 고장난 부분을 수리를 해주는 역할을 하고, 언제 어느 때나 막힘이 없도록 후방을 지원하며, 건물관리 및 수리센터라고 하면 좋을 것 같다.

## 6) Public cleaner(공동구역 클리너)

공동구역은 호텔 내부를 전체적으로 관리하는데 1층 로비구역에 다양한 공간들의 시설과에서 겹치지 않게 구역을 설정해야 하며, 규모가 클수록 업무량이 많아지고 인력도 그만큼 많아야 한다. 예를 들어서 화장실 근처와 화장실, 그 외 층별로 카펫이나 비상계단의 청소, 호텔의 구석구석 청소를 담당한다.

### (1) F&B area cleaner(식음료부 클리너)

식음료부서의 업장과 규모에 따라 넓은 지역과 좁은 지역, 다양한 실내와 실외 공간을 커버해서 청소를 하는데 특히 연회장의 뱅켓은 넓어서 시간이 오래 걸리고 항상 예약이 있는 관계로 새벽이나 늦은 오후에 클리닝 시간을 잡아서 하게 된다.

### (2) Room Division area cleaner(객실부 클리너)

객실부 내에 있는 본부 사무실부터 그 밖의 사무실을 청소하는데 프런트 데스크, 비즈니스센터, 특별층 공간과 안의 영업시설부분, 린넨실, 세탁실, 당직실, 키핑사무실, 물품보관장소 등 여러 곳을 책임지고 청소를 한다.

## 3. 린넨 & 런더리(Linen & Laundry)

90년대 초반까지 5성급 호텔은 자체적으로 세탁실을 갖추고 영업하였으나 IMF 이후 국내환경의 변화로 인건비와 수익구조를 분석하게 되었다. 기업의 목적은 이윤추구라는 정석을 호텔에서도 인지하기 시작한 것이다. 지금의 추세는 여러 가지 정황상 세탁실을 가지고 있으면서 수익을 창출할 수 있으면 호텔 내에서 운영하지만 그렇지 않을 경우에는 린넨실만 운영하고 세탁은 외부에 맡긴다. 또 다른 방안은 자체를 전부 외주(위탁, Outsourcing)를 주고 관리만 호텔에서 운영하는 형태도 있다. 이러한 다양한 형태는 호텔의 구조와 시스템적으로 어떠한 형태가 가장 바람직한 방향인지 깊이 생각해서 결정하여야 나중에 비용손실을 방지할 수 있다.

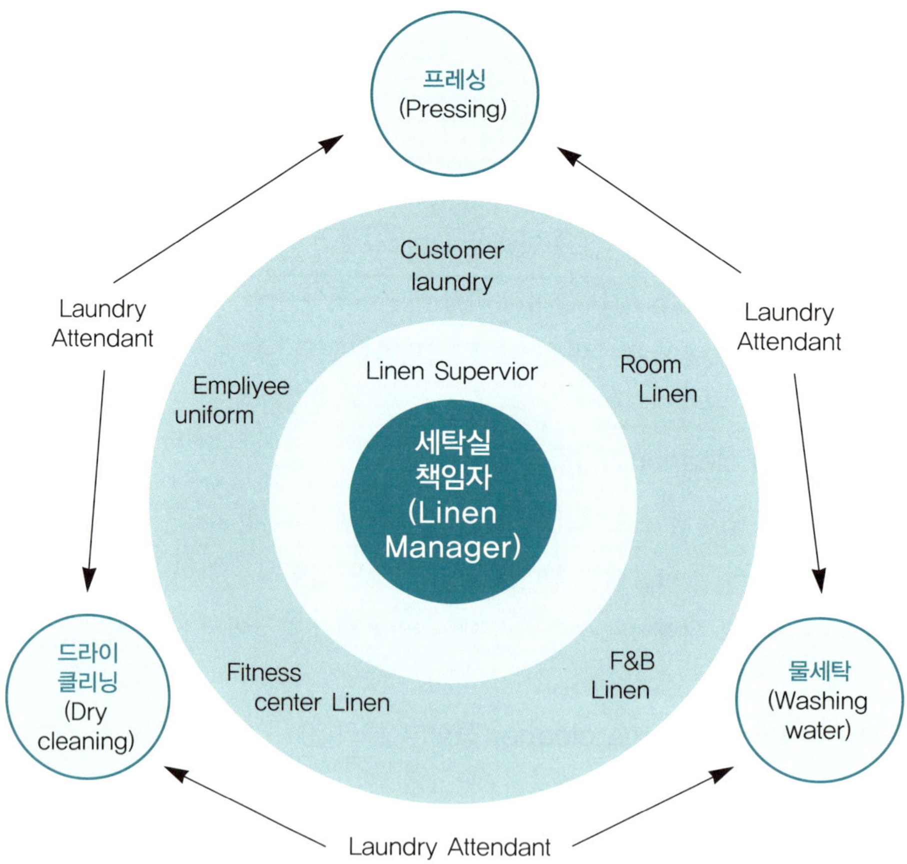


[그림 3-5] 린넨실 관리 근무자의 조직역할

### 1) L&L Manager(린넨&런더리 매니저)

호텔에서 린넨실을 운영하는 목적은 투숙고객의 세탁서비스를 통하여 고객만족을 실현하는데 있으며, 두 번째로는 객실부에 필요한 모든 린넨류를 잘 관리하고 회사 전체 부서의 유니폼을 효과적으로 운영하여 비용절감을 통한 이익창출에 근본적인 목적이 있다.

이러한 막중한 임무를 하기 위해서는 린넨책임자의 사명감과 업무역량이 무엇보다 중요하다. 책임자 과장의 업무지시를 받아서 수행하며 근무스케줄을 공평하게 작성하고, 회사 유니폼의 관리감독, 투숙객의 세탁 및 수선, 린넨의 재고파악과 구매, 다른 섹션의 매니저와의 협업 등을 통하여 하우스키핑에서 중요한 린넨 및 런더리 부문에서 최고의 성과를 내기 위한 끊임 없는 노력을 다해야 한다.

### 2) L&L Supervior(린넨앤런더리 슈퍼바이저)

슈퍼바이저의 업무는 지배인의 부재 시 지배인의 역할을 하고 하위직원과의 가교역할과 실무적인 현장 업무를 수행하는 것도 중요하다.

실질적인 업무를 나열하면 고객세탁물 오더 완수, 직원유니폼 및 각 업장에 필요한 린넨류 구매와 입고확인 후 재고관리, 이벤토리(일, 월, 연별), 세탁물의 세탁비정산, 린넨류 보수 및 비품관리, 업무에 필요한 소모품관리 및 구매요청, 린넨류 유니폼 수리 및 폐품처리 등이다. 업무를 충실히 이행하여 린넨실 부책임자의 솔선수범하는 자세로 이끌어 나가야 한다.

### 3) L&L clerk(린넨앤런더리 클럭)/L&L Attendant(런더리 어텐던트)

린넨 클럭은 실질적인 현장 업무를 도맡아서 하는 직원으로 많은 일들을 하지만 그중에서도 회사 전체의 린넨류 · 유니폼류 · 소모품류 · 세탁업무 · 드라이클리닝 · 프레싱 등의 일을 한다. 객실판매상황에 따라서 수령하거나 공급하고 불출하는 수요를 예측하여 일별, 주별, 월별의 필요한 수량과 구입을 슈퍼바이저나 지배인에게 보고하여 린넨실 전체 업무에 지장없는 분위기를 만드는데 막중한 책임이 있다.

### (1) Customer laundry(고객세탁물)

고객세탁물은 여러 경로를 통하여 요청하는데 여기에서는 객실 내에 투숙객을 전제로 하여 설명하면 룸 안에는 화장대 서랍 속에 세탁물 빌이 있어 고객이 여기에 여러 아이템에 표시를 해놓으면 세탁물과 함께 세탁실에 내리고 원하는 아이템별로 세탁을 해서 방에 전달한다.

또 다른 서비스는 Express Service라고 하는데 이것은 아침 09:00~18:00까지 수거하여 3시간 이내에 배달하는 서비스인데 빨리 처리하기에 요금은 2배를 부과한다.

### (2) Room linen(객실용 린넨)

객실에 투숙하고 체크아웃을 하면 일찍 나가는 고객과 늦게 나가는 고객이 있는데 이럴 때 먼저 나간 방부터 룸메이드가 청소를 한다. 청소 후에 침실에서 나오는 침대커버, 베개커버, 종류별 타월, 나이트가운, 때에 따라 겨울철에는 이불이나 담요 등이 세탁물로 나오면 한꺼번에 모아서 세탁실로 보낸다.

### (3) F&B linen(식음료 린넨)

세탁실에는 영업장별, 객실부서 내의 린넨이 구역별 차례대로 분리되어 있는데 식음료 린넨은 종류도 많고 사이즈도 큰 것부터 작은 것, 색깔도 다양해 가장 많이 세탁물로 나온다. 식음료 직원이 세탁실까지 운반을 해올 경우 최종적으로 린넨 클럭이 구분을 해서 세탁이나 수선 등을 할 수 있도록 작업을 한다.

### (4) Fitness center linen(피트니스센터 린넨)

5성급 호텔의 특징은 규모에 따라 세탁실과 린넨실의 범위가 넓어서 그만큼 전문적으로 나눠지며 거의 전문가 수준 이상의 직원들이 근무한다.

특히 호텔의 멤버십클럽의 고객들은 최상위 고객으로서 최고의 옷을 지향하므로 신경을 각별히 써야 하므로 세탁물도 다른 객실용과 겹치지 않게 세탁해 다양한 문제가 발생하는 것을 방지한다. 스포트타월, 운동복, 사우나가운 등은 클로스의 질을 최상급으로 구매하기 때문에 관리도 그만큼 신경써서 세탁과 건조를 한다.

### (5) Empliyee uniform(종사원 유니폼)

호텔직원의 유니폼이 1인당 여름, 겨울을 기준으로 2벌씩 맞추니까 4벌이 되며 와이셔츠도 4벌이므로 규모가 큰 5성급 호텔의 경우 예를 들어 700명이라고 생각할 때 드레스코트만 700×4벌이면 2,800벌로 Y셔츠를 빼고도 어마어마한 양이 된다.

이렇듯 세탁실의 업무량은 과히 숙련된 직원이 빠르게 처리하지 않으면 그만큼 인건비 상승으로 이어지기 때문에 회사의 발전을 위해서는 숙련되고 효율적으로 헌신하는 직원이 필요하다.

## 4) Pressing(프레싱)

객실투숙객이나 식음료 영업장에서 고객이 다림질을 원하는 경우와 식음료 영업장 여러 곳에서 직원이 서비스하다가 실수로 이물질이 묻었을 경우에 재빠르게 조치해야 하는데 이때 여유분의 옷과 고객에게 몇 시간 기다려 달라고 양해를 구하고 빠른 조치를 통해 음식도 다시 제공한다. 또한 호텔리어의 유니폼이 세탁된 후에 다림질하여 린넨실에 보관하면 직원들이 필요할 때 찾아가서 착용한다.

## 5) Washing water(물세탁)

객실부서와 식음료 부서에서 다양한 린넨류와 유니폼이 세탁실로 인도되면 따로 구분하여 섞이지 않게 하고 물세탁한 후에 프레싱하여 제 위치에 보관한다.

## 6) Dry cleaning(드라이클리닝)

호텔 투숙객 중에 장기고객이 있을 경우에나 호텔 내의 컴퍼런스, 세미나 등의 중요한 행사에 슈트를 멋스럽게 입어야 할 때 고객이 요청하면 새 옷처럼 드라이클리닝을 제공한다.

## 객실판촉과

객실부를 크게 2개 팀 1과로 나누면 전면에서 영업을 하는 프런트 데스크와 영업을 잘 할 수 있도록 지원하는 하우스키핑 그리고 직접적으로 호텔 밖을 나가서 고객을 유치하는 판촉과가 있다. 호텔의 조직도상 큰 규모의 호텔일수록 전문적인 세일즈마케팅 부서가 있지만 객실과 식음료부와 멤버십 등의 규모에 따라 운영의 묘를 살려서 객실부 내의 판촉과를 두고 과장이 적극적인 세일을 통해 고객을 유치하는 것이 효율적인 시스템이라고 볼 수 있겠다. 이는 경영자의 시각에서 어떻게 어느 쪽에 비중을 두고 무게 중심에서 운영하고 방향성을 제시해서 객실을 활성화하고 항상 객실점유율을 100%를 유지한다는 전제하에 목적이 있다.

### 1. 객실판촉

객실판촉의 조직은 판촉과장이 아래 지배인 사원을 두고 팀을 운영한다. 판촉과장의 역할은 외부에 나가서 직접적으로 고객을 유치하는 것이 가장 큰 본연의 업무이며 과원들을 잘 리드하여 판촉의 목표를 성수기, 비수기 관계없이 항상 오크펜시를 100% 달성한다는 목표를 가져야 한다.

지배인은 과장의 업무지시를 시행하고 마찬가지로 외부에 나가서 많은 고객을 유치하여 객실점유율을 높이는 것이 가장 일 잘하는 모습일 것이다. 판촉사원 업무도 마찬가지이며 두 배 이상의 실적을 올린다는 목표를 가지고 판촉에 임하면 부서에서도 가장 신임을 받는 판촉사원이 될 것이다.

#### 1) 객실예약

판촉사원은 내근직으로 영업부서의 프런트 사무실에서 본부사무실 내의 사무 여직원과 유기적인 협조에 따라 사무실 내에서 이루어지는 여러 가지 다양한 업무를 공조하여 수행한다. 특히 예약업무를 충실히 하며 팀 내의 과장 지배인의 판촉 활동과 내부 판촉기록을 기입하고 배치하여 적절한 안배를 통해서 윤활유가 되는 역할을 하는 중요한 업무이다.

# Part
# Ⅱ

## 식음료부
## Food & Beverage Department

# Hotel Technology

## 호텔공학

Chapter

# 4

# 식음료부
Food & Beverage Department

## 식음료부(Food & Beverage Department)

호텔 내 부서에서 가장 많은 인원을 두고 영업을 하는 곳이기도 하고, 다양한 업장 음식과 베버리지를 주로 판매하는 상품이기도 하며, 가장 활동적으로 영업활동 서비스를 제공하는 곳이 식음료부서이다.

객실부서와 달리 식음료부서는 로케이션도 광범위하고 특히 Food와 Beverage를 다루는 부서이기 때문에 타 부서와 달리 다양한 지식을 쌓아야만 이 분야에서 발전할 수 있는 역량이 주어진다.

식음료부서의 부서장은 수많은 경쟁을 통해서 훌륭한 자질을 갖춰야만 그 자리에까지 올라갈 수 있는 것이다.

식음료부서의 직무에 관한 내용을 설명하면 다음과 같다.

## 식음료부 직급별 직무

### 1. 직급별 직무

#### 1) 부서장(F&B Director)

식음료 부서의 대표로서 영업에 관한 정책수립과 계획, 영업장관리, 인사관리 등 회사의 정책과 일치하여야 하며 총지배인의 영업 마인드를 보좌하며 식음료의 큰 그림을 그려서 계획하고 실행할 수 있는 방향을 제시하여 식음료운영 전략을 가지고 있어야 한다. 또한 부하직원으로부터 신뢰를 받아야 하고 가장 중요한 VIP 의전 및 영접과 리더십을 갖춰야 하는 자리이다. 또한 타 부서 부서장과의 유기적인 협조체제와 커뮤니케이션을 잘 이루어야 식음료영업을 성공적으로 이끌 수 있다.

자기 부서만 생각한다고 타 부서와 협조하지 않으면 다른 부서에서도 도와주지 않아 좋은 아이디어와 상품계발 프로모션이 시행하기도 전에 좌초될 수밖에 없다. 호텔 내에는 식음료와 연결돼 서로 도와가며 일을 해야 하는 식음료부서뿐만 아니라 타 부서도 마찬가지이다.

예를 들어 세일즈마케팅에서 단일 행사로 매출이 높은 10억 이상의 행사에 1,000명의 인원을 유치했다고 가정했을 때 예약서에 기록되는 객실, 식음료, 조리, 관리 등의 행사내용이 펑션에 기록되어 협조해야 될 사항이 많다. 그러나 부서의 이기주의로 인해서 서로의 입장만 생각하고 협조하지 않으면 회사의 크나큰 손해를 끼칠 수 있다. 행사가 연회 레스토랑 등 다양하게 기록된 내용도 있지만 행사 내용에 들어가지 않은 개별고객의 식당, 바, 커피숍 등의 연결되는 영업장에서 추가 매출이 빈번하게 이루어지는데 이때 식음료 부서에서 고객을 정성껏 서비스하지 않으면 호텔의 부정적인 면이 도출되어 영업에 어려움을 겪는다.

다시 말하면 단체고객이든 개별고객이든 식음료업장에 방문하는 고객을 최고의 서비스로 맞이하는 것이 식음료 부서장의 역할이 아닐까 생각한다.

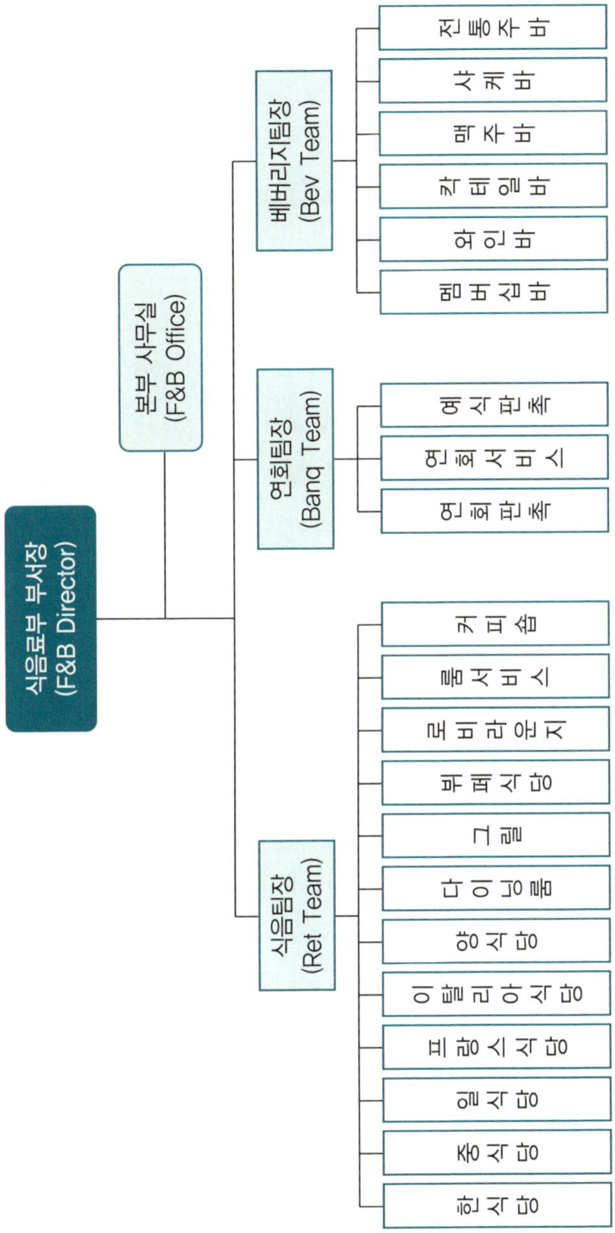


[그림 4-1] 식음료부 조직도

### 2) 차장(팀장, F&B Assistant Director, Team Leader)

회사의 정책에 따르며 총지배인, 부서장의 업무지시에도 한치의 오차도 없는 마음가짐과 부서장의 부재 시 부서장의 역할을 하고 부서장과 과장 밑에 있는 직원의 가교역할, 부서 내의 현장목소리 경청, 조직의 단합할 수 있는 리더십이 요구되며 가장 중요한 식음 기획력과 영업력, 홍보력 등도 갖추어야 할 덕목이다.

또한 현장실무에 해박한 지식과 이론을 겸비하여 외국어교육, 서비스교육, 실무교육, 베버리지, 직무교육 등 다양한 분야의 직원을 리드해서 교육뿐만 아니라 현장실무를 진두지휘하는 막중한 임무를 가지고 있다.

호텔 내 국빈이나 VIP 의전 및 영접을 할 수 있는 자질도 갖춰야 한다. 그리고 타부서 차장들과의 밀접한 관계를 유지하여 중요한 업무가 있을 시 헤쳐 나갈 수 있는 관계를 가져야 된다.

### 3) 식음료부 과장(F&B Team Manager)

부서장, 차장의 영업 정책 마인드에 부합하여야 하며 팀을 리드하고 하위직원의 신망이 두터워야 하며 때로는 리더십과 전문적인 실무 이론 지식을 팀원과 공유하여 업장의 선두에서 고객의 서비스에 최선을 다해야 한다.

실무외국어는 기본이며 베버리지 실무능력, 기획력, 조리실무자와의 협동력과 타부서와의 교감력도 갖추고 있어야만 업장을 리드해서 어려운 부분을 헤쳐나갈 수 있다.

또한 지배인과 아래 직원들과의 사소한 부분까지도 잘 경청하여 위에 보고해 조직 내에 오해가 생기지 않도록 중간 간부의 소임을 다해야 하는 직책이다.

### 4) 영업장 지배인(Outlet Manager)

부서장의 식음료 정책적인 부분을 따르고 한 영업장의 책임자로서 부하직원이 잘 따라올 수 있도록 솔선수범하고, 어려운 일이 닥쳤을 때 몸소 실천하는 리더십을 발휘해야 한다. 업장 내의 VIP 고객 리스트 정보를 직원들과 공유하며 미팅주선, 서비스교육, 외국어교육, 실무교육 등도 신경 써서 업장을 이끌어 나가야 한다.

또한 기획력, 프로모션 등도 이 시기부터 조금씩 갈고 닦아 중간 간부가 되기 위한 노력을 경주하지 않으면 요즘 같은 경쟁 체제에서는 도태될 수 있다.

### 5) 영업장 부지배인(Outlet Assistant Manager)

업장지배인을 보좌하고 부재 시 지배인 역할을 하며 영업장을 전체적으로 시설부분, 인테리어 디자인부분, 주방 쪽 직원들과 친분을 유지하는 일이 중요하다. 캡틴 이하 직원들까지도 잘 리드하면서 고객을 최우선하는 서비스에 만전을 기하여야 한다.

근무스케줄도 매우 중요한 부분이어서 모든 직원들의 스케줄은 불평불만이 없도록 공정하게 짜야 하며 그렇지 않을 경우 전력에 도움이 되지 않고 위화감만 조성되기 때문에 특별히 신경 써야 한다.

아래 직원의 포지션 세팅부분에서도 고객 우선으로 포커스를 맞춰 지정을 해야 한다. 요즘은 정직원이 많이 부족하기 때문에 인턴이나 아르바이트 직원이 잘 적응할 수 있도록 교육시키는 것도 중요하다.

또한 최소한 일주일에 한번쯤 미팅 주선을 통해서 고객서비스는 물론 직원의 고객지향적인 마인드 고취에 힘써서 전력을 높여 나가는 것도 부지배인의 역할이다.

### 6) 수장(Captain)

지배인과 부지배인을 보좌하고 아래 직원과 소통을 잘하는 가교역할이 매우 중요하다. 아래 직원의 어려운 점을 잘 경청하고 들어줄 수 있는 부분은 들어주고 반대로 남을 헐뜯거나 비방하는 조직에 위배되는 태도가 있을 시 가차없이 질책하여 단합을 이끌 수 있도록 선배의 도리를 다한다. 또한 아래 직원의 고충을 지배인에게 보고해서 바로 해결할 수 있도록 하는 것도 캡틴의 역할이다.

또한 영업 운영 시에는 적극적으로 최일선에서 고객서비스에 만전을 기하고 모범을 보이는 서비스를 행하여 부하직원들의 귀감이 되는 행동을 해야 한다.

그리고 부하직원들과 유대관계를 공고히 하고 주방 직원들과의 관계도 원만하게 가져 고객의 까다롭고 어려운 부탁이라도 최대한 고객의 기호에 맞춰서 해결할 수 있을 정도의 인간관계를 형성해야 그것이 훌륭한 고객만족으로 나타나는 것이다.

서비스는 크게 생각하지 않더라도 고객이 원하는 것을 먼저 생각해서 서비스하는 것이 진정한 서비스라고 생각한다.

### 7) 웨이터/웨이트리스(Waiter/Waitress) 종사원

보통 한 업장에서 5년 이상의 경력 정도 되어야 캡틴의 직위까지 올라갈 수 있으며 요즘은 그 기간이 길어지는 추세이다. 다른 직급도 조직 내의 승급은 정말로 열심히 하지 않으면 갈수록 힘들어지는 상황이다.

수장의 지휘 아래 직접적인 고객서비스를 전담해야 하고 궂은 일과 현장에서 청소 등도 자기 일처럼 솔선수범해야 한다. 이 시기에는 일도 재미있고 회사를 알아가고 타 부서 직원들과도 친해지는 시기이므로 정도에 벗나나지 않는 범위 내에서 다른 부서 직원들과 많이 친해지는 것이 앞으로의 발전에도 원동력이 된다.

특히 동료직원과의 관계가 중요하며 업장 내의 중요한 비밀은 철저하게 비밀로 하는 것이 조직 일원의 바른 자세이다.

### 8) 버스보이(Bus boy) 인턴/실습/아르바이트

영업장의 조직도상 가장 아래에 위치한 포지션이다. 직원들이 서비스할 때 보조역할을 하는 것이 주업무이다. 예를 들어서 고객이 영업장을 방문할 때 착석하고 난 뒤에 물 잔에 워터 서비스를 하고, 고객이 퇴장할 때에는 테이블을 치우는 역할을 한다. 기물 세척, 기물 핸들링, 센터피스 채우기, 세팅, 냅킨 접기 등 Mise-en-place의 기본이 주 업무라고 보면 된다.

### 9) 케셔(Cashier)

업장에서 입장하는 고객의 배웅, 맞이, 정산, 판매, 예약전화, 자리안내 등 많은 업무가 주어지기 때문에 케셔는 어느 정도 경력이 있는 여직원이 그 자리를 채우는 것이 가장 합리적이다.

예전에는 호텔 전체적인 영업회계부서에서 케셔를 독립적으로 운영했었는데 최근 추세는 영업장에 속해서 근무하는 것이 효과적이기 때문에 많은 호텔에서 시행 하고 있다.

요즘은 멀티 플레이어라고 한 가지 일만 하는 것이 아니라 더욱더 다양한 업무를 요구하고 서비스하는 추세이다. 인건비 절감과 회사의 부담을 줄이는 것이 장기적인 회사 시스템에 좋은 영향을 미친다.

人joy

Hotel Technology

호텔공학

Chapter

5

# 식음팀
Food & Beverage Team

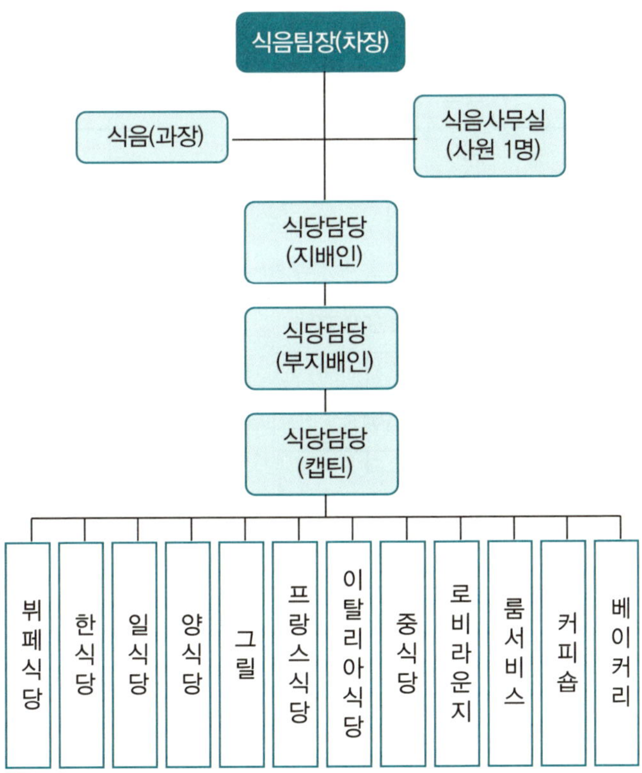


[그림 5-1] 식음팀 조직도

## 식당의 종류(A kind of the restaurant)

### 1. 한식당(Korean Restaurant)

한식(韓食) 즉 한국요리(韓國料理)는 대한민국 전통적인 요리를 뜻하는 말이다. 우리나라의 특유한 요리는 무엇보다도 옛 왕정에서의 궁중요리를 비롯하여 불고기, 신선로, 김치 및 전골요리 등을 들 수 있으나, 표준식단의 개발은 양식 요리에 비해 어려움이 많아 다양한 요리가 제공되지 못하다가 2010년 이후부터 급속도로 발전하여 요즘은 한식이 세계적으로 재평가를 받고 있다.

우리나라 음식의 역사를 거슬러 올라가면 농경 생활이 정착되고 석기와 토기의 발달, 청동기, 철기를 만들어 사용할 수 있게 되면서 먹는 음식도 발달했을 것으로 추정

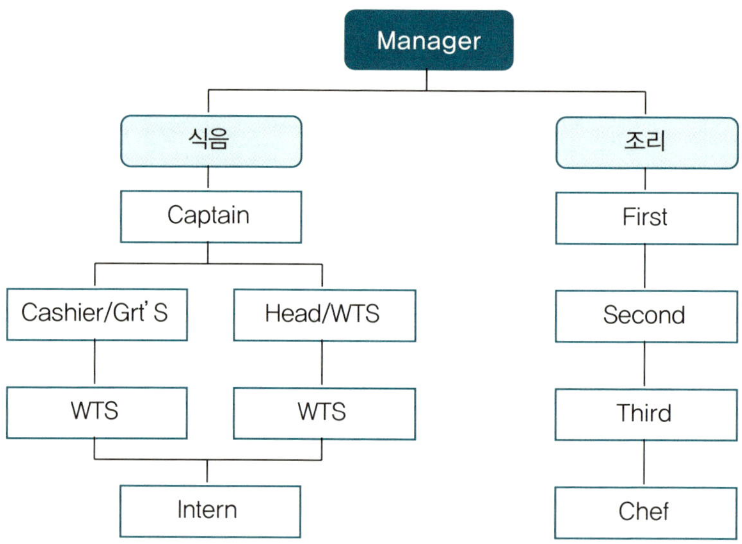


| 구분 | MGR | CAP' T/First | HeadWTS/Second | Grt' S/Third | WTS/Chef | Intern | Total |
|---|---|---|---|---|---|---|---|
| 식음(홀) | 1명 | 1명 | 1명 | 1명 | 2명 | 1명 | 7명 |
| 조리(주방) | | 1명 | 1명 | 1명 | 1명 | 1명 | 5명 |

[그림 5-2] 한식당 조직도

하고 있다. 한반도는 3면이 바다이고 남부, 북부, 중부의 기후가 뚜렷하여 농수산물의 종류가 다양하다. 바다에서는 생선류와 전복, 굴, 소라, 새우, 해삼, 미역, 다시마, 김, 파래 등이 풍부하게 우리 곁에 있었고 크고 작은 강에서는 담수어가 서식하였다. 농경지에서는 소, 돼지, 닭, 오리, 염소 등의 가축을 키우고 산과 들에서는 자생하는 각종 채소류에 쓰이는 재료들이 풍부하여 일찍부터 식문화가 발전할 수 있는 자원의 원천이다.

그리고 이러한 주재료의 발달은 음식을 만들 때 쓰이는 고추장, 된장, 간장 등의 장종류도 함께 발전하였으며 양념인 마늘, 생강, 참기름, 간장, 된장, 고추, 파, 후추 등의 향신료도 한반도 어느 곳에서든 풍부하게 얻을 수 있었다.

이러한 한식요리의 특징을 나열하면 다음과 같다.

- 주재료와 부재료가 명확하게 구분된다.
- 부재료의 가지 수가 다양하고 많다.
- 곡물을 가공하는 조리법이 발달하였다.
- 마늘, 고춧가루, 생강 등의 자극적인 양념을 주로 썼다.
- 다양한 음식을 상 위에 준비한다.
- 밥, 국과 반찬이 세트로 꼭 따라 다닌다.
- 전과 야채류가 발달하였다.
- 식사 후에는 숭늉을 즐겨 마셨다.

한식을 크게 카테고리별로 분류하면 다음과 같다.

### 1) 궁중요리

조선시대 궁궐에서 차리던 음식으로 전통적인 한국음식을 대표한다. 1970년 12월 30일 대한민국 국가무형문화재 제38호로 지정되었다.

궁중요리는 평상시의 수라상, 초조반상, 낮것상과 연회시가 있는데 궁중에서의 일상식은 아침과 저녁의 수라상(임금이 드시는 진지상)과 이른 아침의 초조반상, 점심의 낮건상의 네 차례 식사로 나뉜다. 탕약을 드시지 않는 날에는 이른 아침(7시 이전)

에 죽과 마른 찬을 차린 초조반상을 마련한다. 아침과 저녁의 수라상은 12가지 반찬이 올라가는 12첩 반상차림으로, 원반과 곁반, 전골상의 3상으로 구성되어 있다. 밥은 흰쌀밥과 팥밥 두 가지와 육류, 채소류, 해물류의 다양한 재료로 여러 가지 조리법을 고르게 활용하여 반찬을 마련하고, 김치류와 장류 등을 차린다. 점심상이나 간단한 손님상은 국수 등의 면상으로 차린다. 왕과 왕비의 생신, 회갑, 세자책봉 등 왕족의 경사 때와 외국사신을 맞이할 때에는 연회식을 차린다.

조선왕조 궁중음식의 주식류는 수라, 죽, 응이, 면, 만두류가 있다. 반찬류에는 탕, 조치, 찜, 선, 전골, 볶음, 구이, 적, 전유화, 편육, 숙채, 생채류, 겨자채, 구절판, 전복초, 홍합초, 장라조리개, 육포, 족편, 육회, 어회, 숙회, 쌈, 어채, 김치류, 장류가 있다. 병과류에는 각색편, 각색단자, 두텁떡, 화전, 인절미, 약식, 주악, 각색정과, 다식, 과편, 약과, 강정, 숙실과(밤, 대추, 율란, 조란, 강란)이 있다. 화채류에는 청면, 화면, 오미자화채, 식혜, 수정과, 배숙, 수단이 있다.

### (1) 궁중요리의 역사적 배경

궁중에서 음식을 만들기 위해 필요로 하는 식자재의 구입은 4대문을 기점으로 하여 이루어졌다.

#### ❶ 서대문

- 마포강 : 새우젓, 각색 어물(생선류, 어패류)
- 서강 : 곡물(쌀, 보리, 콩, 조, 밀 등)

#### ❷ 동대문

- 마장동 : 배추재배단지 및 도살장
- 동대문밖 : 무 재배단지

#### ❸ 남대문

청파동 : 미나리, 과 재배단지

#### ❹ 숙정문

- 북쪽문밖(자하문 밖) : 사냥터(꿩, 노루, 산돼지)
- 퇴선간 : 수라간에서 올라오는 수라상을 받아 식사시간을 제조상궁이 알리면 온

돌방으로 들여가(온장고 역할) 더운 음식이 식지 않게 따뜻하게 준비해 두었다가 들여간다.

- 수라간 : 대조전(왕이 사는 곳)과 매우 떨어진 곳에서 음식을 만드는 주방을 말하며 주방에서 일하는 상궁들은 다른 나인들과 같은 복장의 옥색 저고리에 남치마를 입는다. 요리할 때는 소매를 올려 접고 보라색의 홋적삼을 겹쳐 입고 흰 앞치마를 산뜻하게 입었다고 한다.
- 지밀나인 : 공식적으로 10년마다 선출하여 보궐하였으며 선출 대상은 양반과 평민의 중간 계급인 우댓사람(중인)의 딸을 선출하여 들어올 때 부모는 시집보내는 듯 생각하고 그 아이의 스승이 되는 선배 상궁에게 옷감과 음식을 많이 보내어 사랑받게 하였다. 지밀나인은 친정이 유복해야 이 같은 준비물을 할 수가 있었다. 한번 궁궐에 들어가면 죽을 때까지 다시는 본가에 갈 수 없어 부모 대신 보호하여 키워주고 예절을 가르쳐 줄 상궁을 스승으로 정하여 같이 살게 하였다.
  또한 악독한 궁인들을 스승으로 만나면 몹시 학대하여 견딜 수 없으나 다른 처소로 갈 수도 없고 더욱이 본가로 갈 수도 없는 안타까운 처지였다. 지밀나인의 주업무는 요리를 만드는 임무였다.
- 각전과 제조상궁 : 각전과 제조상궁은 지밀나인 출신 중에서 선출되었고 제조상궁이 세상을 떠나면 차석으로 아렛고 상궁이 그 자리를 이어 받았다. 각전은 각 궁의 궁인을 지휘하고 제조상궁은 요리장을 이르는 말이다.

## (2) 궁중의 상차림

### ❶ 어상

임금님이 나라에 경사가 있는 날 받는 상으로 호화스럽게 장식하여 진찬한다. 나라님의 축하가 끝나면 퇴선한 다음 신하 집으로 골고루 나누어 보낸다. 음식은 가마와 비슷한 "가자"에 실어 보내면 받은 집에서는 음식을 비우고 다시 궁으로 돌려보내야 한다. 이처럼 궁중의 음식이 대궐 밖으로 나가 양반집에서 궁중음식을 모방하여 사치스러운 음식이 성행하게 되었다.

### ❷ 수라상

임금님과 대비마마가 평소에 받는 진지상을 말한다.

### ❸ 진연상

궁중에 경사가 생겼을 때 차리는 상을 말한다. 잔치에는 "진연도감"을 두어 계획을 짜고 의식절차를 연습한다. 그 의식에 따르는 음식의 찬품단자(메뉴)를 짜고 기명과 조리기구를 점검하고 음식 재료를 예산해서 주방상궁, 생과방, 상궁들에게 지시하여 음식을 만들도록 하였다.

잔치날은 왕족에서 문지기에 이르기까지 대접하였고 대접받는 상의 이름을 천차만별이라 하였다. 이날 초청받는 사람의 수는 900여 명이나 되고 시중드는 사람의 수도 100여 명이며 상화(床花) 만드는 사람만 3명이었다고 한다.

### ❹ 진연

궁중의 잔치를 통틀어 진연이라 한다. 잔치를 앞두고 주방을 크게 짓고, 식당, 기명을 준비하느라 많은 사람들이 동원되었다. 또한 궁중의 잔치 때에는 종친이나 신하들이 음식을 장만하여 잔치에 바치기도 했다.

### 궁중에서 사용하던 찬품단자

진찬(제공)할 때는 찬품(음식)의 이름을 발기로 뽑아서 찬품단자라고 말한다. 좋은 한지에 적어 음식을 바칠 때 먼저 드리는 것이 예의이다.
요리에서 정식의 정찬일 경우 고객에게 메뉴 카드를 만들어 손님에게 드리는 것과 동일한 방식이다. 단자를 적는 종이는 선사지라는 가장 좋은 한지를 사용하는데 받는 사람에 따라 그 색깔이 다르다.
대왕대비 전에는 황색 선사지를 임금께는 홍색, 황후는 청색, 대원군은 보라색, 부대부인에게는 갈매색으로 정해져 있다.
글씨는 한자로 적어야 한다. 메뉴의 내용은 주방나인이 선정한다. 그 메뉴를 가지고 음식재료를 청구하고 일을 진행시킨다.

### ❺ 수렵잔치

왕이 수렵행차하는 통고가 있으면 사냥터에서 잡수실 음식을 소주방에서 차려 준비해 나가고 수렵에서 돌아오면 노루, 산돼지, 메추리, 꿩 등 잡아온 고기들을 전골로 만들어 잔치를 베푼다. 이렇게 수렵하여 만든 전골을 납평전골이라 한다.

## 2) 절식(節食)과 시식(時食)

세시음식은 절식과 시식으로 나뉘는데, 절식은 다달이 있는 절기와 명절에 먹는 음식으로 4계절 자연의 영향을 받고 역사의 변천에 따라 자연스럽게 독특한 색채가 덧붙여진다. 자연의 찬미가였던 우리 조상들은 아름다움을 한층 더하여 멋으로까지 발전시켰다. 시식은 제철음식을 말한다.

## 3) 한정식(韓廷植)

한정식이라는 용어는 조선 후기까지는 없었으며 대략적으로 출현된 시기는 일제강점기로 추측한다. 옛날 대령숙수(待令熟手)의 손에서 만들어진 궁중음식에서 유래되었다는 설이 있고, 사대부의 반상차림에서 유래되었다는 설과, 일제강점기 요정 문화에서 생겨났다는 설이 널리 알려져 있다.

일제 강점기 요리집에서 시작되었으며 음식을 만든 사람들이 궁중 출신이었기 때문에 '요릿집 음식으로 전락한 궁중 음식' 이라는 표현을 쓰기도 한다. 해방과 6 · 25 전쟁을 거치면서 요리집 대신 소위 요정이라는 것이 자리를 잡아 1960년대에 한정식을 취급하는 음식점으로 변모하였다. 이미 1920년대부터 정체를 알 수 없는 음식들이 상을 가득 채우는 경우가 많았으며, 지금처럼 '한상 가득' 을 지향하는 한국 음식의 왜곡된 원형도 이때에 만들어졌다.

한정식은 원래 서양의 코스 요리에 대응하여 정부에서 행정적 편의를 위해 만들어낸 말로, 현재와 같은 접대 방법을 택한 것은 1970년대이고 이 과정에서 서양 요리처럼 식욕을 돋우는 음식인 전채 요리가 나오고 본 요리와 밥과 탕, 마지막으로 후식이 제공되는 방식으로 변화하였다. 1980년대 이후 한국 경제가 나아지면서 서양식으로 코스 요리를 내는 한정식 전문 식당이 곳곳에 생겨나게 되었다

## korean Course

*(Minimum 50 Persons)*

**한정식**

Shrimp & Octopus, Jellyfish Radish Roll
새우, 문어, 해파리냉채 무쌈

Abalone Porridge
전복죽

Braised Beef Short Rib and Yam
산마 영양갈비찜

Seasonal Vegetable Salad
계절 야채 샐러드

Grilled Mero
메로구이

Bean Paste Stew & Steamed Rice
진지와 된장찌개

4 Kinds of Side Dishes
기본찬 4가지

Seasonal Fresh Fruits
계절과일

Korean Traditional Drink
식혜 또는 수정과

KRW 60,000

상기메뉴에 사용되는 쇠고기의 원산지는 호주산,
쌀은 국내산이며 기타 외국산을 사용할 경우 메뉴에 별도 표기합니다
All dishes are made with premium certified Australian Beef & Lamb Short Rib.
and Fresh Ricei is from Korea unless stated otherwise.

상기 메뉴는 계절에 따라 변동될 수 있습니다.
10%의 봉사료와 10%의 세금이 가산되었습니다.
10% Service Charge & 10% TAX is Added.

한정식의 음식으로는 호박죽, 전복죽, 밥, 국, 고기류 중 갈비찜, 불고기, 보쌈, 장조림, 조기구이, 이면수구이, 생선조림 갈치조림, 고등어조림, 회, 삼색전, 신선로, 간장게장, 양념게장, 어리굴젓, 멸치젓, 송이산적, 마른반찬 멸치볶음, 김치류 배추김

치, 물김치, 나물류 시금치, 미나리, 두무무침, 계란말이, 간장, 초고추장, 디저트 떡, 계절과일, 수정과, 식혜 등이 있다.

[표 5-1] 반상(3첩 반상에서 12첩 반상까지)

| 종류 / 구분 | 꼭 들어가는 중요한 음식 | | | | | | | 꼭 들어가는 첩수 or 택일 | | | | | | | | | | | |
|---|---|---|---|---|---|---|---|---|---|---|---|---|---|---|---|---|---|---|---|
| | 밥 | 탕 | 김치 | 장류 | 찌개 | 찜 | 전골 | 나물 | | 조림 | 전 | 구이 | 젓갈 | 장과 | 마른찬 | 회 | 편육 | 수란 |
| | | | | | | | | 생채 | 숙채 | | | | | | | | | |
| 3첩반상 | ○ | ○ | ○ | × | × | × | × | 택일1 | | 택 | × | 택 | 택 | 택 | 택 | × | × | × |
| 5첩반상 | ○ | ○ | 2 | 2 | 1 | × | × | 택일1 | | ○ | ○ | ○ | 택 | 택 | 택 | × | × | × |
| 7첩반상 | ○ | ○ | 2 | 3 | ○ | 택 | 택 | ○ | | ○ | ○ | ○ | 선택 2가지 | | | | | × |
| 9첩반상 | ○ | ○ | 3 | 3 | 2 | ○ | ○ | ○ | | ○ | ○ | ○ | 선택 4가지 | | | | | × |
| 12첩반상 | 2 | 2 | 3 | 3 | 2 | ○ | ○ | ○ | | 2 | ○ | ○ | ○ | ○ | ○ | ○ | ○ | ○ |

※ 12첩 반상
기본식 : 밥, 탕, 김치, 간장, 초간장, 초고추장, 조치
반찬 : 12가지 생채 2가지, 숙채 2가지, 구이 2가지, 회 2가지, 전유어, 편육, 조림, 찜
후식 : 한과류, 떡, 과일, 화채, 차

- **전골류** 버섯전골, 낙지전골, 불낙전골, 해물전골
- **찜류** 아구찜, 소갈비찜, 소꼬리찜, 돼지갈비찜, 북어찜, 도미찜, 전복찜, 닭찜
- **찌개류** 김치찌개, 된장찌개, 순두부찌개, 부대찌개, 동태찌개, 콩비지찌개
- **탕류** 갈비탕, 설렁탕, 꼬리곰탕, 도가니탕, 추어탕, 알탕, 삼계탕
- **생선구이류** 갈치구이, 조기구이, 임연수구이, 삼치구이, 고등어구이, 옥돔구이, 꽁치구이 등
- **전류** 동태전, 육전, 꼬지산적, 버섯전, 새우전, 모듬야채전, 부추전, 감자전, 애호박전, 옥수수전, 더덕두부전 등
- **면류** 평양냉면, 함흥냉면, 칼국수, 비빔국수, 물국수, 콩국수, 잡채 등
- **육류숯불구이** 소고기구이, 소갈비구이, 소등심구이, 돼지갈비구이, 삼겹살구이, 오겹살구이, 돼지고기, 오리고기 등
- **치킨류** 교촌치킨, BHC, 호식이두마리치킨, 멕시카나, 페리카나, 굽네치킨,

BBQ, 깐부치킨, 지코바양념치킨, 처갓집양념치킨, 네네치킨, 둘둘치킨, 보드람치킨, 모모치킨 등

- **밥류** 쌀밥, 보리밥, 콩밥, 잡곡밥, 오곡밥, 팥밥, 찰밥, 밤밥, 콩나물밥, 강낭콩밥, 현미밥, 생굴밥,곤드레밥등
- **김치류** 배추김치, 고추소박이, 배추통김치, 열무김치, 백김치, 동치미, 가지김치, 부추김치, 깻잎김치, 고돌빼기김치, 나박김치, 보쌈김치, 호박김치, 총각김치, 무김치, 깍두기 등
- **죽류** 팥죽, 전복죽, 호박죽, 매생이굴죽, 잣죽, 닭죽, 버섯죽, 야채죽, 마죽, 녹두죽 등
- **떡류** 가래떡, 송편, 인절미, 쑥떡 등
- **장류** 된장, 고추장, 진간장 등
- **젓갈류** 명란젓, 멸치젓, 조기젓, 새우젓, 오징어젓, 갈치젓, 조기젓, 꼴뚜기젓, 어리굴젓, 창란젓, 조개젓 등
- **양념류** 간장, 참기름, 들기름, 고춧가루, 고추장, 미원, 된장, 고추장, 소금, 식초, 생강, 새우젓, 깨소금, 콩기름, 계피, 겨자, 마늘, 파, 설탕, 꿀 등
- **장아찌류** 깻잎장아찌, 풋고추장아찌, 무말랭이장아찌, 통마늘장아찌, 더덕장아찌 등

### 4) 서비스 웨어

한식당은 우리나라 고유의 음식을 제공하고 판매하는 곳으로 외국의 레스토랑과 비교해서 식사에 필요한 서비스 웨어가 다른데 이것은 동양의 레스토랑과 서양의 레스토랑의 차이라고 보면 좋겠다.

❶ **기물** 기물하면 양식에서는 포크, 나이프, 스푼 등을 말하는데 한식 기물은 스테인리스류에서 스푼, 젓가락이 주된 기물이다. 음식을 먹을 때 이 두 가지면 모든 음식을 먹을 수 있으며 식사가 끝나면 디저트로 과일이나 떡, 케이크 등은 양식 기물인 디저트 포크를 사용한다.

❷ **차이나 웨어(글라스류)** 양식에서 물 컵은 유리글라스를 사용하지만 한식, 일식, 중식에서는 대부분 도자기류를 사용하며 물 컵이나 술잔류도 도자기류를 주로 사용한다.

❸ **린넨** 린넨류는 한식은 따로 특별한 것이 없으며 양식류에서 사용되는 테이블 클로스 등이 거의 동일하게 사용된다.

❹ **한식 세팅** 한식의 기본세팅은 숟가락, 젓가락, 물 컵 그다음 중앙의 세타피스와 음식의 종류에 따라 소스볼에 초장, 간장 등을 직접 제공하는 것이 일반적이다.

## 5) 메뉴

메뉴는 알라카트와 반상과 한정식 등으로 구분되어 메뉴를 만든다.

[표 5-2] 5성급 호텔 메뉴구성

| | | |
|---|---|---|
| 한정식 | 기본 찬(8가지)<br>잣죽, 해파리겨자채, 해물모둠숙회, 수삼과꿀모듬전, 자연송이산적, 소라찜, 새우야채튀김, 인삼차 혹은 수정과 | 신선로, 불고기정식, 갈비찜, 옥도미구이, 국, 밥 |
| 궁중전골정식 | 궁중전골냄비, 배추김치, 도라지나물산채, 시금치, 느타리버섯나물, 마른새우조림, 죽순볶음, 식사와 우동, 계절과일 | 국, 밥 |
| 갈비구이정식 | 쇠고기갈비, 모둠야채, 시금치나물, 산채나물, 모듬전 | 배추김치, 물김치, 오이소박이, 버섯볶음, 국, 밥, 과일 |
| 불고기정식 | 불고기, 생야채, 배추김치, 물김치, 채나물, 시금치, 젓갈 | 표고버섯볶음, 밥, 국, 과일 |

**금강(KUM KANG)**

주전부리　Welcoming Dishes

우엉강정, 소라무침
Deep-fried Burdock Root stuffed with Seafood, Seasoned Conches
새우선　Steamed Shrimp Dumplings stuffed with Seafood

제철 생선구이　Seasonal Grilled Fish

대관령 한우 불고기 또는 등심구이
'Daegwallyeong' Korean Beef Bulgogi or Grilled Sirloin

무궁화 비빔밥 또는 청어알 비빔밥 또는 냉면 (택일)
Choice of Mugunghwa Bibimbap, Herring Roe Bibimbap
or Cold Beef Noodle Soup

도라지 타락편, 복숭아볼, 팥빙수
Bellflower Root with Milk Mousse,
Peach with White Chocolate Ball, Shaved Ice with Redbean
차와 다과　Korean Traditional Tea and Sweets
125,000

진구절 (추가 시) + ,
Platter of Nine Delicacies (Additional) + 30,000
신선로 (추가 시) + 42,000
Royal Hot Pot (Additional) + 42,000
전복구이 (추가 시) + 40,000
Grilled Abalone (Additional) + 40,000

## 무궁화(MUGUNGHWA)

주전부리  Welcoming Dishes

우엉강정, 소라무침, 닭가슴살 인삼냉채
Deep-fried Burdock Root stuffed with Seafood, Seasoned Conches,
Chilled Chicken Breast Salad with Ginseng

진구절
Platter of Nine Delicacies
Vegetables, Beef and Mushrooms with Wheat Crepes

새우선  Steamed Shrimp Dumplings stuffed with Seafood

제철 생선구이  Seasonal Grilled Fish

인삼해삼증  Braised Sea Cucumber with Ginseng in Black Garlic Sauce

궁중 신선로
Royal Hot Pot Pan-fried Seasonal Fish, Beef Slices and Vegetables
in Korean Beef Broth

대관령 한우 등심 또는 안심구이
Grilled 'Daegwallyeong' Korean Beef Sirloin or Tenderloin

무궁화 비빔밥 또는 청어알 비빔밥 또는 냉면 (택일)
Choice of Mugunghwa Bibimbap, Herring Roe Bibimbap
or Cold Beef Noodle Soup

전통떡, 도라지 타락편, 복숭아볼, 팥빙수
Traditional Rice Cake, Bellflower Root with Milk Mousse,
Peach with White Chocolate Ball, Shaved Ice with Redbean

차와 다과  Korean Traditional Tea and Sweets
230,000

모든 메뉴 가격은 원화이며, 봉사료와 세금이 포함되어 있습니다.
All prices are in Korean won (KRW) and inclusive of service charge
and VAT.

## 2. 중식당(中食黨, Chinese Restaurant)

중국요리는 세계3대 요리 중 최고의 요리로 잘 알려져 있으며 오랜 전통과 역사를 가지고 있으며 '청요리'라고 불리기도 하며 약 2,000년 전에 요리에 관한 전문 서적이 출간되었고 6세기경 "식경"이란 책이 아직도 요리를 배우는 전문가들에게 널리 알려져 있다.

중국인의 강인한 체력과 정신력을 지속시키고 있는 중국요리는 건강과 강장에 특히 유의해서 의사를 중심으로 하여 기초가 만들어졌다고 한다. 고대 중국인은 식물의 배합과 맛의 조화에서도 음양오행설을 생각했다고 한다. 특히 주목할 것은 산, 고, 감, 신, 염 등의 향신료의 조화이다.

중국요리는 황궁과 민가의 합작요리라고도 할 수 있다. 황제나 권력자는 돈과 권

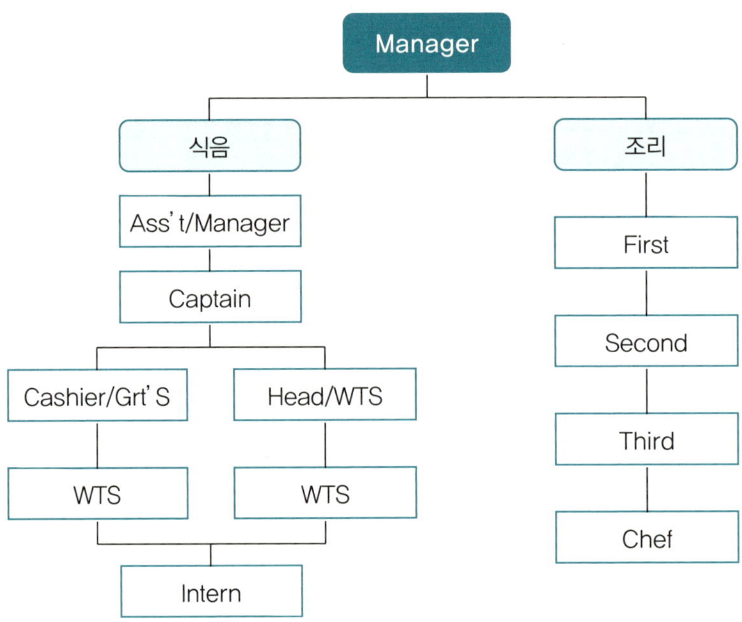


| 구분 | MGR | Ass' t/ Mgr | CAP' T/ First | HeadWTS/ Second | Grt' S/ Third | WTS/ Chef | Intern | Total |
|---|---|---|---|---|---|---|---|---|
| 식음(홀) | 1명 | 1명 | 2명 | 1명 | 1명 | 2명 | 1명 | 9명 |
| 조리(주방) | | | 1명 | 2명 | 1명 | 2명 | 1명 | 7명 |

[그림 5-3] 중식당 조직도

력을 이용하여 필사적으로 불노불사의 산채, 강장, 강정의 식물을 구했고, 민가는 빈곤한 수준에서 먹고 살아가야 할 식사를 연구했다. 그 양자의 결합이 현재의 세계적인 요리를 만들게 된 요소이다.

중국요리는 주식과 부식의 구별이 없고 요리를 만드는 데는 미(美), 미(味), 색(色)의 3요소가 있다. 수천 년의 역사와 광대한 면적을 지니고 있는 중국의 요리는 지역마다 독특한 재료의 미와 풍토에 따라 여러 가지 특색이 있다.

중국은 오랜 세월 동안 이어져 내려온 광활한 영토와 영해에서 수많은 동식물과 생산물이 풍부한 해산물을 바탕으로 인간이 오래 살 수 있는 불로장생을 목표로 하여 연구하고 정진해서 맛의 다양성, 조리법 등으로 오늘날 세계 최고의 음식이라는 찬사와 평가를 받고 있다.

요리뿐만 아니라 동양의 문화를 전파한 중국인은 넓은 영토에서 생산되는 재료를 가지고 수천 년 동안 꾸준하게 가꾸고 다듬어서 지역적인 특색 있는 독특한 맛으로 요리를 만들어 오늘날까지 세계적으로 널리 알려져 발전시켜 왔다.

이러한 결과로 북경요리(징차이北京料理), 남경요리(상하이南京料理), 광동요리(廣東料理), 사천요리(쓰촨四川料理) 4가지 특징적인 요리를 만들어냈다.

### 1) 중식요리의 일반적인 특징

#### ❶ 재료 선택이 자유롭고 광범위하다

일반적인 식료품 거의 모두를 재료로 이용하고 있을 뿐 아니라, 제비집이나 상어지느러미 같은 특수 식품도 일품요리의 재료로 이용하고 있을 만큼 재료의 종류가 다양하고 광범위하다.

#### ❷ 맛이 다양하고 광범위하다

오미를 복잡 미묘하게 배합하여 창출해 내는 맛의 다양성은 세계적으로 유명하다. 오미, 즉 단맛, 짠맛, 신맛, 매운맛, 쓴맛의 배합이 조화가 이루어짐을 백미향이라고도 한다.

#### ❸ 조리 기구는 간단하고 사용이 용이하다

다양한 요리 종류에 비해 요리 기구는 가짓수가 적고 사용법도 간단하다. 후오꿔(중국냄비), 사꿔(볶음, 튀김냄비), 도우사오(그물조리), 찡룽(찜통) 외에 식칼, 뒤지개, 국자 등이 조리기구의 전부라 할 만큼 가구는 간단하다.

#### ❹ 조리법이 다양하다

가구는 간단하지만 조리법은 아주 다양하다.

#### ❺ 기름을 합리적으로 많이 사용한다

중국요리는 대부분 기름에 튀기거나, 조리거나, 볶거나, 지진 것이라 기름이 많이 사용되며 적은 재료로 많은 칼로리를 얻을 수 있어 합리적이다.

#### ❻ 조미료와 향신료의 종류가 풍부하다

중국요리의 풍부한 맛은 많은 종류의 조미료와 향신료를 적절히 이용하기 때문이라 하겠다.

#### ❼ 외양이 풍요롭고 화려하다

중국요리는 몇 인분이라는 말이 없다. 한 그릇에다 요리 전부를 담아내어 덜어서 먹는다. 그러나 사람 수에 의해 요리의 양과 요리 수를 조절하는 것이 원칙이며 요리의 장식이 매우 훌륭하다.

## 2) 지역적인 특징

중국인들은 각 지역에 따라 독특한 재료와 조리 및 조미방법, 그 지역의 기후 및 풍토에 따라 여러 가지 특색 있는 요리를 창안해 왔는데 그 중 대표적이라 할 수 있는 것은 다음의 4대 계통을 들 수 있다.

### (1) **북경요리**(징차이, 北京料理)

북경은 명대 이후 중국의 정치, 경제, 문화의 중심지였으며 다양한 여러 민족의 음식문화이며 산동음식이 대표적인 북경음식이라고 말할 수 있다. 육류 중심의 튀김요리부터 볶음요리, 만두, 빙(떡), 면 등이 주요 요리이다. 북경요리가 발전된 시기는 가장 화려한 문명을 자랑한 청나라 때로 이때부터 궁중을 중심으로 중국 각지에서 명물 진상품과 우수한 요리사들이 모여 각 지방의 장점들만을 받아들인 음식문화를 발달 시켰고 이때 별칭인 "청요리"가 유래했다.

일명 정차이라고도 하며 베이징을 중심으로 남쪽으로 산둥성 서쪽으로 타이완까지의 요리를 포함한다. 베이징은 오랫동안 중국의 수도로 정치, 경제, 문화의 중심지였고 고급요리가 발달하여 가장 호화스러운 요리문화를 이룩한 곳이다. 지리적으로는 한랭한 북반에 위치하여 높은 칼로리가 요구되었기 때문에 육류를 중심으로 강한 화력을 이용하여 짧은 시간에 조리하는 튀김요리와 볶음요리가 특징이다.

북경요리의 대표적인 것은 오리통구이인 카오아쯔인데 별칭 베이징야쯔인 이 요리의 먹는 법이나 독특한 맛은 국제적으로도 높이 평가되고 있다. 또한 징기스칸 구이인 카오양로우 등 양고기를 쓰는 것도 북경요리의 특징이다.

베이징은 화북평야의 광대한 농경지에서 생산되는 소맥을 비롯한 농작물, 과물 등이 풍부하며 면, 만로우(만두), 빵 등의 종류가 많다.

### (2) 남경요리(상하이, 南京料理)

중부 중국의 대표적인 요리로 난징, 상하이, 쑤조우, 양조우, 등지의 요리를 총칭한다. 중국 내륙의 젖줄인 양쯔강 하구에는 오랜 옛날부터 난징을 중심으로 풍부한 해산물과 미곡을 바탕으로 한 식생활이 발달하였다. 그러나 19세기부터 밀어닥치기 시작한 서유럽의 대륙 잠식은 상하이에 조계를 다투어 설치하기에 이르렀고 이러한 외세의 입김으로 결국 상하이는 중부 중심지가 되었다. 이 남경요리 중 구미풍으로 국제적인 발전을 이룬 것을 상하이요리라 한다.

상하이는 따뜻한 기후와 풍부한 농산물, 갖가지 해산물의 집산지로 다양한 요리를 낳게 했고, 특히 이 지방의 특산물인 장유를 써서 만드는 요리는 독특한 바가 있다. 상하이 요리는 간장이나 설탕으로 달콤하게 맛을 내며 기름기가 많고 진한 것과 섬세한 모양, 부드러운 맛이 특징이다.

돼지고기에 진간장을 써 만드는 홍사오로우가 유명하고 한 마리의 생선을 가지고 머리에서 꼬리까지 요리하는 조리법과 양념을 달리해서 맛을 내는 생선요리도 일품이다.

바닷게로 만드는 푸룽칭셰, 두부로 만드는 스진사궈또부와 꽃모양의 빵인 화쉬안 등도 유명하다.

강의 물고기와 오리 등과 다른 야채를 많이 사용한다. 특히 "금릉삼초(金陵三草)"라고 부르는 국화꽃, 구기자, 마란두(국화과 식물) 야채 삼종은 "조춘삼종"이라고 부르는 갓, 마란두(馬蘭頭, 국화과), 호고(芦篙), 달래(芦篙) 네 가지는 자주 사용된다.

### (3) 광동요리(廣東料理)

중국의 동남부에 있는 광둥성, 푸젠성, 광시왕족자치구 등지에서 주로 먹는 요리이며, 온난한 아열대성기후 바다를 끼고 있어 풍부한 해산물과 과일을 비롯한 다양한 식재료로 만든 요리이다. 청나라 말기 아편전쟁에 의해 영국과 프랑스 등 중국 지역 중 서구열강에 의해 빨리 개방된 지역이며 일찍부터 외국과의 교류가 활발했던 곳으로 네 발 달린 것이면 무엇이든 요리를 만든다는 지역이 이곳이다. 남쪽바다에 접해 있어 어패류, 아열대성 채소를 사용하여 만든 요리는 신선하고 담백한 것이 일품이다. 야채 등의 맛을 살린 쌀을 볶아 만든 것이 기본이고 푹 삶아 맛을 내는 냄비요리와 해산물을 이용한 요리, 쌀과 밀을 이용한 면류도 있으며 면발이 가늘고 잡채나 팔보채, 중화정 같은 요리가 대표적인 음식이다.

포르투갈 식민지 시대에 전해오던 요리기법이나 마카오, 홍콩에 거주하는 유럽인들에 의해 서양요리가 베트남요리, 타이요리, 인도요리, 말레이시아요리 등의 퓨전음식이 탄생되었다.

### (4) 사천요리(쓰촨, 四川料理, Sichuan cuisine)

쓰촨지방의 음식을 부를 때 자국을 제외한 세계 여러 나라에서 부르는 이름이다. 중국에서 촨차이(川菜)라고 하며 좁은 뜻으로 쓰촨지방의 향토요리이고, 넓은 의미로는 원래 쓰촨성의 일부였던 충칭의 요리는 물론 공통된 특징을 갖는 원난서, 구이저우성 등의 요리도 포함한 향토요리 계통을 말한다.

향이 강한 산초나무, 매운 고추 등의 향신료를 많이 넣어 향이 강하다. 충칭은 여름에 습도가 놓고, 겨울과 기온차가 큰 기후와 밀접하게 관계가 있다. 내륙성이 반영되어 해산물 재료가 적게 들어가고 야채와 닭, 오리고기, 곡류가 주재료로 들어가지만 요즘에는 해산물이 들어가기도 한다.

### 3) 요리에 사용되는 조미료와 향신료

#### (1) 조미료

중국요리의 특징은 조미료의 종류가 많을 뿐 아니라 중국 고유의 독특한 조미료가 많이 있다. 그 가운데 중국의 조미료가 아니면 안 되는 독특한 몇 가지 종류를 살펴보면 다음과 같다.

- **소금** 우리나라에서 사용하는 소금과 같으며 보통 정제염을 사용하나 중국에서는 암염의 산지인 사천지방의 것을 사용해서 조리한다.
- **간장(장유)** 콩을 원료로 하여 제조한다. 우리나라의 간장과 거의 같고 빛깔이 짙어 우리나라에서 왜간장이라고 불리는 것과 비슷하다.
- **설탕** 중국에서 단순히 당이라고 하면 백설탕을 말하며 요리에 가장 많이 쓰인다.
- **초(추)** 중국에서는 빠이추라는 빛깔이 옅은 초와 홍추라고 하여 짙은 적황색을 한 초가 있다.
- **술(주)** 우리나라에서는 주로 청주를 이용하는데 중국에서는 조미료용으로 많이 쓰이는 로주를 이용한다.
- **두반장(또우반장)** 잠두로 담근 된장에 향료와 빨간 고추를 곁들인 것으로 우리나라 고추장처럼 빛깔이 빨갛다. 볶음요리 등에 쓰이는데 된장의 풍미에 매운맛이 깃들인 것이 특징이다.
- **굴기름** 굴에서 짠 기름으로 짭짤한 맛이 있고 조금만 넣어도 감칠맛이 많이 나는 조미료이다. 볶음요리 등에 사용한다.
- **고추기름** 상질의 참기름에 볶은 고추를 넣고 가열하여 매운맛을 기름에 깃들이게 한 것이다.

### (2) 향신료

조미료와 함께 향신료도 중요한 역할을 한다. 흔히 사용하는 것으로는 파, 생강, 마늘, 고추 등이 있으며 그밖에도 중국 고유의 독특한 향신료로 하쟈오펀, 후이샹 우샹펀 등이 있다. 이것들은 재료에 따라 구별해서 쓰는데 일반적으로 고기나 생선류에는 파, 생강을 내장류에는 마늘, 두부를 가지요리에는 빨간 고추를 사용한다.

- **파** 요리나 재료에 따라 큼직하게 썰거나 작게 썰어 폭넓게 사용하며, 향미야채로 빼놓을 수 없는 재료이다.
- **생강** 파와 함께 널리 사용하는데, 특히 고기요리에 빼놓을 수 없는 향신료이다. 사용할 때에는 갈아서 생강즙을 내거나 엷게 썬다.
- **마늘** 독특한 냄새가 있어 덜 좋아하는 사람도 있으나 주재료의 냄새를 제거하는데 빼 놓을 수 없다. 1쪽을 2~3조각으로 썰거나 다져서 이용한다.
- **붉은 고추** 톡 쏘는 매운맛이 특징이다. 요리에 따라 큼직하게 썰거나 잘게 썰기도 한다.
- **산초** 재료의 냄새를 제거하거나 요리에 풍미를 더하기 위해 사용하는 향신료이다.
- **산초가루** 산초열매의 검은 심을 떼어내고, 냄비에 볶은 것을 빻아 가루로 만든 것이다.
- **회향** 회향풀의 한 종류로 빛깔은 다갈색인데, 육류나 내장류, 생선 등의 조림이나 찜에 사용하며 재료의 냄새를 제거하고 풍미를 더해 준다.
- **오향분** 다섯 종류의 향료인 팔각, 육계, 정향, 산초, 진피를 각각 분말로 만들어 함께 섞는다. 향기가 매우 좋다.

### (3) 5미와 조미

- **5미** 매운맛 · 신맛 · 짠맛 · 단맛 · 쓴맛

■ **조미** 라숙 : 고추, 라유 : 고추기름, 장유 : 간장, 두장 : 된장, 염 : 소금, 하장 : 잔새우된장, 하 : 새우젓, 하유 : 생새우기름, 산숙유 : 참기름에 산숙의 향을 옮긴 것, 장두부 : 소금과 메주를 섞은 두부장

## 4) 메뉴의 구성

메뉴의 구성은 Cold Dishes(Appetizer), Soup류, Main Dish로, Sharks Fin, Sea Cucumbers, Abalones and Scallop, Lobster and Shrimps, Fish, Chicken and Duck, Pork, Beef, Vegetable, Bean Curd, Mixed Food, 식사류(Rice&Noodles), 감채류(Sweet cakes & Candies), Dessert의 순으로 짜여 이용고객에게 판매되고 있다. 또한 이러한 수백 종의 다양한 일품요리는 나라별로 특징 있게 약간씩 변화되어 오고 있는 것이 현실이다.

우리나라의 경우 요리의 온도(Temperature), 자극의 정도(냄새, 맛), 부드러움의 강약 등을 고려하여 서비스순서를 정하는 독창적인 방법을 개발, 정착하였다. 양식의 서비스방법과 순서와 대동소이하다 할 수 있으며, 특히 Russian Service 방법이 애용되고 있다. 한편, 요리가 수백 종이 넘어 고객의 요리에 대한 일반적인 지식이 부족한 경우가 많아 고객의 기호도와 선호도가 높은 요리를 품목별로 발췌하여 구성한 Chef's Specialties요리가 널리 판매되어 매출기여도가 높은 것이 현실이며, 계절별로 특산되는 재료를 신선하게 요리한 계절특별요리(Seasonal Specialties)가 함께 고객에게 판매되고 있다.

### (1) 정탁요리

정탁요리는 상요리라고도 불리며 정해진 순서에 따라서 제공하는 메뉴로 가격에 의하여 메뉴가 작성되고 보통 6~10인분을 기본으로 하고 있다.

■ 정략메뉴(예)

특품냉채
Special Appetizer Assortment

최고급 상어 지느러미 요리
Braised Shark's Fin in Brown Sauce

송이, 제비집요리
Sauted Mushrooms and Bird's Nest

북경오리
Peking Duck

청채, 굴소스
Chinese Green Vegetables with Oyster Sauce

해삼, 전복
Sliced Fresh Abalone with Sea Cucumber

바다가재 칠리소스
Braised Lobster with Chili Sauce

기스면이나 볶음밥
Noodles or Fried rice

찹쌀떡
Fried Honey-Dipped Rice Balls

과일
Fresh Fruit

### (2) 일품요리

일품요리는 정식요리처럼 순서에 따라 먹는 것이 아니고 고객의 기호나 식성, 양을 자유로이 선택해서 먹을 수 있는 요리이다. 일품요리에는 냉채류, 제비집과 상어 지느러미류, 해삼, 전복, 새우류, 오리고기, 닭고기류, 쇠고기, 돼지고기, 야채, 두부, 잡품류, 수프류, 식사, 면류, 감채류 등이 있다.

### (3) 특별요리

요리재료의 특성에 따라 특별히 구성되는 메뉴이며, 고객의 특별한 주문에 의하여 만들어지는 요리이다. 특선요리로는 곰발바닥, 사슴꼬리찜, 자라요리 등이 있다.

## 5) 요리법

중국요리는 다양한 요리의 종류에 비해 조리기구는 놀라울 정도로 수가 적고 사용법도 간단하다. 조리기구가 간단한 반면에 조리법은 아주 다양하다. 따라서 어떤 재료를 이용해도 원하는 요리를 충분히 해낼 수 있다.

### (1) 과정

중국요리는 70여 종의 조리법과 다채로운 조미방식을 기반으로 해서 만들어진다. 요리는 단순한 기술조직만으로 되는 것이 아니라 예술성도 있어서 좋은 요리를 만들려면 경험과 숙련이 필요하다. 우선 중국요리가 어떠한 과정으로 만들어지는지를 알고 각각의 중요점을 파악하지 않으면 안 된다.

### (2) 요리의 분류

#### ❶ 냉분

양채 혹은 냉채라고도 하며, 여러 가지 재료를 병합하여 만드는 것을 냉분 또는 냉반이라 부른다.

- 해파리냉채
- 새우냉채

#### ❷ 열분

전채의 하나로 더운 요리 중 가장 먼저 내는 요리이며 양, 질, 맛이 강조되는 요리이다.

- 삼선어취 : 해삼, 새우, 전복, 상어지느러미
- 전가복 : 해삼, 새우, 전복
- 해삼주스 : 해삼과 삼겹살

### ❸ 증채

고온의 증기를 이용하여 익히는 방법이다.

- 닭찜요리 : 닭요리, 생각
- 삼겹살찜 : 삼겹살, 물엿, 차
- 조기찜 : 조기, 생강, 간장

### ❹ 작채

많은 양의 기름을 Pan에 넣고 가열하여 익혀내는 방법이다.

- 닭고기튀김 : 닭, 오향분, 정종, 물엿
- 갈비튀김 : 돼지갈비, 계란, 오향분, 밀가루

#### ■ 작채의 특성

- 조리에 기름을 사용해 맛을 돋울 수 있다. 또 적은 양으로 칼로리를 얻을 수 있으며 단시간에 고온을 이용하므로 비타민과 다른 성분의 손실을 막을 수 있다.
- 기름의 양이 적으면 분해가 빠르고 재료가 팬 밑에 붙어 타버린다.
- 기름의 용량을 재료용량의 2배로 한다.
- 재료를 넣을 때에는 기름의 온도가 저하되지 않도록 양을 조절하여 튀긴다.

### ❺ 소채

강한 화력을 이용하여 빠른 속도로 볶아내는 방법이다.

- 고추돼지고기볶음 : 돼지등심, 붉은 고추, 뚜반장
- 새우칠리소스 : 대하, 생강, 토마토케첩

### ❻ 문채

재료를 살짝 튀긴 후에 많은 육수를 넣어 오랜 시간 조리하는 방법이다.

- 마파두부 : 연두부, 마늘, 생강, 뚜반장
- 홍소쌍동 : 동구버섯, 죽순
- 홍소사자루 : 돼지고기 다진 것

### ❼ 고채

재료에 양념을 한 뒤 불에 굽는 방법이다.

- 오리껍질요리 : 오리구이통에 넣고 180 ℃의 온도로 1시간 30분 정도 굽는다.
- 껍질만 떠서 사용한다.
- 파를 채로 썰어놓고 짜장과 춘빙을 곁들여 낸다.
- 새우튀김 : 새우, 토마토케첩
- 차고향육 : 훈제 돼지고기, 오향분

#### ⑧ 류채

익힌 재료를 여러 가지 조미료가 혼합한 소스에 넣어 만든 방법이다.

- 류산스 : 해삼, 쇠고기, 죽순, 동고버섯, 새우
- 탕수생선 : 광어, 목이버섯, 생강, 전분

#### ⑨ 탕

- 주탕 : 한식의 육수, 양식의 수프 스톡(stock) 등과 같이 국물요리, 볶음요리, 조림요리, 찜요리 등에 많이 사용되며, 중화요리의 기초가 된다.
- 상탕 : 맑고 짙은맛의 국물로 국요리, 볶음요리, 조림요리, 찜요리 등에 이용된다.
- 청탕 : 맑은 장국을 말하며 이용범위가 중국요리에 제일 많다. 청탕에는 맑은 육수를 이용해야 하고, 간은 반드시 소금을 사용해야 하며, 재료는 미리 그릇에 담아놓고 뜨거운 육수를 붓는다.
- 청탕부용 : 계란지단과 쪄서 만든 계란을 재료로 한 탕이다.
- 청탕연고 : 남양의 해변에 사는 제비집을 건조시킨 것으로 해초와 새털을 뭉친 것으로 우유빛이 나고 광택이 있는 중화요리의 최고급요리이다.
- 청탕어편 : 흰살 생선에 소금, 정종, 계란흰자, 녹말가루를 넣어서 버무려 끓는 물에서 데쳐 낸다. 야채를 데쳐 그릇에 곁들여 담아 뜨거운 육수를 붓는다.

### (3) 용어

중국은 국토가 방대하기 때문에 지방마다 조리법이 다양하고 요리도 특색이 있지만 모든 요리는 다음의 기본조리법을 기초로 한다.

#### ❶ 전

프라이팬에 기름을 조금 넣어 가열한 후, 재료를 넣고 중간 불에서 천천히 익혀가는 조리법이다. 이때 화력이 너무 강하면 속은 익지 않고 표면이 쉽게 타며, 화력이 약하면 조리시간이 길어져 영양소가 파괴되고 신선한 맛이 저하되므로 불의 강 · 약에 유의하여야 한다.

#### ❷ 증

고온의 증기를 이용하는 조리법으로 재료를 넣을 때에는 물이 끓는가를 먼저 확인해야 한다. 또 재료를 빨리 익히고 맛을 보존하기 위해서는 반드시 뚜껑을 닫고 조리해야 하며, 조리 중에는 뚜껑을 자주 열지 않도록 한다.

#### ❸ 짜아

프라이팬에 기름을 많이 넣고 가열한 후, 재료를 넣어 튀기는 조리법으로 열량이 높아지고 독특한 향이 난다. 재료에 따라 불의 강 · 약을 조절하도록 하며, 짜아에는 다음과 같은 방법이 있다.

- **칭짜아** 재료에 간을 하지 않고 전분을 묻히지 않은 채로 튀기는 방법이다.
- **깐자아** 재료에 전분을 묻혀서 튀김옷을 입혀 튀기는 방법이다.
- **꺼어리** 흰색으로 가볍게 튀기는 방법으로 달걀흰자의 거품을 일군 후 전분을 각각 섞어 입혀 튀기는 것으로 탁한 색이 되지 않도록 주의한다.

#### ❹ 차오

프라이팬에 기름을 조금 넣고 강한 불에서 빠른 속도로 볶아내는 조리법으로 영양소의 파괴가 적어 가장 많이 사용된다.

조리할 때 재료를 많이 넣고 볶으면 재료가 골고루 익지 않으며 맛도 고르지 않으므로 한꺼번에 많은 양의 재료를 볶지 않도록 한다.

차오에는 다음과 같은 방법이 있다.

- **칭차오** 재료에 아무 것도 묻히지 않고 볶는 방법이다.

- **깐차오** 재료에 튀김옷을 입혀 튀긴 다음 다른 재료와 같이 볶는 방법이다.
- **찡차오** 녹말 이외에 달걀흰자를 재료에 바르고 녹말가루를 묻혀 튀긴 다음 다른 재료와 함께 볶는 방법이다.

### ❺ 문

재료를 살짝 튀긴 후에 육수를 많이 넣고 약한 불에서 천천히 오랫동안 조리하는 방법으로 조리할 때에는 반드시 뚜껑을 덮어야 한다.

이때 대부분의 영양소가 육수에 혼합되므로 음식을 만들 때에는 반드시 육수와 재료를 혼합해야 한다.

### ❻ 돈

증과 문을 혼합한 조리법으로, 프라이팬에 재료를 넣고 적당한 육수와 향신료, 조미료 등을 첨가한 후 뚜껑을 덮고 끓이는 방법이다.

### ❼ 루

물에 각종 향신료와 조미료를 넣은 후 재료를 넣고 삶아내는 조리법으로 재료는 잠길 정도로 넣는 것이 가장 적당하다.

### ❽ 카오

재료에 양념을 하여 불에 직접 굽는 조리법으로 다음 두 가지 방법이 있다.

- **밍루** 재래적 방법으로 시간이 많이 걸리고 한 번에 많은 양을 조리할 수 없으나 뛰어난 맛과 향을 낸다.
- **문루** 현대적인 설비를 이용한 방법으로 한 번에 많은 양을 구워낼 수 있다. 또한 재료에 함유되어 있는 지방이 제거되기 때문에 담백한 맛이 나지만 맛과 향은 밍루보다 떨어진다.

#### ⑨ 쉰

양념한 생 재료나 익힌 재료를 연기로 훈제하여 색과 향을 내는 조리법이다. 이때 주로 톱밥, 엽차, 겨, 설탕, 감초, 화양가루 등을 숯불에 뿌려 연기를 내서 사용한다.

#### ⑩ 류

전 또는 짜아의 방법으로 조리하거나 혹은 물에 살짝 익힌 재료를 여러 가지 조미료가 혼합된 소스에 넣어서 빠른 속도로 섞어내는 조리법이다. 그 소스의 종류에 따라 팽 또는 회라고 구별하여 부른다.

#### ⑪ 빠이차오

끓는 물로 익힌 재료를 접시에 건져 놓고 소스를 덮어 주는 조리법으로, 재료를 익힐 때 물이 너무 많으면 맛이 저하되므로 물의 양에 유의한다. 탕 육수나 즙에 재료를 넣어 만드는 것으로 수프 또는 국이라고 한다.

#### ⑫ 기타 조리법

서양요리의 젤리(Jelly)와 같이 응고시켜 만드는 방법으로 동(凍)이 있으며, 죽처럼 만드는 방법이 있다. 또 약한 불에서 서서히 연하게 익혀내는 홍숙(간장을 넣어 색을 내는 것)과 백숙이 있다.

## 6) 테이블 세팅

### (1) 테이블 세팅 전 준비 및 점검사항

테이블 세팅은 고객을 맞이할 수 있는 모든 제반 준비를 완료하는 단계를 말하며, 고객에게 편안함과 안락한 이미지(image)를 부여함과 동시에 식사의 편의를 최대한 제공하기 위한 기본 준비 작업이다. 또한 종업원의 신속한 서비스를 위한 준비이기도 하다.

구체적인 세팅 전 준비 및 점검사항을 살펴보면 다음과 같다.

❶ Table및 Chier가 흔들리는 것이 있는지 확인한다.

❷ Table Cloth는 잘 깔려 있는지, 더럽지 않은지 확인한다.

❸ Setting에 필요한 기물이나 Napkin을 다시 한 번 확인한다.

❹ Flower vase의 꽃이 시들지 않았는지 확인한다.

❺ 각종 소스병(hot oil vinegar, soy sauce) 등을 점검한다.

❻ 예약사항을 확인한다.

### (2) 테이블 세팅과 서비스방법

■ **테이블 세팅과 기물 세팅** 1인분을 기준으로 필요한 기물세팅은 다음과 같다.

❶ Napkin : Shou jou ❷ 식단 : Tsai tan

❸ 조미료 접시, 간장. 라유(고추기름), 식초 : Wel Po

❹ 유리컵 : Po li Pei ❺ 술잔 : Chiu hu

❻ 공기그릇 ; Wan ❼ 술 주전자 : Chiu hu

❽ 뼈접시 : Ku tieh ❾ 작은 빈 접시 : Sao tieh

❿ 숟가락 : Chih tzu tho ⓫ 숟가락 받침 : Chih tzu tho

⓬ 젓가락 받침 : Kuai tzu ⓭ 젓가락 : Kuai tzu

■ **기본세팅**

❶ Bone Dish ❷ Napkin ❸ Condiment Dish

❹ Chop Stisk ❺ Serving Spoon ❻ Tea Cup

❼ Soup Spoon Holder ❽ Soup Spoon ❾ Chop Stick Holder

■ **테이블 좌석의 배치**

예부터 '중국은 예의 나라' 라고 하여 식사에 관한 엄격한 구분이 있다. 좌석을 정할 때에는 명단의 연대순위로 하며, 개인별로 초대하였을 때에는 호스트 쪽에서 미리 각 개인의 명단을 테이블 좌석에 배치한다. 즉 주인이 친히 상좌에 주빈을 모시게 하고 다음 순위로 각각 좌석을 정하여 한다. 테이블의 상좌는 남쪽을 향하여 정하여 왔다.

옛날에는 8인용, 4인용의 정방사각형 테이블을 사용하였지만, 근대에 와서는 라운드테이블을 많이 사용하고 있다. 주인과 주빈은 서로 마주 보도록 좌석을 정한다.

### ■ 주문받는 방법

- 중국요리는 1인분의 주문방법이 아니고 접시의 양에 따라 보통 대, 중, 소로 나뉘어 받는다. 이것은 손님 수에 알맞은 분량을 적당하게 해서 요리를 남지 않게 하기 위한 것이다. 보통 대는 7~8인분이고, 중은 4~5인분, 소는 2~3인분을 기준으로 한다.
- 조리법이 같은 요리는 중복되지 않도록 주문받도록 한다. 이것은 중국요리의 정수라고도 하는데 닭튀김과 쇠고기튀김을 같이 주문받지 않고, 팔보채와 전가복을 같이 주문을 받지 아니한다.
- 술을 즐기는 고객에게는 튀김요리, 구운 요리, 절임 요리 등을 추천한다.
- 탕류, 찜류처럼 시간이 오래 걸리는 요리는 사전에 고객에게 알려야 하며, 조리시간이 오래 걸리는 요리를 한꺼번에 많이 주문받지 않도록 한다.
- 요리의 양이 인원수에 비하여 너무 많지 않도록 주의한다. 특히 중국요리를 많이 접해 보지 못한 고객은 양식같이 생각하는 경우가 있으므로 많은 양의 요리를 주문할 경우에는 고객에게 양이 많다는 것을 확인시키고 주문받도록 한다.
- 술 다음의 식사를 주문받을 경우에는 기름진 것을 피하고 산뜻한 죽 종류나 면종류 등을 권한다.

### ■ 서비스 방법

- 냉채를 제공할 때에는 초청한 고객(host)에서부터, 초청받은 사람(guest)에게로 제공한 후 접시를 회전판(lazy suzan) 중앙이나 식탁 중간에 놓는다.
- 새로운 요리를 제공할 때에는 새로운 접시를 먼저 사용했던 접시와 교체하도록 한다.
- 요리는 고객 테이블에서 직접 제공하여야 하나 테이블이 복잡할 경우 사이드 테이블(side table)에서 접시에 덜어서 제공한다.
- 생선요리는 머리 부분이 왼쪽, 배 부분이 고객을 향하도록 해서 제공한다.
- 맑은 수프는 고객의 특별한 요청이 있을 경우에는 요리의 마지막 코스가 끝날 무렵 식사와 함께 제공한다.

• 티 포트(tea port)의 차가 식었을 때에는 항상 뜨거운 것으로 교체한다.
• 요리를 제공할 때에는 필요 이상의 이야기는 하지 않도록 한다. 요리를 제공 중에 고객이 질문할 경우에는 요리를 사이드 테이블에 놓거나 또는 "잠깐만 기다려 주십시오."라고 한 뒤 요리를 제공하고 고객에게 답변하도록 한다.

**도림(Toh Lim)** 桃林

고법 불도장 | (소고기 호주산)
Bul Do Jang
古法佛跳牆

러우탕소스 통 꼬리 상어지느러미 찜
Whole Shark's Fin Tail with Simmered Golden broth
浓湯大裙翅

혈연 제비집 찜
Steamed Red Bird's Nest with ShangTang Sauce
上湯血燕

어향소스 통 해삼
Braised Sea Cucumber Yuxiang Sauce
魚香海蔘

길품 대 전복
Braised Abalone with Golden Broth
极品鲍魚

간장소스 활 생선 찜
Steamed Live Fish with Guangdong Style Soy Sauce
清蒸活魚

식사 | (쌀 국내산)
Fried Rice or Noodles
食事

디저트
Dessert
甛点

400,000
1人 (Per Person)

2인 이상 주문 시 가능합니다.
The Minimum order starts from 2 Persons.
모든 메뉴 가격은 원화이며, 봉사료와 세금이 포함되어 있습니다.
All prices are in Korean won (KRW) and inclusive of service charge and VAT.

## 3. 일식당(Japeinses Restaurant)

일본은 계절의 바뀜이 뚜렷하고 사방이 바다로 둘러싸인 해양국가의 특수성으로 인해 음식의 색, 향기, 맛을 살려 조미(調味)하는 것이 특색이다.

일본요리는 고대 중국과 한반도로부터 전래된 문물과 함께 그 역사의 시효를 이루었으며, 문화가 발달함에 따라 일본인의 기호 및 지역 특성에 맞는 색, 향기, 맛을 위주로 한 고유한 특징을 지닌 요리로 변화, 발전을 가져왔다. 즉 후지산을 중심으로 오사카 지방의 관서풍 요리와 동경지방의 관동풍 요리가 대표적이며 다음과 같은 특징이 있다.

관서풍 요리는 맛이 싱겁고 담백하며, 색깔이 엷고, 소금으로 조미하며, 관동풍 요리는 맛이 강하며, 색깔이 짙고, 간장으로 조미한다.

에도시대 이전에는 도토리를 주식으로 먹었으며, 채집이나 사냥을 통해서 과일, 채소, 고기 등을 먹어 왔던 것으로 추정하며 야요이시대에 들어 쌀이 전파되었고, 국

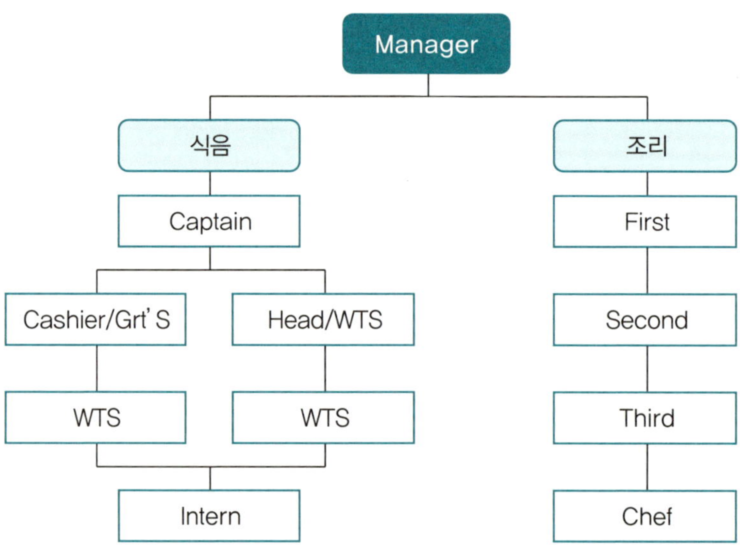


| 구분 | MGR | CAP' T/First | HeadWTS/Second | Grt' S/Third | WTS/Chef | Intern | Total |
|---|---|---|---|---|---|---|---|
| 식음(홀) | 1명 | 1명 | 1명 | 1명 | 2명 | 1명 | 7명 |
| 조리(주방) | | 1명 | 1명 | 1명 | 1명 | 1명 | 5명 |

[그림 5-4] 일식당 조직도

가체계의 형성과 백제와 교류를 통해 한국 음식의 영향을 받았다. 중국 남부지역의 요리와 일본요리가 접목하여 이어져 왔으며 675년에 덴무 텐노에 의해 육식금지령 시행되면서 다른 방향으로 이어져 해산물 위주의 요리가 발전하게 되었다.

에도 막부시대의 지배층의 육식금지령과 현재의 가이세키요리의 모체가 된 혼젠 요리를 중심으로 점차 형식화, 화석화되었다.

에도막부시대가 열리고 음식만 전문으로 만드는 조닌(에도거리의 직공)의 등장으로 포장마차인 야타이가 차려져 사람들에게 빠르게 음식을 제공하였다. 니하치소바(메밀국수의 일종)와 텐푸라(쿠시카츠), 야키토리(닭꼬치), 카바야키(장어구이), 니기리즈시(초밥)도 이 무렵 등장했다. 오니기리(주먹밥)과 우동, 당고(경단)도 인기가 있었고 거리 음식의 발달은 패스트푸드의 기원이기도 하다.

일본의 메이지유신의 개방 이후 외국의 각종 레시피가 유입되었고, 일본요리의 토착화를 통해 스키야키와 같은 육류요리가 등장했으며, 지금의 일상음식이 된 돈가스, 해시라이스, 오무라이스, 고로케, 카레라이스도 메이지시대부터 발달된 음식이다. 근대화 들어 유럽의 요리를 받아들여 유럽에서 유래가 되었지만 일식(和食)으로 분류된다. 그 덕택에 오랫동안 일식이 아닌 경양식 레스토랑에서 취급했지만 2,000년대 이후 카레라이스, 고로케, 돈가스 등이 대중화되면서 서로 공존하는 문화가 되었다.

오랜 금육 생활에 네 발 짐승 고기는 혐오식품으로 분류되며 돈가스, 소고기, 스키야키는 개화기의 상징이며 이것을 먹지 못하면 시대에 뒤쳐진 비문명인이라는 얘기도 메니지시대의 이야기다. 또한 빵의 위대함에 놀란(밀가루에는 비타민B가 들어있다) 일본사람들이 단팥빵을 비롯하여 기묘한 빵들이 이 시대에 만들어진다.

한국요리와 중국요리를 일본식으로 만든 예도 있는데 라면, 야키니쿠, 호루몬, 짬뽕 등이다. 라면과 짬뽕은 일본에서 받아들여져 변형되었고 이러한 면이 세 나라의 정체성이 모호한 부분이기도 하다.

도쿄올림픽(1964년)에 날 생선인 회를 먹는 나라라고 비판받기도 하였으나 일본정부에서 무려 50년에 걸쳐서 세계화에 노력하여 지금은 세계가 인정한 음식으로 각광을 받는다.

일본요리는 생선, 쌀, 간장 3가지의 특징으로 나타낼 수 있다.

## 사시미 특선 A

Sashimi Course A
お造り特選料理 A

진미
Delicacies
小鉢

전채
Appetizer
前菜

계란찜
Steamed Eggs
茶碗蒸し

조리장 특선 모둠 생선회
Chef's Special Sashimi
料理長特選お造り盛り合わせ

도미 술찜 또는 도미 조림 또는 장어 덴포야끼 중 택일
Choice of Steamed Sea Bream in Sake,
Braised Sea Bream in Soy Sauce
or
鯛酒烝し 煮物

튀김
Tempura
天ぷら

식사(생선 냄비, 장어덮밥, 우동, 차소바 중 택일)
Choice of Seasonal Fish Hot Pot, Eel on Rice,
Udon or Tea Buckwheat Noodle
?事 (小鍋,鰻?,うどん,茶そばの中で??)

과일과 셔벗
Fruits and Sherbet
果物とシャ?ベット

200,000

## 사시미 특선 A

Sashimi Course B
お造り特選料理 B

진미
Delicacies
小鉢

전채
Appetizer
前菜

계란찜
Steamed Eggs
茶碗蒸し

조리장 특선 모둠 생선회
Chef's Special Sashimi
特選お造り盛り合わせ

장어 덴포야끼
Grilled Eel Denpoyaki
鰻の伝宝焼き

식사(우동 또는 차소바)
Udon or Tea Buckwheat Noodle
食事(うどん又は茶そば)

과일과 셔벳
Fruits and Sherbet
果物とシャーベット
料理長

160,000

## 4. 프랑스식당(Franch Restaurant)

유럽의 음식 중에서 프랑스 요리가 세계적으로 가장 유명하며 프랑스 요리는 이탈리아에서 유래되어 16세기의 '앙리 4세' 때부터 발전하여 오늘날 가히 요리의 천국을 이룩했다. 우리가 잘 알고 있는 샤토브리앙(Chateau-Briand)을 비롯하여 바닷가재

요리, 생굴요리 및 오되브르(Hors d'Oeuvres)요리가 있고, 각종 소스(Sauce)만도 500여 가지가 넘는다고 한다.

프랑스는 지중해와 대서양에 면하고 있어서 기후가 온화하며, 농산물 · 축산물 · 수산물이 모두 풍부하여 요리에 좋은 재료를 제공하고 있다. 프랑스 요리의 특징은 소재를 충분히 살리고 합리적이며 고도의 기술을 구사하여 섬세한 맛을 내는 데 있다고 할 수 있다. 전통적인 포도주, 향신료, 소스가 큰 구실을 한다. 프랑스 제일의 특산물인 포도주는 요리와 매우 밀접한 관계를 가지고 있다. 백포도주는 생선요리에, 적포도주는 육류요리에, 중간색인 분홍색 포도주는 양쪽 요리에 적합하다고 한다. 향신료는 원형의 잎이나 알갱이를 그라인더로 갈아 조리할 때 방금 간 것을 사용한다. 주로 파슬리의 줄기나 후추, 로리에, 셀러리, 너트메그, 사프란 등을 사용하는데, 이

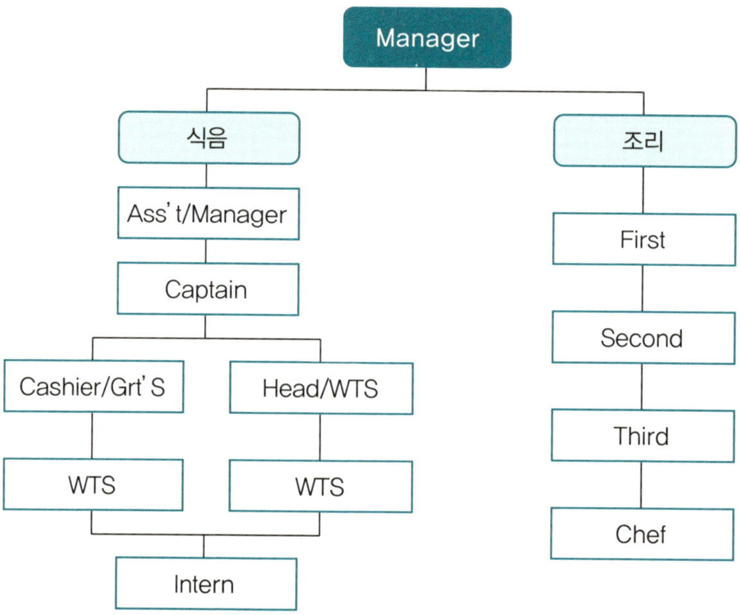


| 구분 | MGR | Ass't/Mgr | CAP'T/First | HeadWTS/Second | Grt'S/Third | WTS/Chef | Intern | Total |
|---|---|---|---|---|---|---|---|---|
| 식음(홀) | 1명 | 1명 | 2명 | 1명 | 1명 | 2명 | 1명 | 9명 |
| 조리(주방) | | | 1명 | 2명 | 1명 | 2명 | 1명 | 7명 |

[그림 5-5] 프랑스식당 조직도

것을 3~4가지씩 합해서 사용하는 것이 미묘한 맛을 자아내는 원인이다. 프랑스 요리는 소스가 중요한 구실을 하며, 많은 종류가 사용된다. 흔히 시판되는 소스를 쓰지 않고, 그 요리에 적합한 맛의 소스를 요리의 일부로 만들어 사용한다. 이러한 조미료를 요리 종류에 따라 알맞게 골라 구사하면 프랑스 요리의 미묘한 맛을 창출할 수 있다.

세계적으로 유명한 요리에는 달팽이 요리인 에스카르고(Escargo) 요리, 특수한 조건에서 사육한 거위의 간으로 조리한 푸아 그라(Foie Gras), 흑갈색의 송로(松露 : 바닷가 솔밭 모래 속에 나는 버섯)로 만든 트뤼프(Truffes) 요리, 생굴 요리 등이 있다.

프렌치 서비스(French Service)에 대한 설명을 하면 다음과 같다.

- 유럽의 귀족들이 좋은 음식과 시간적인 여유를 즐기기 위한 형식적이고 우아한 서비스이다.
- 요리는 Silver Platter에 담아 Gueridon에 의해 운반된다.
- 고객 앞에서 Flambee Wagon이나 레쇼(Rechaud)를 사용하여 쉐프드랭(Chef de rang)이 요리를 완성시켜 서브한다.
- 요리는 신속하게 잘 조화된 형태를 갖추어 짧은 시간에 서브한다.
- 전형적인 프랑스 요리를 제공하며 대표적인 요리는 다음과 같다.
  - La Salade Cesar(Caesar Salad)
  - Le Tournedos Au Poivre(Pepper Steak)
  - Lec Crepes Suzettes(Crepes in Orange Juice)
- 한 스테이션을 보통 쉐프드랭 1명과 꼬미드랭(Commis de Rang) 즉 Assistant Station Waiter 1명이 담당한다.
- 음료 서비스는 주로 소믈리에(Sommelier : Chef de Vin : 즉 Wine Steward)가 담당한다.
- 쉐프 드 랭(Chef de Rang)의 주업무는 다음과 같다.
  - Maitre d Hotel이나 Greetress의 부재 시에는 고객을 테이블까지 안내한다.
  - 주문을 받는다.
  - 고객 앞에서 음식을 요리한다.
  - 소믈리에의 부재 시 음료를 서브한다.
  - 전표작성과 계산을 한다.

■꼬미 드 랭(Commis de Rang)의 주업무는 다음과 같다.

- 쉐프드랭(Chef de Rang)으로부터 인계받은 전표를 주방에 의뢰한다.
- 주방에서 준비된 요리를 Gueridon(Wagon)에 접시와 함께 고객테이블 옆에 준비한다.
- 쉐프드랭(Chef de Rang)이 Flambee한 요리를 예쁘게 장식하여 접시에 담아 고객의 오른쪽에서 오른손으로 서브한다.
- 필요에 따라 쉐프드랭(Chef de Rang)을 보좌한다.

■모든 요리를 Gueridon에 의하여 Service 한다.

- Gueridon은 항상 깨끗하게 손질된 상태에서 식탁 옆에 놓고 조리할 수 있도록 준비한다.
- Gueridon은 반드시 식탁의 높이와 같아야 한다.

■준비된 요리는 Platter에 담아 Commis de Rang이 운반하여 Gueridon 위에 놓는다.

■Gueridon 위의 Platter를 쉐프드랭(Chef de Rang)이 고객에게 보이고 난 뒤 Carving이나 Flambee하여 요리를 완성한다.

■꼬미드랭(Commis de Rang)은 요리된 접시를 고객의 오른쪽에서 오른손으로 서브한다.

■버터, 빵, 샐러드 등은 고객의 왼쪽에서 오른손으로 서비스한다.

■버터, 빵, 샐러드 이외의 모든 접시종류와 글라스류는 고객의 오른쪽에서 오른손으로 서브하고 치운다.

■손으로 들고 먹는 요리의 경우는 항상 핑거볼(Finger bowl)을 식탁에 가져와 함께 제공하며 다음과 같은 것이 있다.

- 핑거볼은 반드시 받침과 함께 서브한다.
- 핑거볼에 레몬이나 꽃잎을 띄우고 미지근한 온수를 약 1/3 정도 붓는다.

■고객의 우측 또는 좌측에 벽이나 그 밖의 서비스에 불편한 물건 및 시설물이 있어 제시된 내용과 같은 서비스가 어려울 때는 TPO(Time, Place, Occasion)에 입각한 서비스 진행방법을 모색하여 되도록 고객에게 불편함이나 식사에 지장을 초래하지 않도록 한다.

- 고객에게 조급한 식사를 요구해서는 안 되며 천천히 여유를 가지고 요리나 서비스를 즐기도록 해야 한다.
- Flambee는 식사를 한층 더 화려하게 만들며 고객에게 강한 식욕을 돋우어 준다.
- Flambee는 여러 고객들의 주목을 끌게 되므로 연기력을 가지고 멋있고 우아하게 서비스한다.
- Gueridon 서비스의 특징은 다음과 같다.
  - A La Carte메뉴를 사용하는 전문 레스토랑에 적합한 서비스이다.
  - 식탁과 식탁 사이에 Gueridon(Wagon)이 움직일 수 있는 충분한 공간이 필요하다.
  - 숙련된 종업원으로 접객편성이 이루어져야 하므로 인건비의 지출이 높다.
  - 고객은 자기 양껏 먹을 수 있으며 남은 음식은 따뜻하게 보관되어 추가 서비스할 수 있다.
  - 다른 서비스에 비해 시간이 오래 걸리는 단점이 있다.
  - 구성원은 각각 독립적인 업무를 지니고 있으나 필요에 따라 서로 협조한다.

## 5. 이탈리아식당(Italiano Restaurant)

이탈리아는 남북으로 길게 뻗은 장화 모양으로 1861년 국가 통일을 이룰 때까지 국토가 여러 왕국, 왕령으로 나뉘어 있었던 까닭에 지방색이 강하여 "이탈리아 요리는 없고, 향토 요리뿐이다"라는 말이 생길 만큼 각기 그 지방마다 특색이 뚜렷하다.

북쪽은 버터와 쌀로 만든 요리가 발달되었고, 남쪽 지방은 올리브유와 파스타를 이용한 요리가 많다. 국경이 각각 프랑스, 스위스, 오스트리아, 유고슬라비아와 접해 있기에 각국 요리의 영향 또한 무시할 수 없다.

이탈리아 음식의 공통분모로 나타나는 식재료는 곡물, 올리브유, 와인이다. 이탈리아의 주식은 육류보다는 옥수수 등의 곡류이며 올리브 향기에 버무려 먹는다. 또한 와인은 단순한 음료 이상으로 음식의 부재료로써 마리네이드 액이나 소스, 스톡의 역할까지 한다. 산지가 많고 교통여건이 불편했을 뿐 아니라 도시국가로 나뉘고, 전쟁으로 중세와 근대를 지낸 이탈리아는 마을 공동체 중심의 식생활을 영위하기도 하였다. 때문에 다양한 문화환경과 자연환경은 올리브유라 하더라도 지방마다 맛이 다르고 와인도 수천 가지에 이를 정도로 다양한 식재료를 만들어냈다.

유럽에서 가장 역사가 깊은 곳이지만 국가로서의 역사는 짧아 1870년에 국가가 통일되기 전에는 로마, 베네치아, 나폴리, 제노바, 밀라노 등을 중심으로 왕국이나 공국으로 나뉘어져 있었다. 때문에 오늘날에도 지방자치제가 강력하게 실시되고 있다. 이탈리아는 이런 지형적 특징과 역사적 특징 때문에 지역에 따라 다양한 요리가 발달했다. 이탈리아 요리는 크게 밀라노를 중심으로 한 북부요리와 이탈리아의 중심지인 로마가 있는 중부요리, 해산물이 풍부한 남국요리로 구분한다.

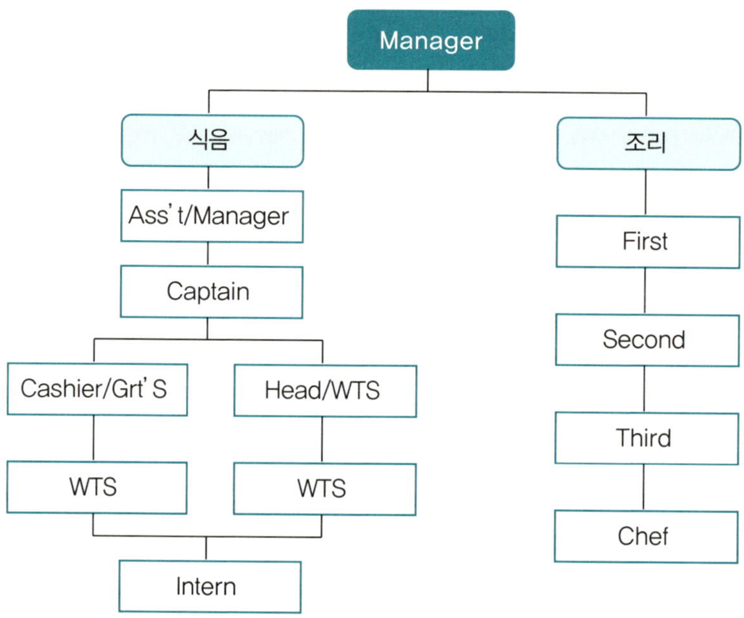


| 구분 | MGR | Ass' t/ Mgr | CAP' T/ First | HeadWTS/ Second | Grt' S/ Third | WTS/ Chef | Intern | Total |
|---|---|---|---|---|---|---|---|---|
| 식음(홀) | 1명 | 1명 | 2명 | 1명 | 1명 | 2명 | 1명 | 9명 |
| 조리(주방) | | | 1명 | 2명 | 1명 | 2명 | 1명 | 7명 |

[그림 5-6] 이탈리아식당 조직도

## 1) 5성급 호텔 이탈리아식당 매뉴얼

**Ⅱ Cavaliere**

**1) Contents**

1. On the job training
1. Checking back ground music
1. Preparation for opening
1. Greeting the guest
1. Confirming reservation
1. Escort guest to the table
1. Unfolding napkin
1. Taking order for aperitif
1. Water service
1. Presenting food menu
1. Taking order of food
1. Taking order of beverage
1. White wine service
1. Red wine service
1. Champagne service
1. Whisky service
1. Gin, vodka, rum, tequila, campari service
1. Food service
1. Salt crust of fish service
1. Chateau briand service
1. Table cleaning
1. Taking order of dessert
1. Coffee service
1. Ice coffee service
1. Tea service
1. Ice tea service
1. Cappuccino service
1. Ginseng tea service
1. Petits fours service
1. How to carry chinaware
1. Cleaning ashtray
1. After dinner drink order
1. Cigar service
1. Table cleaning
1. Billing
1. Farewell
1. Change table cloth handling
1. Table setting
1. Folding napkin
1. Dinner opening (Mon. – Sat.)
1. Operation of Sunday brunch
1. Taking reservation by telephone
1. Checking sauce and dressing
1. Checking salt & pepper shaker
1. General store requisition
1. Returning and receiving linen
1. Ordering and receiving beverage
1. Receiving and returning key
1. How to use micros
1. Cash control
1. Flower order
1. Cake order
1. Handling chinaware
1. Handling silverware
1. Handling glassware
1. Preparing candle
1. Grooming & hygiene
1. Bread, butter, jam service
1. Handling guest complaint
1. Lost & found handling
1. Restaurant closing procedure

Task breakdown

| DEPARTMENT | Food & Beverage – Ⅱ Cavaliere |
|---|---|
| 2. TASK | On the job training |
| EXPECTATION | Every staff carries out our good service according to Swiss Grand Hotel standard.<br>모든 직원들의 목표를 스위스 그랜드 호텔 기준에 맞게끔 수행키 위함 |
| 가. PROCEDURE | |

1. Explain execution of one's duty to each staff.
   직원들에게 그 직위에 맞는 업무 분담을 충분히 설명한다.
1. Train three tasks a day.
   하루에 최소3개의 task를 교육한다.

1. Read and explain task.
   Task를 읽어주고 설명해준다.
1. Show a sample of task.
   Task를 시범을 보인다.
1. Have staff carrying out task.
   직원들에게 행하도록 한다.
1. Supervise if each staff carry out task in training time
   교육 기간 동안에 실행 여부를 감독한다.
1. Record trained task and date in training log.
   성공적으로 끝난 task를 training log에 기록한다.

Task breakdown

| DEPARTMENT | Food & Beverage – Ⅱ Cavaliere |
|---|---|
| 3. TASK | Control back ground music<br>B.G.M. 관리 |
| EXPECTATION | The elevation of service quality by efficient B.G.M. control.<br>효율적인 B.G.M. 관리로 대 고객 서비스의 질 향상 |
| 가. PROCEDURE | |

1. Turn on the light 15 minutes before operation.
   영업 15분 전에 전원을 켠다.
1. Open the audio system and check CD
   CD player를 열어 CD가 몇 개 들어있는지 확인하고 CD상태도 점검한다.
1. Push the button to play and control the sound of audio system.
   재생을 누르고 반복 버튼을 누른다.

1. Fix the volume on audio system to the pre-fixed mark
   볼륨을 맞추다.
1. Check the volume in hall and fix the volume to the pre-fixed mark
   Hall 안의 볼륨을 확인한 후 그것에 맞는 볼륨을 맞춘다.
1. Check CD every other hour and ensure it doesn't replay same music.
   두 시간마다 CD를 점검하여 같은 음악이 반복되지 않게 한다.

1. Select light and traditional music is suitable for the restaurant.
음악은 그 나라 경음악이나 전통 음악을 선택한다.

Task breakdown

| DEPARTMENT | Food & Beverage - Ⅱ Cavaliere |
|---|---|
| 4. TASK | Preparation for operation |
| EXPECTATION | Guest hospitality by perfect preparation<br>충분한 준비로 인한 고객환대 |
| 가. PROCEDURE | |

1. Finish all preparation for operation 15 minutes prior to open the restaurant.
Menu, equipment, cleaning, chair, reservation, etc.
영업 15분 전 open 준비 완료상황을 점검한다.- 메뉴, 기물, 청소 상태, 의자, 예약 여부 등
1. Have meeting with manager and all staff Uniform, appearance, information, etc.
지배인과 직원들 간의 간단한 미팅을 갖는다 - 복장, 용모, 호텔정보 등

1. Turn on the audio system(B.G.M)
음악을 튼다.
1. Put the signboard-closed aside.
Close 간판을 치운다.
1. Check menu and menu stand outside
Menu stand의 메뉴를 확인한다.
1. Check all menus in restaurant.
업장 안의 모든 메뉴를 확인한다.
1. Check the reserved table in room and hall.
예약 테이블을 점검한다.
1. Stand by at the assigned station
각 station으로 돌아가 stand by 한다.- 긴장을 늦추지 말 것

## 2) 이탈리아식당 메뉴판

### BREAKFAST
7:00~11:00

MORNING BUFFET 조식뷔페
(07:00~10:00)

AMERICAN BREAKFAST 미국식 아침식사
A Choice of Chilled Juice(Orange, Tomato, Pineapple)
Two Eggs with Choice of side dish(Ham, Bacon, Sausage)
Bread with Butter and Jam
Coee or Tea

CONTINENTAL BREAKFAST 유럽식 아침식사
A Choice of Chilled Juice(Orange, Tomato, Pineapple)
Bread with Butter and Jam
Coee or Tea

EGG & OMELETTE 계란요리
Two Eggs with Choice of side dish(Ham, Bacon, Sausage)
(Fried, Boiled, Poached or Scrambled)

French Toast 프렌치 토스트
Beef Bone & Vegetable soup with Rice and 4Kinds of side dish
사골우거지해장국

## LUNCH & DINNER

12:00~22:00

KOREAN TABLE D' HOTE 한식
Beef Bone & Vegetable soup with Rice and 4Kinds of side dish
사골우거지해장국
Boiled Ox-Tail Soup with Steamed Rice 꼬리곰탕
Sliced and Marinated Beef Ribeye Barbecued on a Bulgogi
불고기정식

SOUPS 스프
Wild mushroom soup 자연 버섯을 이용한 크림 수프
Minestrone soup 이탈리아식 야채수프

SALAD 샐러드
Red onion & lemon cream dressing with smoked salmon salad
양파와 레몬 크림을 곁들인 연어샐러드
Grilled eggplant & orange caprese salad
가지와 오렌지를 구워 올린 카프레제
Caesar dressing with romain & enchovy
로메인에 엔쵸비를 곁들인 시저샐러드

## LUNCH & DINNER

12:00~22:00

PASTA 파스타
Spaghetti alle frutti di mare 포모마레
Seafood pasta with tomato sauce
해산물 토마토소스의 파스타
Spaghetti alle rose sauce gamberoni 감베로니
Prawn, garlic, onion with rose Spaghetti
신선한 새우와 마늘, 크림, 토마토로 맛을 낸 로제 스파게티
Spaghetti with arrabbiata alle pesce 뻬쉐
Seafood with spicy tomato stew Spaghetti
신선한 해산물과 마늘, 양파, 이탈리아 고추로 맛을 낸 뚝배기 스파게티
Spaghetti alle carbone 까르보나라
Bacon, egg with cream sauce pasta
베이컨과 계란을 곁들인 크림소스의 파스타
Spaghetti alle vongole veraci 봉골레
Garlic, olive oil, fresh clam in wine sauce spaghetti
신선한 모시조개와 마늘, 엔쵸비, 올리브 오일로 맛을 낸 스파게티

LASAGNA 라자냐
Traditional bolonese sauce lasagna 볼로네제 라자냐
Tradizionale Bolonese salsa lasagne
전통방식의 볼로네제 소스를 곁들인 라자냐

IL RISO 쌀요리
Risotto di manzo pomodoro 만조 포모도로
Tenderloin with tomato risotto
(Garlic,onions,green peppers,muchrooms,
broccoli,tomatoes, beef tender)
안심을 곁들인 토마토 리조또
Risotto di mare pomodoro 포모마레
Seafood pasta with tomato sauce
해산물 토마토 소스의 리조또

## LUNCH & DINNER

12:00~22:00

GRILL 그릴요리
Bistecca letto di manzo 비스떼까 만조
Grilled tenderloin with red wine sauce
레드와인 소스를 곁들인 부드러운 안심구이
Piemonte stile di agnello arrosto 양갈비 스테이크
con gelatina di menta
Piedmont style grilled lamb-chop with mint jelly
피에몬테 스타일의 양고기와 민트젤리
Bass cucina veneziana 베네치아식 농어요리
Grilled sea bass with venezia style sauce
(농어, 레몬, 케이퍼, 아티초크, 올리브오일, 홀스레디쉬)

SANDWICH 샌드위치
Club House Sandwich 클럽하우스 샌드위치
Toast with Egg, Tomato, Lettuce, Bacon served with Fries
Tunash Sandwich 참치 샌드위치
Toast with Tomato, Lettuce, Tuna Mayonnaise with french fries

DESSERTS 디저트
Assorted Fresh Fruits in Season 계절과일
Ice Cream (Vanilla, Green Tea, Chocolate)
아이스크림(바닐라, 녹차, 초콜릿)
Mango Mousse Cake and Fruits 망고무스 케이크와 계절과일
Coee or Tea 커피 또는 홍차

## Lunch Set B

Focaccia Bread & Balsamic Oil
포카치아 브레드와 발사믹 오일

Caesar salad or wild mushroom cream soup
로메인에 시저드레싱을 곁들인 샐러드 or 자연버섯을 가미한 스프
(로메인,씨겨자,계란,베이컨,올리브 오일,화이트와인 식초)

Tenderlion steak served with red wine sauce
레드와인 소스를 가미한 안심 스테이크
(양파, 가지, 호박, 드라이토마토, 레드와인, 후추, 소고기 안심 125g)

Blueberry Cheese Cake 블루베리 치즈 케이크

Coee or Tea 커피 또는 차

₩ 60,000

## Lunch Set C

So Shell Crab with Garlic Tomato Hub
(Shell Crab, Tomato, Garlic, Basil)
허브갈릭 토마토와 소프트 쉘 크랩 에피타이저(꽃게, 토마토, 마늘, 바질)

Italian Style Minestrone Soup(Onion, Carrot, Potato, Celery, Cabbage)
이탈리아 스타일의 야채 스프(양파, 당근, 감자, 셀러리, 양배추)

Caprese Grilled Eggplant smothered with orange
(Egg Plant, Fresh Mozzarella, Orange, Basil, Herb oil)
가지와 오렌지를 구워 올린 카프레제
(가지, 모짜렐라치즈, 오렌지, 바질, 허브오일)

Flatsh Italian sauce or Tenderloin with red wine sauce
이탈리안 소스를 곁들인 광어 또는 레드와인 소스와 안심

A selection of cheese & chocolate 브리, 까망베르치즈와 초콜릿

Coee or Tea 커피 또는 차

₩ 70,000

## Dinner Set A

Marinated Scallop & Shrimp with Grapefruit, Black Olive
화이트와인으로 마리네이드한 관자와 새우, 자몽과 블랙올리브

Cream of Chowder Soup with Mussel, Corn, Potato
홍합과 옥수수, 감자를 넣은 차우더 크림스프

Organic Salad with Radicchio & Mustard Green
라디치오와 겨자잎을 곁들인 오가닉 샐러드
(라디치오, 겨자잎, 양상치, 비타민, 토마토)

Grilled Tenderloin of Australian Beef and Abalone
or Grilled Tenderloin of Australian Beef and Salmon
with Vina Morena Wine Sauce
비나모레나 레드와인 소스의 호주산 안심스테이크와 전복구이 또는
호주산 안심스테이크와 연어구이(포테이토, 아스파라거스, 드라이토마토)

Blueberry Cheese Cake with Seasonal Fruits
블루베리 치즈케이크와 계절과일

Coee or Tea커피 또는 차

₩ 80,000

## Dinner Set B

Poached Abalone & Shrimp with orange, Black Olive
화이트와인으로 마리네이드한 완도산 산전복과 새우, 오렌지

Clam Chowder Soup with Sea Mussel
홍합을 곁들인 클램차이더 스프
(셀러리, 당근, 감자, 양파)

Grilled Lobster Tail with American Sauce
아메리칸소스의 캐나다산 랍스터테일
(아스파라거스)

Yogurt Sherbet
요거트 샤벳

Organic Salad with Radicchio & Mustard Green
라디치오와 겨자잎을 곁들인 오가닉 샐러드
(라디치오, 겨자잎, 양상치, 비타민, 토마토)

Grilled Tenderloin of Australian Beef with Demiglace Sauce
or Grilled Sea Bass with Saron Sauce
데미그라스소스의 호주산 안심구이 또는
지중해식 샤프란소스의 농어구이
(포테이토, 브로커리, 드라이토마토, 새송이)

Blueberry Cheese Cake with Seasonal Fruits
블루베리 치즈케이크와 계절과일

Coee or Tea
커피 또는 차

₩ 100,000

## Dinner Set C

Smoked Salmon, Avocado Mousseline, Orange Segments,
Chive Cream with Ciabatta Crouton
아보카도, 오렌지, 챠이브크림을 곁들인 훈제연어

Shiitake Mushroom Cream Soup
표고버섯 크림스프

Grilled Canadian Lobster Tail
with Asparagus, and American Sauce
아스파라거스를 곁들인
캐나다산 랍스타테일과 아메리칸소스

Lemonbasil Sherbet
레몬바질 샤벳

Organic Salad
유기농 셀러드

Grilled AUS Tenderloin Steak with Herbs, Patato, Tomato
포테이토, 토마토, 허브를 곁들인
최상의 호주산 안심스테이크

Chocolate Layer New York Cheesecake,
Vanilla Mascarpone Cream
바닐라 마스카포네 크림을 곁들인
뉴욕초콜릿 치즈케이크

Coee or Tea
커피 또는 차

₩ 120,000

### 3) 베버리지 메뉴판

## Snack

Homemade Cheese with Prosciutto ham & Crackers
손수 만든 치즈와 프로슈토햄, 크래커

Fresh Seasonal fruit 신선한 계절과일

Smoked Salmon with oak avor 참나무향으로 훈제한 연어

Fried Chicken Wing 닭 날개 튀김

Bar snack 마른안주

Grilled Chop Steak with Rum Flavor 럼으로 향을 낸 찹 스테이크

원산지
햄(국내산) Ham(Korea) / 안심(호주산) Tenderloin(Australia) / 치즈(미국산) Cheese(USA) / 닭날개튀김(덴마크, 미국산 섞음) Chicken, Denmark (USA Mixing)

The rate are included 10% Service & 10% Tax.
10%의 봉사료와 10%의 세금이 포함되어 있습니다.

## Cocktails

Alexander　Brandy, Cacao, Sweet Cream

Margarita　Tequila, Triple Sec, Lime Juice

Black Russian　Vodka, Kahlua

Martini Dry　Dry Gin, Dry Vermouth

Singapore Sling　Dry Gin, Cherry Brandy, Lemon Juice Grenadine Syrup

Tequila Sunrise　Tequila, Orange Juice, Grenadine Syrup

Pina Colada　Rum, Pineapple Juice, Coconut Cream

Long Island Iced Tea　Gin, Vodka, Rum, Cacao, Triple Sec, Tequila Lemon Juice, Coke

## UCELLO COCKTAILS

Gangnam Sour Mojito
Rum, Sweet&Sour Mix, Vedrenne Mint Syrup, Hydro Tonic Water

Gangnam Sour Berry
Vodka, Sweet&Sour Mix, Hydro Tonic Water

Gangnam Sour Tonic
Vodka, Sweet&Sour Mix, Hydro Tonic Water

Gangnam Sour Lemon Ade
Sweet&Sour Mix, Hydro Tonic Water

## BRANDY & COGNAC

Hennessy XO
Camus XO
Remy Martin XO
Camus VSOP

SINGLE MALT WHISKY
Glenddich 18yr
Singleton Malt 18yr
e Glenlivet 12yr Excellence

## PREMIUM BLENDED SCOTCH WHISKY

Ballantine s 30yr
Ballantine s 21yr
Royal Salute 21yr
Ballantine s 17yr
Ballantine s 12yr
Chivas Regal 12yr
Johnnie Walker Black
Old Parr
Imperial 12yr (500ml)
Imperial 12yr (360ml)
Johnnie Walker Red
Cutty Sark
Scotch Blue

## BOURBON WHISKY

Gentleman Jack
Jack Daniels
Jim Beam

## VODKA

Sobieski
Ciroc
Finlandia

## GIN

Bombay Sapphire
Tangray NO.10

## RUM

Bacardi Premium Black
RonRico

## Tequila

Parton Anejo
Don Julio Blanco

## Bottle Beer

Coopers
Sapporo
Krombacher
Peroni
Heineken
Carlsberg
Miller
Corona
Budweiser
Kloud
Cass
Hite

## Draft Beer

Asahi
Kloud

## 4) 와인 종류

| No | Name | Type | Vintage |
|---|---|---|---|
| **ITALY** | | | |
| 1 | Mascareri Prosecco | Sparkling | NV |
| 2 | NUA Spumante | Sparkling | NV |
| 3 | Ponte Prosecco Extra Dry | Sparkling | NV |
| 4 | Spumante Dolce | Sparkling | NV |
| 5 | Zardetto Prosecco Extradry | Sparkling | NV |
| 6 | A Moscato d' Asti | White | |
| 7 | Barbera d' Asti DOCG Superiore | Red | |
| 8 | Castiglioni Chianti | Red | |
| 9 | Vigor | Red | |
| **FRANCE** | | | |
| 1 | Le Chame de Marjosse White | Red | |
| 2 | Domaine Roux Pere&Fils Bourgogner Pinot Noir | | |
| 3 | Le Chat Noir Pinot Noir | Red | |
| 4 | Darzac Heritage | Red | |
| 5 | Le Charme de Marjosse Red | Red | |
| 6 | Domaine Santa Duc Les Plans Vaucluse | Red | |
| 7 | La Vieille Feme Rouge | Red | |
| **GERMANY** | | | |
| 1 | Deinhard Sekt Halbtrocken | Sparkling | |
| 2 | DeinHard Sekt Halbtrocken Rose | Rose | |
| **SPAIN** | | | |
| 1 | Codorniu Cava Rondel Gold | White | |
| 2 | Pago de Montal macabeo-airen | White | |
| 3 | Synera Blanco | Red | |
| 4 | Alvaro Palacios Petalos | Red | |
| 5 | Pago de Montal gamacha | Red | |
| 6 | Mano A Mano | Red | |
| 7 | Gran Sangre DE Toro | Red | |
| 8 | Synera Crianza | Red | |
| 9 | Care Tonto Roble | Red | |
| **NEWZEALAND** | | | |
| 1 | Kumeu River Village Chardonnay | White | |
| 2 | Greyrock Sauvignon Blanc | White | |
| 3 | Tahuna Sauvignon Blanc Marlborough | White | |
| 4 | Kim Crawford Marlborough Sauvignon Blanc | White | |

| USA | | |
|---|---|---|
| 1 | High Flyer centerline | Red |
| 2 | Columbia Crest Winery Grand Estates Cabernet Sauvignon | Red |
| **CHILE** | | |
| 1 | Oops Sauvignon Blanc | White |
| 2 | Santa Rita Heroes Chardonnay | White |
| 3 | Kunza Sauvignon Blanc Chardonnay | White |
| 4 | Viu Manent Single Vineyard Cabernet Sauvignon | Red |
| 5 | Kunza Grand Reserva | Red |
| 6 | Yali Premium Linited Edition Cabernet Sauvignon | Red |
| 7 | Canto | Red |
| 8 | Winemakers Lot Reserve Cavernet Sauvignon | Red |
| 9 | Santa Rita Heroes Cabernet Sauvignon | Red |
| 10 | Kunza Merlot | Red |
| 11 | Terrapura Cabernet Sauvignon | Red |
| **AUSTRALIA** | | |
| 1 | Kaesler Stonehorse Shiraz Grenache Mouvedre | |
| 2 | Farmer's Leap Padthaway Shiraz | Red |
| 3 | Penfolds Koonunga Hill Shiram | Red |
| **SOUTH AFRICA** | | |
| 1 | WolfTrap White | White |
| 2 | Kanonkop Kadette Stellenbosch | Red |
| 3 | WolfTrap | Red |
| **ARGENTINA** | | |
| 1 | Alamos Chardonnay | White |
| 2 | Alamos Cabernet Sauvignon | Red |
| 3 | Alta Vista Classic Malbec | Red |
| **GREECE** | | |
| 1 | Akakise Sparkling Rose | Rose |

## ■ 마스카레리 프로세코(Mascareri Prosecco)

| | |
|---|---|
| **국가/지역** | 이탈리아 |
| **종류** | 스파클링 |
| **품종** | 프로세코 |
| **등급** | |
| **컬러** | 황금빛깔 |
| **빈티지** | NV |
| **음식매칭** | 해산물, 치즈, 샐러드 등 |
| **테스팅노트** | 사과, 참외, 배 향이 조화를 이루어 싱그러움과 산뜻한 아로마를 느낄 수 있는 동시에 아카시아 꽃 향이 은은하게 퍼지며 농축미도 느낄 수 있다. 훌륭한 아로마와 동시에 과실과 꿀의 달콤함이 은밀하면서도 섹시하게 다가온다. |
| **특징** | 이탈리아 베니스의 엘리트 계층이 사용했던 마스크를 프런트 레이블로 사용하고 있어 주목을 받고 있다. |

## ■ 바르베라 다스티 슈페리오레(Barbera d'Asti DOCG Superiore)

| | |
|---|---|
| **국가/지역** | 이탈리아/San Damiano d' Asti/Piedmont |
| **종류** | 레드 |
| **품종** | 바르베라 100% |
| **등급** | DOCG |
| **컬러** | 루비 레드컬러 |
| **빈티지** | 2012 |
| **음식매칭** | 육류요리, 가금류, 치즈 등 |
| **테스팅노트** | 기분좋게 느껴지는 라즈베리의 향이 강렬하고도 조화롭게 느껴지며, 좋은 균형감과 부드러운 탄닌, 입 안 가득히 무게감이 느껴진다. |
| **특징** | 폰테 바르베라 다스티 슈페리오레는 매년 한정된 수량만 생산하는 특별한 와인으로 레이블 디자인은 "그라파 장인"으로 유명한 로미노레비(Romano levi)가 2000년 직접 그린 디자인이다. |

## ■ 샤를 드 마죠스 화이트(Le Charme de Marjosse White)

| | |
|---|---|
| **국가/지역** | 프랑스/보르도 |
| **종류** | 화이트 |
| **품종** | 세미용 85%, 소비뇽블랑 15% |
| **등급** | AOC |
| **컬러** | 밝은 노란색 |
| **빈티지** | 2009 |
| **음식매칭** | 샐러드, 해산물, 치즈 등 |
| **테스팅노트** | 파인애플, 오렌지, 살구의 맛이 부드럽게 조화된 와인이다. |
| **특징** | 샤또 마죠스(Chateau Marjosse)의 세컨드 레이블<br>그랑뱅(Grand Vin)인 샤또 마죠스의 수상내역<br>International Wine Cellar 87~89 points |

## ■ 르샤 누아 피노누아(Le Chat Noir Pinot Noir)

| | |
|---|---|
| **국가/지역** | 프랑스/아우드벨리 |
| **종류** | 레드 |
| **품종** | 피노누아 100% |
| **등급** | |
| **컬러** | 붉은 빛깔 |
| **빈티지** | 2012 |
| **음식매칭** | 육류요리, 파스타, 돼지고기 등 |
| **테스팅노트** | 야생베리, 커피, 잼 등의 아로마가 느껴지고 잘 익은 플럼과 체리, 아주 우아하고 깊은 텍스처가 인상적이다. 부드러운 탄닌과 우아한 산도가 고급스러운 분위기를 연출하기에 제격이다. |
| **특징** | 스테인리스 발효 후 프렌치 오크에서 발효되어 훌륭한 컴플렉시티(complexity)가 돋보인다. |

## ■ 꼬도르뉴 까바 론델 골드(Codorniu Cava Rondel Gold)

| | |
|---|---|
| **국가/지역** | 스페인 |
| **종류** | 스파클링 |
| **품종** | 자렐로 40%, 마카베오 40%, 빠렐야다 20% |
| **등급** | DO |
| **컬러** | 열은 노랑색 |
| **빈티지** | NV |
| **음식매칭** | 치즈, 디저트요리와 잘 맞음 |
| **테스팅노트** | 잘 익은 과실 향, 시트러스 향, 은은한 토스트와 견과류의 향도 올라옴 |
| **특징** | 가격 대비 품질이 우수하며 모던한 디자인이 돋보여 젊은 소비자층이 즐겨 마시는 와인이다. |

## ■ 알바로 파라시오스 페탈로스(Alvaro Palacios Petalos)

| | |
|---|---|
| **국가/지역** | 스페인/서부(비에르조) |
| **종류** | 레드 |
| **품종** | 멘시아 100% |
| **등급** | DO |
| **컬러** | |
| **빈티지** | 2012 |
| **음식매칭** | 육류요리 |
| **테스팅노트** | 미려한 블루메리와 꽃다발향이 풍부하며 깨진 돌과 같은 향이 살짝 비친다. |
| **특징** | WINE SPERTAOR<br>TOP 100<br>2007년 90위(2005년 빈티지) |

## ■ 그레이락 쇼비뇽 블랑(Greyrock Sauvignon Blanc)

| | |
|---|---|
| 국가/지역 | 뉴질랜드/말보로 |
| 종류 | 화이트 |
| 품종 | 소비뇽블랑 100% |
| 등급 | |
| 컬러 | |
| 빈티지 | 2013 |
| 음식매칭 | 해산물과 아시안 요리, 파스타 |
| 테스팅노트 | 복숭아 향이 지배적이며, 사과, 살구 향이 매력적이며 물에 젖은 풀 향도 느낄 수 있다. 적당한 산도와 솔티함이 조화되어 훌륭한 감칠맛을 자랑한다. |
| 특징 | New World Wine<br>Awards(Newzealand) 2008, Bronze Medal<br>Korean Wine Challenge 2006, Best White Wine Trophy<br>Best Sauvignon Blanc Trophy(China) Indy internaional Wine<br>Competition(USA) 2006 |

## ■ 킴 크로포드 말보로 쇼비뇽블랑(Kim Crawford Marlborough Sauvignon Blanc)

| | |
|---|---|
| 국가/지역 | 뉴질랜드/말보로(남섬) |
| 종류 | 화이트 |
| 품종 | 쇼비뇽블랑 100% |
| 등급 | |
| 컬러 | |
| 빈티지 | 2013 |
| 음식매칭 | 식전주, 샐러드, 치즈 등 |
| 테스팅노트 | 뉴질랜드 쇼비뇽블랑의 전형성인 구수베리(Gooseberry)와 자른 풀 향기가 정갈하다. 잘익은 과일의 느낌과 적정한 조화를 이룬 산도가 돋보이며 좋은 질감을 갖추고 있다. |
| 특징 | WINE SPECTATER<br>2007 빈티지 91점<br>2006 빈티지 92점(06년 Top 100 40위)<br>2005 빈티지 90점<br>2004 빈티지 91점(06년 Top 100 44위) |

## ■ 하이 플라이어 센터라인(High Flyer centerline)

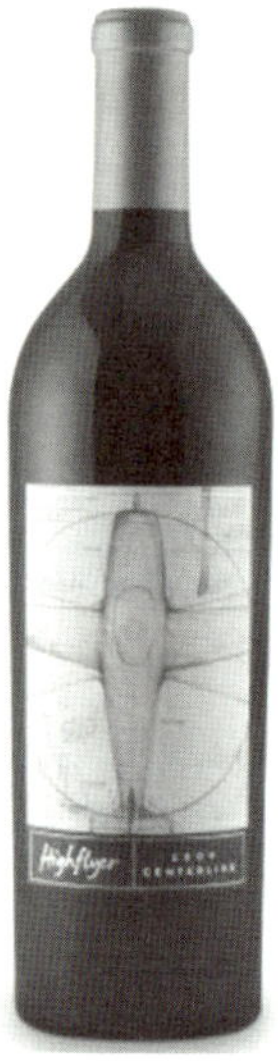

| | |
|---|---|
| 국가/지역 | 미국/캘리포니아(나파벨리) |
| 종류 | 레드 |
| 품종 | Petite Sirah 45%, Syrah 30%, Tempranillo 18% |
| 등급 | |
| 컬러 | |
| 빈티지 | |
| 음식매칭 | 육류 BBQ, 오리고기 |
| 테스팅노트 | 잘익은 블랙체리와 다크 초콜릿, 블랙페페 스파이시 등의 복합적인 아로마가 풍부하게 올라오며 입안에서 느껴지는 단단한 구조와 훌륭한 조화가 긴 여운과 함께 입안에 머무른다. |
| 특징 | 18Month+Oak Aging<br>14.8% |

## ■ 산타리타 히어로즈 까베르네 소비뇽(Santa Rita Heroes Cabernet Sauvignon)

| | |
|---|---|
| 국가/지역 | 칠레/센트럴벨리 |
| 종류 | 레드 |
| 품종 | 까베르네 쇼비뇽 100% |
| 등급 | |
| 컬러 | 붉은 보라빛 |
| 빈티지 | |
| 음식매칭 | 붉은 육류, 돼지고기, 매운 소스와 치즈수플레 등 |
| 테스팅노트 | 붉은 과일과 검은 과일 향, 향신료, 바닐라, 정향, 담배, 오크향 등<br>우아하고 부드러운 탄닌이 신선함과 과일 향으로 이어진다. |
| 특징 | 칠레 와인의 아이콘으로 명실 공히 칠레 3대 브랜드 중의 하나이다. 이 시대의 영웅들(Heroes)을 위로하고 격려하기 위한 이름 붙여진 와인이다. |

## ■ 파머스 립 패서웨이 쉬라즈(Farmer's Leap Padthaway Shiraz)

| | |
|---|---|
| **국가/지역** | 호주/페더웨이 |
| **종류** | 레드 |
| **품종** | 쉬라즈 100% |
| **등급** | |
| **컬러** | 붉은 베리색 |
| **빈티지** | 2010 |
| **음식매칭** | 모든 고기 요리, 중화요리, 파스타, 한국요리 |
| **테스팅노트** | 자두, 모카향, 호주 쉬라즈 특유의 흑연 향이 인상적이며, 묵직한 탄닌과 꽉 짜여진 구조감이 돋보이는 와인이다. |
| **특징** | Gold Medal Hong Kong<br>Internaional Wine Challenge 2009<br>Bronze Medal Chinal Internaional<br>Sommeliers Wine Challenge 2009<br>Bronze Medal 2010 WSA Wine<br>Challenge Singapore<br>2011년 Korea wine Challenge-Best<br>Red wine Trophy 수상 2005 Shiraz<br>E-Robert Parker point-92 points |

## ■ 펜폴즈 쿤눈가 힐 쉬라즈(Penfolds Koonunga Hill Shiram)

| | |
|---|---|
| **국가/지역** | 호주/바로사벨리, 쿠아와라, 라인스톤 코스트 |
| **종류** | 레드 |
| **품종** | 쉬라즈 100% |
| **등급** | |
| **컬러** | 짙고 어두운 레드 |
| **빈티지** | |
| **음식매칭** | 토마토파스타, 피자, 양고기 |
| **테스팅노트** | 산도, 당도, 탄닌 등 다양한 특징을 고루 갖춘 훌륭한 와인이다. 미디엄 바디 와인으로 둥근 탄닌, 잘 익은 체리, 리스베리의 진한 과일 맛을 느낄 수 있다. |
| **특징** | 1976년 첫째 빈티지 생산을 기점으로 현재까지 호주에서 가장 사랑받는 프리미엄 레드 와인이다.<br>와인브랜드로는 유일하게 호주의 '국보(國寶)' 로 지정되어 호주인의 자부심을 상징하는 대표 프리미엄 브랜드이다. |

## ■ 알타비스타 클래식 말벡(Alta Vista Classic Malbec)

| | |
|---|---|
| **국가/지역** | 아르헨티나/멘도자 |
| **종류** | 레드 |
| **품종** | 말벡 100% |
| **등급** | |
| **컬러** | 보라빛 |
| **빈티지** | 2012 |
| **음식매칭** | 피자, 엠파나다, 파스타, 치즈 등 |
| **테스팅노트** | 붉은 색으로 플럼과 같은 붉은 과일의 강한 아로마, 바닐라 향과 오크통 저장으로 인한 엷은 커피의 향을 가진다. 신선하고 부드러운 타닌과 과일 맛이 특징이며 양념이 강한 아시아 음식과도 잘 어울린다. |
| **특징** | Award<br>2011 : 91.5 pts. Gold Medal, Concurso Vinos Sub30<br>2010 : 87 pts. – Wine Enthusiast<br>Best Buy, Aug. 2012(USA) |

## ■ 아카키스 스파클링 로제(Akakise Sparkling Rose)

| | |
|---|---|
| **국가/지역** | 그리스/Kir-Yianni |
| **종류** | 로제 |
| **품종** | 시노마브로 |
| **등급** | |
| **컬러** | 진한 핑크색 |
| **빈티지** | 2013 |
| **음식매칭** | 샐러드, 치즈 등 |
| **테스팅노트** | 매력적인 핑크빛 색상이며 우아하게 오래 가는 거품과 풍부한 과일향이 특징이다. 아카키스 스파클링 와인은 단맛이 적다. |
| **특징** | |

## 6. 양식당(洋食當, Western Restaurant)

인간이 존재하기 시작한 것과 요리의 역사가 시작된 것은 동시에 이루어졌다고 할 수 있다. 선사시대의 요리에 관해서는 잘 알려져 있지는 않지만, 불을 발견한 이후에야 비로소 요리의 기술이 시작되었다고 할 수 있겠다. 이들은 나무뿌리, 나무열매, 곡식, 벌꿀, 생선 또는 동물의 젖, 알 등을 식량으로 사용하여 굽거나, 동물의 위주머니 및 가죽, 내장 등을 이용하여 익혀 먹었던 것으로 생각된다. 고대 이집트의 분묘, 피라미드, 벽화에서 그림이나 상형문자로 그려진 제빵과 조리사들의 작업과정을 찾아볼 수 있다. 나일강의 비옥한 땅에는 야채, 과일나무, 포도, 닭, 생선, 달걀 등이 풍부하였고 제빵, 제과가 발달하여 빵을 만드는 사람들이 많은 존경을 받았다고 한다.

고대 페르시아인들은 화려한 연회나 축제를 한 것으로 유명하다. 앗시리아의 왕 살도나팔루스(Sardonapalus)는 세계 최초의 요리 경진대회를 개최하여 최우수자에게는 수천 양의 황금을 주고, 새로운 요리를 개발한 사람에게는 많은 상금을 주었다. 페르시아의 전설적인 과일이 마멀레이드(marmalade)와 좋은 와인은 연회나 축제일에는 풍부하였고, 정성스럽게 황금용기에 담아 차려졌다. 페르시아인들에 의해 만들어진 몇 가지 음식들은 오늘날에도 세계적으로 유명한 요리가 되고 있다.

그리스인들은 페르시아인들로부터 조리법과 식사법을 계승받았다. B.C. 15C중엽까지 그리스에서는 부자와 가난한 자의 식사에 거의 차이가 없었다. 당시의 기본 음식은 보리 페이스트(Pastes), 보리죽, 보리빵이었는데 초기의 그리스인들은 하루에 네 끼 식사를 하였다고 한다. 로마인들은 그리스의 요리보다 더욱 섬세하고 맛있는 그들 자신의 요리를 개발하였다. 그들의 연회나 식도락적인 축제는 4C 말까지 번창하였다. 그 후 로마제국의 몰락으로 요리, 문학 등 예술이 쇠퇴하기 시작했다. 그러나 수도원들은 이 활기찬 예술을 유지시키는데 중추적인 역할을 계속하였고 농장, 학교, 종교재단, 상업센터 등이 결합한 복합적인 사회공동체조직을 형성하였다.

로마인들은 많은 요리 전통을 영국으로 가지고 갔다. 영국요리에 큰 영향을 준 것은 게르만족의 침략이었다. 켈트(Celts), 섹슨(Saxons), 노르만족(Normans)의 요리가 기본적인 요리가 되었다. 그 당시 영국에서는 대다수가 농민과 노동자여서 요리가 간단하고 푸짐한 것이었으나, 중세에 접어들면서 연회와 축제는 많은 음식과 맥주로 사치스러워졌다. 헨리8세(HenryVIII)의 통치기간 중에 크리스마스가 축제일이 되었고 크리스마스 이브부터 12일 동안에 걸쳐 음식들이 풍성하게 차려져 축제를 즐겼으나, 엘리자베스 시대에 와서는 요리에 관해 무관심하기 시작했다. 이것은 프랑스에서 데려온 요리장을 고용한 클럽과 호텔이 생겨난 수년 후까지 계속되었다.

## 7. 뷔페식당(Buffet Restaurant)

뷔페식당은 진열해 놓은 요리를 균일한 요금을 지급하고 자기 양껏 뜻대로 선택해 먹을 수 있는 셀프서비스 식당이다. 일명 스모가스보드(smorgasbord)라고도 하는데, 이것은 북유렵풍의 요리를 가리키는 말로서 Smor는 버터를 뜻하고, Gas는 영어의 Goose라는 말로 거위를 뜻하며, Bord는 영어의 Board로 식탁을 의미한다. 즉 육류를 비롯한 여러 가지 음식을 진열해 놓고 먹고 싶은 것을 마음대로 먹을 수 있는 향연을 베푼다는 의미이다.

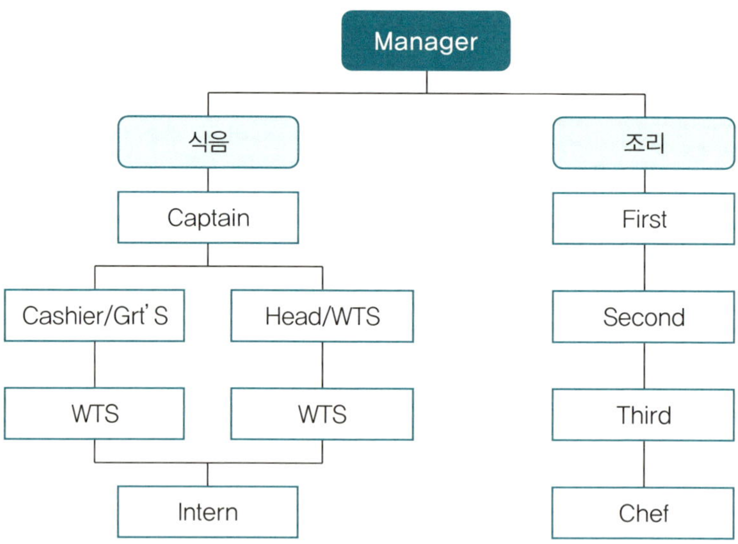


| 구분 | MGR | CAP' T/First | HeadWTS/Second | Grt' S/Third | WTS/Chef | Intern | Total |
|---|---|---|---|---|---|---|---|
| 식음(홀) | 1명 | 1명 | 1명 | 1명 | 2명 | 1명 | 7명 |
| 조리(주방) | | 1명 | 1명 | 1명 | 1명 | 1명 | 5명 |

[그림 5-7] 뷔페식당 조직도

[그림 5-8] 5스타 호텔 뷔페식당

한편, 일본에서는 바이킹 레스토랑(viking restaurant)이라고 하는데, 이것은 일본에서만 쓰는 독특한 명칭이다.

바이킹이란 12C경 북유럽의 노르웨이를 중심으로 활동했던 해적을 말하는데, 이 말은 식사와는 아무런 관계가 없으나 이 뷔페를 최초로 시작한 곳이 제국호텔의 바이킹 레스토랑이었기 때문에 그 레스토랑의 이름을 따서 불리게 되었다는 설과 바이킹의 식사가 대식사(大食事), 즉 식욕식(食慾食)이었으며, 그들이 상륙하면 큰 연회를 베풀어 여러 가지 요리를 즐겼다고 하는데, 이러한 바이킹의 식사에서 유래되었다는 설이 있다.

### 1) 뷔페 테이블 서비스

#### (1) 테이블 안내

- 고객이 들어서면 귀중품과 코트 등은 Cloak에 보관하도록 한다.
- 인원수에 맞는 테이블이나 예약 테이블로 안내한다.
- 안내자와 담당 종사원은 착석을 돕는다.
- 안내자는 상냥한 미소와 부드러운 말씨로 안내한다.
- 안내를 마치면 안내자는 고객에게 예의를 표하고 입구로 간다.
- 음료를 마시지 않을 때는 Buffet Table까지 안내한다.

#### (2) 주문받는 요령

뷔페식당의 요리는 차려져 있기 때문에 요리 주문은 받지 않고 요리 이외의 음료 주문만 다음과 같은 요령으로 받는다.

- 고객이 안내되면 시간적 여유를 주어 식전음료를 주문받는다.
- 고객의 신분, 식사종류 등을 파악하여 음료주문을 받도록 한다.
- Host가 보기 쉬운 45도 각도에서 주문자만이 들을 수 있는 소리로 주문을 받는다.
- 주문받는 자세는 15도 정도 구부린 상태에서 미소 띤 얼굴로 주문을 받는다.
- Wine을 원할 경우 Wine List는 Host의 오른쪽에서 제공하는 것을 원칙으로 한다.
- 음료를 들고 있지 않은 고객에게는 식사 중의 음료를 권유하여 본다.
- 음료의 주문을 받은 후에는 감사의 예를 표한 후, 신속하게 서브에 임한다.

#### (3) 뷔페 서비스

뷔페는 대개의 경우 초저녁이나 휴일, 아니면 일요일에 가족동반 이용이 많으며 상황에 따라 테이블의 차림을 다르게 하고 Self Service의 활용에 지장이 없도록 충분한 공간과 통로를 유지해야 한다.

직원은 항상 고객의 편리를 도와주고 테이블 세팅에도 각별히 주의를 해야 한다. 뷔페 서비스의 전반적인 방법을 보면 다음과 같다.

- Table Setting을 한다.
- Self Service에 번거로움이 있을 때는 종사원이 돕는다.
- 모든 요리는 편리하게 먹을 수 있도록 잘려져 있거나, 부분화되어야 한다.
- 커피와 수프, 홍차 등은 종사원이 제공한다.
- 부족한 음식은 수시로 제공한다.
- 모든 서비스용 빈 접시는 Buffet Table의 초입부분 가장자리에 놓는다.

### (4) 테이블 치우는 요령

고객이 음식을 다 먹었거나 더 먹고자 할 때 담당 직원은 새로운 접시를 사용하도록 안내하고 새로운 기물로 바꾸어 세팅한다.

#### ❶ 접시 치우는 법

- 접시가 비워지는 고객에게는 더 권한다.
- 고객의 의향을 물어 빈 접시를 뺀다.
- 오른손으로 들어 왼손의 엄지와 새끼손가락이 접시 위로 향하게 하고 나머지 세 손가락은 접시 밑을 받쳐 든다.
- 빈 접시는 왼손에 차곡차곡 쌓아서 Pantry로 철수한다.
- Bread Plate, Caster Set, Glass 등은 Tray를 이용하여 뺀다.
- Crumber를 사용하여 Table cleaning을 한다.
- 더러운 재떨이는 새롭게 바꾼다.

#### ❷ 테이블 정돈법

- 고객이 자리를 떠날 때는 감사의 예를 표하고 입구까지 가고 난 뒤에, Table을 치운다.
- Table 위에 남아 있는 기물은 모두 Tray를 이용하여 신속히 치운다.
- 새로운 Cloth를 펼 때에는 Under Cloth가 보이지 않게 차분하게 편다.
- Table Cloth를 펼 때에는 종사원의 등이 옆 Table 고객의 앞을 가리지 않게 주의한다.
- 기다리는 고객을 위하여 신속하게 테이블을 다시 세팅한다.

## 8. 다이닝룸(Dining Room)

다이닝룸은 점심, 저녁 시간으로 한정해서 영업을 한다. 점심(Lunch) 12:00~15:00, 저녁(Dinner) 18:00~21:00으로 시간이 정해지며 중간에 클로즈 타임이 있어서 종사원의 서비스 준비에 많은 도움이 되며 주로 풀코스 요리인 정식(Table d' hôte)을 판매하고 매우 정중한 서비스를 요하는 식당이기도 하다.

## 9. 그릴(Grill)

그릴은 아침 점심 저녁식사를 제공하는 식당으로 아침에는 아메리칸 스타일의 Breakfast, 점심, 저녁에는 다양한 일품요리(A La Carte), 코스요리, 특별요리(daily, week, special) 등 시간과 음식과 그리고 고객의 취향에 맞출 수 있는 가장 효율적인 식당이기도 하다.

## 10. 로비라운지(Lobby Lounge)

로비라운지라는 명칭과 용어의 사용은 얼마 되지 않았다. 최근 호텔 식당들의 개념이 많이 사라지고 영업장도 수익이 동반되지 않을 때는 가감하게 영업장의 문을 닫

[그림 5-9] 로비라운지

는 경우가 많아 한 곳에서 여러 가지의 음식과 음료를 마실수 없을까라고 해서 최근 트랜드의 일환으로 많은 호텔에서 불리는 퓨전 영업장으로 보면 맞을 것 같다.

**Breakfast** 08:00~11:30

**AMERICAN Breakfast**

Bread Basket, Fried Eggs or Scrambled Eggs
Two Choices from Ham, Bacon or Sausage
Freshly Squeezed Juice
(Choice of Grapefruit, Tomato, Kiwi, Carrot or Orange)
Coffee or Tea
브레드 바스켓, 프라이드 에그 또는 스크램블 에그
햄, 베이컨, 소시지 중 2종 선택
신선한 주스
(자몽, 토마토, 키위, 당근, 오렌지 중 선택)
커피 또는 차

**TWO EGGS ANY STYLE**

Choice of Scrambled Eggs, Over Easy or Omelet
Two Choices from Ham, Bacon or Sausage
스크램블 에그, 오버 이지, 오믈렛 중 선택
햄, 베이컨, 소시지 중 2종 선택

**CONTINENTAL**

Bread Basket, Freshly Squeezed Juice
(Choice of Grapefruit, Tomato, Kiwi, Carrot or Orange)
Coffee or Tea
브레드 바스켓, 신선한 주스
(자몽, 토마토, 키위, 당근, 오렌지 중 선택)
커피 또는 차

**PANCAKE**

Pancake with Berries, Maple Syrup and Butter
Freshly Squeezed Juice or Coffee
(Choice of Grapefruit, Tomato, Kiwi, Carrot or Orange)
베리, 메이플 시럽, 버터를 곁들인 팬케이크
신선한 주스 또는 커피
(자몽, 토마토, 키위, 당근, 오렌지 중 선택)

## All Day Dining 11:30~21:30

### SALAD

Green Salad
Mixed Green Salad with Artichokes
Flake Parmesan Cheese
Olive and Italian Dressing
그린 샐러드
아티초크, 올리브, 파마산 치즈, 이탈리안 드레싱

Caprese Salad
Sliced Tomatoes, Mozzarella and
Black Olives with Balsamic Dressing
카프레제 샐러드
토마토, 모짜렐라, 블랙 올리브, 발사믹 드레싱

Caesar Salad
Choice of Grilled Bacon, Grilled Chicken
or Smoked Salmon
시저 샐러드
그릴드 베이컨 그릴드 치킨 훈제 연어 중 선택

### SOUP

Seafood Tomato Soup
Bouillabaisse Style
해산물 수프

Mushroom Soup
양송이 수프

### PASTA

Seafood Penne Pasta
Tomato Sauce or Cream Sauce
해산물 펜네 파스타
토마토소스 또는 크림소스

Tagliatelle Eggs noodle
with Beef Ragout Sauce
에그 누들 탈리아텔레
소고기 라구소스

All prices are in Korean won (KRW) and inclusive of service charge and VAT.
모든 메뉴 가격은 원화이며, 봉사료와 세금이 포함되어 있습니다.

## 5스타 호텔 라운지(접객 Service Process)

### 1. 입구 STAND-BY 및 응대

- 입구 stand-by는 지배인과 지배인 부재 시 선임captine이 한다.
- stand-by 위치는 입구 cashier desk 앞에서 한다.
- 고객이 들어오면 미소 띤 얼굴로 한 발짝 앞으로 다가가 눈을 맞추고 15도 각도로 정중히 인사한다. 인원수와 식사유무를 확인한 후 자리로 안내한다.

  "안녕하십니까? 어서 오십시오"
  "인원은 몇 분이십니까? 식사를 하실 수 있는 테이블과 편안한 쇼파 자리가 있습니다. 어느 쪽으로 안내해 드릴까요?"

- 고객을 안내할 시에는 고객의 오른쪽15도 방향에 서서 고객의 걸음 속도에 맞춰 걸으며 자리 안내를 도와준다.

  "안쪽으로 모시겠습니다."
  ※ 안내 시에 계단이 있을 경우 고객에게 주의를 준다.
  "아래쪽 계단을 조심하십시오."

- 자리를 안내하는 사람이 착석을 도와준다.

### 2. 착석 서비스

- 고객이 자리에 앉기 쉽게 두손으로 의자 등받이를 잡아 가볍게 빼드린다.
  "이쪽 자리 괜찮으십니까?"
- 앉을 때 두 손과 한쪽 무릎을 사용하여 의자의 등에 대고 살며시 앞으로 밀어준다.
  "의자를 안쪽으로 넣어 드리겠습니다."

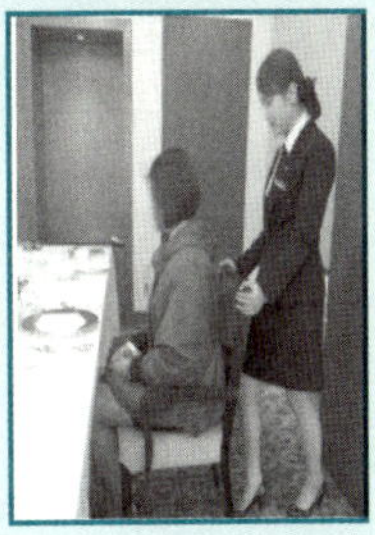

- 착석이 끝나면 자리가 마음에 드는지 확인하고 즐거운 시간이 되기를 바란다는 정중한 인사를 한 후 담당 직원에게 인계한다.
  "고객님 자리는 마음에 드십니까? 즐거운 시간 되십시오."
- 주위에 담당 직원이 없을 때에는 안내한 직원이 주문까지 도와준다.

## 3. 메뉴 제시

- 테이블의 상황에 따라 메뉴는 편한 쪽인 고객 우측에서 준다.
  "실례하겠습니다. 메뉴 올려 드리겠습니다."
- 고객이 한창 얘기를 하는 경우에는 기다렸다가 시간에 맞추어 주도록 한다.
- 고객을 기다리는 경우에는 먼저 물어보고 메뉴를 준다.
  "고객님 기다리시는 동안 메뉴를 먼저 보시겠습니까?"

- 메뉴는 영업을 하는 장소의 상품이므로 소중하게 취급하고 항상 깨끗이 보관한다.

## 4. 주문 도와주기

- 상품을 추천하기 전에 가능한 고객의 유형을 신속히 파악하여 고객으로 하여금 선택을 쉽게 할 수 있도록 한다.
  "고객님 제가 메뉴를 설명해 드려도 되겠습니까?"
- 고객의 주문 여하에 따라서 그날의 매출이 결정된다고 생각을 가지고 사전에 추천하기로 한 상품을 효과적으로 설명하여 판매한다. 단 너무 비싼 것을 추천하여 부담되지 않도록 한다.

**■ 식사 고객유형**

1. 연인 또는 중요 모임 : "오늘은 코스 메뉴가 아주 좋습니다. 저희는 최상급 스테이크를 사용합니다", "식사 시 와인이나 음료를 함께 하시겠습니까?"
2. 간단한 식사를 원하시는 고객 : "볶음밥 또는 초밥이 준비되어 있습니다."
3. 여성들끼리 : "여러 가지 샌드위치와 스파게티가 있습니다."

**■ 차 고객**

1. 날씨에 따라 : 더운 날씨 "시원한 생과일 주스와 스무디 종류가 있습니다."
   추운 날씨 "따뜻한 전통차와 클래식 차가 준비되어 있습니다."
2. 프로모션 : "건강에도 좋고 피부미용에도 효과적인 복분자 주스와 오디 주스를 특별행사 중에 있습니다. 어떠신지요?"

■ 단골고객인 경우에는 사전에 기호를 파악하고 추천과 서비스를 요령 있게 한다.
(호칭을 부르며) "항상 드시던 걸로 준비해 드릴까요?"

■ 메뉴는 고객의 우측에서 드리고 주문받을 때에는 좌측에서 받도록 한다.

■ 주문받을 때는 15도 정도 앞으로 숙이고 고객이 하는 이야기에 주의를 기울이며 주문하는 내용을 바로 적도록 한다.
"예, 고객님은 ○○○으로 하시겠습니까?"
스테이크 주문 고객 : "스테이크는 어느 정도로 익혀 드릴까요?"
고기를 많이 굽기를 원하는 고객에게는 시간이 오래 걸린다고 설명한다.
"고객님 고기를 많이 구우면 고기 질감이 딱딱해지고 굽는 시간도 좀 걸립니다만 괜찮으시겠습니까?"

■ 특별한 주문을 하는 경우에는 주방과 연락을 취하여 가능한지 확인하고 주문을 결정한다.
"저희가 주방에 재료가 준비되어 있는지 확인해보고 바로 알려 드리겠습니다."

■ 시간이 많이 걸리는 음식은 소요 시간을 말씀드려 지루함을 느끼지 않도록 한다.
"고객님께서 주문하신 요리는 ○○ 정도 시간이 소요되는데 괜찮으시겠습니까?"

■ 고객의 주문 내용을 다시 한 번 확인하며 정확히 기록한다.
"고객님 다시 한 번 주문하신 내용을 확인해 드리겠습니다. ○○와 ○○ 주문하셨습니다."

■ 주문을 받으면 감사하다는 표시를 정중하게 한다.
"감사합니다. 바로 준비해 드리겠습니다."

## 5. 물 제공 서비스

■ 물을 식사류 주문고객에게 먼저 주며, 음주류 고객에게는 찾으면 제공한다.

- 단골 고객은 인지 서비스를 하듯 제공시점을 파악하여 먼저 제공할 수 있다.
- 날씨가 매우 덥거나, 매우 추울 경우 고객의 입장에서 찬물과 더운물을 판단해 제공한다.
- 고객이 기다리는 시간이 오래 지나면 물어보고 제공한다.

## 6. 계산 및 환송

❶ 고객과 먼저 눈을 맞추고 정중하게 인사한다.
"즐거운 시간 되셨습니까?", "맛있게 드셨습니까?", "이용하시면서 불편한 점은 없으셨는지요?"

❷ 고객의 이용 내역 확인
"고객님, 커피 2잔과 오렌지 주스 1잔 하셨습니다. 맞으십니까?"

### ❸ 계산 방법

"계산은 어떻게 도와드릴까요?"

### ❹ 현금, 상품권, 카드, 룸 사인

• **현금**

"즐거운 시간 되셨습니까? / 맛있게 드셨습니까?"
"고객님께서 이용하신 내역은 (   )이고 총 금액은 (   )원입니다."
"혹시 저희 호텔 멤버십 카드를 가지고 있습니까?"
"제가 ○○ 받았습니다."
"○○ 포인트카드가 있으면 포인트를 적립해드리겠습니다."
고객이 ○○ 포인트카드가 없을 시
"고객님 ○○ 포인트 카드를 발급하시면 저희 호텔을 이용하시는 모든 금액을 적립하실 수 있고요. 적립된 포인트만큼 현금처럼 사용 가능하십니다."
"현금 영수증 필요하십니까? 소득공제용과 지출증빙용이 있습니다. 어떻게 도와드릴까요?"
– 카드일 경우 : "카드 받았습니다."
– 전화번호일 경우 : "전화번호 불러 주시겠습니까?"(다시 한 번 전화번호 확인)
(고객에게 잔돈과 영수증은 내용이 보이도록 반만 접어 Tray에 담아준다)
"잔돈과 영수증 올려 드렸습니다."
"감사합니다. 안녕히 가십시오./ 또 뵙겠습니다."

• **상품권**

"즐거운 시간 되셨습니까? / 맛있게 드셨습니까?"
"고객님께서 이용하신 내역은 (   )이고 총 금액은 (   )원입니다."
"혹시 저희 호텔 멤버십 카드를 가지고 계십니까?"
"○○ 포인트카드가 있으면 포인트를 적립해드리겠습니다."
고객께서 ○○ 포인트카드가 없을 시
"고객님 ○○ 포인트 카드를 발급하시면 저희 호텔을 이용하시는 모든 금액을 적립하실 수 있고요. 적립된 포인트만큼 현금처럼 사용 가능하십니다."
"상품권은 60% 이상 사용하셔야 사용 가능하십니다."
(고객에게 잔돈과 영수증은 내용이 보이도록 반만 접어 Tray에 담아준다)
"잔돈과 영수증 올려 드리겠습니다."
"감사합니다. 안녕히 가십시오./ 또 뵙겠습니다."

• **카드**

"즐거운 시간 되셨습니까? / 맛있게 드셨습니까?"
"고객님께서 이용하신 내역은 (   )이고 총 금액은 (   )원입니다."
"혹시 저희 호텔 멤버십 카드를 가지고 계십니까?"
"현재 ○○카드가 D/C가 됩니다."
"○○카드는 포인트 적립이 되고 포인트로도 결재가 가능하십니다."
고객께서 ○○ 포인트카드가 없을 시

"고객님 ○○ 포인트 카드를 발급하시면 저희 호텔을 이용하시는 모든 금액을 적립하실 수 있고요. 적립된 포인트만큼 현금처럼 사용 가능하십니다."
(고객이 카드를 주면 두 손으로 공손히 받는다)
"고객님께서 이용하신 내역은 (　)이고 총 금액은 (　)원입니다. D/C(　)% 되어 (　)원입니다"
(카드를 다시 줄 때 카드와 영수증은 반만 접어 Tray에 담아준다)
"카드와 영수증 여기 있습니다."
"감사합니다. 안녕히 가십시오./ 또 뵙겠습니다."

• **룸 사인**
"즐거운 시간 되셨습니까? / 맛있게 드셨습니까?"
"고객님께서 이용하신 내역은 (　)이고 총 금액은 (　)원입니다."
"룸 사인으로 하시겠습니까?"
"방 번호가 어떻게 되십니까? 죄송하지만 성함을 말씀해 주시겠습니까?"
"이쪽에 서명 부탁드리겠습니다."
"감사합니다. 안녕히 가십시오./ 또 뵙겠습니다."

■ 전자 결제나 서명하는 곳을 고객에게 가르쳐 줄 때에는 손바닥을 위로 보이게 하고 손가락을 붙여 설명한다.

❺ 주차확인
"고객님, 주차확인이 필요하십니까? 3시간 무료 주차 가능하시고 차량번호를 알려 주시면 입력해 드리겠습니다."
"발렛 주차하셨습니까? 발렛 주차도 같이 계산해 드릴까요? 발렛 주차권 주시면 확인해 드리겠습니다."

❻ 고객의 눈을 마주친 후 정중히 15도 각도로 인사를 드리며 진심이 전달되는 미소를 짓는다.
"이용해 주셔서 감사합니다. 안녕히 가십시오."

❼ 고객이 요구할 때에는 계산을 테이블에서 도와준다.
"테이블에서 계산 도와드릴까요? 잠시만 기다려 주십시오."
–카드 서명란이나 룸 사인 서명란을 가리키며
"이 쪽에 서명 부탁드리겠습니다. 감사합니다."

## 7. 끝 인사

■ 고객이 자리에서 일어나셔서 계산을 하시거나 나가면 직원의 모든 직원들은 고객에게 진심어린 마음으로 감사의 인사를 표한다.
"감사합니다. 안녕히 가십시오."

## 11. 커피숍(Coffee Shop)

주로 1층에 위치해 있으며 커피를 포함한 각종 음료수와 간단한 스넥류와 디저트류가 준비되어 있어 좋은 만남의 장소가 되는 곳이다.

많은 호텔에서 베이커리와 같이 운영하고 있으며 계절별 과일주스와 겨울철 국산차, 국제적으로 알려진 티 종류도 다양하게 갖춰서 고객의 기호에 맞는 음료를 제공하여 언제 어느 때 부담 없이 비즈니스를 하는 장소로 주말에는 맞선 장소로도 많이 이용되는 곳이기도 하다.

### 커피의 종류와 특징

커피의 품종은 아라비카(Arabica)종과 로부스타(Robusta), 리베리카(Riberica)종으로 3가지의 품종이 있으나 오늘날 리베리카 종은 거의 생산되지 않고 아라비카종과 로부스타종이 전체 생산량의 대부분을 차지하고 있다. 일반적으로 전체 커피생산량 중 아라비카종이 약 70% 이상, 로부스타종이 약 25% 이상으로 이 두 품종의 커피생산량이 약 95%를 넘는 점유율을 차지하고 있다.

■ 아라비카(Arabica)종

이 종은 전 세계 커피 생산량의 70% 이상을 차지한다. 동아프리카 에티오피아에서 최초로 발견된 커피나무가 전 세계로 퍼져나간 모든 아라비카종의 조상이다. 버본(Bourbon)과 티피카(Typica)가 코페아 아라비카변종 중에서 가장 오래되고 널리 알려져 품질을 인정받고 있으며 20세기 초에 나타난 카투라(Catura), 문도노보(Mundonovo), 티코(Tico), 산라몬(Sanramon) 등도 좋은 품종으로 유명하다. 또한 브라질에서 발견된 돌연변이종인 마라고지페(Maragogype)는 생두의 크기가 아주 커서 일명 코끼리빈이라고도 불린다.

아라비카는 자연변이에 의해 이미 존재해 오던 종으로 염색체수가 두 배로 이루어져 있다. 대부분의 다른 커피품종이 22개의 염색체를 가지고 있는데 반해 코페아 아라비카는 44개의 염색체를 가지고 있다. 아라비카는 상록수로 타원형의 진초록색 잎을 가지고 있고 나무가 큰 편이어서 완전히 자라면 4~6m 정도까지 자란다. 하지만 커피농장에서는 수확을 용이하게 하고 영양이 풍부한 무거운 열매를 맺을 수 있도록 가지치기를 하여 나무의 키를 2~3m로 유지한다. 아라비카 나무는묘목을 이식해 심은 후 3~4년이 지나야 완전히 성숙해서 열매를 맺을 수 있다.

다시 재배할 수 있는 가지는 나무 본줄기가 땅에서 약 15cm 정도 떨어진 곳에서 자란다. 아라비카의 수명은 약 50년이지만 30년 정도가 지나면 수확량은 현저히 감소한다.

로부스타보다 고급원두인 아라비카는 성장조건도 상대적으로 더 까다롭다. 적도 부근의 고도가 높은 800~2,000m에서 평균 15~30℃를 유지해야 하고, 연중 강수량은 150cm 정도로 지나치게 습하지 않아야 하며, 햇볕도 지나치게 강하지 않아야 한다. 토양은 화산재나 미네랄이 풍부한 땅에서 잘 자라는데 뿌리는 그다지 깊게 내리지 않는다.

나무꼭대기 부분의 잎은 밝은 초록색으로 빛이 나며 아래쪽 부분은 색깔이 무디고 분명치 않다. 잎사귀는 길이가 5~20cm 사이의 다양한 크기에 끝이 뾰족한 모양을 하고 있다.

가지마디에 피는 꽃은 5~12개로 다발로 피고 자스민 같은 향기를 뿜는다. 5개의 꽃잎으로 활짝 핀 하얀색의 커피나무 꽃은 열매를 맺기 위해 수정을 하고 나서 곧바로 시들어 버린다. 특별히 기후조건에 변화가 없다면 보통 1년에 6~7번 꽃을 피우기 때문에 커피나무에는 거의 언제나 열매가 매달려 있는 모습을 볼 수가 있다. 그러나 고도가 높은 지역에서 경작되는 나무들은 보통 1년에 한 번만 꽃을 피운다.

■ 로부스타(Robusta)종

19세기 말 서아프리카 콩고에서 발견되었다. 이후 병충해에 강하고 저지대에서도 잘 자라기 때문에 급속하게 전 세계로 퍼져 나갔다. 현재 세계 커피생산량의 25% 정도를 차지하며 주로 아프리카 중서부 지역, 동남아시아, 브라질의 코닐론지역 등지에서 재배되고 있다.

로부스타도 아라비카와 마찬가지로 나무를 심은 지 3~4년이 지나야 첫 번째 수확을 할 수가 있다. 나무의 수명은 20~30년이고, 성장조건은 아라비카와 다르지 않게 평균 기온 24~30℃, 연 강수량 약 150cm를 유지하는 적도 부근의 환경에서 잘 자란다.

로부스타는 아라비카보다 나쁜 환경에 더 잘 견디고 질병에도 더 강하며 재배를 위한 유지비용도 덜 든다. 게다가 산출량도 높아서 대체로 값이 저렴한 인스턴트 건조커피나 캔커피에 사용된다.

■ 리베리카(Riverica)종

아프리카의 라이베리아가 원산지인 품종인데 재배 역사는 아라비카종보다 훨씬 짧다. 꽃, 잎, 열매의 크기는 아라비카나 로부스타보다 크고 내병성, 적응성이 뛰어나 재배 지역이 리베리아, 수리남, 가이아나 등인 리베리카종은 일부 유럽으로 수출되지만 대개 자국소비에 그친다. 리케리카종은 아라비카종보다 향미가 떨어지고 쓴맛이 지나치게 강하다.

## 1) Caffè Art Menu

**Caffè Macchiato** 카페 마끼아또, 이탈리아

데운 우유와 우유 거품
카페 에스프레소

**Caffè Latte Macchiato** 카페 라떼 마끼아또, 이탈리아

데운 우유와 우유 거품
카페 에스프레소

**Caffè Freddo** 카페 프레도, 이탈리아

분쇄한 얼음
카페 도피오

**Caffè Cappuccino Freddo** 카페 카푸치노 프레도, 이탈리아

분쇄한 얼음
데운 우유와 우유 거품
카페 도피오

**Caffè Freddo Sakeratto** 카페 프레도 사케레또, 이탈리아

바닐라 아이스크림
우유
녹인 초콜릿
카페 도피오

**Caffè Cremoso** 카페 크레모소, 이탈리아

설탕
카페 에스프레소

**Caffè Mochaccino** 카페 모카치노, 이탈리아

분쇄한 초콜릿
데운 우유와 우유 거품
카페 에스프레소

**Caffè Marocchino** 카페 마로치노 이탈리아

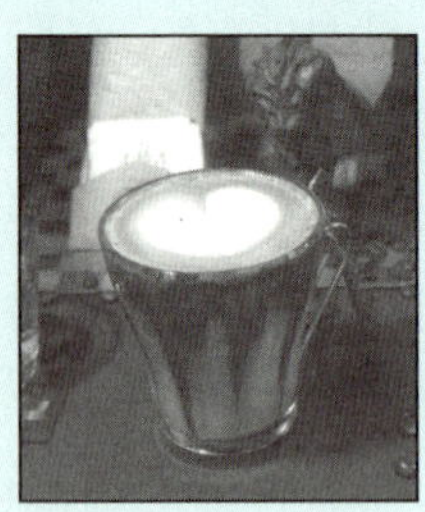

녹인 초콜릿
데운 우유와 우유 거품
카페 에스프레소

### Caffè Bicherin 카페 비체린, 이탈리아

녹인 초콜릿
데운 우유와 우유 거품
분쇄한 초콜릿
카페 에스프레소

### Caffè Dessert 카페 디저트, 이탈리아

분쇄한 초콜릿
데운 우유와
휘핑한 크림
카페 에스프레소

### Caffè Gelato 카페 젤라또, 이탈리아

소프트 아이스크림
카페 에스프레소

### Caffè Con Panna 카페 콘 파냐, 이탈리아

휘핑한 크림
카페 에스프레소

### Affogatto al Caffè 아포가또 알 카페, 이탈리아

바닐라 아이스크림
카페 도피오

### Caffè Corretto 카페 꼬레또, 이탈리아

그라빠
카페 에스프레소

## 12. 룸서비스(Room Service)

호텔에서의 룸서비스라 하면 고객이 객실에서 식음료를 주문하면 주문한 음식을 신속, 정확하게 객실까지 배달하여 제공하는 24시간 서비스를 말한다. 음료는 소프트 드링크(soft drink)류의 주문이 많고, 식사는 주로 아침식사와 간식이 주류를 이룬다. 룸서비스는 엘리베이터나 주방 가까운 곳에 위치하여 운영한다. 한편, 룸서비스의 일반적인 특징을 살펴보면 다음과 같다.

- 영업대상이 투숙객이므로 24시간 영업한다.
- 고객이 주문 시 직접 객실까지 서브한다.
- 룸서비스의 주문은 대부분이 오더 테이커(order taker)가 전화를 통하여 주문을 받는다.
- 룸서비스 메뉴는 한식, 양식, 일식, 이탈리아식으로 구성되어 있다. 단 주문은 시간 제약을 받는다.
- 조식(일식, 양식) 및 야외도시락(luncheon box)은 룸서비스에서 제공될 수 있는

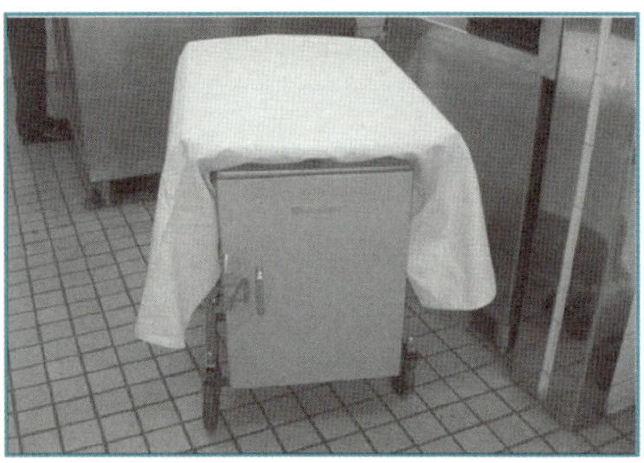

품목으로 예약이 가능하다. 단, 야외도시락은 24시간 전에 주문 예약이 이루어져야 한다.

- 비즈니스 목적의 F.I.T 고객을 위한 Executive Salon을 운영할 수 있다.
- 외부로부터 과일, 케이크, 음료 등을 주문받아 객실에 투입이 가능하다.
- 객실에서 칵테일 파티 시 Bar-Set up이 가능하다.
- 룸서비스의 서비스 형태는 Cart, Tray, VIP Service 등으로 구분할 수 있다.

### 1) 룸서비스 메뉴판

**BREAKFAST** 07:00~10:00

Beef Bone & Vegetable soup with Rice and 4Kinds of side dish
사골 우거지 해장국
American Breakfast
미국식 아침식사
Continental Breakfast
유럽식 아침식사
Egg & Omelette
Two Fresh Eggs any Style with Ham, Bacon, Sausage
(Fried, Boiled, Poached or Scrambled)
계란요리와 햄, 베이컨, 소시지
French Toast
프렌치 토스트

**LUNCH & DINNER** 12:00~21:30

RICE 식사
Beef Bone & Vegetable soup with Rice and 4Kinds of side dish
사골 우거지 해장국

SANDWISH 샌드위치
Club House Sandwich 클럽하우스 샌드위치

RELISH 안주류
Dried Relish Tray 마른 안주
Ham, Cheese & Cracker 햄, 치즈, 크래커
Grilled Cube Steak 찹 스테이크
Fresh Fruits in Season 계절과일

## BEVERAGE

WHISKY 위스키
Ballantine's 12years
발렌타인 12년
Johnnie Walker Black
죠니 워커 블랙
Old Parr
올드파
Imperial
임페리얼
Jim Beam
짐빔

WINE 와인
Daos Cabernet Sauvignon
다오스 까베르네 쇼비뇽

BEER 맥주
Sapporo 삿포로
Krombacher 크롬바커
Miller 밀러

DRINK 음료
Fresh Juice (Orange, Kiwi) 생과일주스(오렌지, 키위)
Ice Coffee 냉커피
Green Tea 설록차
Milk (Hot, Fresh) 우유
Coffee, Tea, Ginseng Tea 커피, 홍차, 인삼차
Soft Drinks 콜라, 사이다

ICE 얼음
MINERAL WATER 미네랄워터
Ferrarelle 페라렐레
San Pellegrino 산 펠레그리노
Perrier 페리에
Spa 스파
Evian 에비앙

10%의 봉사료와 10%의 세금이 포함되어 있습니다.
The rates are included 10% Service Charge & 10% Tax.

### 2) 전화주문(Order taking)

- 전화벨이 울리면 먼저 객실번호를 확인 기록한다.
- 미확인 시 계속 통화를 하되 4~5초 후 전화상에 시간, 국적, 이름, 객실번호가 다시 나타나면 반드시 객실번호를 먼저 기록한다.
- 주문이 끝나면 반드시 반복하여 확인하고 조리시간을 알려 주어야 한다.
- 통화가 끝나면 수화기를 손님이 먼저 놓은 다음 오더테이커는 다시 한 번 객실번호를 확인한 다음 수화기를 놓는다.
- House Phone으로 손님이 주문할 때에는 정중하게 Dial 몇 ( )번 Room service로 안내한다.
- 객실로부터의 전화는 반드시 정확하게 기록, 유지한다.
- 바쁜 시간대에 오더테이커는 적절하게 시간을 조절하여 서브할 수 있는 시간의 여유를 준다.

※ 객실손님>Ordertaker>Billing(Posting)>Cashier>Room으로 입력>Set up>Serve

### 3) Door Knob Menu에 의한 주문서

객실에 비치된 Door Knob Menu를 이용하여 손님이 원하는 날짜, 시간, 품목을 표기하여 당일 02:00까지 Door Knob에 걸어 놓으면 이를 Room Service 직원이 수거하고 Order Taker가 시간별로 분류하여 Bill을 작성한다. 조식예약 주문서를 Door에서 수거 시 종종 누락되는 일이 있으므로 이를 최소한으로 방지하기 위하여 아래와 같은 방법으로 수거한다.

- 조식예약 주문서(Door knob menu)의 수거 시는 복도 양쪽에 위치한 문을 살피면서 느린 걸음으로 진행하며, 수거 즉시 객실번호를 잘못 기록하였거나 누락 여부를 확인하고 이상 발견 시 정정 기록한다.
- 수거한 주문서는 시간대별로 분류하면서 같은 시간대의 가까운 층별로 분류한다.
- 이와 같이 분류한 주문서는 조식예약 대장에 시간대별, 가까운 층별로 기록하고 조식 담당 접객원을 배정한다.

• 식탁차 위에 시간대별, 층별로 분류하여 객실별로 간단한 기본 제공 기물 및 양념 등을 주문내용과 확인하면서 Set-up한다.
• 준비가 완료된 후 계산서를 발행하고 주문서와 일치 여부를 확인한다.
• 접객조장은 이를 확인 점검하여 이상 유무를 가려 조치한다.
• 담당 접객원은 고객이 요구하는 시간 내에 예약된 식음료가 배달되도록 유의하며 정확한 시간을 엄수한다.
• Door Knob Menu수거는 03:00시부터 진행하며, 시간미정 및 기타 문제가 발생 시 Order Taker에게 인수인계하고 당일 07:00경에 전화하여 원하는 시간에 Serve한다.

※ GUEST ROOM > Door Knob Menu수거 > 시간별로 분류 > Billing(Posting) > Cashier > Room으로 입력 > Set-up > Serve

### 4) 룸서비스 서버자의 주의사항

• 깨끗한 유니폼으로 단장하고 머리 손질 및 외모가 정결하여야 한다.
• 룸서비스 오더테이커로부터 주문서를 인계받는다.
• 리넨, 냅킨, 재떨이, 식탁기물, 슈가볼 등 필요한 기물로 트레이, 트롤리(룸서비스 카트)를 셋업한다.
• 커피포트에 커피를 담기 전에 포트가 뜨거워지도록 뜨거운 물로 헹구어 낸다. 뜨거운 음료는 뜨겁게 서브한다.
• 토스트(toast)는 따뜻하게 보온이 되도록 청결한 냅킨으로 감싸서 서브한다.
• 객실 문 앞에 도달하면 전표의 객실번호와 동일한가 확인하고, 입실 전에 반드시 노크를 하며, '룸서비스입니다', 'Room Service' 라고 명확한 소리로 알린다.
• 입실하면 명랑하게 적절한 인사를 한다. 'Good Morning', 'Good Afternoon'. 'Good Evening'.
• 배달된 음식을 어느 곳에 놓으면 좋겠는가를 고객에게 묻는다.
• 음식은 식당 홀에서 서브하는 것처럼 정확한 방법으로 배열한다.

- 전표(bill)를 제공하고 고객의 서명 날인(signature)을 받되 성명은 정자(printing name)로 쓰도록 요구한다.
- 고객이 더 주문할 것이 없는지 물어 본 다음, 없을 경우에는 방을 나서기 전에 감사하다는 말을 한다.
- 고객에게 항상 친절하여야 하지만 너무 친밀한 관계가 되어서도 안 된다.
- 도어놉메뉴(door knob menu)를 수거할 때 명심할 것은 메뉴 위에 쓰인 방번호와 객실번호가 일치하는지 확인 한다.
- 층별로 일정한 시간 간격을 두어 순회하면서 복도에 나와 있는 트레이와 트롤리를 수거하여 스튜워드(steward)로 보낸다.
- 아침에 사용할 트레이나 트롤리들은 밤중 한가한 시간에 준비(set up)해 놓는다.
- 고객의 물건에 손을 대서는 절대로 안 된다.

### 5) 룸서비스를 위한 준비요령(Mise-en-Place for Room Service)

❶ 룸서비스 트롤리들이 정상적인 상태인지 체크한다. 사용이 불가능하거나 수리를 요하는 것은 영선실로 보내어 수리하도록 조치한다.

❷ 트롤리를 항상 깨끗하게 닦아 놓아야 한다.

- 트롤리 상단부분
- 바퀴, 다리, 금속프레임 등
- 푸드, 와머, 박스(Food warmer box)

❸ Food warmer box 속에 있는 램프를 체크하고, 깨끗이 청소한 다음 알코올(고체연료)을 채워 놓는다.

❹ 트레이들은 깨끗이 닦아서 필요 시 즉시 사용할 수 있도록 선반 위에 쌓아 놓는다.

❺ 테이블 클로스, 냅킨, 트레이 클로스, 키친 클로스, 글라스 클로스 등 리넨류를 체크하고 지정된 선반 위에 정리하여 놓는다.

❻ 플레이트로, 컵종류, 컵 밑받침류, 글라스류 등 사용하기에 완전한 상태에 있는지 점검한다.

❼ 소금, 후추 셰이커, 마스터드, 포트 등을 깨끗이 닦고, 다시 채워 넣는다. 필요 시에는 소금을 셰이커에 넣기 전에 따듯하게 말려서 다시 채워 넣는다.

❽ 모든 소스 병들을 뚜껑을 열어 보고 주둥이를 깨끗이 닦아서 다시 닫아 놓는다. 만약 반 정도 쓴 병이 있으면 다른 병에 채워 넣는다. 보충할 것이 있으면 미리 보급청구를 한다.

❾ 모든 기물(Cutlery)들은 뜨거운 물에 담갔다가 깨끗이 닦은 다음 보관 장소에 정리한다.

❿ 냅킨은 즉시 사용할 수 있도록 미리 접어놓는다.

⓫ 밤 동안에 아침에 사용할 트레이들을 콘티넨탈 브렉퍼스트(Continental Breakfast)와 아메리칸 브렉퍼스트로 구분하여 셋업하여 놓는다. 룸서비스용 엘리베이터는 최고의 컨디션을 유지해야 한다. 작동 기능이 좋지 않을 때는 즉시 기계실로 연락하여 처리하도록 한다.

### 6) 트레이 혹은 트롤리 세팅 요령

조식 서비스를 위해서 서비스 트레이에는 깨끗한 트레이 클로스(Tray Cloth)를 깔아야 하며, 서비스 트롤리에는 테이블 클로스를 덮어야 한다.

#### ❶ 콘티넨탈 브렉퍼스트

■ **기물** 디저트 프레이트, 컵과 컵 받침, 티스푼, 버터나이프, 냅킨, 솔트, 페퍼 셰이커, 주스 글라스

■ **품목** 설탕 : 1인당 두 세 봉지(packs)

버터 : 1인당 10그램(2 packs)

브레드, 롤빵 : 1인당 두세 개(조직용 소형 롤빵) 냅킨에 싸서 제공한다.

잼(jam) : 가능한 한 1인분씩 포장된 두 종류의 잼(1잼, 1마멀레이드)

음료 : 주문에 따르다.

커피 : 뜨겁게 유지하되 보온병에 넣어 제공한다.(캡틴은 보온포트 관리를 철저히 할 것)

티백(tea bag) : 뜨거운 물 포트와 함께 서브한다.

초콜릿 : 덮개 있는 포트에 서브하며 뜨거운 밀크는 4온스 대형 크리머(creamer)에 서브한다.

주스 : 조식용 주스 글라스에 제공한다.

꿀(honey) : 요청이 있을 때 제공한다.

**❷ 아메리칸 브렉퍼스트**

- **기물** 디저트 프레이트, 버터 나이프, 컵과 컵 받침, 티 스푼, 냅킨, 솔트페퍼 셰이커, 미트 나이프, 미트 포크, 시리얼 스푼(cereal 주문 시)
- **품목** 콘티넨탈 브렉퍼스트의 품목에 계란요리가 추가된다.
  (계란요리의 형태와 곁들여지는 육류〈햄, 베이컨, 소시지 등〉를 확인할 것)

## 7) 룸서비스의 기본세팅

❶ Table Knife ❷ Table fork ❸ Butter knife ❹ B&B plate
❺ 주문한 음식 ❻ Water Goblet ❼ Caster set ❽ Tent Card
❾ Butter Dish ❿ 주문한 음료

※ 4번 B&B Plate는 Main Dish Food Cover 위에 놓는다.

## 8) 룸서비스 일반수칙

❶ 트레이를 운반할 때는 왼손 손바닥을 펴서 받쳐 들어야 한다.(손가락 끝으로 받쳐서는 안 된다)

❷ 대부분의 고객들은 트레이에 놓은 채 직접 식사하기 때문에 셋업하기 전에 트레이 크로스를 깔아야 한다.

❸ 뜨거운 포트나 음식은 트레이 외곽으로 놓되 물이 나오는 주둥이(nozzle)를 바깥쪽을 향하게 놓는다. 이것은 트레이 크로스가 더러워지지 않도록 하기 위해서다. 또한 만약의 경우 뜨거운 액체가 흘러 웨이터의 몸에 화상을 입지 않도록 하기 위함이다.

❹ 무거운 품목은 트레이의 중앙부에 놓는다.

❺ 두 사람 혹은 그 이상일 때는 객실 테이블에 놓는다.

❻ 한사람 이상일 때는 트롤리를 사용한다.

⑦ 트레이에 뜨거운 요리가 제공될 때에는 접시에 커버(Food Cover)를 씌워 운반한다.

⑧ 룸서비스 트롤리에 제공할 때는 찬 음식은 트롤리 위에 놓고, 뜨거운 음식은 홀워머 박스(Food warmer box or hot Food Container)에 넣으며 그 박스 내부가 따듯하도록 알코올 램프를 켠다. 박스 안의 열로 음식이 말라 버리거나 타지 않도록 주의한다.

⑨ 캐셔로부터 전표를 받아 룸서비스를 출발하기 직전에 트롤리나 트레이에 있는 음식과 전표상의 음식품목이 일치하는지 재차 점검(Double Check)한다.

⑩ 서비스 조장인 캡틴은 시간이 허락하는 한 웨이터들이 객실로 출발하기 전에 모든 주문사항과 준비상태를 체크하여 준다. 어떤 음식이나 기물이 하나라도 빠졌을 경우에는 고객에게 불편함을 줄 뿐 아니라 서비스에 상당한 지연을 초래하기 때문이다.

⑪ 웨이터는 문을 노크하고 고객의 허락에 따라 입실한다.(문은 약간 열어 놓은 채)

⑫ 트레이를 테이블 위에 놓을 때에는 주식 접시가 의자를 향하도록 놓는다.

⑬ 트롤리의 양 날개를 펴 올리고, 서브하여도 좋을지 의향을 물어본다. 원하지 않을 경우 객실을 나오기 전에 반드시 알코올 램프를 꺼야 한다.(화재의 위험성 때문)

⑭ 병에 들어있는 음료를 서브할 경우는 병마개를 열어 준다.

⑮ 전표에 사인을 받은 후에 테이블 수거를 위한 안내카드(Table Removal Tent Card) 사용요령을 설명해 주고 객실을 나온다.

- 식사시간은 약 한 시간 정도 소요된다. 트레이와 트롤리는 웨이터와 버스 보이에 의하여 수거되며, 이때 조직적인 수거작업을 위하여 클리어링 챠트(Clearing Chart)를 이용한다. 수거된 방은 'Off' 표시를 하여 수거되지 않은 방이 어느 방인가 한눈에 볼 수 있도록 한다. 트레이나 트롤리, 기타 룸서비스용 기물을 수거하는 작업은 객실부서(House Keeping)의 업무가 아니라는 것을 명심해야 한다.
- 서명이 날인된 전표는 룸서비스 도착 즉시 캐셔에게 전하고 비정상적인 사항은 어떤 것이든 접객조장에게 즉시 보고한다.

## 13. 식당 내의 고객접객(접점) 서비스(MOT SERVICE)

서비스에 감동받은 고객은 식당에 대한 좋은 경험과 이미지를 갖고 평생 고객이 될 수 있다. 고객과 최일선에서 근무하는 접객원은 고객을 만나서 서비스가 이루어지는 15초 동안 평가받은 서비스 수준을 MOT SERVICE라고 한다.

이러한 서비스는 고객과의 접점순간에 만족을 줄 수 있는 결정적 요소로 순간순간 최선을 다하여야 하는 것이다. 고객은 항상 서비스를 받고 평가하므로 경쟁우위 서비스를 위해서는 식음료 경영에 필수적인 서비스기법이라고 할 수 있다.

### 1) 유래

1980년 초 항공산업이 불황일 때 SAS에 얀칼슨 사장이 취임하면서 MOT를 최초로 도입한 항공사 서비스기법이 호텔, 식음료 서비스산업에 파급되었다.

불황이 닥치면 대부분의 회사들은 인건비를 비롯한 비용절감에 모든 경영 핵심 역량을 투입하지만 얀칼슨 사장은 고객 위주의 경영을 제창하여 최일선 직원 서비스 혁명을 주로 하여 현장 서비스를 실시해 성공을 거둔 사례이다.

### 2) 구분

MOT SERVIC는 인적 · 물적 정보로 나눌 수 있는데 인적 MOT는 고객과의 접점에서 이루어지는 접객원의 서비스로 Appearance, 인사, 주문, 서빙, 계산 등이다. 물적 MOT는 고객을 위한 시설물 기물, 음식, 분위기로 깨끗한 식당의 테이블 클로스, 종사원의 유니폼, 음식의 맛과 멋 등이다. 정보 MOT는 고객에게 호텔식음료 상품을 홍보하거나 알리는 Image Up, Relationship 등의 서비스를 말하는데, 특히 전화예절은 중요하다.

### 3) 중요성

수많은 접점서비스 중에서 어느 한 순간이라도 고객이 불만족하면 전체적으로 볼 때 서비스는 불량으로 평가한다. 서비스 결과는 고객의 재방문을 통해 매출액으로 나

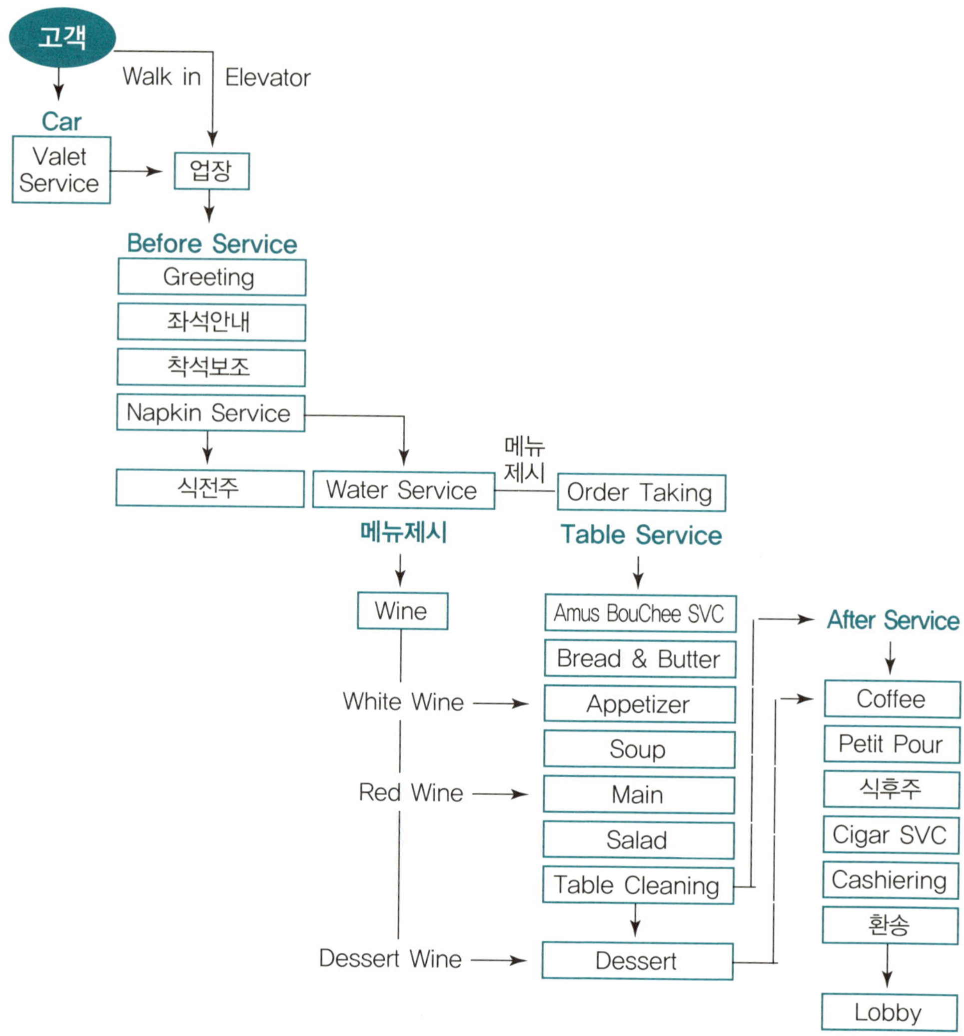


[그림 5-10] Service Process Map(S호텔 사례)

타나고 고객 중심적인 서비스를 하는 접객원들은 자발적이고 의욕적으로 서비스함으로써 고객만족을 통한 직업의 자긍심을 갖게 된다.

### 4) 고객접점 만들기

❶ 호텔식당 이미지, 전화받기, 상품안내, 환영인사, 예약확인, 좌석배정 및 안내,

좌석도움, 메뉴추천, 주문한 음식, 음료 서빙 예견된 서비스, 청결, 정확한 빌링, 감사의 인사 재방문 요청

❷ 출발, 전화예약, 도착, 안내, 착석, 주문, 서비스, 버싱, 계산, 활동

❸ 수납원, 요리사, 접객원, 지배인

❹ 호텔식당 MOT

### 5) MOT 사례일지 작성요령

고객의 MOT 서비스사항은 지배인이나 캡틴에게 보고한 후 모든 사항을 육하원칙에 준해서 일지를 작성한다.

- 일시
- 장소
- 시간
- 고객의 성명
- 내용(서비스 제공하여 고객이 감동한 내용)
- 왜
- 서비스방법

이같은 요령에 의거하여 작성하면 접객원들에게 교육 자료로 활용하고 고객의 성격과 기호파악이 용이하고 더 나은 서비스 수준과 기준을 잡을 수 있다. 또한 종사원끼리 선의의 경쟁을 통해 영업장의 서비스 질을 높일 수 있으며, 종사원의 자긍심으은 서비스에 자신감을 갖게 되고 고정 고객화하는데 도구로 활용할 수 있다.

## 14. 고객의 불편, 불만사항(Complaint) 처리

불평을 말하는 고객은 우리에게 한번 더 잘할 수 있는 기회를 주는 고마운 고객이다. 신속하고 정성껏 처리했을 때 그 고객을 우리의 영원한 고객으로 만들 수 있는 또 한번의 기회를 갖게 되는 것이다. '고객은 항상 옳다' 는 점을 명심해야 한다.

### 1) 발생요인

서비스에 대한 평가는 고객의 극히 주관적인 판단으로 서비스하는 측에서는 미세한 부분까지 감안하여 배려한다. 대체로 고객은 다음과 같은 원인으로 불만을 토로한다.

❶ 전화를 오랫동안 받지 않을 경우
❷ 말씨가 퉁명스럽거나 난폭할 경우
❸ 접객 태도가 나쁠 경우
❹ 음식에 불순물이 들어있을 경우
❺ 음식 맛에 이상이 있을 경우
❻ 뜨거워야 할 음식이 뜨겁지 않거나, 차가워야 할 요리가 차지 않을 경우
❼ 접시 및 기물에 흠이 있거나 불순물이 묻어있을 경우
❽ 주문한 것과 다른 경우나 누락된 부분이 있을 경우
❾ 시간이 지체될 경우
❿ 설비 및 시설의 미비로 신체나 의복이 손상되었을 경우
⓫ 부주의나 불결로 인해 파리 등의 해충이 있을 경우
⓬ 종업원의 용모 불결 및 업장의 분위기가 산만할 경우

### 2) 처리방법

미국의 전설적인 호텔왕 스타틀러는 서비스의 개념을 한마디로 'Guest is Always Right' 라고 정의하였다. 이 말은 곧 잘못을 지적해주는 사람이나 고객에 대해서는 이의나 변명이 있을 수 없다는 것을 말하며 오히려 고객의 지적이나 불만사항을 주의 깊게 경청함으로써 시정하는 자세가 서비스 발전의 원동력이 됨을 뜻한다.

### 3) Complaint 발생의 대처요령

❶ 끝까지 고객의 말을 겸손하게 경청한다.
❷ 성의있게 사과하여 고객의 불쾌감을 풀 수 있게 한다.
❸ 고객의 complaint을 회피하거나 무마해서는 안 된다.
❹ 사적인 감정대립이 되지 않도록 분위기를 조절한다.
❺ 다른 고객에게까지 불편을 끼치지 않도록 주의한다.
❻ 고객의complaint을 잘 처리해서 회사의 이미지를 향상시켜야 할 뿐 아니라 그 고객을 고정고객으로 만드는 좋은 계기로 삼는다.

## 4) Complaint 일지의 작성요령

고객의 complaint을 지배인이나 캡틴에게 보고한 후 모든 사항을 육하원칙에 준해서 일지에 기록한다.

• 주체인물 • 시간 • 장소 • 내용 • 왜 • 처리방법

이 같은 요령에 의거 작성하는 의의를 살펴보면 다음과 같다.

- 같은 종류의 실수 및 성격이 다른 기타 Complaint의 원인을 미연에 방지할 수 있다.
- 종업원 교육 시 자료로 활용한다.
- 고객의 기호파악을 용이하게 해주는 자료가 된다.
- 호텔 발전을 뒷받침하는 귀중한 자료로써 역할을 할 수 있다.

## 5) 불평처리

### ❶ Complaint 처리 결과

- Complaint 발생하면 캡틴 또는 지배인에게 보고하고 손님과 대화 후 합리적인 방향으로 합의한다.
- 합의한 내용을 실행하여 불평고객을 고정 고객화하고 고정 고객관리를 한다.
- 일이 크게 번지기 전에 즉시 계통대로 보고하여 해결토록 한다.
- 절대로 담당 직원 혼자 해결하려고 하지 말고 컴플레인 절차대로 보고하여 처리토록 한다.

### ❷ Complaint 처리할 때의 자세

- 손님의 입장에서 성의 있는 자세로 임한다.
- 문제점을 해명하거나 변명을 하지 않는다.
- 손님에게 동의를 해가면서 긍정적인 자세로 듣는다.
- 솔직하게 사과한다.
- 설명은 사실을 전제로 해서 명확하게 한다.
- 발생된 원인은 신속하게 처리한다.

### ❸ Complaint 처리 3변 주의

㉠ 사람을 바꾼다.

- 사원>상사
- 신입사원>선배사원

㉡ 장소를 바꾼다.

- 서 있을 때>앉아서 진정시킨다.
- 고객을 혼자 있게 한다.

㉢ 시간을 바꾼다.

- 대꾸를 피하고 손님이 진정될 수 있는 시간을 갖는다.
- 고객에게 중간 보고를 한다.

### ❹ complaint 처리 5단계

손님을 응대할 때는 손님보다 목소리가 높아서는 안 되며 손님의 말을 가로막아서도 안 된다. 사전에 '죄송합니다.' 라는 접객용어 사용한다.

**1단계** 고객의 불만을 듣는다.

- 선입관을 버리고 관심을 갖고 들어 준다.
- 자기의견을 개입시키지 말고 전체적인 사항을 듣는다.
- 중요사항을 메모한다.

**2단계** 고객의 불만의 원인을 분석한다.

**3단계** 해결책을 검토한다.

- 자기권한 내인가를 검토(권한 밖이면 캡틴 및 지배인에게 보고)한다.
- 고객을 만족시킬 수 있는 방안을 검토한다.
- 신속한 해결 일정을 검토한다.

**4단계** 고객에게 해결책을 제시한다.

- 해결책을 알기 쉽게 설명한다.
- 권한 이외의 것은 설명하면서 양해를 구한다.

**5단계** 처리결과를 검토한다.

- 고객의 반응을 조사한다.
- 재발방지를 약속한다.

## 6) 컴플레인 사례 및 다양한 해결내용

### (1) 고객이 주문한 음식이 다르게 나왔다고 불평했을 때

| 구 분 | 세부내용 |
|---|---|
| 사례내용 | • 휴가철인 여름에 커피숍에서 저녁식사로 갈비탕을 주문하였다.<br>• 주문한 갈비탕이 아닌 꼬리곰탕이 제공되었다.<br>• 음식도 바뀌었으며, 꼬리곰탕도 너무 맛이 없어서 요금을 지급할 수 없다며 불평한다. |
| 불평청취 및 사과 | • 고객의 불평을 끝까지 조용히 청취한다.<br>• 인사를 정중히 45도로 한 후 "그렇습니까? 대단히 죄송합니다. 잠시만 기다려주십시오. 주문을 받은 담당자를 불러 확인조치하겠습니다."라고 말한 후 오른발부터 2보 뒤로 물러나 주문받은 담당자나 헤드사원, 지배인에게 보고한다.<br>• 고객의 의견에 대한 반론 제기는 절대 금한다.<br>예) 그럴 리가 없는데요. 등 |
| 수습 | • 보고받은 담당자나 캡틴은 즉시 테이블로 가서 정중하게 45도로 인사한 후 "제가 주문받은 ○○○입니다. 음식이 다르게 제공되었습니다."라고 사과하며 지배인은 접객 조장 1m 뒤에 선다.<br>• 이때 지배인은 고객에게 다가와 "제가 담당 지배인입니다. 저희 직원의 실수에 대해서 정말 죄송스럽게 생각합니다. 손님의 음식을 즉시 준비해 드리겠습니다."라고 말한다.<br>• 지배인은 직접 요리장에게 불평내용을 설명하고 음식을 신속하게 준비하도록 하여 직접서빙을 하고 재차 사과를 한다.<br>• "맛있게 드십시오"라고 말한다.<br>• 지배인은 그날의 특별후식을 고객 수대로 무료로 제공한다.<br>• 계산과정에서 상황에 따라 음식값에서 10% DC하거나 불평음식에 대해서는 빌링을 하지 않는다. |
| 사후조치 | • 지배인은 고객을 정중히 배웅하면서 명함을 주며 "죄송합니다. 다음에 오시면 최선의 음식이 제공될 수 있도록 기억하고 있겠습니다. 괜찮으시다면 명함 한 장 주시면 고맙겠습니다."라고 인적사항을 확인한다.<br>• 지배인은 다음날 고객에게 전화를 걸어 다시 한 번 사과를 하며 각종 행사가 있을 때 행사 브로슈어를 우송하여 단골 고객화한다. |

### (2) 고객이 주문한 와인, 맥주, 음료수에서 이물질이 나왔거나 부패된 경우

| 구 분 | 세부내용 |
|---|---|
| 사례내용 | • 접대관련 외국인 초청 저녁식사를 네 명이 하면서 화이트와인, 샤블리를 주문하였다.<br>• 마시면서 보니 술잔 안에 코르크 마개가 부서진 것 같은 이물질이 들어 있었다.<br>• 고객은 이렇게 비싼 음식에 비싼 와인까지 주문하여 손님을 접대하는데 와인에 이런 이물질이 나와서야 되겠느냐고 불평하였다. |
| 불평청취 및 사과 | • 고객의 불평을 끝까지 조용히 청취한다.<br>• 인사를 정중히 한 뒤 "대단히 죄송합니다. 저희들의 잘못입니다. 즉시 와인을 바꾸어 드리겠습니다. 잠깐만 기다려 주십시오."라고 말한다. |
| 수습 | • 지배인은 보고한 직원과 함께 즉시 테이블로 가서 정중하게 인사하고 "제가 담당 지배인입니다. 불편을 끼쳐드려 대단히 죄송합니다. 저희들 잘못으로 와인에 이물질이 들어간 것 같습니다. 와인을 새로운 것으로 준비해 드리겠습니다."라고 말한다.<br>• 지배인은 직접 주문을 받아 서빙을 하고 "대단히 죄송합니다. 다음부터는 실수가 없도록 와인을 준비하도록 하겠습니다." 하면서 간단명료하게 사유를 말한다.<br>• 고객이 나갈 때까지 테이블에 접객조장이나 지배인이 Stand-by를 철저히 한다.<br>• 계산과정에서 고객이 불평한 와인 1병은 무료로 제공하고 나머지만 빌링한다. |
| 사후조치 | • 지배인은 고객을 정중히 배웅하면서 명함을 주며 "죄송합니다. 다음에 오시면 최선의 음식이 제공될 수 있도록 기억하고 있겠습니다. 괜찮으시다면 명함 한 장 주시면 고맙겠습니다."라고 인적사항을 확인한다.<br>• 지배인은 다음날 고객에게 전화를 걸어 다시 한 번 사과를 하며 각종 행사가 있을 때 행사 브로슈어를 우송하여 단골 고객화한다. |

### (3) 고객이 예약한 테이블을 직원 실수로 다른 고객에게 안내하고 난 후 예약한 손님이 와서 예약한 테이블을 요구할 때

| 구 분 | 세부내용 |
|---|---|
| 사례내용 | • 주말을 이용하여 모처럼 관광을 온 가족고객 네 명이 뷔페식당을 예약하고 입장하였다.<br>• 그런데 이미 그 예약석은 다른 고객이 앉아서 식사를 하고 있었다.<br>• 고객은 화를 내면서 미리 예약을 했는데 이렇게 해도 되느냐 그러면 사전에 예약을 할 필요가 뭐 있느냐며 심하게 불평을 하며 다른 좌석을 요구했다. |
| 불평청취 및 사과 | 고객의 불평을 끝까지 조용히 경청하고 "저희 직원의 실수로 다른 손님께 드렸습니다. 예약하신 테이블보다는 못하지만 다른 좌석을 준비했습니다. 대단히 죄송합니다."라고 한 후 양해를 구하고 다른 좌석을 안내를 한다. |
| 수습 | • 고객을 테이블로 직접 지배인과 리셉셔니스트가 안내하고 필요한 것을 직접 주문받는다.<br>• 고객이 식사하는 중에 불편사항이 없도록 Stand-by를 철저히 하도록 지시하고, 음료수를 원했을 때 무료로 제공한다.<br>• 계산 시 네 명 중 한 명은 식사를 무료로 제공하고 나머지만 빌링한다. |

| 구 분 | 세부내용 |
|---|---|
| 사후조치 | • 지배인은 고객을 정중히 배웅하면서 명함을 주며 "죄송합니다. 다음에 오시면 최선의 음식이 제공될 수 있도록 기억하고 있겠습니다. 괜찮으시다면 명함 한 장 주시면 고맙겠습니다."라고 인적사항을 확인한다.<br>• 다음날 고객에게 전화를 걸어 다시 한 번 사과한다.<br>• 각종 행사가 있을 때 브로슈어를 우송하여 단골 고객화한다. |

### (4) 고객이 기물류(나이프, 포크, 냅킨, 글라스 등)가 불결하다고 지적했을 때

| 구 분 | 세부내용 |
|---|---|
| 사례내용 | 스테이크를 자르기 위해서 나이프와 포크를 들고 청결함을 확인할 결과 포크 사이에 이물질이 붙어 굳어 있는 상태를 발견하고 중년여자가 "뭐 이따위 포크가 있느냐" 수준이 아주 낮은 호텔이라며 ××호텔과 비교하는 불평을 했다. |
| 불평청취 및 사과 | • 서빙을 하던 종업원은 하던 일을 멈추고 고객 불평 내용을 끝까지 청취한다.<br>• 인사를 한 후 "대단히 죄송합니다. 곧 다른 것으로 교체해 드리겠습니다."라고 말을 한 다음 지적된 포크를 치운다.<br>• 교체하는 포크가 최상의 상태를 유지하고 있는지 확인하고 세팅하면서 "정말 죄송합니다. 차후에는 실수없도록 하겠습니다."라고 말한다. |
| 수습 | • 보고받은 지배인은 불평고객 테이블에 가서 정중히 인사하며 "제가 담당지배인입니다. 식사 중 불편을 드려서 죄송합니다. 앞으로 실수 없도록 하겠으니 많은 지도편달을 부탁드립니다."라고 말한다.<br>• 지배인은 해당 테이블에 Stand-by를 철저히 하도록 직원들에게 다시 한 번 주의를 주고 최선의 서비스를 제공하도록 한다. |
| 사후조치 | • 지배인은 고객을 정중히 배웅하면서 여자에게 장미를 제공한다. "죄송합니다. 식사하시는 도중 불편을 드려서 다음에 오시면 모든 면에서 신경을 써서 성심성의껏 모시도록 하겠습니다. 감사합니다. 안녕히 가십시오."라고 말한다.<br>• 직원교육을 강화하여 업장준비 및 각종 기물류 청결상태를 신경 쓸 수 있도록 조치한다. |

### (5) 직원의 실수로 고객의 옷에 음식물을 엎질렀는데 화가 많이 나서 컴플레인 할 때

| 구 분 | 세부내용 |
|---|---|
| 사례내용 | • 종업원이 야채수프를 제공하다 여자 고객 흰색 원피스에 엎질렀다.<br>• 고객은 상당히 놀라며 고함을 쳤다.<br>• "아니 뭐 이따위가 있어. 지배인 오라고 해" 하며 크게 화를 냈다.<br>• 여자 고객은 피부에 약간의 화상을 입었다. |

| 구 분 | 세부내용 |
|---|---|
| 불평청취 및 사과 | • 재빠른 동작으로 음식물이 엎질러진 곳을 냅킨으로 닦는다.<br>• 뜨거운 것을 엎질렀을 때에는 찬 물수건을 재빠른 동작으로 갖고 와 “대단히 죄송합니다. 혹시 다치신 데는 없는지요? 저희 잘못으로 손님에게 크나큰 실례를 범하게 되었습니다. 어떠한 조치도 달게 받겠습니다.”라고 말한다. |
| 수습 | • 보고받은 지배인은 종업원과 함께 테이블로 가서 정중하게 인사를 하고 “제가 담당 지배인입니다. 이렇게 큰 피해를 드려서 죄송합니다. 저희들의 잘못이오니 회사차원에서 최선을 다해 조치토록 상부에 보고하겠습니다.”라고 사과한다.<br>• 객실 투숙객인 경우 사내의 세탁이 가능하다고 말하고, 외부 고객인 경우 세탁비를 주는 방향으로 유도한다. |
| 수습 | • 뜨거운 것을 엎질러 화상을 입었는지 확인하고 그 경우 즉시 당직과 식음료팀장에게 보고한 후 응급차를 대기시켜 놓고 “대단히 죄송합니다. 응급치료를 위해 차를 대기시켜두었습니다. 번거로우시겠지만 가까운 ××병원으로 가서 치료부터 하셔야 되겠습니다.” 한 후 병원으로 모신다.<br>• 지배인은 불평한 고객이 나갈 때까지 최선의 서비스를 다한다.<br>• 그날의 특별후식을 고객수대로 무료로 제공한다.<br>• 경미한 경우 10% DC하거나 상부에 보고하여 세탁비를 지급한다.<br>• 화상을 입었을 경우 전액 무료로 처리하고 선물을 마련하여 포장해 준다.<br>• 지배인은 고객을 정중히 배웅하면서 “죄송합니다. 다음에 오시면 최상의 서비스를 하도록 기억하겠습니다. 괜찮으시다면 명함 한 장 주시면 감사하겠습니다.”라고 인적사항을 확인한다. |
| 사후조치 | • 지배인은 보고양식에 의거 담당과장에게 보고한다.<br>• 다음날 고객에게 전화를 걸어 사죄한 후 세탁 여부를 확인하고 세탁이 되지 않은 옷일 경우 변상조치토록 상부에 보고하여 처리한다.<br>• 화상을 입었을 경우는 치료비 및 보상금을 합의하에 선 집행하고 상부에 보고하여 처리토록 한다.<br>• 식음료 팀장은 간단한 선물을 준비하여 다음날 피해고객을 방문하여 다시 사과한다.<br>• 각종행사 시 브로슈어를 우송하여 단골 고객화한다.<br>• 직원의 고객 응대요령 교육을 강화한다. |

### (6) 고객이 음식을 포장했는데 전화로 어제 먹었던 음식에 이상이 있었다고 불평했을 때

| 구 분 | 세부내용 |
|---|---|
| 사례내용 | • 한 가족이 제과점에서 애플파이를 포장해 가지고 가서 아이들에게 먹였다.<br>• 중간에 살펴보니 크림이 아닌 곰팡이가 슬었음을 발견하였다.<br>• 아이들은 그런 줄도 모르고 먹었다며 너무 억울하고 괘씸하다고 이야기를 하였다.<br>• 5성급 호텔의 제품을 믿고 포장했는데 이럴 수가 있느냐며 소비자 보호센터에 고발하겠다고 불평하였다. |

| 구 분 | 세부내용 |
|---|---|
| 불평청취 및 사과 | • 전화상이기 때문에 내용을 끝까지 청취하고 절대 반문하지 않는다.<br>• 전화받은 종업원은 "그렇습니까? 대단히 죄송합니다. 손님의 성함과 전화번호를 알려 주시면 지배인께 보고하여 확인한 뒤 곧 조치를 취하도록 하겠습니다."라고 말한다. |
| 수습 | • 지배인은 불평고객을 담당했던 접객원을 동반하여 조리장에게 가서 고객 불평사항을 설명한 후 전일 음식에 대해 확인조사한다.<br>• 지배인은 고객에게 전화를 걸어 "저희 음식을 드시고 불편하셨다니 대단히 죄송합니다. 괜찮으시다면 지금 댁으로 찾아뵙겠습니다."라고 한 뒤 주소를 확인한다. |
| 사후조치 | • 식음료팀장에게 보고한 후 요리장과 함께 선물(소시지박스, 케이크 등)을 들고 고객을 방문한다.<br>• 고객의 건강상태를 확인하고 귀사 후 상부에 보고하여 상부 지시에 따라 조치한다.<br>• 제조일자를 꼭 점검하고 조리사 및 접객원의 일상 점검에 필요한 교육을 실시한다. |

### (7) 계산서에 고객이 주문한 식음료 금액에 차이가 있다고 불평했을 때

| 구 분 | 세부내용 |
|---|---|
| 사례내용 | • ○○대학교 교수 부부가 커피숍에서 음식을 먹고 나와서 캐셔 데스크에서 불평을 했다.<br>• 고객 불평은 아이스크림을 먹었는데 주류대가 포스팅되어 있는 상태로 요금을 지불했다며 바가지 요금을 적용받은 기분이라고 항의했다.<br>• 그리고 남편한테는 사과를 하고 본인에게는 왜 사과를 하지 않느냐고 항의를 했다. |
| 불평청취 및 사과 | • 손님의 불평내용을 끝까지 청취한다.<br>• 인사를 정중히 한 뒤 "그렇습니까? 대단히 죄송합니다. 제가 한번 확인해 보겠습니다. 잠시만 기다려 주십시오."라고 말한다. |
| 수습 | • 손님의 빌을 받아서 불평하신 내용을 확인하고 즉시 시정한다.<br>• 보고를 받은 지배인은 고객에게 직접 사과한다. "대단히 죄송합니다. 저희 직원의 실수였습니다. 다음부터는 이런 일이 발생되지 않도록 주의, 교육 시키도록 하겠습니다."라고 말한다. |
| 사후조치 | • 지배인은 고객을 정중히 배웅하면서 명함을 주며 "죄송합니다. 다음에 오시면 최선의 음식이 제공될 수 있도록 기억하고 있겠습니다. 괜찮으시다면 명함 한 장 주시면 고맙겠습니다."라고 인적사항을 확인한다.<br>• 지배인은 직원이 작성한 Void Coucher에 확인 후 사인하여 처리한다.<br>• 각종 행사 시 브로슈어를 우송하여 단골 고객화한다.<br>• 계산 시 고객응대 요령을 교육시킨다. |

### (8) 고객이 주문한 음식 제공시간이 예정보다 지연되었을 때

| 구 분 | 세부내용 |
|---|---|
| 사례내용 | • 한식당에서 어린이를 동반한 고객이 입장하여 조금 시끄럽고 지저분하게 식사를 하는데 "종업원이 짜증을 내며, 물과 반찬을 더 요청했는데 매우 불친절한 태도로 대했다."면서 불평을 했다.<br>• "애들이 다 그렇지 뭐 아가씨는 시집가서 애 낳지 않을 것 같아요." 하면서 기분 나쁘게 표현했다. |
| 불평청취 및 사과 | • 고객의 불평을 조용히 끝까지 청취한다. "대단히 죄송합니다. 시정토록 하겠습니다." 라고 말한다.<br>• 정중히 인사를 한 후 지배인께 보고한다. |
| 수습 | • 보고받은 지배인은 테이블로 가서 정중하게 인사를 하며 "제가 담당 지배인입니다. 저희 직원의 서비스 태도가 손님의 기분을 상하게 해드린데 대해 정말 죄송스럽습니다."라고 말한다.<br>• 만약 고객이 직원을 교체하여 서비스받기 원하면 다른 세련된 직원으로 선정하여 서비스를 하도록 조치한다.<br>• 지배인은 경우에 따라서 그날의 특별 후식을 무료로 제공하며 인사를 한다. |
| 사후조치 | • 지배인은 고객을 정중히 배웅하면서 명함을 주며 "죄송합니다. 불편을 끼쳐드려서 다음에 오시면 최선의 서비스를 제공토록 직원들 교육을 철저히 시키겠습니다. 괜찮으시다면 명함 한 장 주시면 고맙겠습니다."라고 인적사항을 확인한다.<br>• 다음날 고객에게 전화를 걸어 다시 한번 사과를 한다.<br>• 각종 행사 시 브로슈어를 우송하여 단골 고객화한다. |

### (9) 외국인고객이 주문할 때 외국어를 알아듣지 못하여 지배인을 찾을 때

| 구 분 | 세부내용 |
|---|---|
| 사례내용 | • 양식당에서 외국인 부부가 음식을 주문하는데 알아듣지 못했다.<br>• 세트메뉴를 주문하였는데 남자는 안심스테이크 대신 등심스테이크로 여자는 스테이크 대신 광어로 바꾸어 줄 수 있느냐는 물음에 정확히 알아듣지 못하여 답을 주지 못하고 머뭇거리자 외국인은 웃으면서 지배인을 불러 달라고 요청했다. |
| 불평청취 및 사과 | "죄송합니다, 알아듣지 못하여 곧 지배인님을 오시도록 하겠습니다. 잠시만 기다려 주십시오" 하고 즉시 지배인에게 보고한다. |
| 수습 | • 지배인은 즉시 보고한 직원과 함께 테이블로 가서 인사를 한 후 "제가 즉시 주문받겠습니다" 하고 주문을 받는다.<br>• 주문이 끝나면 "감사합니다 주문하신 음식을 곧 내어 드리겠습니다. 즐거운 식사시간이 되십시오." 하고 인사를 한다.<br>• 지배인은 직원 중 가장 어학실력이 우수한 자를 그 테이블에 서비스하도록 하고 Stand-by를 철저히 하도록 한다. |
| 사후조치 | • 지배인은 고객을 정중히 배웅하면서 명함을 드리며 "식사 도중 불편하신 점은 없으셨습니까? 감사합니다. 안녕히 가십시오."라고 인사한다.<br>• 직원의 고객응대 요령 및 어학실력 향상에 노력하도록 교육 조치한다. |

## 15. 5성급 호텔 서비스 고객만족도조사 샘플링 내용

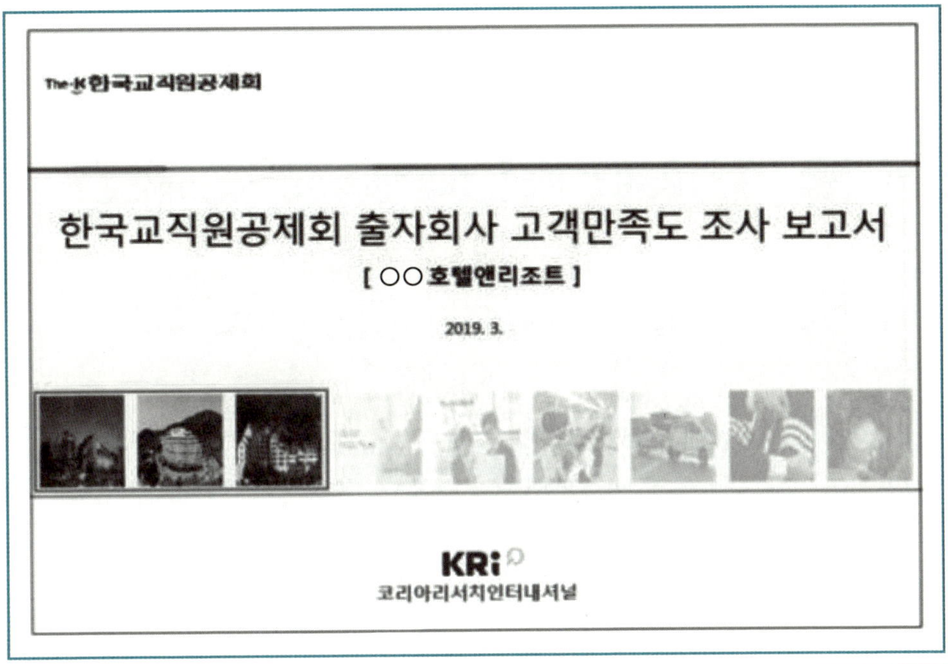


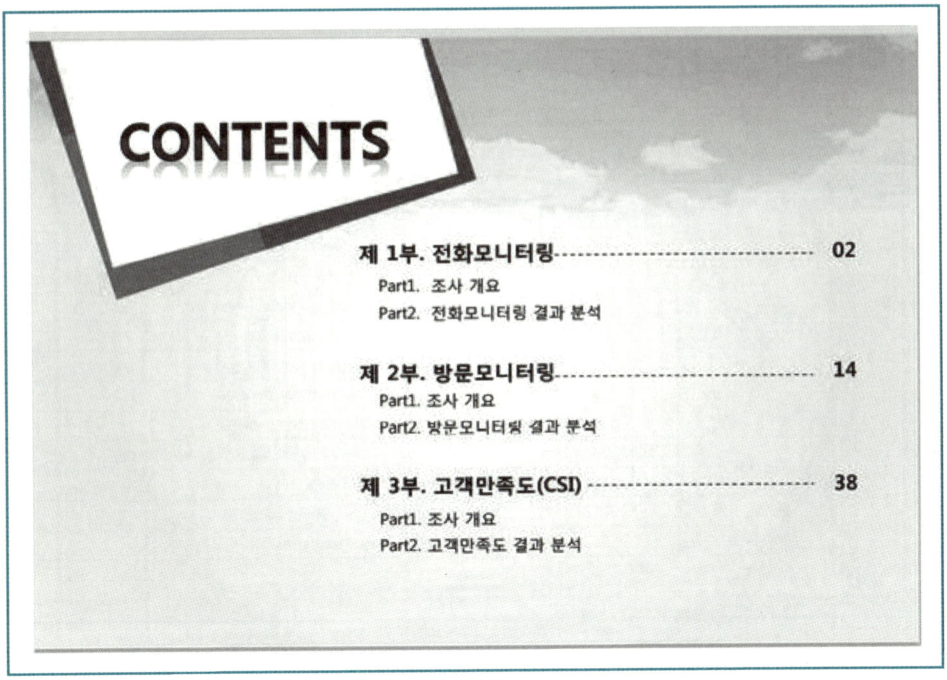

## 1. 조사 목적

The K 한국교직원공제회

**본 과업은 The-K호텔서울/설악산 가족호텔의 고객만족도 및 서비스 이행 지침 준수 현황의 정확한 파악과 진단을 통해, 만족도 및 이행수준 향상을 위한 개선점을 도출하고 CS경영 전략 수립과 고객만족 경영체계 구축을 지원하는 데 목적이 있음**

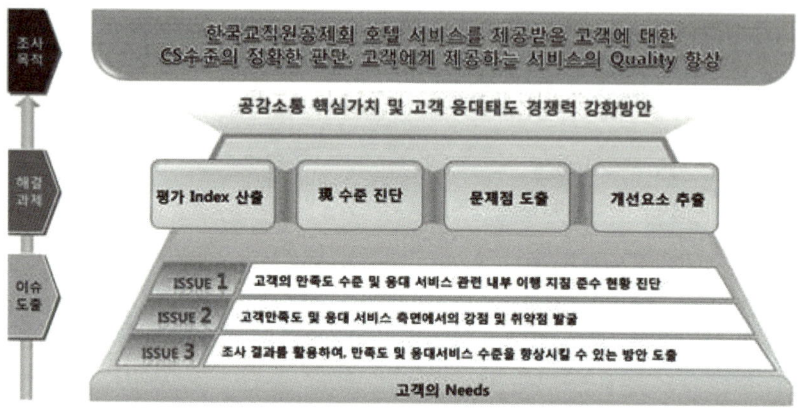


KRi



12

## 3. 주요 평가 내용

The K 한국교직원공제회

| 평가항목 | 분 류 | 배점 | 평 가 내 용 |
|---|---|---|---|
| 수신여건(10점) | 수신성 | 10점 | *상담원 연결시까지 소요된 시간* |
| 고객맞이(15점) | 맞이인사 | 5점 | *고객맞이 인사말* |
| | 화법 및 어감(설악: 말투 및 어감) | 5점 | *맞이인사시 화법 및 어감* |
| | 친밀감 형성 | 5점 | *맞이인사시 친절성* |
| 상담태도(65점) | 화법 및 어감(설악: 말투 및 어감) | 5점 | *상담원의 어감* |
| | 고객 배려 | 5점 | *상담원의 쉬운 설명* |
| | 경어 | 10점 | *고객 존중 여부* |
| | 경청태도 | 10점 | *상담 중 고객의 말을 자르는지 여부* |
| | 호응어 | 10점 | *고객의 말 경청 및 호응* |
| | 적극적인 안내 | 10점 | *고객문의에 대한 적극적인 안내* |
| | 업무 숙지도 | 10점 | *문의내용에 대한 업무 숙지도* |
| | 업무처리의 신속성 | 5점 | *문의요청에 대한 신속한 반응* |
| 종료태도(10점) | 예약 문의 시[일반문의 시] | 5점 | *예약 후 예약내용 재확인 안내[추가문의사항확인]* |
| | 종료인사 | 5점 | *종료 인사말* |
| 별도 측정 | 통화대기시간(초 단위), 통화시도횟수(회) | | |
| 전반적 만족도 | 모니터 요원의 주관적 평가(7점 척도 기준) | | |

KRi



14

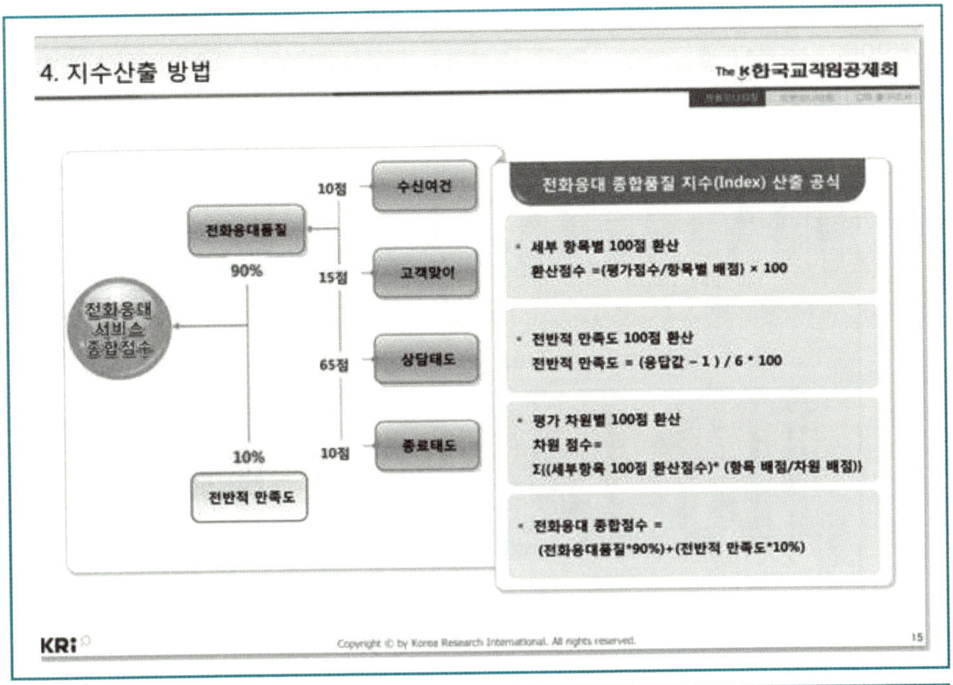

4. 지수산출 방법
The K 한국교직원공제회
전화용대 서비스 종합점수
전화응대품질
90%
10%
전반적 만족도
10점
수신여건
15점
고객맞이
65점
상담태도
10점
종료태도
전화응대 종합품질 지수(Index) 산출 공식
• 세부 항목별 100점 환산
환산점수 =(평가점수/항목별 배점) × 100
• 전반적 만족도 100점 환산
전반적 만족도 = (응답값 – 1 ) / 6 * 100
• 평가 차원별 100점 환산
차원 점수=
Σ((세부항목 100점 환산점수)* (항목 배점/차원 배점))
• 전화응대 종합점수 =
(전화응대품질*90%)+(전반적 만족도*10%)
KRi
Copyright © by Korea Research International. All rights reserved.
15


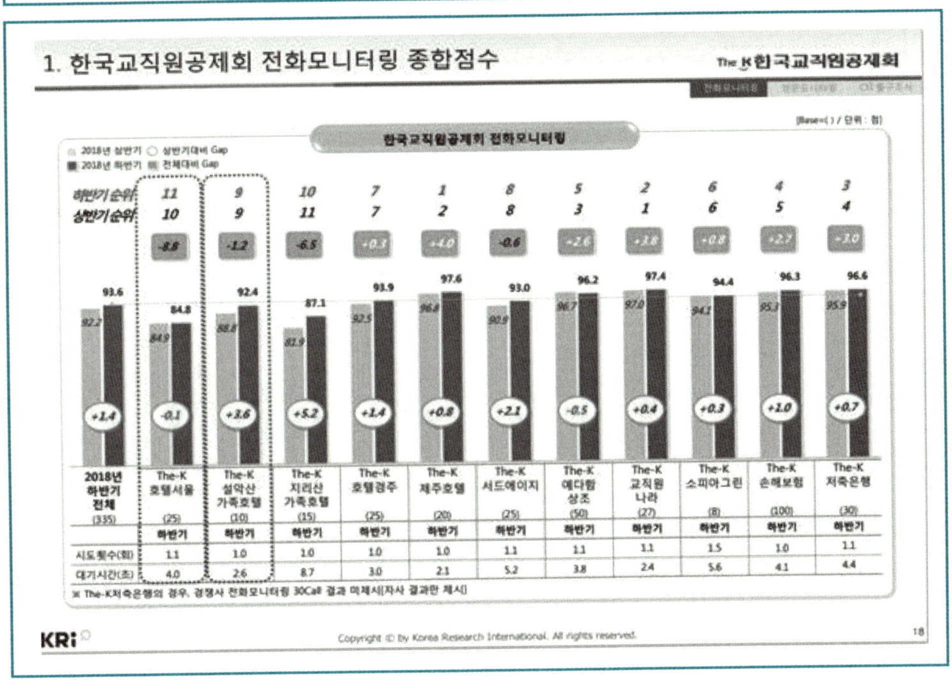

1. 한국교직원공제회 전화모니터링 종합점수
The K 한국교직원공제회
[Base=( ) / 단위 : 점]
한국교직원공제회 전화모니터링
2018년 상반기 ○ 상반기대비 Gap
2018년 하반기 전체대비 Gap
하반기 순위: 11 9 10 7 1 8 5 2 6 4 3
상반기 순위: 10 9 11 7 2 8 3 1 6 5 4
-8.8 -1.2 -6.5 +0.3 +4.0 -0.6 +2.6 +3.8 +0.8 +2.7 +3.0
92.2 93.6 +1.4
84.9 84.8 -0.1
88.8 92.4 +3.6
81.9 87.1 +5.2
92.5 93.9 +1.4
96.8 97.6 +0.8
90.9 93.0 +2.1
96.7 96.2 -0.5
97.0 97.4 +0.4
94.1 94.4 +0.3
95.3 96.3 +1.0
95.9 96.6 +0.7
2018년 하반기 전체 (335)
The-K 호텔서울 (25)
The-K 설악산 가족호텔 (10)
The-K 지리산 가족호텔 (15)
The-K 호텔경주 (25)
The-K 제주호텔 (20)
The-K 서드에이지 (25)
The-K 에다함 상조 (50)
The-K 교직원 나라 (27)
The-K 소피아그린 (8)
The-K 손해보험 (100)
The-K 저축은행 (30)
하반기
시도 횟수(회) 1.1 1.0 1.0 1.0 1.0 1.1 1.1 1.1 1.5 1.0 1.1
대기시간(초) 4.0 2.6 8.7 3.0 2.1 5.2 3.8 2.4 5.6 4.1 4.4
※ The-K저축은행의 경우, 경쟁사 전화모니터링 30Call 결과 미제시[자사 결과만 제시]
KRi
Copyright © by Korea Research International. All rights reserved.
18

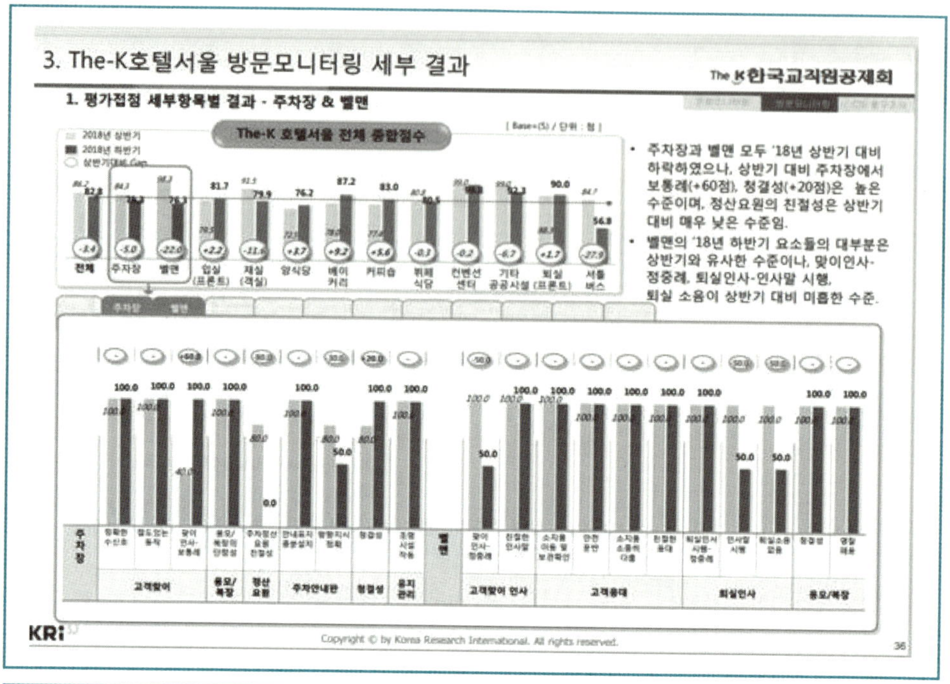
3. The-K호텔서울 방문모니터링 세부 결과
The K 한국교직원공제회
1. 평가접점 세부항목별 결과 - 주차장 & 벨맨
The-K 호텔서울 전체 종합점수
주차장과 벨맨 모두 '18년 상반기 대비 하락하였으나, 상반기 대비 주차장에서 보통례(+60점), 청결성(+20점)은 높은 수준이며, 정산요원의 친절성은 상반기 대비 매우 낮은 수준임.
벨맨의 '18년 하반기 요소들의 대부분은 상반기와 유사한 수준이나, 맞이인사-정중례, 퇴실인사-인사말 시행, 퇴실 소음이 상반기 대비 미흡한 수준.
Copyright © by Korea Research International. All rights reserved.
36

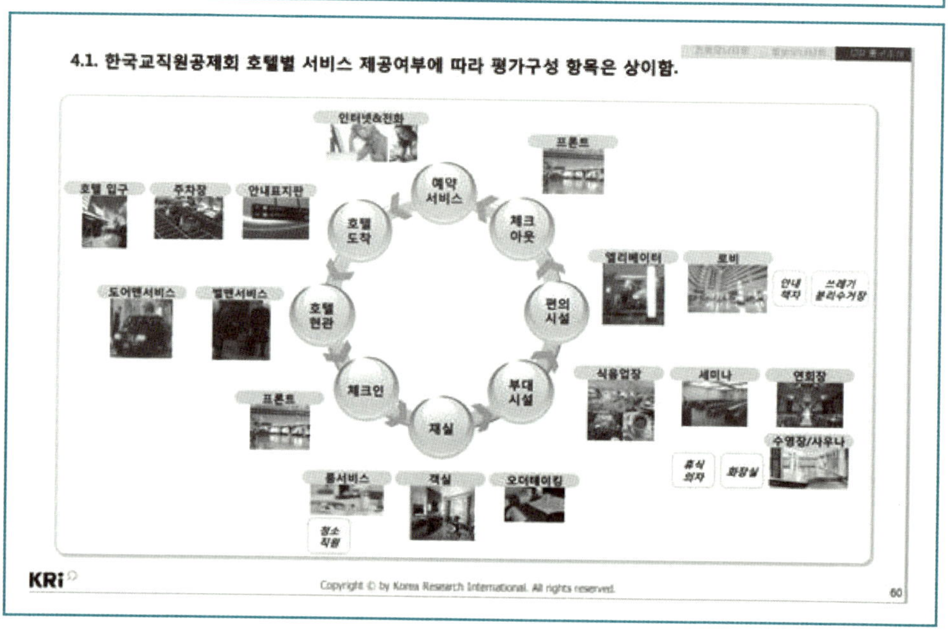
4.1. 한국교직원공제회 호텔별 서비스 제공여부에 따라 평가구성 항목은 상이함.
예약 서비스
체크 아웃
편의 시설
부대 시설
객실
체크인
호텔 현관
호텔 도착
인터넷&전화
프론트
호텔 입구
주차장
안내표지판
엘리베이터
로비
도어맨서비스
벨맨서비스
식음업장
세미나
연회장
수영장/사우나
프론트
룸서비스
객실
오더테이킹
Copyright © by Korea Research International. All rights reserved.
60

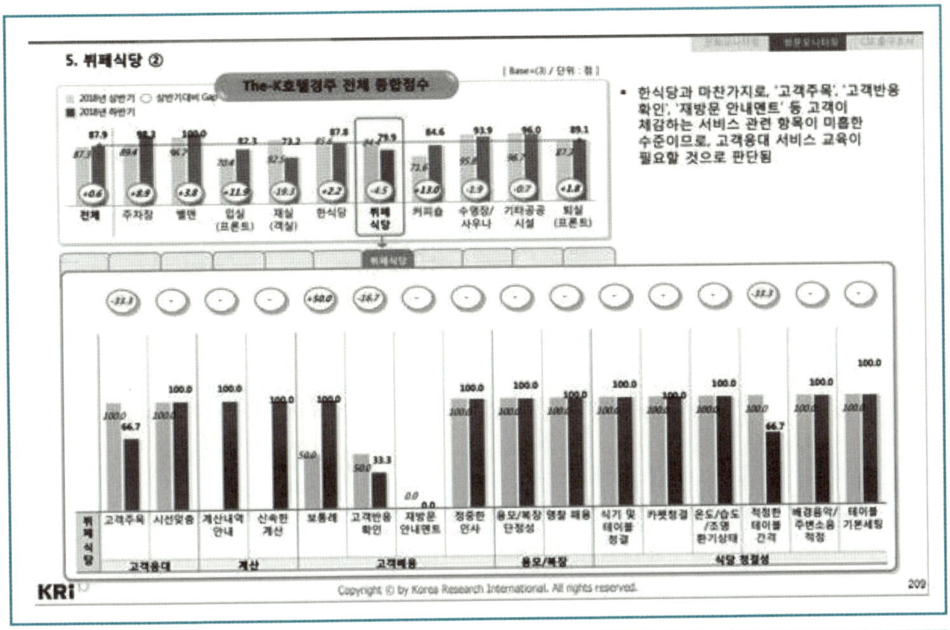


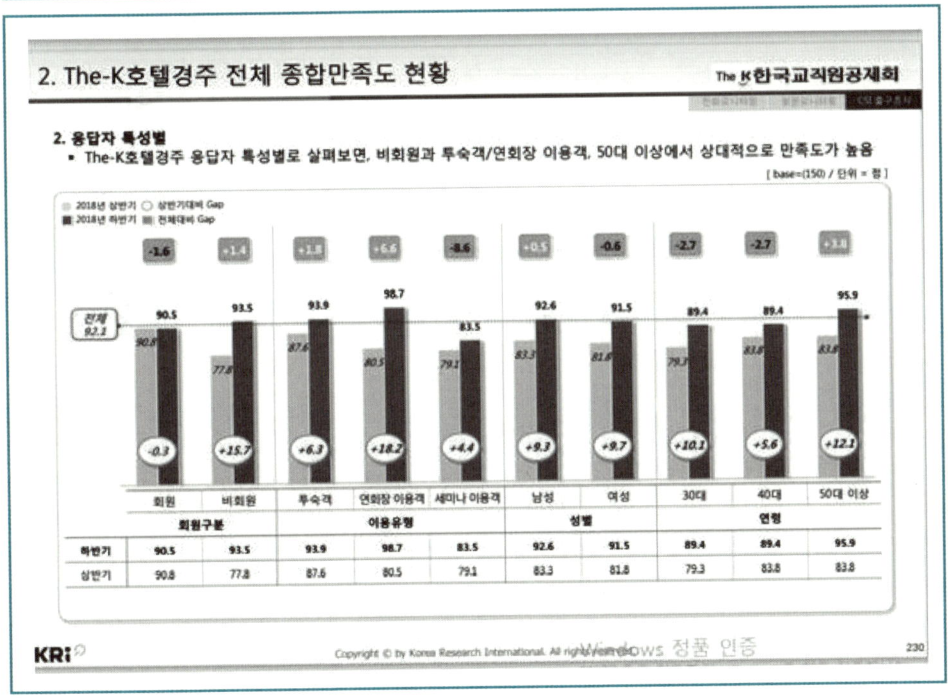


| | 회원구분 | | 이용유형 | | | 성별 | | 연령 | | |
|---|---|---|---|---|---|---|---|---|---|---|
| | 회원 | 비회원 | 투숙객 | 연회장 이용객 | 세미나 이용객 | 남성 | 여성 | 30대 | 40대 | 50대 이상 |
| 하반기 | 90.5 | 93.5 | 93.9 | 98.7 | 83.5 | 92.6 | 91.5 | 89.4 | 89.4 | 95.9 |
| 상반기 | 90.8 | 77.8 | 87.6 | 80.5 | 79.1 | 83.3 | 81.8 | 79.3 | 83.8 | 83.8 |

Chapter

6

# 음료팀

## Beverage Team

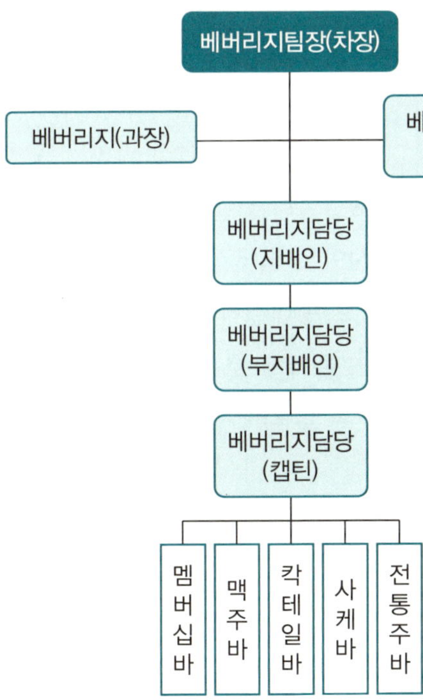


[그림 6-1] 음료팀 조직도

## 음료의 분류(The Classification of the Beverage)

음료는 사람이 살아가면서 떼려야 뗄 수 없는 불가분의 관계로 그 중에서 우리 몸의 70%가 물로 이루어져 있으며, 인체에서 물이 15% 이하로 감소하게 되면 생명에 지장을 줄 정도로 없어서는 안 될 꼭 필요한 요소이다. 태초에 인류가 살아오면서 물과 함께 생활하고 현재에도 물이 없어서는 살아갈 수 없는 가장 핵심적인 음료이다. 음료의 역사를 살펴보면 지금으로부터 약 1만 년 전으로 추정되는 스페인 발렌시아 부근 '아라니아 동굴' 속에서 암각화가 1919년 발견되었다. 이 암각화의 그림을 보면 오른쪽에 있는 사람이 어깨에 짊어지고 있는 것이 항아리인데 고고학자들은 이 항아리가 봉밀을 채취하는 사람이라고 하며 이것으로 볼 때 이때쯤 봉밀을 물에 혼합하여 마신 것이 물 다음의 음료라고 전해지고 있다.

또한 BC 6,000년경에는 서남아시아의 고대문명지인 티그리스강과 유프라테스강 사이 메소포타미아 남동쪽의 바빌로니아에서 레몬과즙을 마셨다는 기록도 전해지고 있다.

사람들은 중세 이전에 포도주, 맥주, 벌꿀주를 즐겨 마셨다고 하며, 중세 8세기에 아랍의 연금술사인 제버는 강한 주정을 만드는 방법을 발견하였고 이러한 증류기술을 유럽에 전파하였다. 12세기에 러시아의 보드카가, 13세기에 브랜디가 만들어졌다. 17세기에 럼과 진이 차례로 만들어졌으며 테킬라도 이때쯤 만들어졌다.

음료는 보통 비알코올 음료와 알코올 음료로 나누는데 보통 음료라 하면 알코올 음료라고 얘기한다. 여기에서는 알코올 음료만 설명하도록 하겠다.

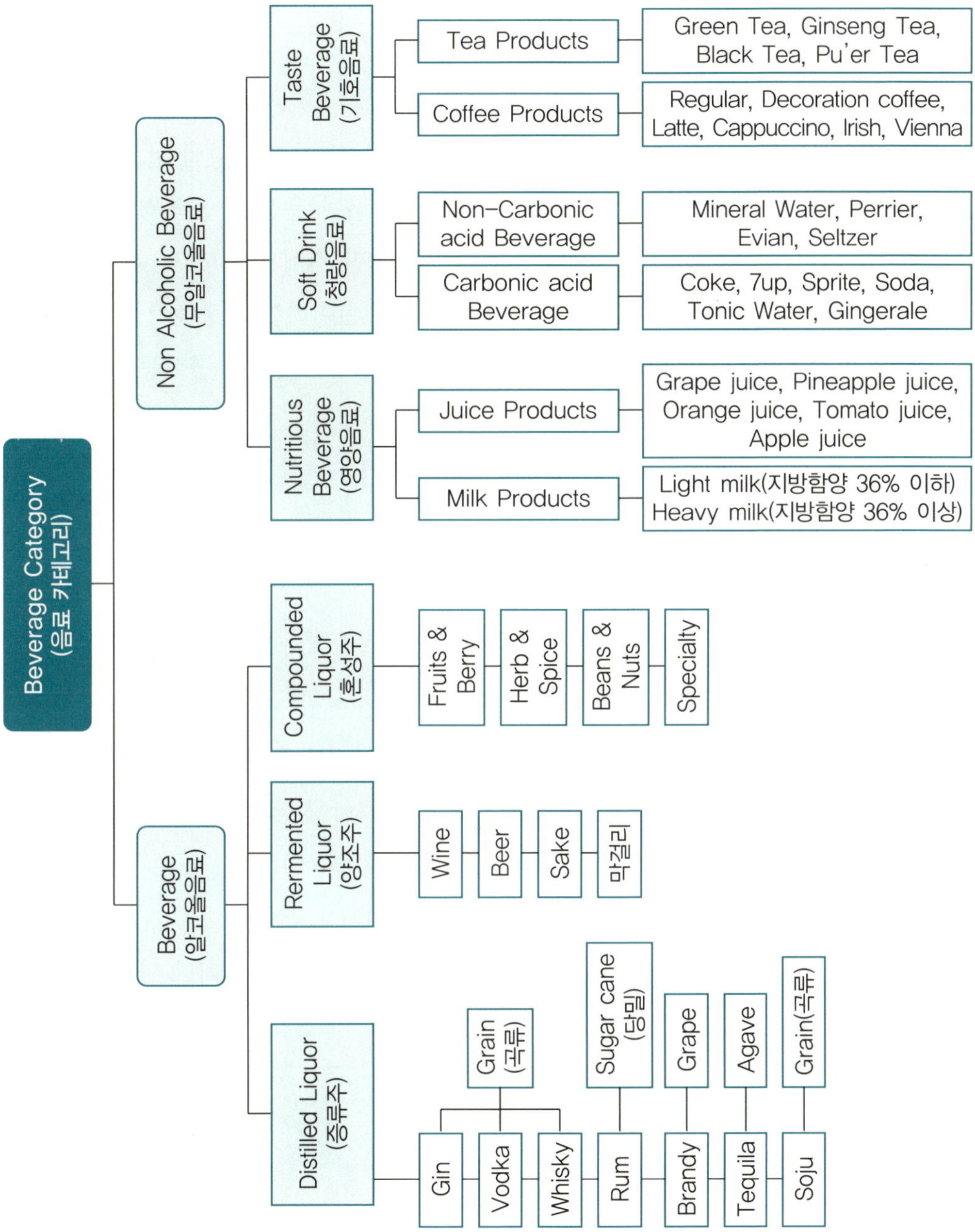
Beverage Category (음료 카테고리)
Non Alcoholic Beverage (무알코올음료)
Taste Beverage (기호음료)
Tea Products
Green Tea, Ginseng Tea, Black Tea, Pu'er Tea
Coffee Products
Regular, Decoration coffee, Latte, Cappuccino, Irish, Vienna
Soft Drink (청량음료)
Non-Carbonic acid Beverage
Mineral Water, Perrier, Evian, Seltzer
Carbonic acid Beverage
Coke, 7up, Sprite, Soda, Tonic Water, Gingerale
Nutritious Beverage (영양음료)
Juice Products
Grape juice, Pineapple juice, Orange juice, Tomato juice, Apple juice
Milk Products
Light milk(지방함양 36% 이하) Heavy milk(지방함양 36% 이상)
Beverage (알코올음료)
Compounded Liquor (혼성주)
Fruits & Berry
Herb & Spice
Beans & Nuts
Specialty
Rermented Liquor (양조주)
Wine
Beer
Sake
막걸리
Distilled Liquor (증류주)
Gin
Vodka
Whisky
Grain (곡류)
Rum
Sugar cane (당밀)
Brandy
Grape
Tequila
Agave
Soju
Grain(곡류)

[그림 6-2] 음료 카테고리

## 1. 증류주(蒸溜酒 Distilled Liquor)

양조주에서 비등점을 이용하여 더 강한 주정을 얻기 위해서 증류기를 이용해서 만든 술이다. 알코올에 포함되어 있는 혼합물을 분류해 두 가지 이상의 서로 다른 성질의 물질을 분리하는 방법으로 알코올과 물의 기화점을 이용한다. 물의 기화점은 100도, 알코올은 78도니까 79도 이상 가열하면 알코올만 기체가 된다. 이때 이 기체를 모아 응축시키면 알코올 성분의 액체가 만들어지는데 이러한 과정을 2~3회 반복하면 얻고자 하는 농도의 술을 만들 수 있다. 이러한 증류방법으로 단식증류와 연속증류가 있다.

증류주를 연구한 방향으로 진, 보드카, 럼, 위스키, 브랜디, 테킬라, 전통주 7가지로 크게 나눠봤다.

### 1) 진(Gin)

Gin을 발명한 사람은 프란시스큐스 트라보에(Francicus de LeBoe : 1614~1672) 일명 실비우스 박사인데 네덜란드의 라이덴(Leiden)대학 교수로 재직할 때 의약품(열대성 열병치료약)으로 쓰려고 연구를 하였다. 순수알코올에 이뇨효과가 있다는 주니퍼베리(Juniper Berry), 코리엔더(Coriander), 안젤리카(Angerica) 등을 침출시켜 증류를 해보니 의약품 같은 술이 만들어졌다. 이것을 쥐니에브르(Geniever)라고 부르면서 처음에는 약용으로 약국에서 판매를 하였다고 한다. 그러나 이것이 약보다

술이라는 인식이 널리 퍼지면서 선원들에 의해 제네바(Geneva)로 불리며 치료보다는 애주가들에 의해 술로써 많은 호평을 얻었다.

1689년 윌리엄 3세가 영국왕의 지위를 계승하면서 브랜디나 와인을 프랑스로부터 수입하는 관세를 대폭 인상하자 노동자들은 값싼 술을 찾게 되었다. 그러던 중 네덜란드에서 종교전쟁에 참여하였던 영국 군인들이 집으로 들어오면서 제네바를 가지고 온 것이다. 제네바가 영국에 번지면서 획기적으로 발전하고 이름도 Dry Gin으로 바뀌게 되었고 저렴하면서 강렬하기 때문에 많은 사람들이 이 술을 너무 많이 마셔 중독사하는 이들도 생겨날 정도로 선풍적인 인기가 있었다.

이는 앤 여왕(1702~1714) 재위 시절 누구라도 진을 제조할 수 있도록 법을 고쳐서 시행한 결과이다. 또한 1736년 진의 판매를 못하도록 할 목적으로 '진법령'이 의회를 통과하여 수많은 어려운 난관도 있었지만 시민의 폭동으로 진법령이 효력이 정지되었다. 1831년 연속증류기가 발명되어 진이 대량생산되고 품질이 좋아지고 가격도 저렴하자 열국의 가난한 노동자들이 스트레스를 풀고 용기를 얻기 위해서 많이 마시게 되었다.

Gin은 "네덜란드 사람이 만들어서 영국 사람들이 꽃을 피우고 미국인이 영광을 주었다"라는 말은 알려진 이야기다.

진의 특성을 보면 첫째, 무색 솔잎향이며, 둘째, 감미가 없으며, 셋째, 다른 술과 잘 어울리고, 넷째, 향기가 신선하고 청량감이 좋고, 다섯째, 두 번 이상 증류되어 불순물이 완전 제거된 증류주다.

### Gin 제조법

**네덜란드진** 곡류의 발효액에 노간주 열매(스페인이나 독일에서 수입하여 생으로 사용)나 향료식물을 넣고 단식증류기에 2~3회 증류하여서 55%의 주정을 만든다. 그런 다음 단기간 저장하고 45% 정도 증류수를 묽게 하여 병입하고 시판한다.

**영국 진** 옥수수, 호밀, 대맥을 혼합하여 당화 발효시킨 뒤에 먼저 연속증류기로 증류하여 알코올 90~95% 순수 곡물주정을 얻고 이 증류액에 안젤리카, 고수풀, 노간주 열매, 캐러웨이, 레몬 껍질을 섞어 단식증류기로 증류한다. 증류수로 알코올 37~47.5%까지 낮추고 병입하여 시판한다.

## Gin의 종류(London Dry Gin)

**Beefeater Gin** 영국여왕을 호위하는 소고기를 배식받아서 '소고기를 먹는 사람'의 뜻인 비프이터(Beef-Eater)가 유래이며, 런던에서 설립(1829년)한 제임즈버러사의 제품이며 매끄러운 풍미와 상쾌한 향기가 나는 것이 특징이다.

**Tanqueray Gin** 영국의 진 중에서 가장 품질이 우수하다고 알려져 있으며 제조회사인 찰스탱거레이사(1830년)는 영국 런던 사핀즈베리구의 맑은 자연수를 사용하여 생산을 시작하였다. 1898년에 고든사와 합병하여 수출과 판매를 상호 협력하고 있으며 스페셜드라이 타입으로 미국사람들에게 가장 사랑받는 진이다.

**Gordons Dry Gin** 1769년 템즈강 남안에서 창업한 세계 탑 브랜드이다. 창업 후에는 런던 북부의 고즈웰가로 옮겼으며 1898년에는 당시 찰스탱커레이사와 합병 2대 브랜드를 가진 메이커이다.

**Gilbeys Gin** 1857년에 길비 집안의 월터, 라프레스 형제가 창업하였으며 일본의 니까사에서 기술제휴하여 만들며 길비진은 네모난 모양으로 유명한데 미국의 금주법시대에 가짜 진이 많이 판매되어 위조하지 못하도록 생각해낸 방편이었다. 레드라벨은 37%, 그린라벨은 47.5%이다.

**Bombay Sapphire Gin** 디자인이 독특한 봄베이 사파이어는 귀족적인 이미지를 지닌 것으로 유명하며 라벨에 새겨진 보석은 '인도의 별'이며 미국의 자연사 박물관에 소장되어 있는 세계에서 가장 크고 값나가는 사파이어 원석이다. 인도를 통치했던 빅토리아 여왕과 평범한 술병이 아닌 귀한 보배 같은 이미지를 심어주고 있다. 청결함과 은은하게 감도는 푸른빛의 사각병이 잘 조화되어 마시는 사람들에게 이국적인 신비스러움을 느낄 수 있게 한다.

1761년부터 사용된 제조법을 기본으로 독특한 재료와 모든 과정에서 다른 여러 진보다 차별화된 진은 봄베이 사파이어라고 하겠다.
만드는 재료는 Coriander, Angeilca, Cubeb Berries, Cassia Bark, Grains of Paradise, Almonds, Juniper Berries, Orris, Liquorice, Lemon Peel 등 희귀 10가지 재료를 사용한다. 봄베이 사파이어는 주정을 증류하면서 수증기가 10가지 재료를 통과해 은은하면서 독특한 향기가 스며들도록 제조하며, 다른 진들은 식물을 넣고 끓여서 만드는 것과 전혀 다른 방식으로 제조하는 것이 특징이다.

## 2) 보드카(VODKA)

Vodka를 한마디로 요약하면 무색(Colorless), 무미(Tasteless), 무취(Odorless)의 증류주라고 표현할 수 있다. 12세기경 러시아 문헌에서 '생명의 물'이라는 뜻인 지즈네냐 '보다' 물이라는 뜻으로(Zhiezenniz Voda ; Water of Life), 15세기경에는 워타(Voda ; Water), 18세기경부터는 보드카(Vodka)라고 불린다. 외국인이 러시아를 여행하면서 기대하는 것 중에 하나로 Vodka에 Caviar를 곁들여서 먹는 것이다. 세계에서 가장 추운 러시아에서 몸을 따뜻하게 하는 수단으로 Vodka를 마셔왔다. 신분의 차별 없이 귀족계급과 노동자 누구나 즐겨 마셨으며 러시아 마지막 3대 황제들도 즐겨 마셨다는 술로 제조법을 비밀로 부쳤었다.

알코올 농도가 높은 보드카는 건강에 안 좋다고 해서 러시아 마지막 황제인 니꼴라이 2세(1868~1918)는 40%까지 제한하기도 했다. 1917년 러시아 혁명 후 볼셰비키 정부는 한때 제조 판매를 금지하였으나 국민들의 강력한 요구로 해제시켰고, 미국의 금주법이 1933년에 폐지되자 러시아의 제조기술자들이 몰래 미국으로 건너가 보드카를 제조하였다. 1958년도에는 보드카가 러시아보다 미국의 생산량이 더 많아 세계 1위가 되었다.

## Vodka 제조법

보드카는 감자 60%에 40% 보리, 옥수수, 밀 등에 몰트를 첨가해 당화 발효시켜 '세바라식' 연속증류기로 95% 정도의 주정을 증류하고 이것을 자작나무의 활성탄이 들어 있는 여과조를 20~30번 반복해서 여과한다. 이렇게 되면 퓨젤오일(Fusel oil) 등의 부성분이 제거되어 순도 높은 알코올이 생긴다. 마지막에 모래를 여러번 통과시켜 목탄의 냄새를 제거한 후 증류수로 40~50% 묽게 하여 병입한다.

### 3) 럼(Rum)

럼의 만드는 주재료는 사탕수수다. 1492년 콜럼부스가 발견한 서인도제도는 미국과 유럽을 연결하는 중요한 지점으로 유럽 여러 나라의 식민지가 되면서 사탕수수를 심어 재배한 이후 사탕의 공급지로 번영하였다.

Rum은 사탕수수의 생성물을 단계별로 발효, 증류, 저장시켜 만들어 독특하면서도 강력해 남국적인 야성미와 풍미를 자아내는 '해적의 술', '해군의 술'로 불린다.

문헌을 찾아보면 영국의 식민지 섬에 관한 보고서에서 바베이도스(Barbados)에서 "Spirits이 1651년에 생산되었다"라고 처음 럼이란 단어가 기록되었다. 서인도제도의 원주민들은 럼불리온(Rumbullion)이라고 부르며 흥분과 소동이란 의미로 정리되어 있다. 이러한 것이 현재의 럼으로 불렀다고 전해 내려오고 있다. 그러나 유력한 설

은 사탕수수의 라틴어인 사카룸(Saccharum)의 rum이라는 말이 가장 설득력이 있는 것 같다.

17세기에 Barbados 섬에서 사탕의 제당공정에서 폐액에서 럼이 만들어지고, 18세기에는 카리브해를 무대로 빈번하게 출입하는 대영제국의 해적들이 보급에 앞장섰다.

유럽의 열강들은 값싼 노동력을 흑인에 의존했으며 노예 수송선은 카리브해에 도착하면 빈 배가 된다. 여기에 당밀을 배에 실어서 미국으로 가서 증류를 제조하여 럼을 만들면 다시 아프리카로 돌아가서 노예의 몸값으로 럼을 주었다. 이러한 식민정책에 의해서 럼 산업은 꾸준하게 성장하여 왔으며 괴혈병이 1740년경에 출몰하였고 이것을 예방하기 위해 에드워드 바논이라는 영국해군 제독은 럼에다가 물을 탄 것을 배 안에 군인들에게 지급했다는 기록이 있다. 또 하나 넬슨제독(1758~1805)은 1805년 트라팔가 해전에서 나폴레옹 1세의 함대와 싸워 승리했으나 제독은 전사하였다. 제독의 부패를 막기 위해 부하들은 럼주 술통에 제독을 넣어서 런던으로 옮겼다. 영국사람들은 넬슨의 충성심을 기리기 위해 'Dark Rum'을 넬슨의 피(Nelson's Blood)라고 불렀다고 한다.

## Rum 제조법

Rum은 원료는 사탕수수 줄기이며 이것을 롤러로 눌러 즙을 짜낸 뒤 여과한 당액을 그대로 쓰는 경우와 제당공정의 부산물인 당밀을 쓰는 두가지 방법이 있는데 나중의 방법을 많이 사용한다.
원료는 이미 당분을 가지고 있기 때문에 당화의 공정은 필요치 않으며 당액을 발효시키면 라이트럼은 2~4일 정도, 헤비럼의 발효는 5~20일 정도에 걸쳐 서서히 이루어진다.
산발효를 조장하기 위해 발효용의 천연 이스트인 버개스를 첨가하기도 하며 이 발효과정에서 이스트균의 영양분으로 발효를 돕는 던더를 첨가하는데 이것이 럼 특유의 독특한 향을 낸다. 향기를 더욱 더 강하게 하기 위해 파인애플즙이나 아카시아 수액을 첨가해서 발효시키는 경우도 있다.
헤비타입의 럼은 단식증류기로 하나 산지에 따라 라이트럼은 연속식증류기로 증류한다. 저장은 셰리와인 빈 통이나 White Oak Barrel 안쪽을 그을려서 사용한다. 좋은 품질의 럼은 10년 이상 숙성시킨다.

### 4) 위스키(Whisky)

Whisky는 Celt어의 우스개바하(Uisge Beatha)에서 나온 말로 라틴어의 'Aqua Vitae(아쿠아비타)' 즉 '생명의 물'이란 뜻이기도 하다. Uisge Beatha는 Usque baugh로 후에 Usky로 불리었다. 위스키는 18세기 말부터 부르기 시작한 용어이다.

Whisky는 증류기술이 중세 십자군 전쟁을 통하여 서양에 전달된 후에 생겨난 술이며, 12세기 이전에 아이랜드에서 처음 제조하기 시작하여 15세기경 스코틀랜드로 전파되었으며 오늘날의 스카치위스키의 원조이다.

1707년 대영제국이 건설되면서 재정이 부족한 것을 매우기 위해 주세를 너무 많이 부과하자 스코틀랜드의 위스키 제조업자들은 스코틀랜드 북부지방 하이랜드(Highland)의 산속에 숨어 어두운 달빛 아래서 아무도 모르게 위스키를 밀조하기 시작했다. 이때쯤 증류업자들은 대맥아를 건조시킬 연료가 부족하여 산간에 있는 피트탄을 사용하였는데 이렇게 사용한 피트 특유의 향이 발견되었고 나중에 피트(Peat)탄의 훈연 때문인 것을 알게 되었다.

그리고 밀조한 술이 쌓이게 되자 술을 장기간 보관하기 위해 스페인에서 수입해온 셰리와인 빈 통을 이용해서 보관했다. 나중에 술을 팔기 위해서 뚜껑을 열어보니 투명한 호박색의 짙은 향기와 부드러운 맛의 술을 얻게 되었다.

중세기 초 수많은 연금술사들의 많은 노력 끝에 생명의 물을 만들어냈다. 그 이후에 18세기 재증류법을 도입하였고, 1826년에 영국의로버트 스타인(Robert Stein)이 연속식 증류기를 발명했나 실용화되지 못했다. 1831년에 아이랜드인 아네스 코페이

(Aeneas Coffey)가 진보된 연속식 기계를 발명하여 특허를 냈으며 이를 PatentStill로 부르게 되었다.

Whisky는 보리, 옥수수, 호밀, 귀리, 밀 등 곡류를 주원료로 사용하여 싹을 내거나 발효해서 증류하고 숙성을 거쳐서 만드는 술이다. 무색 투명한 것을 참나무(Oak)에 오랫동안 저장하여 숙성시키면 오크향이 우러나와 호박색의 훌륭한 향과 맛을 지닌 위스키가 만들어진다.

## Whisky 제조법

위스키의 제조과정의 보면 첫째, 원료인 보리, 호밀 등을 정선기에 넣어 마른 알갱이 등 불량한 것은 제거하는데 이것을 정선이라 한다. 둘째, 재료를 깨끗이 씻고 물을 주어 약 2일 동안 침수한다. 발아를 준비하는 과정이며 '침맥'이라 한다. 셋째, '발아'라고 하는데 침맥한 재료를 발아실로 보내 1주일 동안 발아시킨다. 항상 온도나 습도가 발아에 적당한 상태로 유지되어야 한다.

넷째, '건조'라 하는데 발아한 재료는 건조상에서 상단과 하단으로 각각 1주일씩 교반되면서 피트의 열로 건조시킨다. 다섯째, '제근과 분쇄'는 건조한 맥아의 뿌리는 불필요하므로 제거하고 당화하기 쉽게 분말로 한다. 여섯째, '당화와 냉각'은 분쇄된 맥아에 더운 양조수를 가하여 당화조에 넣는다. 이때 점분은 맥아 속의 당화효소인 아밀라아제에 의해 맥아당으로 변하고 당화액이 생긴다. 당화액은 효모의 번식에 적당한 온도까지 냉각시킨다.

일곱째, '발효'는 냉각된 당화액을 발효조로 보내 위스키용의 순수 효모를 가해서 발효시키며 당분은 알코올과 이산화탄소로 분리되는데 발효는 보통 3일만에 끝난다. 여기서 알코올 성분 약 8% 정도의 보리발효주가 생긴다.

여덟째, '증류'로 발효가 끝난 보리 발효주는 단식증류기로 두 번 증류하고 두 번째 증류에서 나온 액체 중 처음에 나온 부분과 후에 나온 액체를 제외한 가운데 부분만을 위스키의 원주로 오크통에 넣는다. 제외된 액체는 두 번째 증류기에 다시 붓고 재증류한다.

아홉째, '저장'으로 2차 증류를 마친 위스키 원주는 알코올 성분 60~70%로 수정과 같이 맑고 무색 투명한 액체이다. 이것을 저장고 오크통에 넣고 오랫동안 숙성시킨다. 열번째, 혼합하거나 다시 후숙 또는 병입하여 판매한다.

## 5) 브랜디(Brandy)

브랜디의 역사를 살펴보면 13세기경 스페인 출생 의사이자 연금술사인 아르노 드 빌뇌브(Arnaude de Villeneuve, 1235~1312)는 와인을 증류한 것을 '불사의 영주' Vin Brûlle(뱅 브루레)라고 판매했다. 이는 '태운 와인'이라는 뜻으로 브랜디의 시초이며 당시 흑사병이 유행하였는데 이 술을 마시면 병에 걸리지 않는다고 믿어서 'Aqua Vitae' 라고 부르며 널리 퍼졌다.

브랜드의 시작은 프랑스에서 1411년 피레네 지방 가까운 아르마냑 지방에서 볼 수 있으며 스페인 연금술사들에 의해 브랜디 기술이 피레네 산맥을 지나 프랑스로 전해지지 않았나 생각된다.

15세기 말경 다른 지역으로 퍼지고 16세기 들어서면서 프랑스 전역에 퍼지게 되었다. 지금의 프랑스어로 하면 오 드 비(Eau-de-vie)가 되고 아르마냑이나 코냑브랜디도 법률상 Eau de vie로 분류한다.

세계 최고의 코냑은 이보다 좀 늦은 17세기에 시작되었다. 이때에 샤랑뜨 지역의 와인을 네덜란드 상인들이 대량으로 구매하면서 서로 경쟁하여 생산하다보니 과잉생산으로 이어져 많은 포도를 어떻게 처리할까 궁리한 끝에 증류주를 만들어서 판매했다. 꼬냑의 맛을 본 결과 다른 브랜디보다 훨씬 품질이 좋은 것을 알고 더욱 적극적으로 코냑 브랜드를 만들기 시작한 것이 오늘날 코냑 브랜디의 시초이다.

### Brandy 제조법

첫 번째, "양조작업"으로 브랜디의 재료로는 ugni Blanc, Folle Blanche, Colombard 화이트품종을 주로 사용한다. 이는 신맛이 강하여 고급브랜드에는 꼭 필요한 요소이다. 두 번째, "증류"인데 첫 번째 증류에서 초류액 25%인 부루이이(Brouillis)를 다시 재증류하여 68~70%의 알코올을 얻는다. 이를 라본느쇼프(La bonne Chauffe)라고 한다. 다시 2단계로 나누어 증류하면 보통 8통의 브랜디가 얻어지는데 이를 다시 10시간에서 15시간 증류하면 더 좋은 브랜디가 만들어진다.
셋째, "저장"인데 White Oak Barrel 통에 넣어 최저 2년에서 20년, 50년 이상 오래 보관하면 훌륭한 브랜드로 거듭난다. 넷째, "혼합"은 다른 여러 술과 마찬가지로 브랜디도 블렌딩을 하는데 Cellarmaster에 의해 만들어지고 다시 저장하면 최고의 맛으로 거듭난다.

## 6) 테킬라(Tequila)

Tequila는 만드는 주 재료가 용설란의 일종인 아가베(Agave)를 발효하여 만들어 마시다가 16세기경 스페인의 증류기술이 전해져서 풀케(Pulque)를 증류하여 메즈칼(Mezcal)을 만들게 되었다. 다시 멕시코 고온지대에 위치한 테킬라 지역에서 인디언들이 Tequila를 생산하게 되었다.

Mezcal은 멕시코 여러 곳에서 유사한 증류주를 만드는데 이러한 것은 모두 Mezcal이며, Tequila 지역에서 만드는 것만이 이름을 부를 수 있고 어원도 이 지명을 따서 '테킬라'라고 이름 지었다.

테킬라를 마실 때 멕시코 사람들은 왼손 엄지손가락 위에 레몬이나 라임을 묻혀서 소금을 바른다. 손등을 안주삼아 마시는 풍습이 있는데 이는 열대지방이 건조하기에 염분을 보충하고 신맛을 섭취하기 위한 것으로 지금도 이러한 풍습을 많이 애용되고 있다.

Tequila의 원료는 Agave Americana, Agave Atrovirens, Agave Azul Tequilana 등 3가지 품종으로 정해져 있다. 아가베 아즐 테킬라나를 사용한 것은 반드시 51% 이상 함유해야 Tequila라고 이름을 붙일 수 있다. 특히 Agave Azul Tequilana를 100% 사용해야 '프리미엄 테킬라' 라는 이름을 붙인다.

### Tequila 제조법

Tequila는 첫 번째, 8~10년 정도의 용설란의 잎을 잘라내고 지름 50cm 정도의 줄기에 열을 가하면 발효주인 풀케가 만들어진다. 두 번째, 이를 단식증류기로 두 번 증류(55% 이내)하여 숙성시키지 않고 활성탄으로 정제하여 오크통에 3개월~2년 정도 숙성시킨다.

세 번째, 숙성 후 바로 판매하는 것은 Silver(White) Tequila Joven(화이트 데킬라 호벤), 3년 이상 오크통에서 숙성된 것은 Tequila Anejo(데킬라 아네호)이며, 7년 이상 숙성된 것은 Reales Tequila(레알레스 데킬라)라고 부른다.

## 7) 소주(Soju)

소주는 BC 3,000년경에 서아시아의 수메르지방에서 처음 제조하였다는 역사 고증이 있다. 소주가 우리나라에 처음 들어온 시기는 고려 말이라고 하며 경로는 원나라로부터라고 기록에 나와 있다. 몽고에서는 '아라키' 라고 불리며 쿠빌라이(징기스칸 손자)가 일본 원정 때 한반도에 진출하여 안동과 개성, 제주도에 머물렀는데 이즈음(1335년) 소주가 일반에게 전해졌다.

소주는 조선시대에 고급주로 인식되었으며 부유층과 권력을 가지고 있는 사람들이 즐기던 술이었으나 점차적으로 일반 백성들에게도 접하게 되자 여러 가지 폐해가 늘어나 금주령이 내려지기도 했다. 이후 점차적으로 조선 말 서민들의 술로 자리 잡

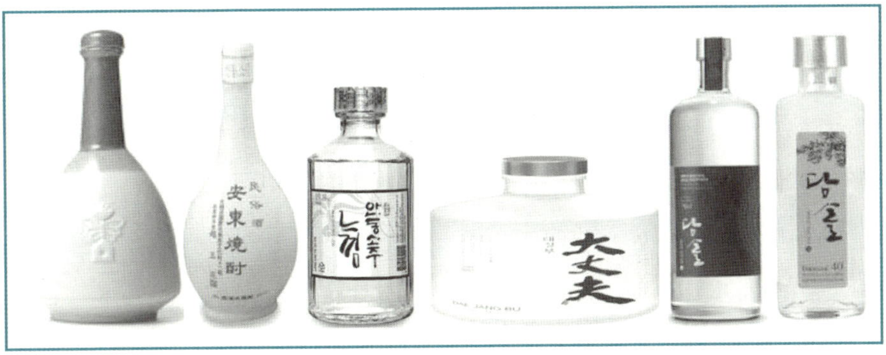

으며 대량생산이 되고 저렴해지면서 보통은 막걸리를 마시던 사람들도 소주를 마시게 되어 이때부터 서민이 마시는 술로 즐기게 되었다.

전통적으로 전해 내려오는 소주가 쇠퇴한 주요 요인은 1909년 일제 강점기의 주세법이다. 이때는 제조허가를 받은 양조장 이외의 가정이나 주막에서는 소주 제조를 금지하였고, 세금을 걷는 빌미로 여러 곳의 양조장을 통합하는 대형화로 주세납부 효과를 높였다. 조선인의 술 빚는 것을 금지하고 일본의 소주 공장을 장려하면서 우리나라 양조장은 점차 사라지기 시작했다.

전통적인 우리나라 소주제조는 누룩과 쌀을 발효시켜 소줏고리로 증류하는 방식이었으나 일본의 양조기술로 대체되면서 흑국(黑麴)을 사용한 입국을 발효시켜서 단식증류기인 철과 구리로 만든 일본식 흑국 소주로 교체되었다. 시간이 지나면서 우리나라 전통의 소주 제조가 전통의 명맥이 끊기고 쇠퇴의 길로 접어들었다.

## 소주 제조법

소주 제조법은 증류식과 희석식 2가지인데 먼저 증류식 제조방법을 설명하면 첫 번째, 흰쌀을 물속에 6시간 이상 담근다. 두 번째, 담갔던 쌀을 탈수한 후 수증기로 밥을 찐다. 세 번째, 이때 고두밥을 식히면서 냉각한다. 네 번째, 입국과 물에 효모를 넣어서 20°에 4일간 발효시키고, 다섯째, 1단 담금과 2단 담금이 있는데 1단 담금은 밑술이 끓어오르고 발효되면 물과 입국을 넣어 3일간 발효한다. 2단 단금은 1단 담금 후 누룩, 고두밥, 물을 부어 7일간 발효시킨다. 여섯째, 증류인데 발효가 완성된 16~18°의 전술을 이동해서 1~6시간 강압증류한다.

일곱 번째, 증류된 45~48℃의 원액을 10℃ 이하로 냉각시켜서 규조토와 활성탄을 넣어서 24시간 자극취를 감소시킨 후 1차 살균여과와 2차 필터여과를 거치는 작업을 한다. 여덟 번째, 그다음 저장탱크에 넣어서 1년~12년 이상 숙성을 한다. 아홉 번째, 원액 45도 그대로 첨가물 없이 신주, 구주를 혼합하여 블렌딩한다. 열 번째, 병입한 후 100일 숙성 후 출고한다.

증류식 제조방법

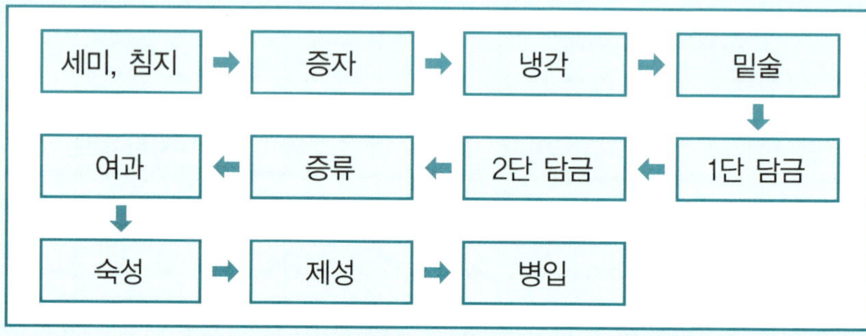


다음은 희석식제조 방법이다. 첫 번째, 천연원료에서 발효 증류한 순수 알코올을 사용하며, 두 번째, 활성탄과 분말로 이취 잡맛을 제고한 후, 세 번째, 초정밀 여과기로 탈취하고 사용한 활성탄을 제거한다.

그다음 블렌딩을 하는데 정제된 주정에 물과 천연 그리고 인공재료를 첨가하여 혼합하고 난 다음 완료된 것을 초정밀 필터로 여과한다. 일정 기간 저장탱크에 숙성한 다음에 제품을 소주병에 병입한다. 마지막으로 병입된 제품에 상표를 붙이고 박스에 담는다.

희석식 제조방법

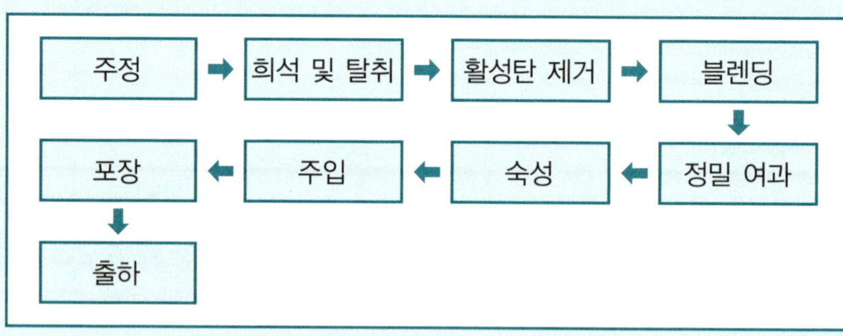

## 2. 양조주(발효주, 釀造酒, Fermented Liquor)

양조주는 발효주라고도 하며 효모의 왕성한 활동을 통하여 발효되는 당분을 원료로 하는 종류의 술인 즉 와인이나 과실주와, 곡류 중에 함유되어 있는 전분을 당화 발효하는 전분질을 원료로 하는 맥주, 막걸리, 청주 등 두 가지로 구분할 수 있다.

### 1) 와인(Wine)

원래 인류에게 와인만큼 신비스럽고 영험한 음료수는 없었다. 비위생적인 환경에서 물을 비롯한 모든 음식물이 쉽게 상하고 이러한 음식물을 섭취함으로써 많은 질병들이 발생하였다. 그런데 우연히 발견된 포도즙 즉, 와인은 발효과정을 거치는 동안 포도껍질에 묻어 있는 효모 이외의 생물이 자랄 수 없어 병원균의 침투가 없고, 또 발효 후에 생성된 알코올로 인하여 거의 무균 상태에 가까운 위생적인 음료로 이러한 문제를 완벽하게 해결해 주었기 때문이다.

와인의 역사는 지금으로부터 약 6,000년 전 소아시아 지방에서 시작된다. 그 후 메소포타미아의 한 무덤에서 포도씨가 발견됨에 따라 기원전 4,000년경의 고대 그리스, 이집트, 페르시아인들도 그 이전부터 와인을 즐겨 마셨음이 입증되기도 했다. 와인이 처음 문헌에 등장하는 것은 기원전 1700년경의 바빌로니아 함무라비 법전에서다. 이 법전에는 와인에 따른 여러 규정이 적혀 있는데, '신전에 봉사하는 여성은 와인을 팔지 못하며, 신전 내에서의 부정을 금하고, 와인 상인은 술버릇이 나쁜 자에게 와인을 판매하지 못 한다'라고 되어 있다. 고대 이집트의 람제이 왕 분묘에서 포도나무의 재배에서부터 발효에 이르는 과정이 그려진 벽화가 발견되어 기원전 1400년경부터는 본격적인 와인 제조가 이루어졌다는 사실이 증명되기도 했다.

한편 기원전 1세기~10세기 사이에 쓰인 것으로 알려진 성경책에도 와인에 관련된 내용이 500여 군데나 있으며, 노아가 최초로 경작한 식물이 포도였다고 전하고 있다. 이와 함께 예수 그리스도가 "와인은 나의 피요, 빵은 나의 육체다."라고 말한 이후부터 와인은 기독교와 매우 밀접한 관계를 갖게 되었고 여러 종교에서도 와인을 신성한 음료로 여기게 되었다.

그후 대로마제국이 탄생되면서 프랑스, 독일, 스페인, 포르투갈 등 점령지에 포도나무를 심게 했는데 이때 선택된 지역은 대부분 강가나 계곡이었다. 로마제국의 멸망 후 와인은 수도원을 중심으로 널리 보급되었다. 현재의 보르도(Bordeaux), 론(Rhone), 모젤(Mosel) 지방에 대규모 포도단지가 형성되었고 이후 기독교의 전파와 함께 종교단체에서는 종교용과 음료용으로 와인을 공급했으며 사원들도 커다란 포도원을 가지고 있었다. 영국에서는 튜더왕조 시대부터 와인에 관심이 커졌다. 자국에 속해 있던 보르도 지방의 와인 수송과 보호를 위해 선단이 조직되었고, 이것이 영국 해군의 시발점이 되었다. 이 당시부터 병이 사용되기 시작했는데 헝겊이나 나무로 마개가 만들어졌다.

와인의 역사 중 가장 위대한 발전은 17세기 후반에 프랑스에서 이루어졌다. 1658년 베네딕트회의 수도승인 한 청년이 샹파뉴(Champagne) 지방의 하우트빌러스(Hautvillers) 수도원에서 샴페인 만드는 법과 코르크 마개를 다시 사용하는 방법 등을 개발해냈다. 1756년부터 등장한 와인 상표는 원래 유명한 와인에만 사용하다가 20세기에 들어 보편화되었다. 18세기에 들어와 와인은 음식과 함께 문화생활의 일부가 되었으며 생활과 밀접한 관계를 갖게 되었다.

와인은 영어로는 와인(wine), 프랑스어로는 뱅(vin), 이탈리아어로는 비노(vino), 독일어로는 바인(wein)이라고 한다. 와인은 잘 익은 포도의 당분에 효모를 첨가하여 발효시켜 만든 것으로, 다소간의 알코올과 독특한 향기와 맛으로 오래도록 인류의 사랑을 받아 온 음료이다. 일반적으로 일컫는 와인은 포도로 만든 것을 말하며, 포도 이외의 과일에는 효모작용을 돕기 위해 설탕을 첨가시킨다. 제조과정에서 물 등은 전혀 사용하지 않는다.

와인은 알코올 함량이 7~13%인데, 유기산 · 무기질 등이 파괴되지 않은 채 포도에서 우러나와 그대로 간직되어 있다. 와인의 원료인 포도는 기온 · 강수량 · 토질 · 일조기간 등의 자연적인 조건에 크게 영향을 받으므로 와인 역시 그와 같은 자연요소를 반영하게 된다. 그러므로 한 병의 와인 속에는 포도가 자란 지방의 자연의 조화가 함께 실려 있다고 할 수 있다.

와인은 이와 같은 자연성 · 순수성 때문에 기원전부터 인간에게 사랑받아 왔다. 특히 오늘날 세계 주류문화는 알코올 도수가 강한 술에서 더욱 부드러운 저알코올 음료로 흘러가고 있다. 또한 복잡한 현대생활에서 산성화된 현대인의 체질은 알칼리성 음료를 요구하고 있다. 이러한 욕구를 충족시켜 줄 수 있는 것이 바로 와인이다. 거친 꽃향기와 샘물 같은 신선함, 어렴풋이 초록빛을 띠는 엷은 황금색, 부드러운 맛과 심오한 향, 깊은 바다처럼 신비스럽고 짙은 자줏빛, 이것이 와인이다.

## Wine의 일반적인 제조법

Wine을 제조하는 과정은 Red · White · Rose · Sparkling · Portwine 5가지로 나뉘는데 여기에서는 보편적인 와인제조과정을 언급하도록 하겠다.
첫 번째, '포도의 수확'이다 와인의 원료가 되는 질이 좋은 양조용 포도를 수확한다. 두 번째 '파쇄와 압착'이다. 수확한 포도를 포도 잎이나 줄기부분을 골라내서 으깨는 작업을 한다. 세 번째 '발효'이다. 으깬 포도를 전부 발효 탱크에 넣어 발효를 시작하고 효모를 첨가한다. 네 번째, 발효가 완료되면 압착하고 껍질을 제거한 후 와인배럴에 넣어 숙성시킨다. 때에 따라서 배럴통을 통갈이해준 후 정제하고 여과를 한다. 다섯 번째, 오크통에 숙성시킨다. 여섯 번째 와인을 병입한다. 병입 후 판매나 고급와인은 보관 숙성을 다시 한다.

### (1) 와인의 제조과정

와인을 가장 간단하게 정의하자면 '싱싱하고 잘 익은 포도를 발효하여 만든 천연 과즙음료'라고 할 수 있다. 포도로 생성된 즙과 천연조건이 와인을 만들게 한다. 그것은 포도열매 속에 와인을 만들기 위하여 꼭 필요한 두 가지 성분, 즉 이스트(Yeast)와 당분(Sugar)이 있기 때문이다. 그러나 와인 제조에 있어 천연조건만 중요한 것은 아니다.

와인을 와인답게 하는 것은 역시 인간의 솜씨이다. 수확시기, 양조시점 등 여러 섬세한 단계들을 거치며 하나하나 세심한 배려와 선택을 통해 비로소 각각의 와인이 만들어진다.

모든 종류의 와인은 포도밭에서 수확되어 제품으로 병 속에 들어가기까지 유사한 일련의 과정을 거쳐 제조된다. 이러한 일련의 기본적인 단계들을 이해하면 종류마다 약간씩 차이를 보이며 변화무쌍한 와인의 세계를 더욱 쉽게 이해할 수 있을 것이다.

### (2) 레드와인의 제조과정

레드와인은 적포도로 만든다. 화이트와인과 달리 레드와인은 포도 껍질과 씨에 있는 붉은 색소와 타닌 성분을 많이 추출해서 와인을 만든다. 그래서 화이트와인보다는 제조공정이 조금 더 복잡하다.

❶ **포도 수확** 포도원으로부터 잘 익은 적포도를 수확한다.

❷ **공장** 수확한 포도를 공장으로 취합한다.

❸ **줄기 제거(Stemming)** 수확된 포도의 줄기에서는 풀냄새가 나고 쓴맛이 나기 때문에 제거한다. 스테머(Stemmer)라는 분쇄기에 넣고 포도로부터 줄기와 대를 분리시킨다.

❹ **제경 파쇄** 줄기를 골라낸 포도의 껍질, 씨, 알맹이를 같이 으깨는데 이때 롤러의 사이가 약간 떨어져 있어 포도의 주스만 만들어내고 씨나 껍질까지 완전히 으깨지지는 않는다.

❺ **침용(Maceration ; 마세라시용, 과피침지)** 침용은 와인의 성격에 따라 다소 길어질 수 있다. 타닌 성분이 적은 햇포도주라면 침용은 며칠이면 충분하고 장기보관용 와인은 2~3주 또는 그 이상 걸린다. 색소와 타닌이 즙 안에 잘 퍼지도록 하려면 주조통 아래쪽의 즙을 위로 뽑아 올려 포도즙 덮개에 계속 뿌려주어야 주조통 안의 포도주의 질이 비슷해진다.

❻ **아황산염($SO_2$) 첨가** 침용 시 아황산염과 효모를 첨가하는데, 아황산염은 항균제로 포도에 부착되어 있는 야생효모의 생육을 저해하고 포도 과피에 붙어 있는 각종 부패균을 살균시킨다. 또한 과즙 중의 산화효소에 의해 색깔이 변화되는 것을 억제함으로써 과즙의 산화 및 페놀(Phenol)류의 산화를 방지하고 과즙을 맑게 하여 포도주가 식초로 변하는 것을 막아준다. 또한 포도세포를 죽여 포도 껍질로부터의 적색 색소 용출을 돕고 알데히드(Aldehyde)와 결합하여 향미를 증진시키며 글리세린(Glycerine)의 생성을 돕는다. 그러나 아황산염은 인

위적인 첨가물이기 때문에 아무리 좋은 약도 적게 먹는 것이 좋다고 사람들이 생각하므로 최소한의 허용치를 넣으려고 노력한다. 특히 천식이 있는 환자에게는 거의 미세하지만 민감한 반응을 보이고 있다. 아황산염의 첨가를 제한하는 나라도 있다. 미국과 일본에서의 허용치는 최대 350ppm이며 와인 생성과정 중에도 자연적으로 소량이 생성된다.

❼ **1차 발효(전발효 또는 알코올발효)** 침용한 포도즙은 발효통에 옮겨져 효모를 첨가하여 포도즙을 발효시킨다. 알코올발효는 약 10~20일 전후에 걸쳐서 진행된다. 이 기간 동안 온도와 농도를 세밀하게 관찰해야 한다. 온도가 높으면 당의 분해속도가 빨라지기 때문에 발효기간은 짧아진다. 또한 포도의 찌꺼기가 표면 위로 올라와 포도즙 맨 위쪽에 덮개를 형성하기 때문에 지속적으로 섞어 주어야 한다. 이때 포도 껍질의 타닌 성분과 색소가 발효 중에 즙으로 우러나온다. 이것을 1차 발효라 한다.

포도즙은 10~32℃에서 효율적으로 발효를 하며, 그 중에서 백포도주는 저온(18~22℃)에서 발효시켜야 좋은 와인이 된다. 적포도주는 포도에 표피가 있는 관계로 28~32℃가 가장 좋으며 38℃ 이상이 되면 효모가 박테리아와 동화되어 유독성 물질을 발생시킨다. 반대로 온도가 너무 낮으면 와인의 영양분 부족 현상이 나타나 알코올함량이 낮아져 좋은 와인을 생산할 수 없게 된다. 발효통으로는 스테인리스 스틸통, 콘크리트통, 오크배럴 등을 사용한다.

❽ **압착** 화이트와인의 경우 포도 껍질과 씨를 분리시키기 위해 압착한 다음 포도즙만 발효시킨다. 레드와인은 껍질, 과육, 씨와 함께 발효한 후 압착한다. 이렇게 해서 얻어지는 즙은 껍질에 의해 착색되고 향이 배게 된다. 로제와인은 레드와 화이트와인을 섞어서 만드는 경우도 있지만, 대개는 레드와인의 만드는 과정을 따르며 내용물이 전부 발효되기 전에 압착한다.

1차 발효가 끝나면 포도주를 유출시킨다. 여기에서 자연적으로 유출된 포도주를 뱅 드 구트(Vin de Gôutte)라 하고, 남아 있는 찌꺼기를 압착하여 얻어진 포도주를 뱅 드 프레스(Vin de Préss)라 하며, 대개 타닌 성분과 색상이 풍부하다.

❾ **주석제거** 압착이 끝나면 와인의 온도를 낮추어 주석을 제거한다. 이것을 스타빌리사시용(Stabilisation)이라 한다.

⑩ **2차 발효(후발효 또는 유산발효)** 압착된 포도즙과 자연 유출된 포도즙을 합쳐 오크통이나 스테인리스 스틸통에서 2차 발효를 시킨다. 젖산 또는 유산 발효로 부르는 2차 발효는 포도에 포함되어 있는 사과산(Malic Acid)을 유산균의 작용으로 유산(Lactic Acid)과 이산화탄소($CO_2$)를 발생시키는 필수적인 과정으로 와인의 맛을 좀 더 부드럽게 한다. 그런데 이 2차 발효는 언제 발생할지 모르기 때문에 요즈음에는 2차 발효 매개물질인 박테리아를 실험실에서 배양하여 1차 발효가 끝나기 전에 첨가하여 와인의 숙성을 촉진시키고 병 속에서 2차 발효가 일어나는 것을 방지한다. 이때 발효통으로는 주로 오크배럴을 사용하는데 작은 통의 숙성 기간이 큰 통보다 짧다. 그래서 배럴 발효(Barrel fermentation)라고도 한다.

⑪ **앙금 분리(걸러내기)** 후발효가 끝난 와인은 앙금을 분리하여 숙성에 들어간다. 이때 와인 속의 색소, 찌꺼기와 단백질, 주석산 물질 등을 침전시켜서 와인을 맑고 깨끗하게 하는 것으로 찌꺼기를 최대한 분리하기 위해 청징제를 배럴에 첨가하며, 불순물들이 청징제와 같이 엉겨 있을 때 제거한다. 청징제로는 달걀흰자, 젤라틴, 소피, 벤토나이트(Bentonite, 화산재의 풍화로 만들어진 점토의 일종) 등을 사용한다.

⑫ **숙성(Barreling)** 이렇게 얻어진 액을 숙성시키기 위해 참나무로 된 통(Vat)으로 보낸다. 이 참나무통(Oak Vat) 또한 나무 그 자체와 통에 담겨지는 시기에 따라 향과 맛에 영향을 준다. 숙성장소는 진동이 거의 없으며 숙성온도는 약 12~14℃, 숙성습도는 약 70%가 가장 적당하고 숙성기간은 포도품종에 따라 또는 만들고자 하는 와인의 종류에 따라 다르나, 보르도의 우수한 와인의 경우 보통 12~24개월 정도 숙성시킨다.

⑬ **블렌딩(Blending)** 똑같이 숙성이 끝난 와인이라 해도 통마다 환경이 조금씩 다르기 때문에 약간씩 맛의 차이가 난다. 이것을 보완하여 똑같은 맛을 내기 위하여 블렌딩 마스터(Blending Master)에 의해 여러 통들의 와인들을 섞는다.

⑭ **여과 및 병입** 블렌딩이 끝난 후 와인은 다시 한 번 불순물을 여과하면서 병에 담는다.

⑮ **병숙성** 저급와인은 병입된 후 바로 판매에 들어가지만, 고급와인들은 병입 후 숙성을 통해서 와인을 한층 안정시키며, 거친 맛을 최소화시킨다. 병 숙성기간은 와인마다 다르나 약 3~24개월 정도 한다. 보르도의 우수한 와인의 경우 숙성온도 약 10~15℃, 습도 약 75%가 가장 적당하고 코르크 마개가 마르지 않도록 반드시 눕혀서 보관한다. 이때 습도가 너무 높으면 코르크에 곰팡이가 피어 와인향에 영향을 주며 라벨이 썩는다. 반대로 습도가 너무 낮으면 코르크가 빨리 말라 와인이 산화되어 맛이 시큼해진다.

⑯ **출하 및 판매** 병 숙성이 끝난 와인은 병에 라벨(Label)을 붙여 판매한다.

### (3) 화이트와인의 제조과정

화이트와인은 잘 익은 백포도(청포도, 노란 포도 등)나 적포도의 껍질과 씨를 제거한 후에 만든다.

### (4) 스파클링 와인의 제조과정

스파클링 와인과 샹파뉴(Champagne, 일반적으로 샴페인이라고 읽는다. 프랑스 샹파뉴 지방에서만 생산되는 스파클링 와인)의 제조방법에는 약간의 차이가 있다. 또한 샹파뉴의 포도품종은 AOC법에 의해 피노 누아(Pinot Noir, 적포도), 피노 뫼니에(PinotMeunier, 적포도), 샤르도네(Chardonnay) 등 3가지 포도품종만을 사용해야 한다고 정해져 있다. 화이트 포도품종인 샤르도네만을 사용하여 만든 샴페인은 블랑 드 블랑(Blanc de Blancs)이라 하고, 레드 포도품종인 피노 누아, 피노 뫼니에로 만든 샴페인은 블랑 드 누아(Blanc de Noirs)라 한다. 보통은 이 세 가지 포도품종을 섞어서 만들며, 같은 해에 수확한 포도만으로 만들었을 때에만 빈티지를 사용할 수 있고 최소한 3년 이상이 경과해야만 한다.

## 샴페인(Champagne) 제조과정

❶ **착즙(窄汁)** 수확한 포도는 착즙실로 운반되어 과육, 과피, 줄기, 씨가 포도즙과 분리된다.

❷ **1차 발효** 분리된 포도즙은 탱크로 옮겨져 1차 발효로 들어간다. 이 발효에 의해 당분은 알코올로 변환되며, 자연 발생적으로 탄산가스($CO_2$)가 생성된다. 이 이산화탄소는 외부의 공기를 차단함으로써 와인의 산화를 방지하며, 발효가 끝날 즈음에는 모두 탱크 밖으로 발산된다.

❸ **혼합(Blending)** 1차 발효가 끝나서 포도주의 맛이 날 때 각 탱크 속의 와인은 나름대로의 독특한 맛과 향기를 지닌다. Cellar Master는 각기 다른 와인의 품질 상태를 정확히 파악한 다음 혼합하는 양이나 비율을 결정하여 자기 회사 특유의 개성 있는 맛과 향기를 창출해 낸다.

❹ **2차 발효** 1차 발효는 탱크에서 했지만 2차 발효는 병 속에 채워져서 진행된다. 병입하기 전에 약간의 당과 효모가 동시에 투입된다. 따라서 1차 발효 때와 마찬가지로 알코올성분이 증가되며, 동시에 발포성을 일으키는 이산화탄소를 생산한다. 그러므로 병 내의 기압이 매우 높게 형성되는데 약 6기압 정도이다. 강력한 압력을 분산시키기 위해 샴파뉴병 밑바닥에는 펀트(Punt)라는 움푹 팬 특별한 구조를 취하게 된다. 2차 발효기간 동안 샴파뉴는 지하저장고에서 옆으로 눕혀 숙성시킨다.

❺ **숙성(熟成)** 숙성기간은 프랑스 법에는 1년 이상으로 되어 있으나 보통 3년 이상이며, 빈티지 샴파뉴(VintageChampagne)인 경우 10년 이상도 한다.

❻ **Riddling(침전물 병목에 모으기)** 이 방법은 샴파뉴만의 유일하고 매우 흥미로운 작업으로 오랜 숙성기간 동안 형성된 병 속의 침전물을 병 입구 쪽으로 모으는 과정이다. 작업은 특수하게 고안된 삼각형 받침대에서 약 4개월에 걸쳐 시행한다. 이 작업을 프랑스어로 르뮈아주(Remuage)라고 한다.

❼ **침전물 제거(Dégorgement ; 데고르주망)** 병 입구로 모아진 침전물은 순간 냉동으로 병목을 얼려서 코르크 마개를 열면 자체 압력에 의해 응고되었던 침전물이 순간적으로 병 밖으로 빠져나가게 된다. 침전물의 방출로 인한 양적 손실은 도쟈쥬(Dosage)로 채워진다.

❽ **도쟈쥬 첨가(添加)** 도쟈쥬의 성분은 샴파뉴산의 오래된 와인에 브랜디와 설탕을 탄 것이다. 도쟈쥬의 설탕 함유량에 따라 샴파뉴의 감미가 달라진다.

※ 샴파뉴는 당분의 함량에 따라 다음과 같이 분류한다.

- 브뤼(Brut ; 당분 함유량 0~1% ; 1L당 15g 이하) : Very Dry
- 엑스트라 섹(Extra Sec, 당분 함유량 1~2%, 1L당 12~20g 이하) : Dry

- 섹(Sec, 당분 함유량 3~6%, 1L당 17~35g 사이) : Medium Dry
- 드미 섹(Demi Sec, 당분 함유량 5~10%, 1L당 33~50g 이하) : Sweet
- 두(Doux, 당분 함유량 10~15%, 1L당 50g 이상) : Very Sweet

⑨ **병입(Bottling)** 이렇게 완성된 샹파뉴는 양질의 코르크를 끼워 철사로 묶는다. 그리고 1~2년간 마지막 숙성을 하고 상표를 붙이고 코르크에 금속의 박을 감아 상품으로 시판한다.

### (5) 와인의 품질을 결정짓는 테루아(Terroir)

프랑스어로 테루아는 포도 재배에 영향을 미치는 자연적인 요소들을 말한다. 즉 토양, 기후, 포도원의 위치 등 제반 요소의 상호작용을 말한다. 각각의 포도밭에서 생산되는 포도가 다르므로 생산하는 와인의 맛 또한 서로 다를 수밖에 없다는 의미가 포함된다.

#### ❶ 토양(soil)

토양은 뿌리를 지탱하며, 포도나무의 뿌리가 살고 있는 환경 전체로 물과 영양분을 공급하는 보고(寶庫)이다. 진흙으로 된 영양분이 풍부한 토양은 곡물이나 야채 등의 재배에 적합하지만 돌밭이나 자갈밭같이 영양분이 충분하지 못하고 배수가 잘 되는 토양에서는 포도나무 재배가 적합하다. 토양에 배수가 잘 되지 않으면 수분이 너무 많아 포도주의 원료인 포도의 당도가 떨어진다. 반면에 배수가 좋고 영양분이 없는 토양의 포도나무는 수분과 영양분을 얻기 위해 뿌리를 깊이 내려(약 5~15m) 지하층 깊숙이 있는 여러 가지 미네랄(Mineral)을 충분히 흡수하여 양질의 포도를 생산하게 된다. 이러한 이유로 포도를 수확할 때에도 수분이 거의 없는 건조한 날을 선택한다.

포도나무는 품종에 따라 가장 이상적인 토양이 있는데 이는 그 품종의 성질을 가장 잘 드러내준다. 예를 들어, 가메 누아(Gamay Noir) 품종은 보졸레의 화강암 토양에서는 섬세하고 육감적인 포도주를 만들고, 진흙 석회질 토양에서는 훨씬 부드럽고 가벼운 포도주가 된다. 토양은 포도의 질과 양을 결정짓는 중요한 요소이다. 따라서 토양의 영양공급은 와인의 아로마(Aroma)와 영양소를 형성하기 때문에 매우 중요하다.

- **영양분이 풍부한 땅(Rich Soils)** 곡물이나 야채 재배에 적합하다.
- **영양분이 없는 땅(Poor Soils)** 돌밭, 자갈밭, 석회암은 포도 재배에 적합하다.
- **가메(Gamay) 품종** 대체로 화강암(Granitie) 지역에서 잘 자라며, 주로 보졸레 지방에서 재배한다. 품종은 포도의 신맛이 강해서 일반적으로 라이트 와인(Light Wine)을 생산한다.
- **샤르도네(Chardonnay) 품종** 석회암 토양에서 잘 자라며, 주로 버건디 지방이나 샹파뉴 지방에서 재배한다. 샤르도네 품종은 맛이 부드럽고 잘 빚어낸 맛, 섬세한 맛 등을 내며 타닌으로 묵직한 와인 만들기에 적합하다.
- **메를로(Merlot) 품종** 대체로 백악질 토양에 잘 어울린다. 개성이 있으면서 부드러운 맛으로 인해 보르도 지방의 카베르네 쇼비뇽과 완벽한 조화를 이룬다. 특히 생테밀리옹과 포므롤 지역에서 많이 재배한다.

### ❷ 기후(Climate)

포도나무는 다양한 기후에 적응할 수 있다. 그러나 포도는 대개 결빙, 서리에 약하며, 햇빛을 많이 받아야 포도가 잘 익을 수 있으므로 일반적으로 온화한 기후대에서 좋은 결과를 얻게 된다. 프랑스는 지중해성 기후, 서안해양성 기후, 대륙성 기후 등 3개의 커다란 기후대에 영향을 받는다.

### 포도에 영향을 주는 3대 기후요소

포도농사에서 기후는 직접적인 관계가 있다. 적당히 추운 겨울과 겨울비 그리고 적당히 더운 여름과 여름비 등은 햇빛과 비의 양을 조절한다. 이런 것들이 포도농사에서 항상 희망하는 기후조건이다.

늦가을의 첫 추위나 이른 겨울은 포도나무의 좋은 휴식조건이며, 나무를 튼튼하게 하는데 좋다. 그러나 혹한은 나무를 동사시킬 우려가 있다. 그리고 충분한 햇빛은 포도를 과육 속까지 깊게 익히므로 온대지역에서는 가능한 늦게 수확하는 것이 좋다.

늦여름의 잘 익은 포도는 늦가을에 서늘한 기후로 마무리를 잘 짓기 때문에 와인을 담는데 이상적이다. 비는 대체적으로 겨울과 이른 봄에 오면 좋다. 여름비가 많이 와서 습도가 높고 햇빛이 충분하지 못하면 병충해가 바로 번져서 포도수확이 줄게 되며, 덜 익은 포도를 수확하게 된다. 한랭한 서리와 우박은 포도수확에 큰 타격을 주며, 바람이 심하면 포도를 떨어뜨려 수확이 줄어든다. 그리고 포도밭이 호수나 강가에 너무 가까이 있으면 물의 냉기가 포도밭의 열을 식히므로 좀 떨어지게 포도밭을 조성해야 좋다.

■ 햇빛(Sun Light)

햇빛은 포도주의 빛깔을 결정한다. 포도에 당분을 형성시키고 붉은 색소가 합성되기 위해서는 많은 태양에너지가 필요하다. 이러한 이유로 알자스, 샤블리, 샹파뉴 등 북쪽 지역에서는 백포도주를 많이 생산하며, 남쪽에서는 색깔이 짙고 짜임새 있는 적포도주를 생산한다.

일조량이 적으면 당도가 떨어지고 산도가 높으며, 일조량이 많으면 당도가 높고 산도가 낮다. 와인의 맛은 당도(Sweetness), 산(Acid), 타닌(Tannin)의 조화로 이루어진다.

■ 온도(Temperatures)

포도나무는 서리를 싫어하므로 연평균기온이 높아야 하며, 포도나무의 생장주기 기간에 포도의 숙성을 위해서도 열이 필요하다.

■ 강우량(Rain)

강우는 수확의 양과 질에 지대한 영향을 미친다. 포도원에 결정적인 강우량은 특히 연중분포와 어떤 형태로 내리는가가 중요하다.(자주 오는 비인가, 폭풍우인가) 비가 오는 시기에 따라 포도나무의 반응은 제각기 다르다. 강우량이 많으면 포도의 산도(Acid)는 높아지는 반면 당도(Sweetness)는 낮아진다. 반대로 강우량이 적으면 산도는 낮아지고 당도는 높아져서 좋은 와인을 만들 수 있다.

포도원의 방향(Vineyard Exposure)은 남향, 남동향이 좋다. 이는 포도나무에 아주 중요한 일조량에 크게 영향을 주기 때문이다. 부르고뉴 포도원은 동향인데 그 이유는 아침 해를 받아 토양이 서서히 달궈지고 서쪽으로부터 부는 바람과 비를 피할 수 있기 때문이다.

해발(Altitude) 100m씩 올라갈수록 기온은 0.6℃씩 내려간다. 이는 포도의 성장을 변화시키는데, 산맥이 포도원에 가까이 있으면 서늘해서 포도 알이 서서히 익게 된다. 그리고 알자스 포도원과 같이 숲이 가까이 있으면 찬바람으로부터 포도원을 보호할 수 있다.

### ❸ 양조기술(Human Element)

각 품종에 따른 포도나무의 재배와 얻고자 하는 와인의 종류에 따라 양조기술 등이 달라질 수 있다. 포도의 품종은 수천 종이 있으나 프랑스의 상급 포도주에 사용될 수 있는 것은 150여 종으로 한정되어 있다.

- 포도 종류 선택(Grape Variety)
- 식수량(Population)
- 포도나무 기르기(Vine Training)
- 수확량(Yield)
- 수확시기(Harvest Date)
- 와인 만드는 법(Vinification)
- 숙성을 어떻게 시키느냐(Maturation)

## 6) 포도품종

와인의 맛을 결정하는 요소 중 가장 영향력이 큰 것은 포도품종이다. 따라서 여러 포도품종에 대한 정확한 특성을 이해하는 것이 매우 중요하다.

### (1) 적포도 품종(Red grape varieties)

#### ❶ Cabernet Sauvignon

남성적 와인 스타일을 대표하는 전통적 재배 지역인(원산지) 보르도 메독 그라브 지방 외에 캘리포니아, 칠레, 호주, 남아프리카공화국 등 전 세계 주요생산 지역에서 골고루 재배되고 있다.

두꺼운 껍질은 깊고 진한 색상과 풍부한 타닌을 주며, 블랙커런트(카시스), 삼나무향, 체리, 자두향, 묵직함, 화려하고 미묘한 와인을 느낄 수 있다.

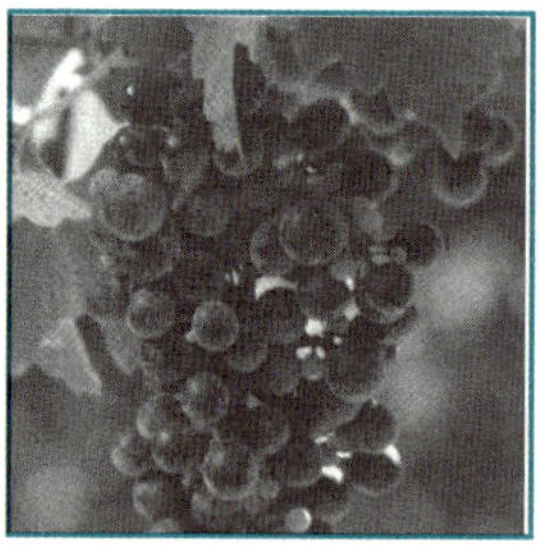

잘 익으면 남색 껍질 안에 근사한 색과 향과 탄닌을 담게 된다. 세심하게 양조해 숙성을 잘 시키면 맛과 장기 보존성 모든 측면에서 타의 추종을 불허하는 레드와인이 된다.

보르도에서 메를로나 카베르네프랑 등과 블렌딩하지만 칠레나 캘리포니아 북부처럼 따뜻한 제2의 고향에서는 카베르네 쇼비뇽 하나만으로 근사한 와인이 탄생한다.

### ❷ Cabernet Franc

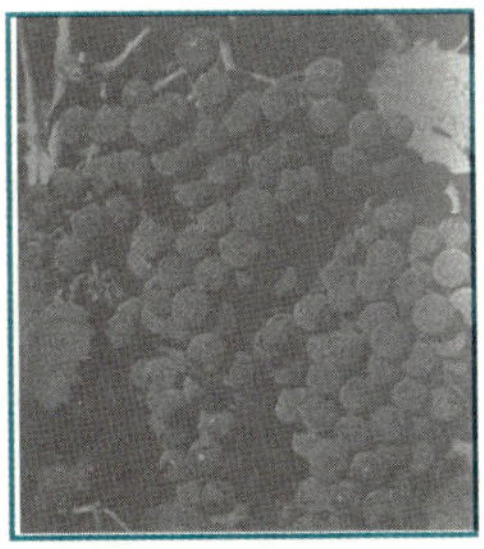

묵은 나뭇잎향으로 신선하나 묵직한 경우는 드물다. 카베르네 쇼비뇽의 조상으로 덜 농밀하고 부드럽다. 빨리 익기 때문에 루아르와 생테밀리옹의 서늘하고 눅눅한 토양에서 널리 재배되며, 메를로와 많이 블렌딩한다.

메독과 그라브에서는 카베르네 쇼비뇽 농사를 망쳤을 때를 대비한 일종의 보험용으로 기른다. 메를로보다 겨울 추위에 대한 저항력이 훨씬 높다. 뉴질랜드와 롱아일랜드, 위싱턴주에선 식전용 와인으로 만들기도 한다.

이탈리아 북동부 산은 기분 좋은 풀내음이 나며, 시농(Chinon), 부르게일(Bourgueil), 소뮈르 상피니(Saumur Champigny), 앙주 빌라주(Anjou Villages) 산들은 최고의 실키한 부드러움을 보여준다.

### ❸ Gamay

매년 11월 셋째 주 목요일 출시되는 보졸레 누보(Beaujolais nouveau) 때문에 갑자기 유명해진 품종이다.

프랑스 보졸레 지방의 토양이 화강암질과 석회암질 등으로 이루어져 배수가 뛰어난 부르고뉴의 주요 재배품종인 피노누아르(Pino Noir) 대신에 이 토양에 적당한 가메(Gamay)종을 재배하고 있다.

생산 후 곧 마실 수 있으며, 루비색에 체리, 나무딸기, 과일 향이 풍부한 와인이다.

### ❹ Grenache/Noir

여리고 달콤한 향으로 잘 익으며 로제와인에 유용하다. 론 강 계곡과 랑그독 루씨용(Languedoc-Roussillon) 지방에서 재배한다. 알코올 함량이 높으면서 'full body'하고 유연한 맛의 진한 와인을 생산한다.

그르나슈는 지중해 연안에서 널리 재배되며, 특히 남부 론의 대표품종이다. 무르베드르, 시라, 생소 등과 블렌딩한다. 루시용에서도 광범위하게 재배되는데, 알코올이 강해서 그 지역 특산인 뱅 두 나뛰렐(아글리 계곡 상류의 특산품, 전통에 따라 나무통이 아닌 봉봉(Bonbon) 유리병에 담아 뜨거운 햇볕 아래서 숙성시킨다. 모리 AOC에 속한 마스 아미엘(Mas Amiel)에 3,024개의 봉봉 단지가 줄지어 서있다.

와인을 만들 때 그르나슈블랑 및 그르나슈 그리와 함께 이용된다. 스페인 최대 재배품종으로, 그곳에선 '가르나차'라고 부른다. 수령이 아주 많거나, 시라나 무르베드르와 블렌딩했을 때만 높은 평가를 받는 품종이다.

### ❺ Merlot

풍만하고 부드러운 느낌의 풍부한 자두향이 난다. 여성적인 와인 스타일을 대표하는 고급품종이다. 카베르네 쇼비뇽의 전통적인 블렌딩 파트너로 약간 더 여리면서 신선하다. 특히 보르도에서는 생육이 빠르고 재배가 훨씬 쉬워서 이 지역 대표 품종으로 자리매김했다.

서늘한 해라면 카베르네보다 잘 익고 따뜻한 해라면 알코올 성분이 많아진다. 알이 굵고 껍질이 얇아 탄닌 함량은 적고 향이 풍부해서 병입 후 일찍 와인을 즐길 수 있다.

단일품종만으로도 독자적 위치를 점하여 미국에서는 메를로 와인이 카베르네보다 더 편하다고 여긴다. 또 쉽게 여물기 때문에 이탈리아 북동부에서도 선호한다. 특히 보르도 우안 포므롤에서 만드는 메를로 와인은 최고여서 관능적이며 벨벳처럼 부드러운 느낌이 난다. 칠레에서도 생떼밀리옹(Saint-Emilion)과 포므롤(Pomerol) 지방에서 많이 재배하며 주 품종으로 사용한다.

### ❻ Pinot Noir

체리, 산딸기, 제비꽃, 날고기(game)향이 나며 중간 루비색이다. 설명하기 가장 힘든 품종으로 생장이 비교적 빠르며 테루아에 극도로 민감하다. 껍질이 얇기 때문에 무더운 지역에 심으면 지나치게 빨리 자라 매혹적인 향들이 껍질에 미처 가둬지지 못한다.

부르고뉴의 코트도르가 최적의 재배지로 좋은 종자를 바르게 재배해 올바로 양조한다면 테루아의 복잡미묘한 차이를 와인에 고스란히 담아 낼 수 있다.

세계적인 포도 재배자들이 이 매혹적인 부르고뉴 레드품종에 눈독을 들여왔지만 아직까지는 뉴질랜드와 호주 그리고 미국 오리건 주와 캘리포니아 등의 서늘한 지역에서만 재배에 성공했다. 보통은 다른 품종과 블렌딩하는 경우가 드물지만, 샴페인 양조 시에는 샤르도네 및 피노 뫼니에와 섞곤 한다. 감각적이며 향이 풍부하고 부드러운 야생성을 가지는 매력적 와인을 만든다.

부르고뉴(Bourgogne) 레드와인 양조에 주로 사용되나 알자스, 쥐라, 뷔게 등의 다른 지방에서도 재배한다. 화이트와인으로 양조될 경우에는 상파뉴(Champagne : 샴페인) 양조에 사용한다.

대표적인 특급와인으로는 로마네 꽁띠(Romanee-Conti), 샹베르탱(Chambertin)이 있다.

### ❼ Syrah/Shiraz

검은 후추, 다크 초코릿향이 나며, 색이 짙고 탄닌이 많다. 고향은 북부 론으로, 특히 에르미타주(Hermitage)와 코트로티(CōteRōie)에서 가장 훌륭한 시라 와인이 나온다.

장기 숙성이 가능하며 코트로티에선 향을 내기 위해 전통적으로 비오니에 종을 약간 섞는다. 현재는 프랑스 남부 전역에서도 블렌딩 용도로 많이 재배된다. 프랑스 시라는 호주산 시라즈와 맛이 상당히 다르다. 시라즈는 호주의 대표품종으로 바로사처럼 따뜻한 지역에서는 진하고 풍부한 와인을 만들어내지만 빅토리아주의 서늘한 지역이라면 약간의 검은 후추향이 나기도 한다. 완숙도와 관계없이 항상 감칠맛을 내기 때문에 널리 사랑받는 품종이며, 전 세계 재배자들이 다양한 시도를 하고 있다.

척박한 토양과 덥고 건조한 기후를 선호하며 진하고 선명한 적보랏빛 색상이 일품이다. 풍부한 과일향 특히 향신료향이 특징인 와인이다.

### ❽ Zinfandel

온화한 베리향으로 알코올과 당도가 높다. 미국 캘리포니아의 대표적 포도품종으로 딸기 향이 나며 그 향기와 조직이 생동감이 넘친다. 드라이 화이트와인에서 레드

스위트 와인까지 다양한 스타일의 와인을 만든다. 숙성되면 카베르네 쇼비뇽과 분간하기 어려울 정도로 흡사하다.

진판델은 한 세기 동안 캘리포니아 토착품종으로 알려졌으나 이탈리아의 산기슭에서 최소한 18세기부터 키워왔던 프리미티보(Primitivo)와 동일 품종임이 드러났다.

DNA 분석 결과, 원산지가 크로아티아라는 사실도 밝혀졌다. 진판델은 들쑥날쑥하게 익는다. 하지만 일부 포도알의 당도가 비할 데 없이 높기 때문에 알코올 함량이 무려 17도까지 올라갈 수 있다. 캘리포니아 센트럴밸리에서는 대량 재배한 진판델의 껍질을 벗긴 다음, 뮈스카나 리슬링으로 향을 추가해 핑크빛의 달콤한 '화이트 진판델' 와인을 만든다.

### ⑨ Sangiovese

건자두(푸른) 향부터 농장냄새까지 다양하며 풍미와 생기가 있다. 이탈리아에서 가장 많이 재배하며 특히 중부 이탈리아의 대표품종으로 키안티 클라시코를 비롯해 몬탈치노(브루넬로)와 몬테풀치아노(비노 노빌레) 지역이 유명하다.

에밀리아-로마냐(Emilia-Romagna)에서는 질이 다소 못한 클론으로 가볍고 시큼한 레드와인을 대량 생산한다. 키안티의 전통적 양조법은 이 품종에 화이트품종인 트레비아노(Trebbiano와 지역토착 카나이올로(Canaiolo) 그리고 콜로리노(Colorino)를 약간 섞는 것이다.

토스카나의 야심찬 양조자들은 지금도 최고의 색과 향을 뽑아내기 위해 노력하고 있다. 그외 지역으로도 점차 확산되는 추세이다.

### ⑩ Malbec

아르헨티나 산은 향신료 향이 풍부하며 프랑스산은 날 고기향이 난다. 오랫동안 보르도를 포함한 프랑스 남서부 전역에서 블렌딩 용도로 재배해 왔다. 하지만 카오르에서는 핵심품종으로 코(Cōt) 또는 오세루아란 이름으로 불러왔으며, 중기간 보관이 가능한 시골풍의 짐승냄새가 나는 와인을 만들어 왔다. 그러다 이민자들이 말벡을 아르헨티나로 들여왔는데, 멘도사의 기후와 완벽히 맞아들었기 때문에 곧 이 나라의 대표 레드품종이 됐다.

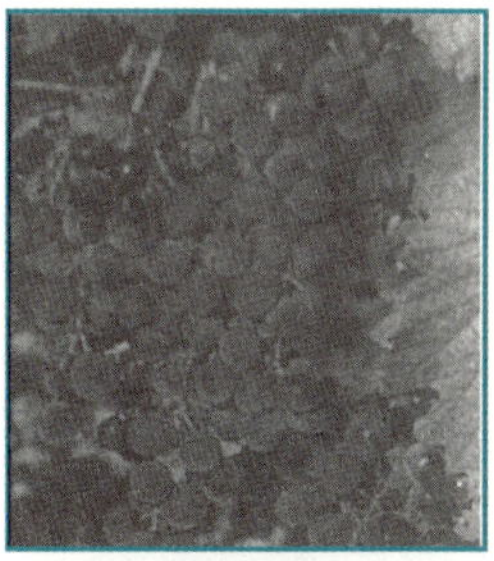

벨벳처럼 부드럽고 농도가 짙으며 기운찬 느낌이다. 알코올이 높고 함유성분도 많다. 특히 멘도사의 루한데 쿠요(Lujān de Cuyo에서 잘 자란다.

### ⓫ Tempranillo

담뱃잎, 향신료, 가죽향이 난다. 스페인의 대표품종으로 특히 리베라 델 두에로에서 활기차고 향이 깊은 레드와인을 만들어낸다. 현지이름은 틴토 피노(Tinto Fino) 또는 틴토 델 파이스(Tinto del Pais)이며, 리오하에선 가르나차와 블렌딩한다.

카탈루냐에선 울 데 예브레(Ull de Llebre), 발데페냐스에선 센시벨(Cencibel)이라 부른다. 나바라에선 종종 보르도 품종들과 블렌딩한다.

포르투갈에서는 이름이 틴타 로리스(Tinta Roriz)로 바뀌는데 포트와인 양조에 오래 이용해왔고 테이블와인으로도 널리 쓰인다. 알렌테주에서는 아라고네스(Aragonēs)라고 한다. 봄 서리에 취약하고 껍질이 얇아 쉽게 썩곤 하지만, 좋은 와인으로 점차 국제적 명성을 얻고 있다.

### ⓬ Carmenēre

강건하며 보르도 품종과 유사하다. 약간의 풋과일 향이 나며 아주 늦게 익는다. 유서 깊은 보르도 품종이지만 정작 보르도에선 찾아보기 힘들다. 하지만 필록세라(포도나무뿌리진디)가 유럽의 포도밭을 휩쓸기 전인 1850년대에 칠레로 옮겨온 종자들은 여전히 그곳에서 번성하고 있다.

사람들은 오랫동안 카르미네르를 메를로와 혼동했지만 이제는 확실히 구분하고 있다. 와인에 토마토잎 향이 나타나지 않게 하려면 포도가 반드시 완전히 익어야 한다. 와인 색이 진하며 다른 포도 품종들과 블렌딩해도 좋다.

### ⑬ Mourvēdre

짐승 냄새가 나며, 블랙베리향으로 알코올과 타닌이 강하다. 포도가 익을 때에는 많은 양의 햇빛이 필요하다. 프로방스의 고급와인 방돌(Bandol)을 만드는 데 핵심이

되는 품종이다.(숙성 시 많은 주의가 필요하다) 프랑스 남부 전역과 호주 남부 등에선 그르나슈와 시라를 블렌딩할 때 특히 무르베드르의 과육을 첨가한다.

스페인 이름은 모나스트렐로(Monastrell)로 '넘버 투' 품종이며 질보다 양으로 재배한다.

캘리포니아와 호주에선 원래 마타로(Mataro)라고 부르며 무시하던 품종이었으나, 무르베드르로 이름이 바뀌고 나서 프랑스 계통인 것을 인정받아 영광의 새 삶을 살게 됐다.

### ⑭ Touriga Nacional

풍부한 탄닌과 불꽃놀이 느낌이며 주로 포트와인 양조용이다. 포르투갈의 대표적 포트와인용 품종이지만, 현지에선 토리가 프랑카, 틴타 바로카, 틴토 카웅, 틴토 로리츠(템프라니요) 등과 함께 두오루(Douro) 계곡에서 재배되는 수많은 품종의 하나로만 여겨왔다. 그러나 요즘 들어 단일품종 와인의 생산이 늘고 있으며, 다웅(Dāo) 지역 와인의 주재료가 되고 있다. 또한 품질과 개성에 부족함이 전혀 없어 언젠가 전 세계적 품종으로 거듭날 가능성도 있다.

탄닌과 알코올 그리고 색소 함량이 늘 높은데 가장 큰 이유는 원래 그루당 수확량이 적은 품종이기 때문이다.

### ⑮ Pinotage

피노타지(Pinotage)는 1924년 Pinot Noir(피노 누아)와 Cinsaut(생쏘) 품종을 결합하여 남아프리카에서 재배를 시작했다. 이 품종은 거의 남아프리카에만 존재한다 해도 과하지 않다.

스파이시(spicy)하고 짙은 반면, 과일 향을 띤다. 1990년까지는 재배가 부진하였으나 현재 상승세를 타고 있는 추세이다. "피노타주는 여인의 혀와 사자의 심장에서

추출한 체액이다. 충분한 양을 먹어두면 끊임없이 말할 수 있으며 악마와 대적할 수 도 있다."라는 말이 있다. 거칠고 단순하며 매력적인 레드와인으로 만들어진다.

### (2) 백포도 품종(White grape varieties)

#### ❶ Chardonnay

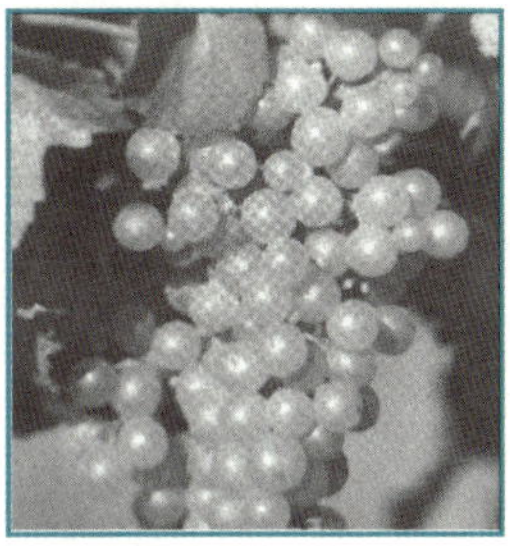

다양한 지역에서 재배되는 대중적인 품종으로 짧게 오크통에서 숙성한다. 부르고뉴산 화이트품종이다. 같은 부르고뉴 산인 피노누아보다 훨씬 다용도다.

극한 환경과 빨리 맺히는 꽃눈이 봄 서리에 피해를 입을 정도만 아니라면 거의 모든 지역에서 쉽게 재배할 수 있다. 특유의 향이 강하지 않아 오히려 그 때문에 오크통 발효와 숙성엔 아주 적합하다.

샤르도네는 양조자가 원하는 대로, 즉 활기차고 신선한 스파클링 와인으로도, 풍부하고 기름기가 도는 와인으로도 혹은 달콤한 와인으로도 만들 수 있다.

전 세계에서 재배되는 고급품종으로 화이트와인 중 가장 오래 보관할 수 있는 품종으로 몽하쉐(montrachet), 뫼르쏘(meursaut), 꼬르똥 샤를르마뉴(corton-charlemagne) 등의 이름난 드라이 화이트와인을 생산한다.

#### ❷ Riesling

풍부한 향, 섬세하고 상큼하며 밝은 느낌이며 오크통 숙성은 거의 하지 않는다. 레드품종에 카베르네 쇼비뇽이 있다면 화이트엔 리슬링이 있다. 두 품종 모두 재배지역에 따라 전혀 다른 와인이 될 수 있으며 근사하게 숙성시킬 수 있다.

'리즐링', '라이즐링'이 아닌 '리-슬링'이 올바른 발음이다. 능력이 과소평가되어 20세기 후반 내내 터무니없이 낮은 가격이 매겨졌지만 근래 들어 서서히 인기를 얻고 있다. 리슬링 와인은 향이 아주 강렬하며 산지와 당도, 숙성도에 따라 미네랄, 꽃 라임, 꿀 향이 난다.

원산지인 독일에선 이 품종으로 훌륭한 귀부와인을 만들지만, 지구온난화로 요즘은 섬세하고 드라이한 와인들도 나온다. 독일과 프랑스 알자스 지방의 품종이 여전히 가장 좋으며, 호주와 오스트리아에서도 널리 사랑받고 있다. 독일 와인 산업에서 가장 중요한 품종이며 섬세하고 기품 있는 와인으로 산도와 당도의 균형과 조화가 일품이다. 대표적인 산지는 모젤(mosel), 라인가우(rheingau)이다.

#### ❸ Sauvignon Vlanc

풀과 풋과일 향이 나며 예리한 느낌이다. 오크통 숙성은 거의 없다. 아로마의 날이 시퍼렇게 서 있고 극도로 신선한 느낌이 난다. 대부분의 품종들과 달리 비교적 일찍 마시는 편이 좋다.

고향은 프랑스 루아르 지방, 특히 상세르 주변과 푸이이-쉬르-루아르 인근이다. 후자 지역에선 쇼비뇽 블랑을 '푸이이-퓌메(Pouilly-Fumay)'라고 부른다. 지나치게 따뜻한 기후에서 재배될 경우 특유의 향과 산도가 없어진다.

캘리포니아와 호주의 경우에는 지나치게 무거워지기도 한다. 뉴질랜드, 특히 말보로 지역에서 잘 재배되며 남아공의 서늘한 지역에서도 수월하다. 다만 잎을 솎아내 포도나무의 과도한 생장을 막아 줘야 한다.

보르도에서는 전통적으로 세미용과 블렌딩해 드라이 와인과 스위트 와인을 만든다. 상큼하며 풋풋함의 풀 향기가 특징이다. 프랑스의 루아르(loire) 지역이 전통적인 산지이며 최근 들어 전 세계적으로 재배면적이 급증하고 있다.

#### ❹ Gewōrztraminer

짙은 색을 띠며, 리치(lychee)하고 장미향이 나며 알코올이 강해 취하는 느낌이다. 게뷔르츠트라미너는 발음하기 어렵고 종종 철자도 틀리게 쓰지만 정말 매력적인 품종이다.

'게뷔르츠(gewōrz)'라는 말은 독일어로 '향긋하다(spicy)'는 뜻으로 그만큼 아로마가 강하며 이는 양날의 칼인데 쉽게 질리기 때문이다. 특히 와인 안에 잔류 당이 많을 때는 더 그러하다. 하지만 알자스 산 최고급 게뷔르츠트라미너 와인은 바디감과 섬세함이 번갈아 느껴지고 끝맛이 좋아 물리지 않는다. 비결은 충분한 산도에 있다.

뉴질랜드 이스트코스트와 칠레, 캐나다의 브리티시컬럽비아, 오리건, 이탈리아의 알토아디제에서도 우수한 케뷔르츠트라미너 와인이 나온다.

포도알은 진 분홍색이나 와인 색상은 대부분 중후한 황금빛이다. 가끔은 분홍빛도 띤다.

### ❺ Sēmillon

무화과, 시트러스(감귤류), 라놀린(양털기름)향을 띠며, 풀바디하다. 세미용으로 만든 스위트 와인은 유달리 뛰어나다. 특히 소테른(Sauternes)과 바르삭(Barsac) 산이 좋은데 전통적으로 세미용과 쇼비농 블랑을 4:1로 블렌딩하며 약간의 뮈스카델도 첨가한다.

비교적 얇은 껍질 덕분에 조건만 적절하다면 포도 당도를 높이는 귀부병에 감염되기가 아주 쉽다. 세비용은 보르도에서 가장 많이 재배하는 화이트품종이다. 오크통 숙성을 거쳐 품질 좋은 드라이 와인을 만들어내며 특히 그라브 지방이 유명하다.

호주의 헌터밸리 또한 세미용에 대한 애착이 크다. 포도를 일찍 수확해 복합적이고 미네랄 향이 물씬한 장기숙성용 드라이 와인을 만든다. 남아공에도 역시 훌륭한 세미용 나무들이 있다.

### ❻ Pinot Gris

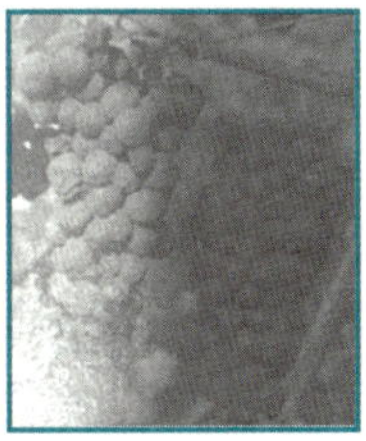

황금빛으로 스모크 향과 더불어 농밀한 향과 맛이 있으며 톡 쏘는 느낌이 난다. 알자스에 뿌리를 둔 세련된 품종으로 리슬링, 게뷔르츠트라미너, 뮈스카와 함께 고상한 품종으로 대우받으며 부드럽지만 파워풀한 와인의 재료로 쓰인다.

피노누아의 변종이며 샤르도네의 사촌격으로 껍질은 분홍색이다. 이탈리아에서는 피노 그리지오(Pinot Grigio)라 부르며 이것으로 만든 드라이 화이트와인은 개성이 강할 때와 밍밍할 때가 있다. 그 밖의 지역에선 와인 스타일에 특별한 차이가 없어 '그리'와 '그리지오'의 차이가 나타나지 않는다. 미국 오리건이 특산이며 뉴질랜드에서도 증가추세이다.

### ❼ Chenin Blanc

꿀 향과 젖은 밀짚 냄새가 나며, 대표적인 다용도 품종이다. 루아르 중부에서 재배한다. 뮈스카데 품종인 믈롱 드 부르고뉴와 루아르 상류의 소비뇽 블랑의 중간쯤 된다.

대규모로 재배하는 캘리포니아와 남아공에선 주로 평범한 드라이 와인만 나오기 때문에 곧잘 오해받고 있지만, 루아르에서 섬세하고 장기숙성이 가능한 와인이 나오며 드라이부터 스위트 와인까지 다 훌륭하다.

특히 달콤한 귀부와인 부브레(Vouvray)는 훌륭한 맛에 숙성능력도 좋다. 또한 가벼운 꿀향이 나는 드라이한 일반 와인도 만들 수 있으며 소뮈르(Saumur)와 부브레에선 개성있는 스파클링 와인도 만든다.

### ❽ Muscat Blanc

덜 익은 포도향 맛이 나며, 비교적 단순하고 종종 단맛도 난다. 뮈스카 계열 중 가장 좋은 품종이다. 포도알이 작아 프랑스어로 '프티 그렝(petits grains)'이라 부르며, 알이 타원형보다 원형에 가까워 마치 품질이 떨어지는 알렉산드리아 뮈스카 종[호주의 렉시아(Lexia), 고르도 블랑코(Gordo Blanco)]처럼 보인다.

이탈리아 이름은 모스카토 비앙코로, 모스카토 다스티이며 섬세하고 가벼운 스파클링 와인을 많이 만든다. 또 프랑스 남부와 르리스에서 훌륭한 스위트 와인이 나온다. 강하고 달콤하며 점도가 높은 호주산 뮈스카는 껍질색이 진한 브라운 무스카에서 나온 품종들이다. 반면 스페인의 모스카텔은 주로 알렉산드리아 뮈스카다. 다른 품종인 뮈스카 오토넬(Muscat Ottonel)은 더 가볍다.

### ❾ Viognier

산사꽃, 살구 향이 나며, 풀바디하고 빨리 취한다. 세련된 개성 만점의 품종으로 원산지는 북부 론의 콩드리외로 현재는 전 세계로 퍼졌다. 완전히 익어야만 고유의 매혹적 아로마가 형성된다.

자연히 알코올 함량도 높아지는데, 좋은 와인을 만들려면 산도를 함께 높이는 것이 비결이고, 캘리포니아와 호주에선 이를 해냈다. 어릴 때 마시는 편이 가장 좋다. 론 지방의 다른 화이트 품종들과 블렌딩하는 경우도 늘고 있다.

특히 프랑스 남부에서는 섬세하지만 아로마가 강한 루산(Roussanne)이나 고소한 아몬드향의 마르산과 블렌딩한다. 빨리 숙성되지 않도록 시라와도 블렌딩한다.

### ⑩ Pinot Blanc

활기차고 가볍다. 샤르도네와 유사하며 피노 누아의 변종으로 껍질이 더 얇다. 사촌인 샤르도네와 종종 혼동된다.

이탈리아에선 피노 비앙코(Pinot Bianco)라 부른다. 알자스의 편한 데일리 와인 품종인데 오세루아와 관계가 있으며 가끔 클레브너(Clevner)라고도 부른다.

트로켄베렌아우스레제급을 포함해 아주 좋은 와인들의 재료로 쓰인다. 오스트리아에서는 바이스부르군더(Weissburgunder, 화이트버건디)라고 한다.

풀 바디한 드라이 화이트와인을 만들 수 있기 때문에 남부 독일과 이탈리아 알코아디제에서도 인기가 좋다. 산도와 향이 비교적 약해 보통 어릴 때 빨리 마시는 편이다.

### ⑪ Marsanne

아몬드, 마르지판(marzipan) 과자 향이 나며 완전 풀 바디이다. 루산과 함께 북부 론의 화이트 에르미타주를 만드는 개성 있는 품종이다. 현재는 남부 론 전역뿐 아니라 호주, 특히 빅토리아 주에서도 재배한다.

프랑스 남부와 캘리포니아, 특히 센트럴코스트에선 종종 루산, 롤/베르멘티노(Rolle/Vermentino), 그르나슈 블랑, 비오니에 등의 품종들과 블렌딩한다.

마르산으로 만든 와인은 중후한 황금빛을 띄고 알코올이 강한 경향이 있다. 또한 스위스와 스페인 북동부의 일부 지역에서도 재배된다.

## 7) 와인 서비스

### (1) 와인의 보관

와인의 보관은 사실 쉬운 것이 아니다. 오랜 세월 동안 많은 와인산업 관련자들이 최상의 상태로 얼마나 오래 보관될 수 있는가를 연구해 왔다. 한때는 와인 제조업자들이 와인 병을 보관하고 있다가 마시기에 적절한 때가 되면 판매하기도 했지만, 와인 제조업자들은 와인보관에 들어가는 지속적인 창고비용과 자금회전 등의 이유로 요즈음은 비교적 적절한 병 숙성기간 전에 출하하는 경우가 대부분이다. 이러할 때 최적의 상태로 와인을 마시려면 저장 시 적절한 보관상의 규정이나 상태를 준수해야 한다.

지하 저장고가 있다면 훨씬 매력적이고 실용적일 것이다. 와인 저장 시 주의해야 할 사항은 다음과 같다. 적절한 온도와 습도 그리고 적은 진동과 안전이 보장되어야 하고, 코르크가 항상 젖어 있도록 눕혀져 있어야 한다. 호텔 등 고급 프랑스 식당에서는 와인 냉장고나 와인 저장실을 이용, 보관하고 있으나 일반 가정에서는 찬장이나 벽장 또는 햇볕이 들지 않는 다용도실 등을 이용하여 보관하면 실용적이다.

가정에서는 온도변화가 많으므로 오래 보관하는 것보다는 몇 주 또는 몇 달 안에 빨리 마시는 것이 좋고, 보관할 경우 레드와인은 실내온도(될 수 있으면 17~19℃)로 선반에 보관하고 화이트와인은 냉장고에 보관한다.

와인을 보관할 때 코르크가 와인과 접촉되게 옆으로 눕혀 놓는다. 이렇게 하면 코르크가 마르고 수축하는 것을 막을 수 있다. 꼭 맞는 코르크는 와인에 공기가 들어가지 않게 하고 너무 빨리 익지 않게 한다. 먹다 남은 와인은 3~4일 동안은 마실 만하지만 요리의 재료로 사용하면 좋다.

#### ❶ 온도(Temperature)

약 12℃ 정도의 일정한 온도가 이상적이다. 10~15℃ 사이의 일정치 않은 온도도 그 변화가 느리고 고정된 것이라면 괜찮다. 온도가 10℃ 이하로 내려가면 정상적인 숙성이 늦어지고 더 낮은 온도가 지속되면 병 안의 코르크 마개를 위로 밀어 올려 와인 속에 많은 공기가 들어가게 되는 원인이 된다. 또한 15℃ 이상의 온도로 올라가면 와인이 빨리 숙성하여 적절하고도 복잡한 와인의 향과 맛에 영향을 미친다. 더 높은 온도가 지속되면 와인은 빨리 산화되어 결국은 요리의 재료로밖에 쓸 수 없을 것이다. 10℃의 온도에서보다도 20℃의 온도에서 와인은 약 2배의 숙성속도를 가진다. 와인저장고의 온도는 특히 일교차에 주의해야 한다.

#### ❷ 진동(Vibration)

와인 속의 찌꺼기가 떠오르는 것을 막고 코르크가 풀어지는 것을 방지하기 위해 진동은 최소화해야 한다. 이러한 미세한 진동을 방지하기 위하여 요즈음에는 고무로 된 와인 보관 랙(rack)을 사용하기도 한다. 특히 레드와인이나 스파클링 와인 등을 손으로 운반할 때나 테이블 서비스할 때 흔들리지 않도록 조심스럽게 다루어야 한다.

#### ❸ 음지(Darkness)

햇볕에 심하게 노출되면 병의 온도가 급속히 올라간다. 화이트와인은 더욱 민감하기 때문에 색깔 있는 병을 사용하는 것이다. 또한 햇볕은 하루에 많은 일교차를 일으키므로 포도주는 어두운 곳에 저장하는 것이 원칙이다. 그러나 전등의 불빛은 와인에 영향을 주지 않는다.

#### ❹ 습도(Humidity)

찬바람은 습기가 있는 바람이다. 따라서 저장소의 온도가 낮다면 습도는 적당할 것이다. 일반적으로 습도의 상태가 기분 좋을 정도면 와인에도 적당하다. 70~80% 정도의 습도는 병 마개를 건조시키지 않으며, 캡슐이나 라벨을 손상시키지 않는다. 습도가 너무 낮으면 코르크가 말라버려 그 사이로 많은 공기가 유입되어 와인이 빨리 변하고, 습도가 너무 높으면 곰팡이가 코르크 마개에 기생하여 와인에 곰팡이 냄새를 스며들게 하여 와인의 질을 떨어뜨린다. 와인라벨도 곰팡이로 인하여 알아볼 수 없게 만들어 와인의 상품적 가치를 떨어뜨린다.

### (2) 와인과 글라스

많은 와인 애호가들은 "와인의 맛은 글라스의 맛이다."라고 표현할 정도로 글라스의 중요성을 강조한다. 다소 과장된 표현처럼 느껴지지만 그만큼 글라스에 따라 향과 맛이 다르게 표현되기 때문이다. 매우 섬세하고 다양한 와인의 향은 숙성을 통해 스스로 변화를 이어가면서 자신의 캐릭터를 지킨다. 이러한 와인의 진면모를 느끼기 위해서는 향과 맛의 크기나 강도를 잘 담아낼 수 있는 글라스라야 한다.

❶ **립(Lip)** 와인을 마실 때 입술이 닿는 부분이다. 립 부분의 둘레는 보울 부분보다 지름이 적은데 이는 와인의 향을 가능한 한 잔 속에 오래 보존할 수 있게 하기 위해서이다.

❷ **보울(Bowl)** 와인 잔의 몸통부분이다. 와인은 와인 잔의 1/3 정도만 채우는 것이 좋은데 그래야 와인의 향을 맡으려고 와인 잔을 돌릴 때 흘릴 염려가 없으며 나머지 공간을 와인의 향으로 가득 채울 수 있기 때문이다.

❸ **스템(Stem)** 손으로 잡는 부분이다. 스템이 길면 체온이 와인에 영향을 미치지 않으며, 와인의 색을 관찰할 때 손이 방해가 되지 않는다.

❹ **베이스(Base)** 와인 잔의 받침 부분이다.

### (3) 와인 오픈요령

#### ❶ Red Wine Opening

가. 와인을 주문한 손님에게 와인의 상표를 확인시키기 위하여 상표가 손님을 향하게 하여 고객의 좌측에서 보여준다.

나. 코르크 스크류에 있는 칼을 이용하여 병목의 캡슐 윗부분을 제거한 후, 서비스 냅킨으로 병마개 주위를 잘 닦는다.

다. 코르크 스크류 끝을 코르크의 중앙에 대고 천천히 돌려 넣은 후 두 단계 스텝으로 코르크가 병목의 1/4 정도 걸려 있을 때까지 빼낸다(코르크를 완전히 통과하여 코르크 조각이 술병 안으로 떨어져서는 안 된다).

라. 코르크를 손으로 잡고 살며시 돌리면서 천천히 소리나지 않게 빼낸다.(와인이 튈 수 있다)

마. 코르크의 냄새를 맡아 이상 유무를 확인한 후 손님이 확인할 수 있도록 접시 위에 얹어서 보여준다.

바. 서브하기 전에 서비스 냅킨으로 병목 안팎을 깨끗이 닦는다.

사. 주문한 손님에게 확인시킨다.

아. 와인을 따른 후 병목을 서비스 냅킨으로 닦아 술방울이 테이블에 떨어지지 않도록 한다.

#### ❷ 샴페인 코르크(Champagne Cork) 따는 법

가. 병목부분의 띠를 잡아당겨 캡슐의 윗부분을 벗겨낸다.

나. 노출된 와이어 네트의 잠금쇠를 푼다.

다. 왼손 엄지손가락으로 코르크의 윗부분을 누르면서 와이어 네트를 완전히 벗겨낸다.

라. 손을 바꾸어 오른손 엄지손가락으로 코르크가 순간적으로 튀어나오지 않도록 눌러준다.

마. 왼손으로 병목부분을 잡고 오른손으로 약간씩 좌우로 비튼다.

바. 코르크가 순간적으로 튕겨 나가는 것을 방지하기 위해 오른손으로 코르크를 견고하게 잡고 서서히 열어준다.

### (4) 디캔팅(Decanting)

#### ❶ 디캔팅은 무엇이며 왜 하는가

디캔팅은 병으로부터 와인을 따를 때 침전물이 잔에 흘러들지 않도록 미리 앙금이 없는 부분의 와인을 다른 유리용기(디캔터)에 따르는 작업을 말한다.

#### ❷ 디캔팅이 필요한 와인은

오랜 숙성을 거친 고급와인은 침전물이 많이 생긴다. 침전물이 많은 경우 처음 마실 때와 마지막 마실 때에 다른 맛이 나기도 하는데, 이것을 방지하기 위해 디캔팅이 필요하다.

숙성이 덜 된 거친 와인의 경우 공기와 접촉하면서 맛이 부드러워질 수 있으므로 디캔팅을 한다. 디캔팅은 Red Wine에만 필요한 작업이다.

### 디캔팅 순서

❶ 코르크 스크류에 달린 칼로 캡슐을 완전히 제거한다.
❷ 코르크를 뽑는다.
❸ 병목 안팎을 깨끗이 닦는다.
❹ 촛불을 켠 다음 와인 바스켓에서 조심스럽게 와인 병을 꺼낸 후 왼손으로 병을 잡는다. 오른손으로 와인 병을 잡은 후 와인 병의 어깨쯤에 촛불의 불꽃이 비치도록 하여 와인을 따른다. 이때 찌꺼기가 나타나면 중지한다.

### 브리딩(Breathing)

백과사전에는 산소와 이산화탄소의 교환이 일어나게 하는 것이라고 나와 있다. 와인에 산소를 만나게 해주어 와인이 숨을 쉬게끔 해준다는 의미이다. 프랑스 보르도지방의 특등급와인 중 영한 와인은 탄닌이 많아 이것을 싫어하는 고객이 마시기가 어려워 서비스하는 소믈리에에게 부탁하면 이때 디캔터기에 담아 공기와 호흡해 와인의 맛이 탄닌은 줄고 마시기 부담스럽지 않게 변하게 되는 것을 말한다.

## (5) 레드와인 서비스

### ❶ 레드와인 서비스(와인 바스켓을 이용)

가. 와인 바스켓에 냅킨을 깔고 레드와인을 눕힌다.
나. 손님에게 주문한 상표를 확인시킨다.
다. 왼손으로 바스켓을 잘 잡고 오른손으로 코르크 나이프를 이용하여 캡슐을 제거한다.
라. 냅킨으로 병목 주위를 닦은 다음 코르크 스크류를 코르크에 돌려 넣는다. 이때 병이 움직이지 않게 조심스럽게 다루어야 한다.
마. 받침대를 이용하여 왼손으로 받침대를 고정시키고 천천히 오른손으로 빼낸다.
바. 다시 병목 안팎을 깨끗이 닦은 다음 서브한다.
사. 서브 요령은 바스켓을 오른손의 엄지손가락과 가운데손가락 사이에 끼워 잡고 집게손가락으로 병을 살짝 누르면서 잡는다.

아. 주문한 손님(Host)에게 먼저 맛을 보게 한 다음 좋다는 승낙이 있으면 사회적인 지위나 성별, 연령을 참작하여 서브하는 것이 일반원칙이다.

자. 글라스와 술병의 높이는 약간 떨어지게 하여 스탠다드급 글라스의 1/2~2/3 정도 서브하고 병을 약간 돌리면서 세운다.

차. 이때 서비스 냅킨을 쥐고 있는 왼손은 가볍게 뒤쪽 허리 등에 붙이고 서브한다.

카. 서브가 끝날 때마다 술병을 조심스럽게 서비스 타월로 닦아 술방울이 테이블이나 손님에게 떨어지지 않도록 주의한다.

### ❷ 화이트와인 서비스

가. 적절한 온도를 유지하기 위하여 화이트와인은 얼음과 물이 채워진 와인 쿨러나 냉장고에 넣어두어야 한다.

나. 병마개는 손님 앞에 준비된 와인 쿨러 속에서 따야 한다.

다. 고객에게 프레젠테이션(Presentation) 및 오프닝(Opening)은 '와인 병을 오픈하는 요령'에 따라 실시하며, 와인 서비스 시 글라스와 와인병의 높이는 일반적으로 와인의 종류에 따라 다르며 보통 2~3cm가 적당하다.

### ❸ 샴페인 서비스

가. 와인 쿨러에 물과 얼음을 넣고 샴페인 병을 넣어 차갑게 한 다음 서브한다.

나. 샴페인 병을 들어 손님의 좌측에서 상표를 확인시킨다. 이때 물기가 떨어지지 않게 서비스 타월을 병 밑바닥에 댄다.

다. 왼손 엄지손가락은 병마개를 누르면서 오른손으로 은박이나 금박의 포장지 윗부분을 벗긴다.

라. 왼손 엄지손가락은 계속 병마개를 누르면서 감겨진 철사를 푼다.

마. 왼손으로 와인 쿨러 속에 있는 병을 꽉 잡고 오른손으로 코르크를 소리나지 않도록 조심스럽게 빼낸다.

바. 병의 물기를 제거한 다음 오른손 엄지손가락을 병 밑 쪽 파인 곳에 넣어 나머지 손가락으로 병을 잡고 왼손 집게손가락으로 병목부분을 받치고 따른다.

사. 글라스와 병의 높이는 약 3~5cm 정도가 적당하다.

아. 샴페인 서브 시 바.와 같은 방법을 취하지 않을 때에는 서비스 냅킨을 든 왼손은 등 뒤로 붙인다.

자. 서브 후 서비스 냅킨으로 병목의 물기를 조심스럽게 닦아 술이 테이블이나 손님에게 떨어지는 것을 방지한다.

## 8) Old World Wine

### (1) France(프랑스)

프랑스는 자타가 공인하는 세계최고의 와인 생산국이자 넓은 면적을 자랑한다. 그리고 양조기술, 테루아, 품질좋은 와인산지, 다양한 포도품종 등 와인은 프랑스 사람들의 생활 전부라 해도 과언이 아닐 것이다. 보통 프랑스하면 예술로 표현하며 더불어 음식에 대한 자부심이며 와인과의 매칭은 프랑스 사람들의 생활이기 때문에 오늘날 와인이 발전할 수 있는 모든 것을 갖췄다고 생각한다.

보통 다른 여러 나라는 포도를 재배할 수 있는 지역이 정해져 있지만 프랑스는 국토의 90% 이상이 포도를 재배할 수 있는 천혜의 자연환경으로 축복받은 땅이다.

기원전 600년에 그리스인이 Massalia(마르세이유)에 건설했던 데서 시작하여 로마인의 영향으로 프랑스 남부 지역에 포도의 재배가 성행하였다고 한다. 프로방스는 Nostra Provincia(노스타라 프로빈시아) 로마식 명칭이며 15세기에 로마제국이 몰락하면서 프랑스의 포도밭은 가톨릭교회가 관할하게 되었다.

프랑스의 와인역사에서 기억하고 싶지 않은 시기는 1860년~1866년으로 필록세라가 창궐하여 전역에 퍼져 크나큰 재앙을 안겨주었고 유럽 전역으로 확대되어 세계 여러 나라에 퍼지는 끔찍한 시기이기도 하였다.

프랑스 기후나 지리적 측면을 3가지로 구분해서 설명하면 첫 번째로 대서양 연안에 있는 보르도와 서부 루아르 지역은 해양성 기후로 멕시코 만류가 혹독해질 수 있는 기후를 조절해 주지만 비와 습도가 문제를 일으킨다. 이러한 좋지 않은 악조건에서도 보르도의 찌는 듯이 무더운 여름은 소테른 지역에서 아주 스윗한 와인을 만드는데 유리하다. 두 번째로 북부에 있는 샹파뉴와 부르고뉴 지방은 겨울에 무척 춥고 가을에는 서늘하고 비가 자주 내리는 대륙성 기후로 토양은 석회암질이며 풍부한 일조량으로

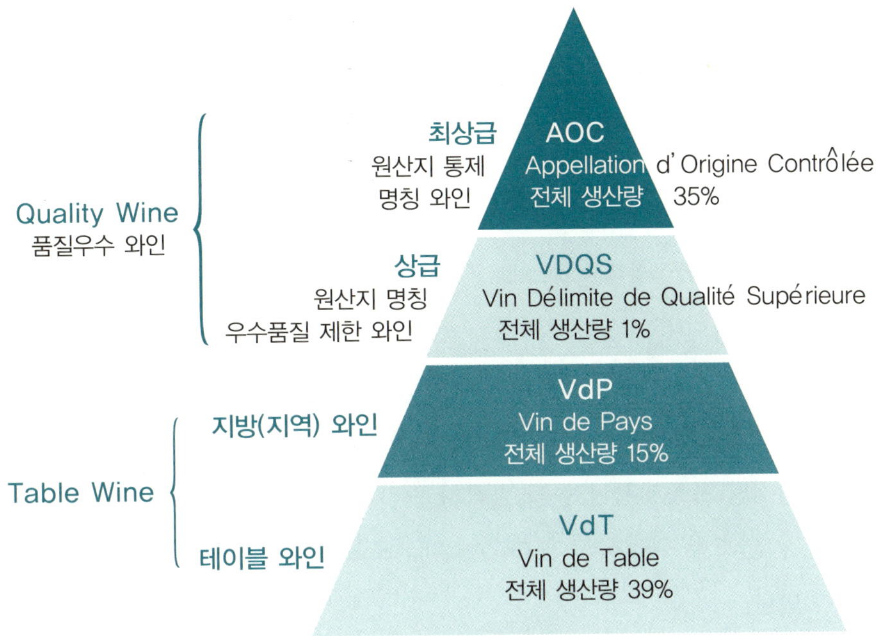


[그림 6-3] 프랑스 와인등급

포도가 익지 않아 섬세하지 않은 와인이 만들어진다. 세 번째로 남부는 지중해성 기후로 포도송이가 풍성하고 알차게 익어서 태양의 맛이 느껴지는 와인을 만든다.

프랑스와인은 다양한 와인을 만드는데 스틸와인, 스파클링와인, 로제와인, 증류주의 코냑을 만들기도 한다. 이러한 와인들은 오랫동안 축적된 노하우와 전통으로 만들어져서 세계 각국으로 수출하는 수출 장려 품목이다.

#### ❶ 프랑스 와인에 관한 법률

프랑스 와인산업은 1864년 미국에서 건너온 작은 진딧물인 필록세라(Phylloxera)가 가르(Gard) 지방에서 출현한 후 포도밭의 대부분을 괴멸시켰지만, 필록세라에 강한 미국 포도품종과의 교배품종에 프랑스 포도묘목을 접목시켜 회복되었다.

필록세라 위기로 포도주의 품귀를 가져와 밀수와 가짜 포도주가 성행하였다. 1889년 8월 14일자 법령은 이런 부정행위를 막고자 포도주에 대해 '신선한 포도나 포도즙을 부분적으로 또는 완전히 발효시킨 제품'이란 법적 정의를 내렸으며, 1905년에는 밀수방지국이 창설되었다. 포도밭 재건 후에는 과잉생산과 가격폭락이 일어나기도 하였으며, 제1차 세계대전 동안에는 포도밭 일손의 부족으로 수확량이 감소되었으나 1931년에서 1939년 사이에는 포도생산량이 급증하여 생산과잉으로 인해 비도덕적인 와인 생산업자들은 부정적인 방법으로 그들의 와인에 상표를 붙였는데 이를 방지하기 위해 1935년에 정부가 강력한 법을 제정하였다

### 가. 아뺄라시용 도리진 꽁트롤레(Appellation d'Origine Contrôlée : A.O.C. 원산지통제 명칭 포도주)

전국원산지명칭협회(INAO)가 정하고 농림부령으로 공인된 생산조건을 만족시키는 포도주이다. V.D.Q.S. 규정보다 더 엄격한 A.O.C. 규정은 다음과 같다.

와인의 생산지역, 포도품종, 최저 알코올 함유량, 1헥타르당 최대 수확량, 포도 재배방법, 단위면적당 포도수확량 등을 엄격히 관리하여 기준에 맞는 와인에만 그 지역 명칭을 붙일 수 있도록 규정하고 있다. A.O.C. 포도주가 되려면 분석시험과 시음검사를 거쳐야 한다.

시음검사에 합격한 포도주는 A.O.C. 인가증명서를 발부받는다. INAO가 발행하는 이 증명서는 포도주가 해당 A.O.C. 명칭에 따라 시장에 출하되도록 허락해 준다. 인가받지 않은 포도주는 A.O.C. 명칭으로 판매할 수 없다. 매우 엄격한 A.O.C. 법규는 원산지 통제 명칭 포도주의 품질을 보장한다.

### 나. 뱅 델리미떼 드 깔리떼 쉬뻬리외르(Vin Délimite de Qualité Supérieure ; V.D.Q.S. ; 원산지 명칭-우수품질 제한 포도주)

이 포도주는 전국원산지명칭협회(INAO)의 엄격한 규제와 감시 아래 생산된다. 우수품질 제한 포도주 관계 규정은 와인의 생산지역, 포도품종, 최저 알코올 함유량, 포도주 분석 전문가로 구성된 공인위원회가 행한 시음 등에서 농림부령이 정한 조건을 만족시키는 포도주에 포도 재배조합이 상표를 발행해 주도록 정하고 있다. V.D.Q.S. 상표 발행은 최종적으로 시음위원회에 의해 결정된다.

### 다. 뱅 드 뻬이(Vins de Pays)

뱅 드 따블 중에서 산지를 명시할 수 있는 선발된 포도주이다. 뱅 드 뻬이의 칭호를 사용하려면 다음의 품질기준을 만족시켜야 한다.

- 권장 포도품종만을 사용하여야 하며, 한정된 지역[도(道), 도 내의 특정지역, 여러 도를 합친 지방]에서 생산되어야 한다. 포도주는 이 지역의 이름을 갖는다.
- 자연 알코올함유량이 지중해 지방에서는 10%, 그 외의 지역에서는 지역에 따라 9.5% 또는 9% 이상이어야 한다.
- 분석상의 특성과 시음상의 특징이 기준을 만족시켜야 하며, 이는 전국포도주동업 자연합회(ONIVINS)가 승인한 시음위원회에 의해 감정된다.

### 라. 뱅드 따블(Vins de Table)

이 포도주의 알코올함유량은 생산지역에 따라 8.5% 또는 9% 이상 15% 이하여야 한다. 이 포도주가 프랑스산일 경우(단일지방에서 생산된 포도주 또는 여러 지방에서 생산된 포도주의 혼성)에는 '프랑스산 뱅 드 따블(Vin de Table Francais)'이라는 칭호를 사용할 수 있다. 뱅 드 따블은 일상 소비용 포도주로 일반적으로 생산방법에 따라 품질이 다른 일정한 맛을 지닌 혼성주이다. 1988년 5월까지는 유일하게 이 포도주에 대해서만 알코올함량(%)이나 알코올도수를 라벨에 의무적으로 기재하도록 하였다.

- Vin de Table 와인에는 수확연도 표시가 금지되어 있다.
- 포도주의 라벨 위에 기재된 품종명은 그 포도주가 기재된 품종 하나로만 100%로 만들어졌다는 뜻이다.
- 프랑스산이라는 기재사항은 수출할 때 몇 나라에서 요구하므로 반드시 기재해야 한다.
- 샹파뉴 포도주에는 포도주의 타입(브뤼, 드미 섹, 두…)을 반드시 기재해야 한다.

### VdT 포도주 의무 기재사항

❶ **프랑스에서 생산, 양조된 포도주의 경우** 프랑스 내수용이면 'Vin de Table de France' 또는 'Vin de Table de Francais'(모두 '프랑스뱅 드 따블'이라는 의미임) 사항은 판독 가능한 문자로 기재되어야 한다.

❷ **병입한 회사의 이름과 본사 주소**

❸ **리터(ℓ), 센티리터(cℓ) 또는 밀리리터(㎖)로 표시** 임의 기재사항이 사실일 경우에만 허가한다.

❹ **상표명**

#### ❷ 보르도지방 내 메독 등급(61개 : Grand Cru Dlassé 등급)

1855년 메독 등급은 메독 지역의 60개 샤또와 그라브 지역의 1개 샤또로 구성되어 61개의 샤또는 모두 그랑 크뤼 끌라쎄(Grand Cru Dlassé : 등급을 받은 Great wine이라는 뜻)로 1등급에서 5등급까지 5개의 등급(크뤼)으로 분류된다.

#### ❸ 1855년 소떼른(Sauternes)과 바르삭(Barsac) 등급

26개의 샤또로 구성되어 있으며 샤또 디껨과 두 개의 카테고리로 나뉜다. 특1등급 Premier Cru Supérieur(프르미에 크뤼 쒸빼리외르) : 샤또 디껨(Château d' Yquem)〈소떼른 Sautermes〉으로 분류된다.

#### ❹ 1959년 규정된 그라브 등급(Classification des vins de Graves en)

크뤼로 규정된 레드와인(crus classés en rouge) 13개와 크뤼로 규정된 화이트와인(crus classés en blanc) 9개로 분류된다.

#### ❺ 생떼밀리옹의 등급과 규정

10년마다 수정되며 1959년 최초로 규정된 이래 1969년, 1986년, 1996년, 2006년에 등급 조정이 이루어졌다. 그러나 2006년 등급 조정은 르랑크뤼 끌라쎄에서 제외된 8개의 와이너리에서 이의를 제기해 보르도 행정재판부에 소송을 걸어 현재 2006년 등급 조정은 무산되고 1996년 등급을 그대로 적용하고 있다.

#### ❻ 뽐므롤 특등급과 주요 와인들

특등급 와인(Cru Hors classés)인 빼트뤼스(Pétrus)가 있고, 주요 샤또들로는 샤또 보르갸르(Château Beauregard), 샤또 갸쟁(Château Gazin), 샤또 라뚜르 뽐므롤(Château Latour-Pomerol) 등 20개가 있다.

### (2) Italy(이탈리아)

옛날 그리스인들은 이탈리아를 외노트리아(Oenotria) 와인의 땅으로 불렀으며 BC 800년 에투리아인이 투스카니 지방에서 포도를 재배했고 나중에는 그리스인이 나폴리에 들어와서 포도를 재배하였다고 한다. 이탈리아는 어느 곳에서나 포도나무가 잘 자라며 세계에서 가장 많은 와인을 생산하는 국가이기도 하다.

이탈리아는 밥을 먹거나 숨을 쉬는 것처럼 자연스럽고 본능적으로 와인을 재배한다고 한다. 하지만 와인의 품질을 관리하지 않고 식품의 일부로 생각하여 국가적인 정책을 세우지 않고 오랫동안 지내오면서 지금의 프랑스나 독일보다 한참 뒤처져 품질이 우수한 와인을 생산해 내지 못하고 있다.

잠재력이 무궁무진하지만 전체적으로 정리가 되지 않은 느낌과 프랑스처럼 체계화되지 않아서 앞으로 이탈리아가 프랑스처럼 세계적인 와인을 만들려면 프랑스를 벤치마킹하여 품질개선에 힘써야 하겠다.

지중해성 기후의 이탈리아는 포도의 당분이 높으며 산도가 약한 것이 특징이다. 레드와인의 재배는 약 70% 정도이고 오크통에 오래 숙성하여 텁텁하고 묵직한 남성적인 풍미가 나타나지만 낙후된 방식의 와인재조는 와인의 일정한 품질을 유지하기 힘들다.

다행히도 최근의 이탈리아 와인은 품질혁신이라는 공통적인 인식으로 품질개선에 힘쓰고 있다. 와인의 전통품종은 산지오베제, 바르베라, 네비올로의 레드품종과 트레비나노, 발바지아의 화이트품종이 있다.

포도제배지역으로는 Toscana(토스카나), Super Tuscan(슈퍼투스칸), 라찌오, 마르께, 아브루쪼, 움브리아, 삐에몬테, 베네또, Valle d' Aosta(발레다오스따), 롬바르디아, 에밀리아로마냐, 뜨렌띠노 알또 아디제, 프리울리 베네치아 줄리아, 라구리아, 깜빠니아, 뿔리아, 시칠리아, 몰리제, 바실리까따, 샤르데냐, 깔라브리아지역이 있다.

이탈리아의 와인법규는 농림부에서 법규를 관리하며 IGT, DOC, DOCG 세 가지 범주로 나뉘며 DOC, DOCG 등급의 와인생산지역은 300개 이상이며 DOCG 최상급은 21개 지역이 있다.

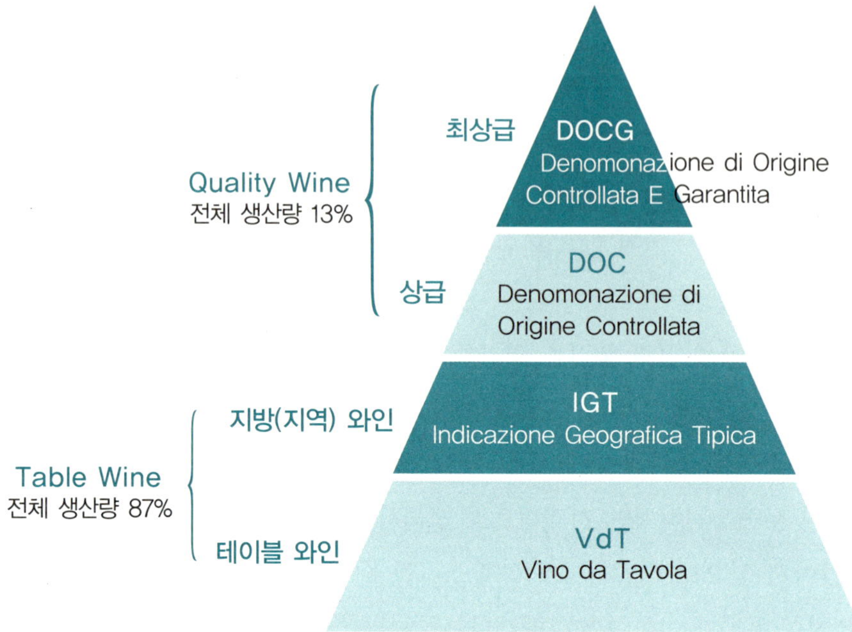


[그림 6-4] 이탈리아 와인등급

### ❶ 이탈리아 와인의 등급에 의한 분류

이탈리아는 크게 20개의 와인 생산지역이 있으며 와인의 등급은 최상급인 DOCG, 고급인 DOC, 아래 등급인 비노 다 타볼라(Vino da Tavola)로 구분된다.

#### 가. 데노미나찌오네 디 오리지네 콘트롤라타 에 가란티타(Denominazione di Origine Controllata E Garantita ; DOCG)

DOCG 와인은 DOC보다 고급이며 최상급 와인이다. 이 와인은 엄격한 규정을 따라야 하며, DOCG의 가란티타(Garantita)란 이탈리아 정부에서 품질을 보증한다는 뜻으로 최상급 와인을 의미한다. 초기에는 이탈리아 국내에 단지 4개의 DOCG가 있었다. 피에몬테 지역의 바롤로(Barolo), 바르바레스코(Barbaresco), 토스카나 지역의 브루넬로 디 몬탈치노(Brunello di Montalcino), 비노 노빌레 디 몬테풀치아노(Vino Nobile di Montepulciano)가 바로 그것이다.

그러다 1984년에 세계적으로 잘 알려진 끼안티(Chianti)가, 1987년에는 알바나 디 로마냐(Albana di Romagna)가 추가되었으며, 그 이후에 6개가 더 추가되었다.

앞으로도 더 추가되겠으나 그 숫자는 매우 한정되게 지정하여 최상급으로서의 권위를 지켜나갈 것으로 본다. 이들 DOCG 와인은 병목에 분홍색 띠를 둘러서 아래 등급과는 차별하여 판매하고 있다.

**나. 데노미나찌오네 디 오리지네 콘트롤라타**(Denominazione di Origine Controllata ; DOC)

DOC 와인 생산지 내 자신의 포도원에서 재배한 포도를 사용해야 하고, 단위면적당 일정량 이상의 포도를 생산해서도 안 되며, 정해진 기간 이상으로 숙성시켜야 하는 등 포도 재배와 와인제조에 대한 규제사항이 많다. 뿐만 아니라 당국의 주기적인 점검을 받아야 하는 등 많은 규제를 통해 고급와인을 생산하도록 하는 규정이 1963년에 제정되어 실시되고 있다. 현재 이탈리아 국내에 250개의 DOC 와인이 있으며, 이탈리아 전체 와인 중 약 10~12%만이 DOC 등급으로 분류되어 있다.

**다. 인디카찌오네 제오그라피카 티피카**(Indicazione Geografica Tipica)

생산지명만 표시하는 것과 포도품종과 생산지명을 표시하는 두 가지가 있다. 그 지방의 특색을 지니거나 생산자의 독자적인 성격을 가진 것이 특징이다. 일부 제품은 등급은 낮지만 품질은 DOCG급에 해당하는 것도 있다.

**라. 비노 다 타볼라**(Vino da Tavola)

이 등급은 특별한 제한이 없는 와인으로 저가로 판매되고 있다.

### ❷ 포도품종

**가. Red**(Rosso)

■ 바르베라(Barbera)

이탈리아 피에몬테(Piemonte) 지방에서 널리 재배되는 레드와인 품종으로 높은 산도와 조화로운 맛을 가지고 있지 않아 테이블 와인의 블렌딩용으로 많이 사용하고 있다.

■ 네비올로(Nebbiolo)

이탈리아 북서부의 최고급 전통품종으로 바롤로와 바르바레스코를 생산한다. 네비올로(Nebbiolo)는 이탈리아어로 안개를 뜻하는 네비아(Nebbia)에서 유래되었다. 이 포도품종은 10월 말경에 익는 만숙종인데, 이때쯤 되면 포도밭에 안개가 곧잘 끼게 되고, 이 안개가 네비올레의 거친 맛을 완화시켜 준다고 한다. 포도알이 작고 껍질은 두꺼우며 짙은 보라색으로 풍미는 카베르네 쇼비뇽보다 훨씬 더 부드럽다.

■ 산지오베제(Sangiovese)

네비올로 품종과 더불어 이탈리아를 대표하는 토착품종으로 중부지방의 주 포도품종이다. 끼안티를 비롯하여 중부지역의 주요 적포도주 생산에 사용되고 있으며 껍질이 두껍고 씨가 많아 높은 산미와 타닌으로 견고한 느낌을 준다. 진하고 선명한 색상으로 초기 향은 블랙체리, 말린 자두, 담뱃잎, 허브, 건초 등의 향이 나고 숙성되면서 육감적인 동물적 풍미로 바뀐다.

■ 돌체토(Dolcetto)

이탈리아 피에몬테 지방에서 재배되는 산도가 낮은 적포도품종으로 Dolcetto는 'little sweet one'이란 뜻이다. 진한 자주색을 내며, 과일 향, 아몬드 향, 감초 향이 나는 부드러운 와인을 생산한다. 시간이 지나면 과일 향이 감소하기 때문에 영한 상태에서 마시는 게 좋다.

■ 그리뇰리노(Grignolino)

피에몬테 와인 중에서 가볍게 마시기 좋은 가벼운 레드와인나 로제 와인을 만들며, 강한 산도, 풍부한 과일향을 지니고 있다.

■ 브라케토(Brachetto)

이탈리아 북서부 피에몬테 아퀴(Aqui) 지방에서 주로 재배된다. 아로마가 강한 피에몬테 주의 브라케토와 단순한 맛을 내는 니짜 마리띠마(Nizza Marittima)의 브라케토 두 종류가 알려져 있다. 섬세하고 특색 있는 부드러운 맛의 스푸만테를 생산하는 것이 일반적이지만 강도 높은 파시토(Passito; 건포도로 만든 와인)를 만들기도 한다.

### 나. White(Bianco)

#### ■ 모스카토(Moscato)

달콤한 스타일의 스위트 화이트와인을 생산하는 품종으로 원산지는 지중해 연안이다. 뜨거운 태양 아래 과숙된 포도가 주는 짙은 풍미와 높은 당도 때문에 디저트 와인으로 이용되고 있다. 대부분 스위트 와인으로만 알고 있지만 프랑스 알자스 지방에서는 드라이한 와인도 생산된다.

#### ■ 프랑스 알자스

감미로운 풍미의 강한 드라이 와인. 감귤 껍질, 자몽, 화사한 꽃향기 등이 풍성한 드라이 와인을 생산한다.

#### ■ 이탈리아 아스티

알코올함량 5~6% 정도의 가벼우면서 달콤한 사이다 같은 발포성 와인을 생산한다.

#### ■ 피노 그리지오(Pinot Grigio)

이탈리아 북동쪽에서 재배하는 피노 그리지오(Pinot Grigio)는 프랑스에서는 피노 그리(Pinot Gri)라 불리며 주로 서늘한 지역에서 많이 재배되고 있다. 산도가 풍부하고 상큼한 라이트바디(Light Body) 화이트와인을 만든다.

#### ■ 트레비아노(Trebbiano)

이탈리아에서 가장 널리 재배되는 청포도품종으로 오르비에토(Orvieto), 소아베(Soave) 등 드라이 화이트와인을 주로 만든다. 높은 산도, 중간 정도의 알코올, 중성적인 향을 가지고 있으며, 라이트바디하면서 평범한 특성 때문에 주로 다른 품종과 블렌딩용으로 사용된다. 프랑스에서는 위니 블랑(Ugni Blanc)으로 부르며, 주로 브랜디를 만든다.

#### ■ 아르네이스(Arneis)

이탈리아 피에몬테에서 재배되는 청포도품종으로 1970년대에는 인기가 없었으나 1980년대부터 인기가 많아졌다. 허브 향과 아몬드 향이 매력적이다.

■ 가르가네가(Garganega)

베네또(Veneto) 지방의 부드러운 화이트 와인인 소아베(Soave)를 만드는 전통 포도품종으로 전형적인 꽃 향과 과일 향, 신선하고 은은한 맛과 함께 스파이시한 끝맛이 난다.

■ 말바지아 비앙카(Malvasia Bianca)

청포도품종으로 달콤한 강화 와인을 만든다. 말바지아 화이트와인(Malvasia White Wine)은 색이 짙고, 높은 알코올도수와 너트(Nut)류의 향을 가지고 있다.

### (3) Germany(독일)

와인 생산국 중에 가장 북쪽에 위치한 독일은 투명하고 섬세하며 가볍고 느낌이 있는 그러면서 알코올도수가 낮고 매력적이면서 뉘앙스가 있고 발란스가 있는 화이트와인을 제조한다. 포도원의 위치는 북위 49~51도에 있고 햇빛을 충분히 받을 수 없는 척박한 곳에서 포도를 재배하는 것은 상식적으로 어긋난다고 생각할 수 있지만

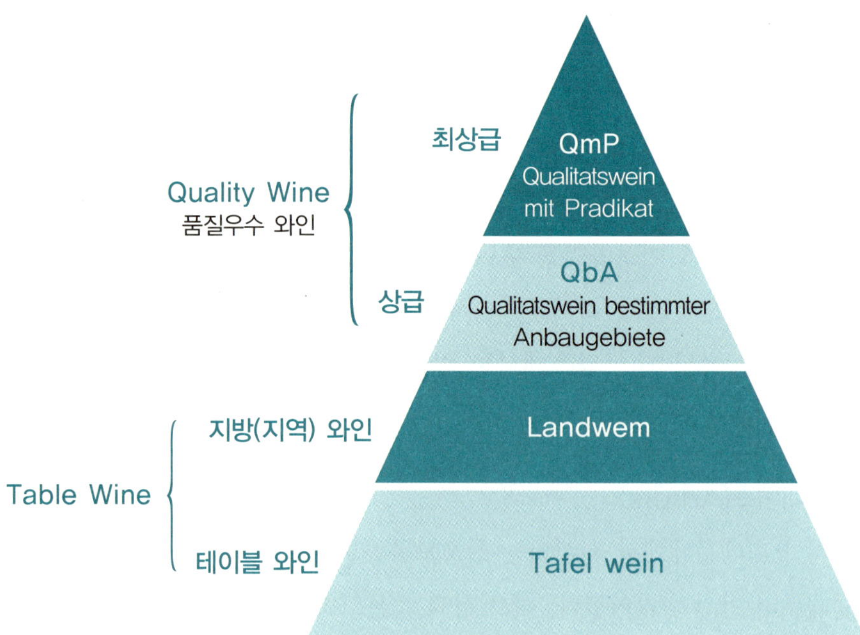


[그림 6-5] 독일 와인등급

이러한 안 좋은 조건에서도 포도를 생산하는 차별화가 독일와인 품질의 원동력이 아닐까 생각한다.

기원전 100세기인 로마시대로 올라가서 중세시대 수도원에서 훌륭한 포도원이 생기고 많은 정성을 들여 재배하고 신경을 쓰는 것이 고도로 발달된 독일 포도의 바탕이 되며 프랑스와 더블어 20세기 가장 훌륭한 와인을 생산하는 나라이다.

포도재배 지역으로는 Mosel-Saar-Ruwer(모젤-자르-루버), Nahe(나헤), Rheingau(나인가우), Rheinhessen(나인헤쎈), Pfalz(팔츠), Franken((프랑켄), Baden(바덴), Mittel Rhein(미텔라인)이 있다. 포도품종으로는 리슬링, 뮬러쿠르가우, 실바너, 엘블링, 겟테델, 모리오-무스켓, 루렌더, 슈레베, 트라미너, 케르너, 바이스버건더, 케브리츠트라미너 등의 화이트품종과 슈페트부르군더, 도른펠더, 크롤링거, 포르투기저 등의 레드품종이 있다.

독일의 와인등급은 Tafel wein(타펠바인)이 가장 낮은 등급으로 알코올도수 8.5%이며, Deutcher Tafel wein(도이취 타펠바인)은 독일에서 생산된 포도로 만든 테이블 와인이다. 발효 전에 설탕을 첨가할 수 있는 2종류로 나뉘며, Landwem(란트바인)은 Deutcher Tafel wein 범주 안에서 좀 더 좋은 와인으로 프랑스의 Vin de Pays급 와인으로 보면 된다.

QbA(Qualitatswein bestimmter Anbaugebiete, 크발리테츠바인 베쉬팀터 안바우케비터)는 지정된 지역에서 재배한 질 좋은 와인이란 뜻으로 Qualitatswein이라고만 표시하기도 한다.

QmP(Qualitatswein mit Pradikat, 크발리테츠바인 미트 프레디카트)는 가장 뛰어난 품질의 와인이라는 뜻으로 알코올 함유량이 최저 10% 이상이며 다른 첨가물은 절대 허용하지 않는다.

### ❶ 독일와인에 관한 법률

독일의 와인 품질검사기준법은 1879년에 처음으로 제정되었으나, 수차례에 걸쳐 수정되었며, 1970년대에는 한때 유명무실하였다가 1982년에 현재의 법으로 확정되어 시행하고 있다. 독일 와인의 품질등급 분류는 크게 두 가지로 타펠바인(Tafelwein

; Table Wine)과 크발리태츠바인(Qualitätswein ; Quality Wine, 품질이 우수한 와인)으로 분류되며, 와인은 포도의 성숙 정도와 수확시기에 따라 품질이 결정되고 늦게 수확한 것이 더 좋은 와인을 만든다. 와인의 품질을 세부적으로 분류하면 다음과 같다.

### 가. 타펠바인(Tafelwein)

가장 낮은 등급으로 독일 전체의 5% 정도가 해당되며 테이블급 와인이다. 타펠바인(Tafelwein)은 포도의 생산이 독일 내에서 이루어졌는지 독일 이외에서 이루어졌는지로 구분되며 독일 내에서 이루어졌으면 라벨에 '도이처(Deutscher)'라는 단어를 표기한다.

- **도이처 타펠바인(Deutscher Tafelwein)** 독일에서 생산된 포도로 양조한 테이블급 와인이다.
- **유럽연합 타펠바인(Euro Tafelwein)** 'Deutscher'라는 단어를 라벨에 표기할 수 없으며 유럽 여러 나라에서 만들어진 와인으로 독일 와인회사들에 의해 유통되는 와인이다.

### 나. 란트바인(Landwein)

1982년에 법이 개정되면서 도입된 등급이며 프랑스의 뱅 드 뻬이에 해당하는 등급으로 타펠바인보다 약간 상위등급이다. 17개의 특정지역에서 만들어지고 라벨에 지역이 명시된다.

### 다. 크발리태츠바인(Qualitätswein)

품질이 우수한 양질의 와인으로 포도가 성숙한 적기에 수확하지 않고 늦게 수확하여 와인을 만든다. 크발리태츠바인 베쉬팀터 안바우게비테(Qualitätswein bestimmter Anbaugebiete ; QbA)와 크발리태츠바인 미트 프래디카트(Qualitätswein mit Prädikat ; QmP)의 두 가지로 분류한다.

### 라. 크발리태츠바인 베쉬팀터 안바우게비테(Qualitätswein bestimmter Anbaugebiete ; QbA)

품질이 우수한 와인으로 13개 지역에서 많은 양을 생산하며, 발효과정에서 부족한 당분을 첨가하는 것이 허용된다. 지역의 특성과 전통적인 맛을 보증하기 위하여 포도원에 토질, 품종, 재배방법, 생산과정을 검사받아 와인의 품질을 보증하게 된다.

### 마. 크발리태츠바인 미트 프래디카트(Qualitätswein mit Prädikat ; QmP)

당분이 풍부한 포도만을 원료로 만든 상급의 와인으로 포도를 적기에 수확하지 않고 당도가 많이 성숙할 때 수확시기를 조절하여 와인을 만들며, 별도로 당분을 첨가하는 것이 법으로 금지된다. 제한된 지역에서 좋은 품종의 포도만을 재배하여 현지에서 발효시켜 품질심사를 받은 와인은 생산지와 검사번호가 기재된다.

심사는 3단계의 품질관리 검사를 받는데, 1단계는 포도수확 시 성숙도의 심사를 받으며, 2단계는 알코올함량, 잔류 당도, 엑기스분 등을 검사받으며, 3단계에서는 관능검사로 전문가들로 구성된 검사관들이 엄격한 검사를 하여 판정한다. 생산자의 이름은 기재하지 않고 비밀로 하여 와인의 색, 투명도, 향, 맛 등을 평가하여 공정하게 판정하여 합격한 와인만이 공인 검사번호를 라벨에 기재된다. 프래디카트(Prädikat)는 6단계로 세분화되며 이에 해당되는 와인은 병에 기재한다.

#### ■ 카비네트(Kabinett)

보통 수확기에 잘 익은 포도만을 선별하여 만든 라이트 드라이 화이트와인으로 독일에서 가장 품질이 우수한 와인을 생산하는 요하니스베르그(Johannisberg) 지역에 있는 라인가우(Rheingau)에서 품질의 가치를 보존하기 위하여 카비네트(Cabinet ; 밀실)에서 저장시킨 리슬링(Riesling) 종류다.

#### ■ 슈패트레제(Spätlese)

정상적인 수확기보다 7~10일 늦게 포도의 당도가 더 성숙되었을 때 수확한 포도로 만들어진 드라이 화이트와인으로 맛과 향이 뛰어난 리슬링(Riesling) 종류의 우수한 와인이다.

#### ■ 아우스레제(Auslese)

잘 익은 포도송이를 선별하여 만든 드라이 화이트와인으로 맛과 향이 우수하다.

### ■ 베렌아우스레제(Beerenauslese)

포도송이 중 과숙한(너무 익은) 포도알만을 세심하게 손으로 골라 수확하여 만든 최고 품질의 와인이다.

### ■ 트로켄베렌아우스레제(Trokenbeerenauslese)

귀부병에 걸린 포도송이 중에서 마른 알갱이만을 모아 만든 와인으로 아이스바인과 더불어 쌍벽을 이루는 최고의 절정에 달한 와인이다.

### ■ 아이스바인(Eiswein)

베렌아우스레제와 같은 등급의 와인으로 초겨울에 나무에 얼어 있는 포도알을 수확하여 만든 와인으로 매우 독특하며, 포도에 있는 산미와 감미가 농축된 최고급 와인이다.

## ❷ 주요 포도품종

### 가. 화이트와인 포도품종

### ■ 뮐러투르가우(Müller Thurgau)

독일에서 가장 많이 재배되는 품종으로 전체 와인의 24%를 차지하며 리슬링과 질바너의 교배종이다. 1882년 가이젠하임(Geisenheim)연구소의 뮐러(H. Müller) 박사의 연구에 의해 탄생되었으며 박사의 출신지가 Thurgau여서 Müller Thurgau로 이름 붙여졌다.

### ■ 리슬링(Riesling)

독일 화이트와인의 대표적인 품종으로 화이트와인의 21% 이상이 리슬링으로 양조되고 있다. 산도와 당도가 풍부하면서도 조화를 잘 이루어 장기숙성용 와인에도 잘 어울리는 품종이다.

### ■ 질바너(Silvaner)

리슬링에 비해 조생종으로 리슬링이나 뮐러투르가우보다 바디(Boddy)가 있는 편이다. 향기가 약하여 산도는 중간 정도이다. 순한 향의 생선요리, 닭고기, 송아지고기와 가벼운 소스가 있는 돼지고기요리에 잘 어울린다.

### ■ 케르너(Kerner)

리슬링(Riesling)과 트롤링어(Trollinger)의 교배종으로 가벼운 육류와도 잘 어울리며 연한 복숭아향과 산미의 조화가 일품이다.

### ■ 쇼이레버(Scheurebe)

질바너와 리슬링을 교접하여 개발한 향기로운 품종으로 과일맛이 강하면서 산뜻하고 리슬링보다는 바디가 약간 더 강(FullBody)하다.

### ■ 룰랜더(Ruländer)

이탈리아에서 피노 그리지오(Pinot Grigio) 또는 피노 그리(Pinot Gris)라고 한다. 독일에서 1711년에 요한 세가 룰랜드(Johan Segar Ruländ)라는 상인이 팔츠(Pfalz) 들판의 야생에서자라는 치노 그리(Pinot Gris)를 발견하고 와인을 만들면서 피노그리(Pinot Gris)를 룰랜더(Ruländer)라고 부르게 되었다.

## 나. 레드와인 포도품종

### ■ 슈패트부르군더(Spätburgunder)

프랑스 부르고뉴 지방에서 들여온 피노 누아(Pinot Noir) 품종으로 전체 재배면적의 5%를 차지하고 있다. 약간 건과류 향이 풍기는 산도와 바디감이 좋은 와인으로 묵직한 육류요리나 치즈에 잘 어울린다.

### ■ 포르투기저(Portugieser)

오스트리아 다뉴브강 유역에서 도입된 품종으로 생육기간이 짧으며 경쾌하고 가볍게 마실 수 있는 와인이다.

### ■ 트롤링어(Trollinger)

이탈리아남부 티롤(Tirol) 지방이 원산지로 추정되며 독일 남부 뷔르템베르크(Württemberg) 지방에서 재배되는 품종이다. 보졸레누보처럼 햇와인일 때 마시면 더욱 상쾌한 맛을 즐길 수 있다.

## (4) Spain(스페인)

스페인은 유럽 대륙의 서남단에 있는 이베리아 반도에 위치해 있으며 국토의 넓이는 약 50만 9천 ㎢이고 북서쪽은 대서양, 내륙지방은 대륙성, 동남쪽은 지중해성 기후로 다양하며 여름에는 곳에 따라 40℃까지 오르는 지역과 겨울에는 영하 20℃까지 내려간다.

로마시대 이전부터 포도를 재배하였으며 BC 1100년경에 페니키아인들이 스페인 남부 카디즈(Cadiz)에서 포도를 재배하였고, BC 200년경 로마의 통치하에는 와인산업이 활성화되어 당시 포도주는 로마군이 주둔하는 곳에 많은 양이 운송되기도 했다.

스페인 사람들은 와인을 이야기할 때 "공들여 만든다."는 말을 사용하는데 이는 '의식적인 신중한 시간을 창조하고 돌보는 노동을 포함하는 일이다.'라는 뜻으로 다시 말해 공들여 만든 정성어린 노력의 산물이라는 인식을 가지고 있다.

스페인의 와인 종사자들은 현재 최첨단 장비를 가지고 와인을 만들지만 옛날 방식

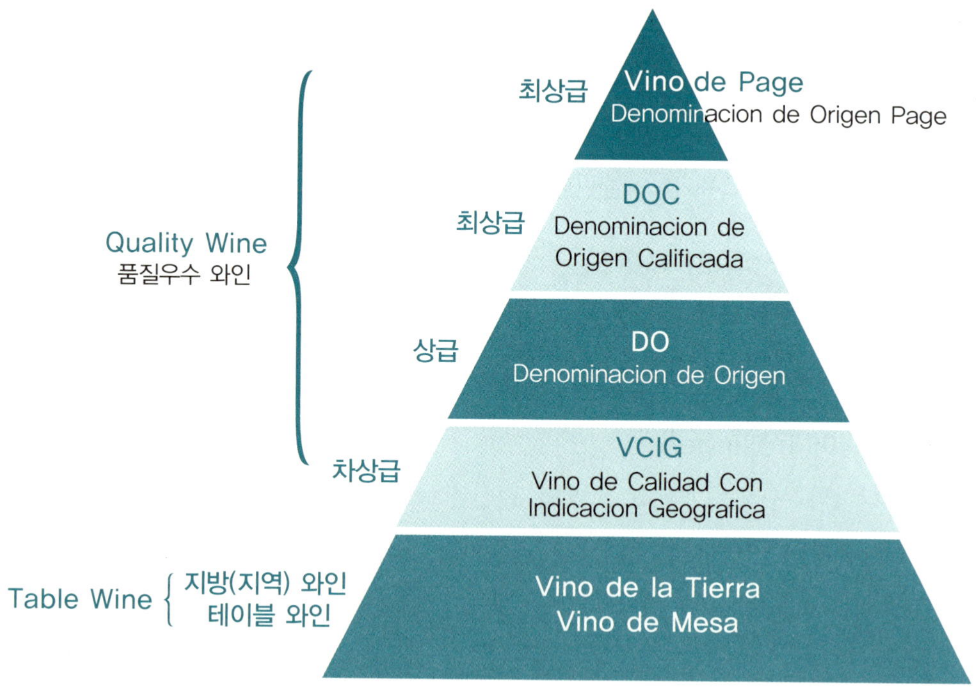


[그림 6-6] 스페인 와인등급

의 옷을 벗고 발효통 속으로 뛰어 들어가 발로 으깨던 시절이 오래되지 않았다. 와인 양조자들은 옛날 방식을 존중하는데 이는 와인의 풍미를 계속 유지하고 싶어서이다.

스페인은 포도 재배면적은 3,800만/hl로 세계 1위이며, 포도생산은 3위이다. 와인 재배지역으로는 갈라시아, 리오하, 리베라 델 두에로, 토로, 카탈루냐, 안달루시아, 소몬타노, 나바라 등이며 레드품종은 템프라니오, 가르나차, 그라시아노, 마수엘로 이고, 화이트품종은 가르나차블랑카, 비우라, 말바시아가 있다.

와인의 법규는 1932년에 최초로 시행되었고 1970년에 개정, 1991년 마드리드에 있는 INDO(Institute Nacional de Denominacion de Origen)에 의해 그 법률이 명시되어 집행되고 4개의 등급으로 분류되어 있다.

첫 번째 비노데 메사(Vino de Mesa)는 가장 낮은 등급의 와인이며 양조장에 따라 좋은 와인도 찾아볼 수 있다. 두 번째 비노데 라티에로(Vino de la Tierro)는 프랑스 등급의 Vin de Pay에 해당되며 특정한 생산지역에서 일정한 기준(Local Norm)이 충족되었을 때 부여한다. 세 번째는 DO(Denominacion de Origen)이며 스페인 와인의 중심을 이루며 INDO(Institute Nacional de Denominacion de Origen)에 의해서 포도의 재배, 양조, 유통 등의 규제가 따른다.

마지막으로 DOC(Denominacion de Origen Calificada)는 스페인 와인등급 중 최상급의 와인으로 이탈리아 DOCG와 프랑스의 AOC 등급으로 보면 되겠다.

### ❶ 스페인 와인의 등급에 의한 분류

스페인 와인법은 1988년 유럽의 기준에 맞게 개정되었다가 2003년 '포도밭과 와인법령'으로 재개정되었다.

#### 가. 데노미나시온 데 오리헨 파고(Denominacion de Origen Pago)

2003년에 신설된 스페인 최상급 품계로, 기후나 토양이 우수하고 독특한 산지에서 생산되는 와인이나 전통적으로 인지도가 높고 품질이 좋은 와인에 주어진다. 2009년까지 9개의 포도원이 선정되어 있다.

#### 나. 데노미나시온 데 오리헨 칼리피카다(Denominacion de Origen Calificada : DOC)

DO등급보다 한 등급 위로 스페인 와인 중 최상급의 와인으로 이탈리아의 DOCG

급에 해당되는 와인이다. 현재 리오하(Rioja), 1991년/쁘리오라뜨(Priorat), 2003년 리베라델 두에로(Ribera del Duero) 지역만이 유일하게 DOC 등급을 받고 있다.

#### 다. 데노미나시온 데 오리헨(Denominacion de Origen ; DO)

원산지 지정 지역에서 생산된 포도품종으로 만들어진 와인으로 프랑스의 AOC와 비슷한 등급이다.

#### 라. 비노 데 칼리다드 콘 인디카시온 헤오그래피카(Vino de Calidad Con Indicacion Geografica)

2003년 와인법의 개정 때 새롭게 생겨난 등급으로 지역별 와인이라고 할 수 있다. DO급으로 승격되기 전 단계의 등급이라는 면에서는 프랑스의 VDQS와 흡사하다.

#### 마. 비노 데 라 티에라(Vino de la Tierra)

이 포도주는 가장 보편적인 일반 와인으로 프랑스의 '뱅 드 빼이(Vins de Pays)'와 같은 수준이다.

#### 바. 비노 데 메사(Vino de Mesa)

테이블급 와인으로 규제가 거의 따르지 않는 와인등급이다. 프랑스의 '뱅 드 따블(Vins de Table)'과 같은 수준이다.

### ❷ 포도품종

600여 종 이상의 포도품종이 존재하고 있지만 실제 와인에 사용되는 것은 70여 종이며 이 중 20여 종이 와인 생산의 80%를 차지하고 있다.

#### 가. 레드와인 포도품종

■ 뗌쁘라니요(Tempranillo)

빨리 익는 특성이 있으며 갈수록 재배면적이 늘고 있는 품종이다. 스페인 최고급 품종으로 인정받고 있으며 백악질 토양에서 잘 자라고 산도가 낮으며 농익은 딸기향이 감도는 매우 섬세한 와인이 만들어진다. 부드럽지만 연약하지 않고 강하지만 거칠지 않은 풍성하면서 절제가 있는 와인이다. 리오하(Rioja) 와인을 만드는 주품종이다.

■ 가르나차(Garnacha)

프랑스 남부지방에서 주로 재배하는 그르나슈(Grenache) 품종을 말하며 스페인에서 가장 많이 재배되고 있는 품종이다. 특히 에브로(Ebro) 지방에서 많이 재배하며 구조감과 알코올이 풍부하고 약간 스파이시한 느낌이 드는 품종이다.

■ 그라시아노(Graciano)

아로마와 타닌이 강해 블렌딩용으로 많이 사용한다.

■ 마쑤엘로(Mazuelo)

프랑스의 까리냥(Carignan)으로 색깔과 타닌이 풍부하다. 리오하에서는 마쑤엘로(Mazuelo) 그 밖의 지방에서는 까리녜나(Cariñena)로 부른다. 색상이 진하고 산도와 타닌이 높아 뗌쁘라니요(Tempranillo)와 블렌딩에 사용하기도 한다.

### 나. 화이트와인의 포도품종

■ 비우라(Viura)

스페인 고유의 청포도로 고급 화이트와인을 만들며 부드러운 과일맛과 좋은 산도를 형성하고 있다.

■ 말바지아(Malvasia)

리오하, 나라바 지방에서 주로 재배되는 품종으로 질 좋은 고급 화이트와인을 만든다.

■ 아이렌(Airén)

가벼운 스타일의 와인을 만들며 스페인에서 가장 많이 재배하는 품종 중 하나이다.

■ 알바리뇨(Albariño)

부드럽고 청과일향이 풍부한 품종이다.

■ 팔로미노(Palomino)

헤레스 지역에서 셰리 와인을 빚는 데 사용한다.

### (5) Portugal(포르투갈)

포르투갈 와인하면 떠오르는 단어는 단연 포트와인일 것이다. 주정강화 와인으로 달콤하고 힘찬 강력한 힘을가지고 있는 디저트 와인으로 쓰이며 가장 유명하고 비싼 포트와인은 빈티지포트이다. 그리고 포트와인과 견주어도 손색이 없는 마데이라인데 이는 탁월하며 복잡하고 힘든 양조과정을 거쳐 만들어지는 와인이다.

포르투갈은 이베리아 반도 서남단에 위치하고 남북으로는 약 600km, 동서로는 200km로 서쪽과 남쪽은 대서양에 접하고 동쪽과 북쪽은 스페인과 국경선을 접하고 있다. 기후는 대서양기후이며 연간 평균기온은 약 10℃며 남부지역은 여름에 35℃까지 올라가며 강우량은 내륙지역은 약 500~900mm이고 북부지역은 약 1500~2000mm이다.

12세기때 페니카아인들이 북아프리카를 거쳐 포르투갈에 들어오면서 포도 재배가 시작되었고 이후 로마가 지배할 당시 로마인들이 스페인을 거쳐 포르투갈의 북동쪽 도우르(Douro)의 알랭때조(Alentejo)에 와서 포도재배를 시작했다. 2003년도를 기준으로 와인산업은 약 38만 헥타르의 재배지를 가지고 있으며 세계 9위의 생산국이다.

[그림 6-7] 포르투갈 와인등급

포트와인의 품종은 또우리가 나씨오날(Touriga Nacional), 띤또 까웅(Tinto Cão), 띤따 호리스(Tinta Roriz), 띤따 바호카(Tinta Barroca)이고 와인 생산지역으로는 도우루(Douro), 바이라다(Bairrada)/다웅(Dao), 세투발반도, 알렌테주, 포트하우스, 세투발반도 등이다.

### ❶ 와인의 등급

**가. 데노미나사웅 드 오리젱 콘트롤라다**(Denominação de Origem Controlada ; DOC)

원산지 명칭 통제 와인으로 프랑스의 AOC, 이탈리아의 DOC, 스페인의 DO에 해당하는 등급이다.

**나. 인디까싸웅 데 프로베니엔싸아 헤굴라멘따다**(Indicação de Proveniencia Regulamentada ; IPR)

DOC보다는 조금 아래 등급의 고급와인으로 프랑스 VDQS급에 해당하는 와인이다.

**다. 비뉴 헤지오날**(Vinho Regional)

이 포도주는 가장 보편적인 일반 와인으로 프랑스의 뱅 드 뻬이에 해당되는 등급이다.

**라. 비뉴 드 메사**(Vinho de Mesa)

일반 테이블 와인으로 프랑스 뱅 드 따블에 해당된다.

이외에 더 좋은 와인에는 헤세르바(Reserva)라 표기하고, 최고급와인에 표기하는 가하페이라(Garrafeira)는 수년간 오크통에서 숙성된 후 병입하고 병입한 후에도 일정 기간 병 속에서 숙성시킨 와인이다.

## (6) New World Wine

### ❶ The United States of America(미국)

미국 와인의 역사는 수도원의 시작과 같이 한다고 보면 되는데 스페인의 주니페로 세라(Junipero Serra) 신부가 샌디에이고에 있는 인디언들을 선교할 목적으로 세웠고 미사를 목적으로 와인을 1779년에 생산하였다. 최초의 캘리포니아 와인의 포도품종은 멕시코에서 들여온 "Mission varieties"으로 미사용과 식사용으로 만들어졌다.

와인산업이 급속하게 성장하는 시기는 1860년~1880년 사이 공장이 지어지고 캘리포니아 주립대학의 버클리에 연구시설이 세워져서 여러 지역에 포도밭이 조성되어 이 지역의 포도품질과 와인향상에 크게 기여하게 되었다.

1890년 파리박람회에 출품한 여러 와인들이 황금메달을 수상하였으나 이즈음 세계의 유행병인 필록세라가 발생하여 캘리포니아 포도밭이 황폐화되었다. 1919년 금주법이 시행되어 1933년 폐지된 후 대중와인 확대로 1950년경 연간 5억L 와인을 생산하게 된다.

### 가. 미국 와인의 등급

#### ■ 메리티지 와인(Meritage Wine ; 보르도 스타일로 만든 와인)

미국 와인은 사용한 포도품종의 종류가 상표의 일부분이 된다. 이러한 와인을 단일품종 와인(해당 포도품종이 75% 이상)이라 하는데 미국의 많은 와인업자들은 이러한 와인보다는 여러 종류의 포도품종을 섞어서 만드는 것이 자신만의 포도밭을 대표하는 최고의 와인을 만들 수 있다고 믿고 있다. 하지만 이럴 경우 현행 와인상표 규정에 따라 단일 포도품종이 75%를 넘지 못하므로 다품종을 섞어 만든 와인은 생산업체가 만든 이름으로 표기하거나 단순히 테이블 와인으로 표기하게 된다.

이러한 이름들은 자기만의 뛰어난 품질을 제대로 나타내지 못하기 때문에 '메리티지'라는 새로운 이름을 사용하게 되었다. 이 명칭은 1988년 전 세계적으로 공모된 6,000여 개의 명칭 중에서 선택된 것으로 이들 고품질 와인을 단순히 테이블 와인과 구분하기 위해 사용되고 있다. 그러나 이 메리티지 와인은 반드시 프랑스 보르도 지방의 전통적인 포도품종들만을 섞어 만들어야 한다. 또한 메리티지 와인은 반드시 해당 와인업체가 생산하는 와인 중 최고의 와인이어야 하며, 개별 와인 양조장에서 해마다 생산된 포도로 25,000케이스까지만 생산할 수 있다. 유명한 메리티지 와인은 오퍼스 원(Opus One), 조셉 펠프스(Joseph Phelps)의 인시그니아(Insignia) 등이 있다.

■ 버라이어탈 와인(Varietal Wine ; 품종기재 고급와인)

와인제조에 사용한 포도의 원산지를 표시하고 있는 경우에만 그 품종의 이름을 하나 또는 여러 개 표시할 수 있고, 그 와인을 만드는 데 사용된 포도의 75% 이상이 특정 품종의 포도여야 그 품종을 표시할 수 있다. 또한 두 개 이상의 포도품종 이름이 표시되려면 각각의 품종이 해당 와인에서 차지하는 비율이 라벨에 함께 표시되어야만 한다. 예를 들어 '진판델', '까베르네 쇼비뇽', '샤르도네' 등으로 표기한다.

■ 제너릭 와인(Generic Wine ; 일반 와인)

여러 품종의 포도를 블렌딩한 와인을 일반 와인이라고 한다. 일반 와인은 라벨에 포도품종명을 기재할 수 없고 샤블리나 버건디, 소테른 등으로 표기한다. 물론 프랑스의 샤블리와 버건디 와인은 아니나 비슷한 맛이 나도록 한 와인이다. 일반 와인은 가격 면에서 품종와인보다는 싸게 판매되고 있다.

■ 와인의 원산지 명칭

- **하나의 주 이름** 와인 원산지로서 주의 이름을 쓰는 경우 사용된 포도는 100% 해당되는 주(예를 들어 캘리포니아, 뉴욕 등) 내에서 생산된 것이어야 한다. 이 경우 주 내의 여러 지역에서 생산된 와인을 섞어 만드는 경우가 많다.
- **하나의 카운티(County) 이름 또는 복수의 카운티 이름** 카운티의 이름이 원산지로 표시된 경우 행정구역에 따른 구분이다(예를 들어 나파, 소노마 등). 카운티 원산지 표시의 경우 해당 카운티에서 생산된 포도가 75% 이상 사용되어야 한다. 또한 두 개 또는 그 이상의 카운티가 원산지로 표시되는 경우, 각 카운티가 차지하는 비율이 함께 표시되어야 하며, 포도는 각각의 카운티에서 100% 생산된 것이어야 한다.
- **미국 공식 인증 전문 포도 재배지역 이름(American Viticultural Area ; A.V.A)** 1983년부터 시행한 것으로 하나의 A.V.A는 그 지역이 주변의 지역과 지리학적으로 다른 특성, 즉 기후, 토양성분, 등고(높이), 물리적 특성, 때로는 역사적 자료 등을 가지고 있다는 것을 의미한다. 또한 A.V.A로 표시된 와인은 85% 이상의 포도가 그 지역에서 생산된 것이어야만 한다. 현재 미국에서 총 153개의 지역이 A.V.A로 공식 인증되어 있다.

### ❷ South Africa(남아프리카공화국)

남아프리카공화국에 포도농장이 일구어진 것은 1655년 케이프(Cape) 주에서였다. 1652년에 네덜란드의 동인도회사가 인도까지 긴 항해를 해야 하는 뱃사람들을 위해 희망봉이 있는 케이프주에 중간 기착지를 마련하였고, 이곳이 점차 교역의 장소로 발전하면서 1655년 포도밭을 조성하고 1659년 와인을 만들게 되었다.

1688년에는 프랑스에서 종교박해를 피해 위그노파가 도착하여 포도나무를 심고 와인을 만들면서 와인산업화의 기틀을 마련하게 되었다. 1814년 영국에 합병된 이후 영국 최대의 와인공급지로 주목받았지만 세계시장에서 두각을 나타내지는 못하였다. 남아프리카공화국의 와인은 구세계의 전통과 신세계의 현대적 스타일이 결합된 와인으로 20세기 중반부터 알려지기 시작했다. 최근에는 연간 910만hL를 생산하여 세계 9위권의 와인 생산국가로 명성을 쌓아가고 있다.

### ❸ Chile(칠레)

남미 최고급와인을 생산하는 칠레는 지정학적으로 와인 생산에 매우 이상적으로 온난한 지중해성 기후, 더운 일중 시간, 서늘한 야간, 분명한 계절의 구분, 이상적인 토양조건, 자연과 인력에 의한 수리의 관리 등이 와인 생산에 크게 유리할 뿐만 아니라 피난지 같은 포도경작지의 지형조건도 더할 나위 없이 좋다.

#### 가. 칠레 와인의 등급에 의한 분류

**■ 데노미나시온 데 오리헨(Denominacion de Origen ; 원산지 표시 와인)**

칠레에서 병입된 것으로 원산지를 표시할 경우, 그 지역의 포도를 75% 이상 사용해야 한다. 상표에 품종을 표시할 경우도 그 품종을 75% 이상 사용해야 하며, 여러 가지 품종을 섞는 경우는 비율이 큰 순서대로 3가지만 표시한다. 수확연도를 표시하는 경우도 그해 포도가 75% 이상 들어가야 한다.

**■ 원산지 없는 와인**

원산지 표시만 없고 품종 및 생산연도에 대한 규정은 원산지 표시 와인과 동일하다.

■ 비노 데 메사(Vino de Mesa)

식용 포도로 만드는 경우가 많고 포도품종, 생산연도를 표시하지 않는다.

- **레세르바 에스페시알(Reserva Especial)** 최소 2년 이상 숙성 와인에 표기
- **레세르바(Reserva)** 최소 4년 이상 숙성 와인에 표기
- **그란 비노(Gran Vino)** 최소 6년 이상 숙성 와인에 표기
- **돈(Don)** 아주 오래된 와이너리에서 생산된 고급와인에 표기
- **피나스(Finas)** 정부에서 인정된 포도품종으로 만든 와인에 표기

### ❹ Argentina(아르헨티나)

포도 재배지역은 안데스 산맥의 산기슭에 있는 멘도사 주를 중심으로 집중되어 있고 대륙성과 반 사막형 기후이며, 강수량은 연간 200~250mm 정도로 적은 편이지만 대부분이 여름철 포도가 생장하는 기간 중에 내린다.

안데스의 눈이 녹아내린 물로 도랑을 만들어 관개를 하고 있다. 숙성 기간 중에는 주간 40℃, 야간 10℃ 정도로 심한 일교차를 나타낸다. 토양은 모래, 점토, 충적토 등으로 다양하다.

### ❺ Australia(호주)

오스트레일리아는 신흥 와인 생산국으로 빠르게 발전하고 있는 나라로 이탈리아, 프랑스, 스페인, 미국에 이어 연간 1,250만hL를 생산하는 세계 5위의 생산국가이며, 수출액도 16억 달러에 달한다. 호주 대륙의 남서쪽 지역은 프랑스, 이탈리아와 비슷한 지중해성 기후지역이며, 동쪽의 해안지역은 시드니(Sydney)를 중심으로 온난습윤 기후지역이고, 더 남쪽 지역인 멜버른(Melbourne) 중심으로는 서안해양성 기후대에 속하며, 애들레이드(Adelaide) 지역은 지중해성 기후가 나타난다. 따라서 호주의 와인산업은 지중해성 기후와 해양성 기후, 온난습윤기후 지대에 속하는 동서쪽과 남동쪽 지역에서 집중적으로 이루어지고 있다. 남반구에 위치하여 겨울철도 비교적 10℃ 내외로 따뜻하고 여름철에는 30℃ 정도로 더운 편이며, 연중 강우량은 600mm 내외로 건조하다. 유럽처럼 기후가 변덕스럽지 않고 매년 일정한 편이기 때문에 포도

의 작황에 별 영향을 주지 않으므로 오스트레일리아에서의 와인 빈티지는 수확연도의 표시일 뿐 큰 의미는 없다.

빈티지, 포도 재배 지역, 포도 품종 표기 등은 의무사항은 아니고, 단일로 표시할 경우 해당 품종이나 해당 지역 제품이 85% 이상 사용되어야 한다. 오스트레일리아는 1788년 초기 영국 정착자들이 첫 번째 함대에 포도나무를 싣고 오고 초대 오스트레일리아 총독이 와인을 만들면서 시작되었다. 1803년 시드니 가제트(Sydney Gazette) 잡지의 첫 호에 "포도원을 가꾸기 위한 땅을 마련하는 법"이라는 기사가 실렸다.

재배하고 있는 포도품종은 화이트 와인용으로 샤르도네(Chardonnay), 쇼비뇽 블랑(Sauvignon Blanc), 세미용(Semillon), 리슬링(Riesling) 등이 있고, 레드와인용으로는 카베르네쇼비뇽(Cabernet Sauvignon), 시라즈(Shiraz), 피노 누아(Pinot Noir)와 최근에 많이 재배하는 메를로(Merlot) 등이 있다. 주요 포도산지로는 남부 오스트레일리아(South Australia), 뉴사우스웨일스(NewSouth Wales), 빅토리아(Victoria), 서부 오스트레일리아(Western Australia), 퀸즐랜드(Queensland), 태즈메이니아(Tasmania) 등이 유명하다.

### 호주 와인라벨

㉠ 생산자명으로 Wolf Blass를 나타낸다.
㉡ 포도 생산지역의 South Australia임을 뜻한다.
㉢ 포도품종인 샤르도네를 말한다.
㉣ 빈티지(Vintage : 포도수확연도)가 1995년이다.
㉤ 알코올도수 14.0% 및 용량 750㎖이다.
※ 호주 와인은 주로 포도품종을 상표명으로 사용하고 있다.

### ❻ Newzealand(뉴질랜드)

뉴질랜드는 신세계 와인 생산국 중 가장 늦게 와인을 생산하기 시작했지만 1980년대에 수출을 시작한 이래 연간 8억 달러를 수출하여 세계 8위의 와인 수출국이 된 주목받는 신흥 와인 생산국이다.

뉴질랜드 와인의 역사는 1838년 호주에 포도나무를 전파한 제임스 버스비(James Busby)가 포도나무를 들여와 와인을 양조한 것이 그 시초라 할 수 있다. 그러나 병충해, 기술부족, 금주법 때문에 와인산업이 발달하지 못했다.

1960년대부터 레스토랑에서 와인판매가 가능하게 되었고, 1975년에는 뉴질랜드 와인협회가 구성되었다. 뉴질랜드는 호주와 더불어 천연 코르크 마개 대신 돌려서 따는 스크류 캡(Screw Cap)을 가장 많이 사용하는 나라이다.

### ■뉴질랜드 와인의 등급 분류

뉴질랜드 와인의 공식적인 등급 분류는 없으나 라벨에 포도품종을 표기할 때 그 포도품종이 75% 이상 비율이어야 한다는 규제를 하고 있다. 생산지역이 표기될 때도 그 지역 포도가 75% 이상 사용되어야 한다. 빈티지 표기는 그해에 수확한 와인으로 만들었을 때만 표기한다.

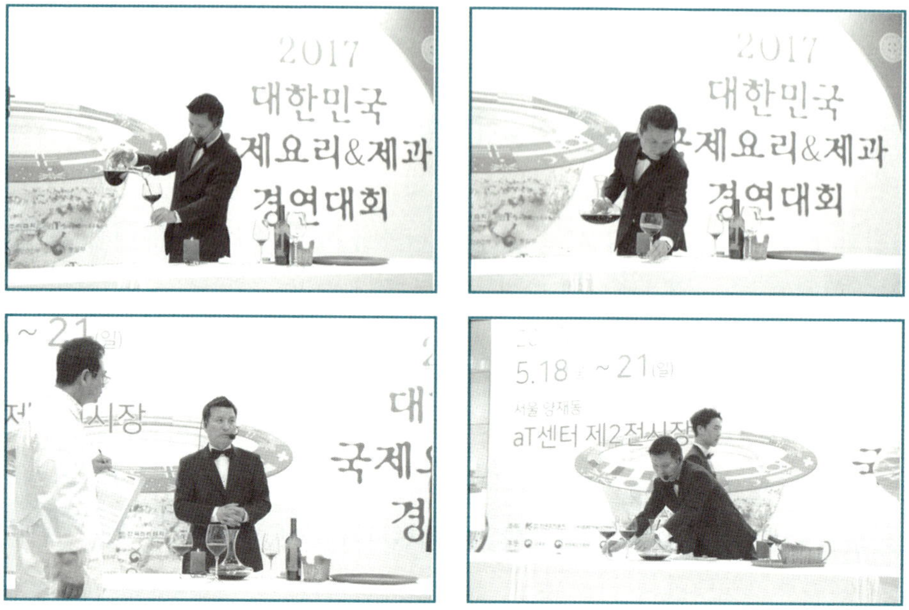


[그림 6-7] 소믈리에대회

## 2) 맥주(Beer)

맥주에 관한 오래된 문헌을 찾아보면 프랑스 루브르 박물관에 소장되어 있는 B.C 3,000년경 수메르에서 Nin-Harra 여신에게 바칠 맥주를 만드는 공정 “Monuent Blue” 방아를 찧는 그림을 볼 수 있다. 또한 고고학자들의 연구자료의 주요 내용을 보면 B.C 4,000~5,000년 전부터 맥주에 관한 유적이 나타나 있으며 이는 지중해연안 농경문화권 유프라테스, 티그리스강과 고대 바빌로니아 곡물재배와 맥주 제조 등을 종합하면 이때쯤이 맥주의 시작이라고 생각한다.

기원전 4,200년경에 고대 바빌로니아는 빵을 구워 먹었으며 또한 빵을 이용해서 물과 같이 섞어서 맥주를 만드는 사실을 알게 되었다는 것이 1953년 Mesopotamia에서 발견된 비판의 문자를 고고학자의 해석으로 잘 나타나 있다.

이러한 것으로 추측해보면 고대 수메르인들은 티그리스 유프라테스강 양쪽 유역에 메소포타미아 지역에 이주해서 농사와 문화를 건설하고 곡물재배를 하여 맥주 제조의 기술을 발달시켜 고대 그리스 로마문명의 기초가 되었다고 볼 수 있다.

고대 이집트의 회화에 기록되어 있는 자료의 내용을 살펴보면 B.C 3,000년경 이집트인들은 내세가 있어서 죽을 때 네 가지 맥주, 열 가지 육류, 다섯 가지 포도주, 열한 가지 과일 그리고 여러 가지 과자와 부장물을 원했다고 전해지는 미신이 있다.

당시 이집트에 맥주를 제조했었다는 사실을 알 수 있으며 이는 수메르인보다 훨씬 후의 일로 소아시아인의 이동으로 양조기술의 전해졌을 것으로 추정된다.

맥주의 발전은 수도원을 중심으로 발전해 오다가 중세 근세로 넘어 오면서 도시가 발전하고 길드 제도가 정착함과 동시에 맥주 양조는 점차 수도원에서 시민의 손으로 이동되어 갔을 것이다. 이는 맥주의 품질을 향상시키는 계기가 되었다.

1516년 독일에서는 호프, 대맥, 물 이외의 원료를 사용해서는 안 된다는 맥주 순수령도 있었으며, 루이 파스퇴르(1822~1895) 프랑스 대화학자는 발효란 '효모의 움직임에 의한 것이다'라고 명확하게 정립하고 맥주효모가 60℃ 이상의 온도에서 활동하지 않는 것을 발견하였으며 술의 재발효를 방지하기 위한 저온살균법을 발견하는 미생물학의 기초를 쌓았다.

이러한 연구는 후에 "Pasteurization(파스퇴르법)"이라고 불렸고 맥주는 이 방법을 사용해 장시간 보관이 가능하게 되어 급속도로 보급되었다. 이 방법은 맥주에 유해한 미생물이 파고들지 못하게 함으로써 맥주 효모만으로 맥즙을 발효시킨다.

이러한 연구는 덴마크나 독일의 미생물학자들에게 전수되어 1883년 한센은 질 좋은 효모만 골라 배양 증식한 효모의 순수배양기술이 개발하였다. 기계적인 부분에서는 1870년대에 독일의 Carl Von Linne(1842~1934)은 암모니아 압축법에 의한 인공냉동기를 발명하여 처음으로 4계절 양조가 가능해져 맥주의 품질을 높이는데 큰 기여를 하였다. 이러한 맥주의 양조기술 발달은 오늘날 거대산업의 기초를 닦는 원동력으로 작용하였다.

### (1) 맥주의 제조법

맥주를 만드는 과정은 크게 두 가지 공정으로 나뉘는데 우선 대맥을 발효시키는 과정으로 맥아와 쌀, 전분, 옥분 등을 물과 홉으로 달콤한 맥즙을 만들고 그것을 발효시켜 마무리하는 양조공정으로 나눈다.

첫 번째, 양조용 보리 2조맥을 정선 선립 등의 과정을 거쳐 알이 고른 것을 사용한 다음 '침맥' 과정으로 보리를 물에 담가 발아와 생육에 필요한 수분을 공급하고 충분한 산소와 적당한 온도로 효소를 활성화하고 여러 성분들을 용해시키는 '발아' 과정을 거친 후 '건조'하는데 녹맥아의 성장과 용해를 억제하고 저성장을 높여 주며 색깔과 향미성분을 생성한다.

다음으로 '제근'을 하는데 이는 녹맥아를 건조한 후 단백질과 쓴맛이 많이 함유된 뿌리를 제거하는 과정이다.

두 번째, 맥아는 맥주의 주역으로 양조공정의 주원료이다. 맥아는 같은 모양을 하고 있지만 입자 속에는 전분을 당분으로 바꾸는 지아스타제 단백질을 분해하는 효소 등이 만들어지고 있다. 건조시킨 맥아는 부식하지 않고 오래 견디기 때문에 장기 저장할 수 있고 비교적 운반이 가능하다.

세 번째, 담금공정은 맥즙을 제조하는 공정으로 성분의 침출과 효소에 의해 불용성 성분을 가용화시켜 엑기스분을  많게 하여 생육 발효에 필요한 영양분인 발효성 당유 및 맥주에 요구되는 관능성 물질을 충분히 얻는 데 있다. 이러한 담금공정은 맥아분쇄, 당화, 맥즙 여과, 맥즙 끓임 과정으로 구분한다.

네 번째, 발효공정인데 전발효와 후발효로 나뉜다. 전발효는 담금공정에서 제조된 맥즙은 침전조에 핫 트룹이 분리되고 맥즙냉각기에서 적당한 온도로 냉각된 다음 효모 및 에어가 첨가된다. 효모는 맥즙 속의 영양성분과 에어 중의 산소를 이용하여 효모수를 증식시킨 후 발효를 시작한다. 이후에 주발효가 끝난 맥주는 효모와 분리되어 후발효로 넘어간다.

후발효로 넘어온 맥주는 덜 숙성되고 맛과 향을 띠고 있으며 효모와 단백질 부유물로 탁한 상태이고 탄산가스도 충분히 포화되지 못한 상태이다.

후발효 공정은 맥주 중의 효모 및 기타 부유물을 침강시켜 맥주를 맑게 하고 탄산가스를 맥주 속에 용해, 포화시키는 동시에 맥주 특유의 맛과 향을 내게 하는 숙성과정과 숙성이 끝난 맥주를 제품화하기 전에 완전히 맑고 청정하게 하는 여과 과정으로 구분할 수 있다.

### (2) 맥주의 분류

맥주는 효모 발효법에 의해 분류하는데 상면발효와 하면발효로 나눌 수 있다. 상면발효맥주는 영국식이며 10~20℃ 정도의 고온에서 3~4일간 짧은 시간에 발효하고 1분 정도 82~85℃에서 살균을 한다. 발효를 마친 효모가 위로 뜨는 맥주로 일명 에일(Ale)맥주라고 한다. 상면발효맥주의 종류를 보면 에일맥주는 호프를 많이 넣어 쓴맛이 강하고 실내온도 18~21℃에서 발효된다. 스타우트(Stout)맥주는 강한 맥아향을 내며 색깔이 검고 알코올도수는 8~11도이다. 포터(Porter)맥주는 영국의 대표적인 맥주로 진하고 강한 흑맥주이며 맥아즙 농도, 발효도, 호프 사용량이 높은 편이다. 마지박 람빅(Lambics)맥주는 젓산균 등을 넣어서 자연발효시키며 벨기에의 브리셀에서 만들어진다.

하면발효맥주는 독일식이며 5~10℃의 저온에서 7~10일의 긴 시간 동한 발효하는데 효모가 밑으로 가라앉는 맥주라고 하여 일명 라거맥주라 한다. 세계 맥주 생산량의 3/4 정도를 차지하며 산뜻한 향미와 순한 맥주로 연한색의 맥아를 사용하며 도수는 3~5도이고 흑맥주의 경우에 맥아 건조 시 까맣게 볶아서 제조한다.

맥주의 종류를 보면 생맥주(Draft beer)는 발효균이 살균되지 않은 보통 생맥주이고, 라거비어(Lager beer)는 몇 개월간 낮은 2~10℃에서 발효하는 라거링 과정을 거친 보통의 병맥주이다. 필센(Pilsen)맥주은 쓴맛과 산뜻한 황금색을 띠는 체코의 맥주이다. 그리고 도르트문트(Dortmund)맥주는 산뜻한 향미의 쓴맛이 적은 담색맥주이고, 뮌헨(Munchen)맥주는 감미로운 흑맥주로 맥아향기가 짙다. 보크비어(Bock beer)맥주는 원액즙 농도가 16도 이상이며 강하고 향기가 짙은 것이 특징이다.

## 3) 전통주(傳統酒)

전통주(傳統酒)는 우리나라 술의 전체를 통칭했을 때 쓰는 말로 각 지방의 특이한 제조방법이 있으며 증류주와 양조주로 나뉜다. 증류주는 소주와 문배주가 있으며, 양조주는 순곡주, 혼양곡주, 과실주로 구분된다. 순곡주는 동동주, 소곡주, 청주(법주), 삼해주, 막걸리, 서울솔절주로 분류하며, 혼양곡주는 혼양주로 부르기도 하며 과일주는 복분자주, 매실주로 나누고 우리나라 민속주라 부르기도 한다.

순곡주는 향기나 맛 첨가 없이 곡물로만 빚은 술이며, 혼양곡주는 술에 향을 내기 위해 꽃이나 식물의 잎을 넣어 빚은 술이고, 순곡주는 거르는 방식에 따라 청주와 탁주로 구분이 된다.

이러한 전통주의 역사는 삼국시대부터 조선 말기까지 오랜 시간 이어져 오면서 막걸리를 대표해 법주와 탁주 여러 가지 부재료를 넣은 약주 탁주를 증류한 소주, 소주에 부재료와 과실을 침전시켜 만든 혼성주 등 예부터 노래와 춤, 술을 좋아하는 한민족은 다양한 주류문화가 발달한 것은 우리만의 자랑이다.

1904년 일본이 주세법을 도입하여 조선에서 제원을 확보하기 위한 법과 체제 정비에 나섰고 조선총독부는 일본주의 유리한 세법을 적용받아 조선에 잘 정착하게 된다. 1917년 이전까지 주조업은 약주를 제하고 대다수가 주막을 겸하거나 영세규모가 대부분이었다. 1931년에는 1명도 발급하지 않아 제도가 사라지게 된다. 이러한 면허제로 인해 집에서 생산된 곡물로 소량 주조하던 농민들은 자본주의에 편입되었고 밀주로 저항하기도 했다.

탁주는 개성 이남에서 소주는 개성 이북에서 소비되었고 1927년 주정식 소주가 도입되어 기존의 소주는 흑국소주로 가격경쟁력을 높이려다가 당밀공급의 차질이 생겨 파산되었다. 탁주는 통제에도 불구하고 70% 점유율을 유지하였다.

그러나 6.25를 거치면서 대부분 파괴되고 원료인 쌀의 이용조차 힘들어져 쌀을 양조에 쓰지 못하게 금지까지 했다. 그러다가 식량사정이 나아져서 양조가 발전할 기회가 있었지만 조세당국과 전통주 금지 정책, 주류회사의 이해관계로 오랜 기간 전통주가 발전하지 못하는 토대가 된다. 그러다가 박정희 정부가 들어서자 전통주가 있어야 된다는 여론이 흘러오다가 1988년 서울올림픽의 세계적인 축제를 기점으로 법이 풀리기 시작해서 밀주에서 "국가지정 8대 민속주"로 발전하였고 1995년에 술을 판매하지 않으면 제조가 가능하다면서 술을 빚는 것을 허가해 주었다.

전통문헌의 복원이 지속적으로 이루어지고 2000년대에 접어들면서 새로운 양조기법이 계승되면서 상당수가 복원되었다. 점차적으로 기술도 축적되어 상품이 다양하게 출시되고 세계에도 출품하여 인정받고 있으며 앞으로 전통주 계승발전에 종사하는 인구도 늘어나는 추세라면 머지않아 우리나라 전통주가 세계의 중심에 설 날이 올 것이다.

■ 전통주(傳統酒)제조법

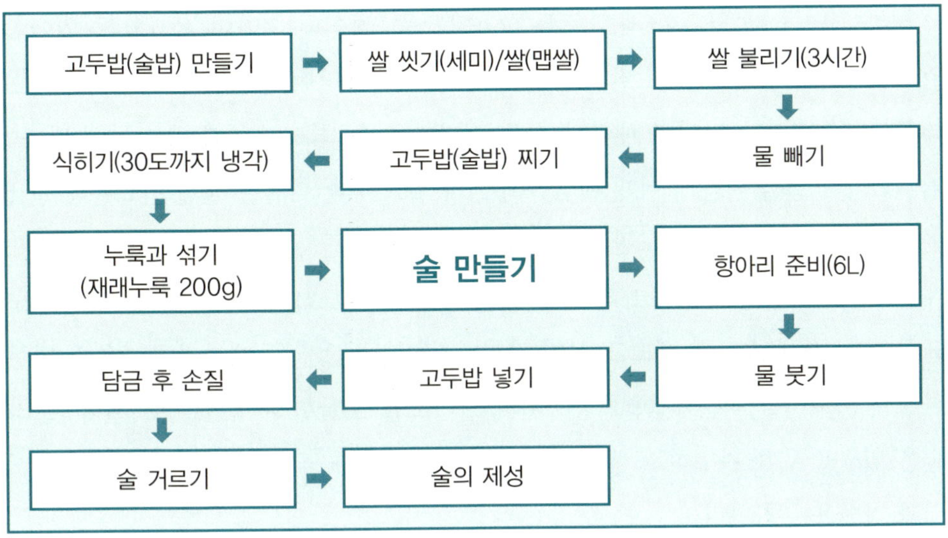


### 4) 사케(酒, Sake)

사케(酒)는 일본의 전통주를 통상 일컫는 용어이며 우리나라의 청주(淸酒)라고 생각하면 되는데 사케(酒)는 종류도 많고 품질도 좋으며 특히 일본의 날 음식인 회와 잘 맞는 술이다.

사케(酒)는 쌀이 주원료로 누룩과 누룩곰팡이를 넣어서 누룩과 물, 쌀을 4주 동안 발효시킨 후 재료를 조금씩 더 넣어서 일주일 동안 발효한 것을 여과하여 병에 넣으면 사케가 된다. 이때 일반적인 알코올 도수는 18% 정도이며 색이 연하고 달콤한 향을 내는데 취향에 따라 데워서 마시거나 차게 마셔도 된다.

사케(酒)는 보편적으로 일본어로 술을 뜻하는 말이며 우리나라에서 주로 사케(酒)라고 부르는 일본식 청주는 니혼슈(日本酒) 또는 세이슈(淸酒)라고 한다. 일제 강점기 부산에 최초로 청주(淸酒) 공장을 일본사람이 세워 술을 만들어 판매하였는데 이 청주(淸酒)란 브랜드가 정종이었기에 정종(正宗)이 사케의 대명사가 되었다. 정종(正宗)은 일본식 발음이 마사무네(正宗)이다.

■ **사케(酒)의 제조법**

사케를 만들 때 필요한 재료는 누룩(효모), 물, 쌀이며 준마이슈(純米酒) 외에 양조 알코올을 넣어서 만드는데 쌀의 품질에 따라 사케의 맛이 달라진다.

맨 처음 현미를 정미와 배합한 다음 정미한 쌀을 최적의 상태에서 물에 담가놓고 기다렸다가 쌀을 찌는데 이때 세심한 주의가 필요하다. 다음은 술쌀 만드는데 찐 쌀에 균을 넣고 발아되도록 온도관리를 해준다. 그다음에 균, 쌀, 물을 넣고 효모를 만드는데 이 과정이 가장 중요하며 전문가(장인)의 손이 필요하다. 이 공정을 모토쓰리라고 표현한다. 술에 효모를 넣고 모로미(걸러지지 않는 술)가 될 때까지 2~3주간 나둔다. 완성된 모로미를 찌는데 이때 농축된 탄산가스를 포함한 투명한 술이 된다. 눌러 짠 술은 멸균을 위해 가열하고 탱크에 저장하여 보관한다, 끝으로 저장된 술을 꺼내서 병입과 라벨을 부착한다.

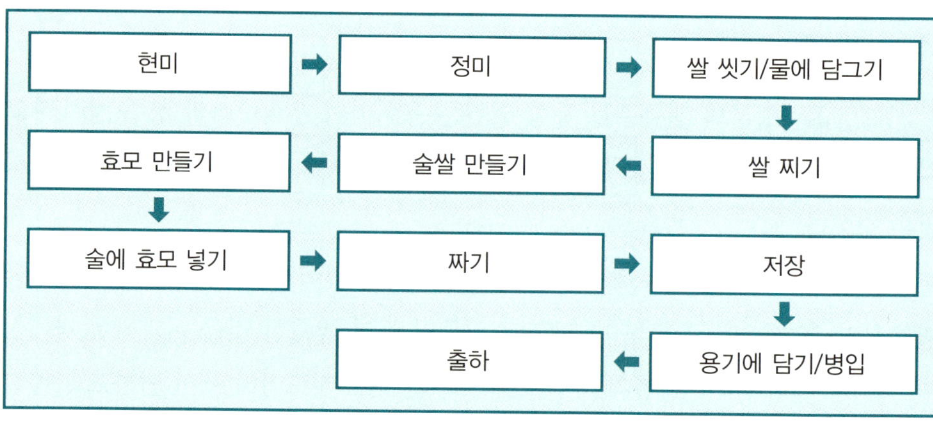


## 5) 혼성주(混成酒, Compounded Liquor)

리큐어(Liqueur, Compounded Liquor)는 중세 연금술사들이 증류주를 만드는 기법을 터득하는 과정에서 우연히 생성되어 탄생되었다. 이것이 과일이나 곡류를 발효시킨 술을 기초로 하여 증류한 증류주(Brandy, Whisky, Rum, Gin 등)에 당분을 더하고 과일이나 과즙, 꽃, 약초, 향료 등 초근목피의 침출물로 향미를 더한 혼성주이다.

이 혼성주는 화려한 색채와 더불어 특이한 향을 지녀 일명 '액체의 보석'이라 말하고 있다. 특히 색채, 향기, 감미, 알코올의 조화가 균형을 이룬 것이 특징이다. 주로 식후주로 즐겨 마시며, 간장, 위장, 소화불량 등에 효력이 좋다.

프랑스에서는 알코올 15% 이상, 당분 20% 이상을 함유하고 향신료가 첨가된 술을 리큐어라 정의한다. 미국에서는 Spirits에 당분 2.5% 이상을 함유하며, 여기에 천연향(과실, 과즙, 약초, 향료 등)을 첨가한 술을 리큐어라고 한다. 영국과 미국에서는 코디알(Cordial), 독일에서는 리큐어라고 부른다.

이러한 리큐어들을 영국에서는 오후 5시 티 타임에 홍차를 마실 때 향기가 높은 리큐어를 타서 마신다. 프랑스에서는 간식 시간인 '구우테' 시간에 케이크나 비스킷 외에 반드시 리큐어와 차가운 물을 내놓는다. 물론 식후의 디저트 코스 또는 마지막의 DemiTasse 전에 즐겨 리큐어를 마신다. 미국에서는 칵테일의 왕국답게 리큐어의 대부분은 칵테일의 부재료에 지나지 않아 감미료로 계절감을 내는 착색료로 사용하고 있다. 「식탁의 심리학」 저자인 오스틴드 크로바는 "리큐어는 눈, 입술, 혀로 조용히 애무하는 것이다."라고 말하였다.

전해 내려오는 리큐어의 역사를 보면 고대 그리스의 의사인 히포크라테스(B.C. 460~377년) 때에도 약용으로 사용되어 오던 것을 증류에 의한 리큐어물을 최초로 만든 것은 아르누드 빌누브(Amaude deVilleneuve, 1235~1312)와 그의 제자 레이몽 류르(Raymond Lulle, 1235~1315)에 의해서였다. 당시에는 증류주에 레몬, 장미나 오렌지의 꽃 등과 향료류를 가하여 만들어서 이뇨, 강장에 효과가 있는 의약품으로 사용되었다.

200년 후인 1553년 이탈리아의 피렌제의 까뜨리네 드 메디치(Catherine de Medicis, 1519~1589)가 프랑스 오클레앙 공작인 앙리 2세(Henry)의 왕비가 되었을 때 수행한 요리사가 포플로(Populo)라는 리큐어를 파리에 소개했다는 기록이 있다. 이후 각양각색의 리큐어가 제조되기 시작하였다.

중세기에는 각 지방 수도원의 수도사들에 의해 약용 목적으로 여러 가지 약초를 넣어 자기 고유의 비법으로 전수되어 특색 있는 리큐어들을 생산해 오다가, 18C부터 서구의 식생활이 눈부시게 향상되어 부드러운 과일향미를 주체로 한 단맛의 리큐어가 많이 출연하게 되었다. 19C에 이르러 고차원의 미각에 부합되는 근대적인 리큐어가 개발되었는데, 특히 19세기 후반에 개발된 연속식 증류기로 인하여 고농도의 알코올을 원료로 한 더욱 세련된 고품질의 리큐어가 생산되었다. 그 예가 커피, 카카오 등과 바닐라향을 배합한 리큐어들이다.

현재 리큐어는 칵테일을 만드는데 빼놓을 수 없는 아주 중요한 주재료 및 부재료임에 틀림없다. 이 술은 식물의 유효성분이 녹아들어 있다 하여 라틴어 '리퀘파세르(Liquefacere, 녹는다, 녹아있다)'가 변하여 프랑스어의 리큐어로 부르게 되었다.

### 6) 칵테일 바(Cocktail bar)

칵테일의 어원은 여러 가지 설이 전해지는데 그 중에 한 가지는 멕시코의 유카칸 반도에서 시작된 유래인데 한 인도인이 멕시코에서 술을 섞어 팔았는데 술을 섞을 때 사용한 막대가 수탉의 꼬리와 닮았다(tail of cock)고 해서 그때부터 Cocktail이라 부르게 되었다고 한다.

칵테일은 2가지 이상의 음료를 혼합하여 만든 것으로 알코올음료에 다른 여러 가지 음료를 섞어서 혼합하거나 탄산수, 과즙류, 향신료 등의 부재료를 혼합해서 향, 색, 미의 조화를 이루는 술을 말한다. 칵테일이 발전하게 된 시기는 1920년대 미국의 금주법 제정으로 당시 사람들이 정부의 음주단속을 피해 술에 주스를 넣고 예쁜 장식을 꾸며서 일반 음료처럼 만들어 마신 데서부터였다고 한다.

#### (1) 칵테일(Cocktail)의 우리나라 역사

칵테일이 우리나라에 들어온 시기는 정확하지는 않지만 아마도 1888년 대불호텔과 1900년 손탁호텔이 들어서면서가 아닐까 싶다.. 이때에 다양한 외교 모임이 있었으며 서양 사람들과 그밖의 다양한 호텔을 출입하는 고객을 대상으로 칵테일이 판매되었을 것으로 추정하며 그 후 1914년~1939년 상용호텔이 들어서고 1950년 6 · 25 전쟁 발발 후 미군이 우리나라에 주둔하면서 칵테일을 음용했을 것이다.

관광사업진흥법이 1960년대에 공시 발효되면서 중소 민형호텔의 등장과 워커힐호텔 칵테일바를 오픈하면서 내국인들에게도 알려지면서 칵테일의 대중화가 일기 시작했을 것으로 생각한다.

칵테일은 주재료와 부재료 가니쉬를 첨가하여 다양한 기법과 기술을 응용해서 환상의 맛을 만들어 내는 예술품이라고 말할 수 있다.

처음에 칵테일은 서양에서 시작하여 지금은 동서양의 어느 곳에서도 널리 퍼져 있으며 다양한 술과 음료를 바탕으로 끊임없이 연구되어 발전을 해오고 있다. 2000년도까지의 서양 술이 칵테일이었다면 2000년 이후부터는 세계적인 다양한 술이 칵테일의 연구 대상이 되어 실험이 가속화되면서 점차 우리나라 전통 술이 칵테일로 만들어져 2015년 이후부터는 유럽으로 전파되어 알려지기 시작하여 최근의 KPOP과 더블어 음식과 술이 유럽 사람들에게 새로운 문화로 자리 잡아 가고 있다.

### (2) 칵테일(Cocktail) 만드는 기법

#### ❶ 셰이킹기법(Shaking)

이 기법은 셰이커에 얼음을 적당히 넣고 주재료와 부재료 섞어서 닫은 후 셰이커에 오른손과 왼손으로 바디와 캡을 잡고 5회~7회 정도 흔들면 맛있는 칵테일이 만들어진다.(마가리타, 블루하와이, 박카디, 다이큐리, 올림픽, 준벅, 사이드카)

#### ❷ 스티어기법(Stirring)

믹싱글라스에 얼음과 재료를 넣고 바 스푼으로 잘 저어서 만드는 방법이다.(수쿨드라이버, 맨해튼)

#### ❸ 빌드법(Building)

이 방법은 보통 만드는 법과 잔에 따르는 방법이 다르지 않은 것이 특징이며 잔에 칵테일을 만들어서 그 잔을 서빙하는데 예를 들어 Screw Driver라고 하면 하이볼 잔에 적당한 얼음을 넣고 보드카에 오렌지를 넣어서 가니쉬를 하고 서빙하는 기법을 말한다.(올드패션, 험콕, 블러디메리, 키르, 미모사)

#### ❹ 플로팅기법(Floating)

이 칵테일 기법은 칵테일 기술자의 고도로 숙련된 기술을 요하며 술의 무게를 잘 알고 있어서 무거운 술부터 스푼을 거꾸로 뒤집어서 천천히 순서대로 따르는 방법으로 이때 집중해서 만들어야 한다.(B-52, 플루즈카페, 에인절스키스)

⑤ **블렌딩기법**(Blending)

이 방법은 블렌더에 필요한 재료를 얼음과 함께 넣고 블렌더를 작동하여 만드는데 Magarita 칵테일이 이에 속한다.(마이타이, 피나콜라다)

### (3) 칵테일(Cocktail)을 만들 때 쓰이는 도구

- **셰이커(Shaker)** 바텐더와 가장 잘 어울리는 기구로 바디(Body), 스트레이너(Strainer), 캡(Cap)으로 3단 분리되는 스테인리스 기구이다.
- **지거(Jigger)** 칵테일을 만들 때 용량을 측정하는 것으로 1oz(30ml)와 1.5oz(45ml) 한 가지와 1.5oz(45ml)와 2oz(60ml) 두 종류가 있다.
- **바스푼(Bar Spoon)** 빌드법이나 스티어법을 할 때 필요한 롱 스푼이다.
- **믹싱글라스(Mixing Glass)** 하이볼글라스보다 크고 두꺼우며 입구가 넓어져서 칵테일을 만들 때 유리하며 셰이커 대용으로 사용하기도 한다.
- **스트레이너(Strainer)** 믹싱글라스에 칵테일을 만들고 나서 다른 잔에 옮길 때 쓰이는 것으로 믹싱글라스 위에 손으로 덮은 후 다른 잔에 옮겨 나간다.
- **스퀴저(Squeezer)** 부재료인 오렌지나 레몬을 짜기 위한 도구이다.
- **아이스 버켓(Ice Bucket)** 얼음을 넣는 통이다. 아이스 텅하고 한 세트다.
- **아이스 텅(Ice Tong)** 얼음넣는 통과 같이 세트이며 얼음을 잡을 때 사용된다.
- **아이스 스쿠퍼(Ice Scooper)** 대형 얼음기계에서 아이스 버켓에 얼음을 옮겨 담을 때 사용하는 용기이다.
- **전기블렌더(Electric Blender)** 우리나라에서는 믹서라고도 하는데 믹서기와 약간의 차이가 있으며 셰이커에 혼합하기 어려운 칵테일을 만들 때 사용하는 도구로 트로피컬 칵테일(Tropical cocktail), 프로즌 스타일(Frozen style)의 칵테일을 만들 때 사용한다.
- **아이스 크러셔(Ice Crusher)** 잔 얼음을 만들 때 사용하는 기구로 트로피컬 칵테일을 조주할 때 사용된다.
- **머들러(Muddler)** 과일과 잎을 으깰 때 사용하는 막대기이다.
- **와인스크류(Wine screw)** 와인을 오픈할 때 사용되는 오픈어이다.

■ **와인스토퍼(Wine stopper)** 와인 잔술이 나가고 나머지 와인을 보관할 때 쓰는 압축마개이다.

■ **푸어러(Pourer)** 주재료인 술을 따를 때 병 입구에 끼워서 따르는 보조품이다.

■ **아이스픽(Ice pick)** 큰 얼음을 조그맣게 자를 때 사용되는 도구이다.

■ **오픈너(Opener)** 병마개를 오픈할 때 쓰는 도구이다.

■ **칵테일픽(Cocktail pick)** 작은 플라스틱 칼이며 주로 칵테일 가니쉬에 체리, 올리브, 오렌지, 파인애플 등 과일을 꽂아 나갈 때 사용되는 플라스틱이다.

■ **스트롱(Straw)** 크러쉬드 아이스에 사용하는 칵테일에 꽂아 나가는 빨대로 다양한 색깔로 연출하면 보기도 좋다.

■ **칵테일 파라솔** 우산처럼 생긴 것으로 칵테일의 모양을 내기 위한 장식품이다.

■ **글라스 리머(Glass Rimmers)** 키스오브화이어, 마가리타 칵테일과 같이 설탕, 소금을 글라스에 묻혀서 나갈 때 사용하는 도구이다.

### (4) 칵테일 글라스류(Cocktail Glasses)

■ **하이볼 글라스(Highball Glass)** 8~10oz의 텀블러글라스(Tumbler Glass)라고도 하며 주로 진토닉이나 스쿨드라이브, 럼콕 등도 나간다.

■ **콜린스 글라스(Collins Glass)** 싱가포르 슬링(Singapore Sling), 브랜디 에그낙(Brandy Eggnog) 등의 칵테일 글라스로 사용하고 있다. 일명 톨하이볼(Tall Highball)이라고도 한다.

■ **올드 패션드 글라스(Old Fashioned Glass)** 언더락 글라스라고도 하며 얼음과 함께 차갑게 마실 때 주로 사용하며, 특히 위스키 언더락스로 많이 마신다. 올드패션드, 네그로니 칵테일 등에 사용된다.

■ **필스너(Pilsner)** 주로 맥주잔으로 사용하거나 주스잔으로도 사용하는데 체코의 '필슨'이라는 맥주 회사에서 개발했다고 하여 '필스너'라 한다.

■ **리큐어 글라스(Liqueur · Codial Glass)** 증류주를 스트레이트로 1잔 마실 때 사용하는 잔이다. 미국에서는 Cordial 글라스라고도 한다.

■ **샴페인 글라스(Champagne Glass)** 샴페인 글라스는 2가지 종류가 있는데

튤립(Tulip)형은 기다란 샤워 글라스보다는 길고 가늘게 생겼으며 연인들이 데이트할 때 사용하면 좋고, 소서(Saucer)형은 튤립형의 반대로 넓은 모양을 가지고 있으며 결혼식, 약혼식 건배주로 주로 사용되는 것이 특징이다.

- **칵테일 글라스(Cocktail Glass)** 가장 많이 사용되고 있으며, 역삼각형으로 발레리나를 연상케 하는 모양을 하고 있다.
- **고블렛 글라스(Goblet Glass)** 물을 제공할 때 사용하는 글라스로 둥근 항아리 모양이다.
- **브랜디 · 코냑 글라스(Brandy · Cognac Glass)** 브랜디는 청각, 후각, 시각을 이용해서 식후에 마시는 술로 몸통 부분이 넓고 입구가 좁은 튤립형의 글라스이다. 이 모양은 향기가 글라스 안에 괴어 있도록 배려한 것으로 언제나 30mL 정도 따르는 것이 정통이다.
- **와인 글라스(Wine Glass)** 와인 글라스 종류는 통상 화이트 · 레드와인 글라스로 대표된다.
- **사워 글라스(Sour Glass)** 위스키사워, 브랜디사워 등의 사워 칵테일에 주로 사용되는 글라스이다.
- **셰리 와인 글라스(Sherry Wine Glass)** 셰리와인이나 포트와인을 마실 때 주로 사용되는 글라스이다.
- **머그 글라스(Mug Glass)** 생맥주를 제공할 때 사용하는 글라스로 손잡이가 있으며 보통 500cc 잔이다.
- **아이리시 위스키 글라스(Irish Glass)** 아이리시 위스키 글라스는 용량이 8~10oz로 여러 형태의 다양한 글라스가 있다.

## (5) 칵테일 만들기(Cocktail Making)

### ❶ Whisky Base

### Old Fashioned

**Recipe**

Bourbon Whiskey $1\frac{1}{2}$oz
Cubed Sugar 1개
Angostura Bitter 1dash
Soda Water 1/2oz

**Technique** Build
**Decoration** A Slice of Orange and Cherry
**Glass** Old Fashioned Glass

### Rusty Nail

**Recipe**

Scotch Whisky 1oz
Drambuie 1/2oz

**Technique** Build
**Decoration** Undecorated
**Glass** Old Fashioned Glass

## Manhattan

**Recipe**

Bourbon Whiskey $1\frac{1}{2}$oz
Sweet Vermouth 3/4oz
Angostura Bitters 1dash(1/32oz, 0.9㎖)

**Technique** Stir
**Decoration** Cherry
**Glass** Cocktail Glass

## Whisky Sour

**Recipe**

Bourbon Whiskey $1\frac{1}{2}$oz
Lemon Juice 1/2oz
Powdered Sugar 1tsp(1/8oz, 3.7㎖)
Top with Soda Water 1oz

**Technique** Shaking+Build
**Decoration** A Slice of Lemon and Cherry
**Glass** Sour Glass

## New York

**Recipe**

Bourbon Whiskey $1\frac{1}{2}$oz
Lime Juice 1/2oz
Powdered Sugar 1tsp(1/8oz, 3.7㎖)
Grenadine Syrup 1/2tsp

**Technique** Shaking
**Decoration** Twist of Lemon Peel
**Glass** Cocktail Glass

## ❷ Gin Base

### Negroni

**Recipe**

Dry Gin 3/4oz
Sweet Vermouth 3/4oz
Campari 3/4oz

**Technique** Build
**Decoration** Twist of Lemon Peel
**Glass** Old fashioned Glass

### Singapore Sling

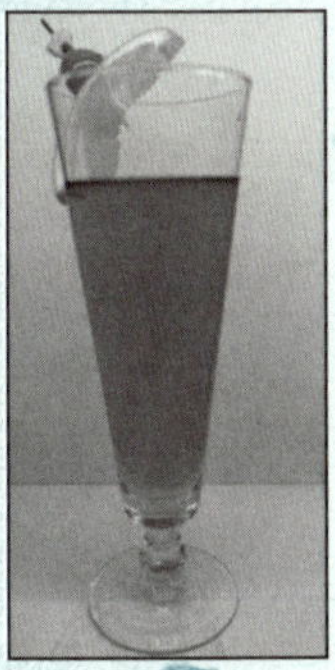

**Recipe**

Dry Gin $1\frac{1}{2}$oz
Lemon Juice 1/2oz
Powdered Sugar 1tsp(1/8oz, 3.7㎖)
Fill with Club Soda
Top with Cherry Flavored Brandy 1/2oz

**Technique** Shaking+Build
**Decoration** A Slice of Orange and Cherry
**Glass** Pilsner Glass

### Dry Martini

**Recipe**

Dry Gin 2oz
Dry Vermouth 1/3oz

**Technique** Stir
**Decoration** Stuffed Green Olive
**Glass** Cocktail Glass

## Pink Lady

**Recipe**

Dry Gin 1oz
Light Milk 1oz
Grenadine Syrup 1tsp(1/8oz, 3.7㎖)
Egg White 1ea

**Technique** Shaking
**Decoration** Undecorated
**Glass** Saucer Champagne Glass

## Gibson

**Recipe**

Dry Gin $1\frac{1}{2}$oz
Dry Vermouth 3/4oz

**Technique** Stir
**Decoration** Pearl Onion
**Glass** Cocktail Glass

## Orange Blossom

**Recipe**

Dry Gin 1oz
Orange Juice $1\frac{1}{3}$oz
Powdered Sugar 1tsp(1/8oz, 3.7㎖)

**Technique** Shaking
**Decoration** Undecorated
**Glass** Cocktail Glass

## Gimlet

**Recipe**

Dry Gin $1\frac{1}{2}$oz
Lime Juice $\frac{3}{4}$oz
Powdered Sugar 1tsp(1/8oz, 3.7㎖)

**Technique** Shaking
**Decoration** Twist of Lime or Lemon peel
**Glass** Cocktail Glass

## Gin-Tonic

**Recipe**

Dry Gin 1oz
Tonic water Fill

**Technique** Build
**Decoration** Lime Slice
**Glass** High ball Glass

### ❸ Vodka Base

## Kiss of Fire

**Recipe**

Vodka 1oz
Sloe Gin 1/2oz
Dry Vermouth 1/2oz
Lemon Juice 1tsp

**Technique** Shaking
**Decoration** Rimming with Sugar
**Glass** Cocktail Glass

## Cosmopolitan

**Recipe**

Vodka 1oz
Triple Sec 1/2oz
Lime Juice 1/2oz
Cranberry Juice 1/2oz

**Technique** Shaking
**Decoration** Twist of Lime or Lemon Peel
**Glass** Cocktail Glass

## Apple Martini

**Recipe**

Vodka 1oz
Apple Pucker 1oz
Lime Juice 1/2oz

**Technique** Shaking
**Decoration** A Slice of Apple
**Glass** Cocktail Glass

## Seabreeze

**Recipe**

Vodka $1\frac{1}{2}$oz
Cranberry Juice 3oz
Grapefruit Juice 1/2oz

**Technique** Build
**Decoration** A Wedge of Lime or Lemon
**Glass** Highball Glass

## Moscow Mule

**Recipe**

Vodka $1\frac{1}{2}$oz
Lime Juice 1/2oz
Fill with Gingerale

**Technique** Build
**Decoration** A Wedge of Lime or Lemon
**Glass** Highball Glass

## Bloody Mary

**Recipe**

Vodka $1\frac{1}{2}$oz
Worcestershire Sauce 1tsp
Tabasco Sauce 1dash
Salt and Pepper Pinch of(약간)
Fill with Tomato Juice

**Technique** Build
**Decoration** A Slice of Lemon or Celery
**Glass** Highball Glass

## Harvey Wallbanger

**Recipe**

Vodka $1\frac{1}{2}$oz
Fill with Orange Juice
Galliano 1/2oz

**Technique** Build+Float
**Decoration** Undecorated
**Glass** Collins Glass

## Long Island Iced Tea

**Recipe**

Vodka 1/2oz
Gin 1/2oz
Triple Sec 1/2oz
Top with Cola
Tequila 1/2oz
Light Rum 1/2oz
Sweet & Sour Mix $1\frac{1}{2}$oz

**Technique** Build
**Decoration** A Wedge of Lime or Lemon
**Glass** Collins Glass

## Black Russian

**Recipe**

Vodka 1oz Coffee
Liqueur (Kahlûa) 1/2oz

**Technique** Build
**Decoration** Undecorated
**Glass** Old Fashioned Glass

### ❹ Rum Base

## Bacardi

**Recipe**

Bacardi Rum White $1\frac{3}{4}$oz
Lime Juice 3/4oz
Grenadine Syrup 1tsp

**Technique** Shaking
**Decoration** Undecorated
**Glass** Cocktail Glass

## Daiquiri

**Recipe**

Light Rum $1\frac{3}{4}$oz
Lime Juice 3/4oz
Powdered Sugar 1tsp

**Technique** Shaking
**Decoration** Undecorated
**Glass** Cocktail Glass

## Cuba Libre

**Recipe**

Light Rum $1\frac{1}{2}$oz
Lime Juice 1/2oz
Fill with Cola

**Technique** Build
**Decoration** A Wedge of Fresh Lemon
**Glass** Highball Glass

## Mai-Tai

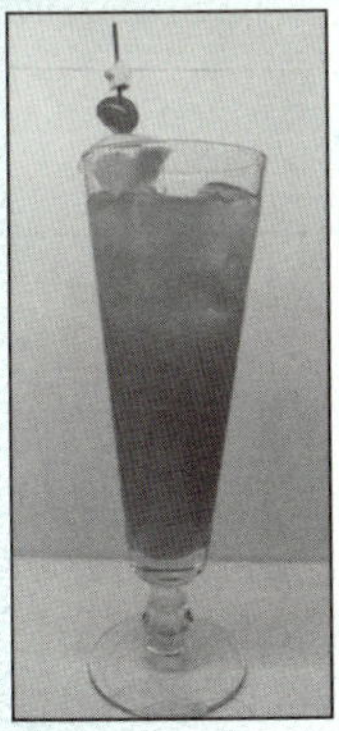

**Recipe**

Light Rum $1\frac{1}{4}$oz
Lime Juice 1oz
Orange Juice 1oz
Triple Sec 3/4oz
Pineapple Juice 1oz
Grenadine Syrup 1/4oz

**Technique** Blending
**Decoration** A Wedge of Fresh Pineapple & Cherry
**Glass** Footed Pilsner Glass

# Pina Colada

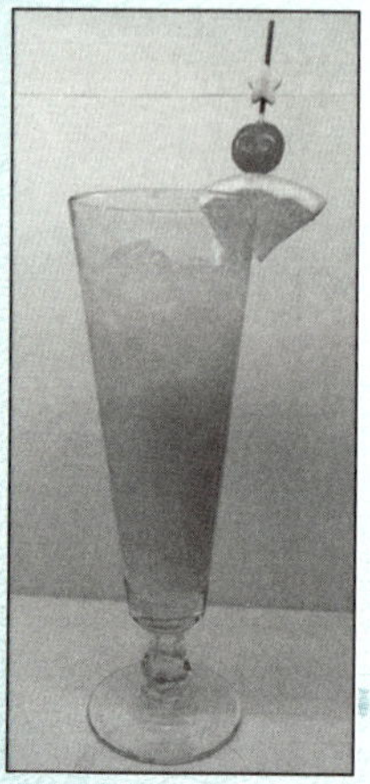

**Recipe**

Light Rum $1\frac{1}{4}$oz
Piña Colada Mix 2oz
Pineapple Juice 2oz

**Technique** Blending
**Decoration** A Wedge of Fresh Pineapple & Cherry
**Glass** Footed Pilsner Glass

# Blue Hawaiian

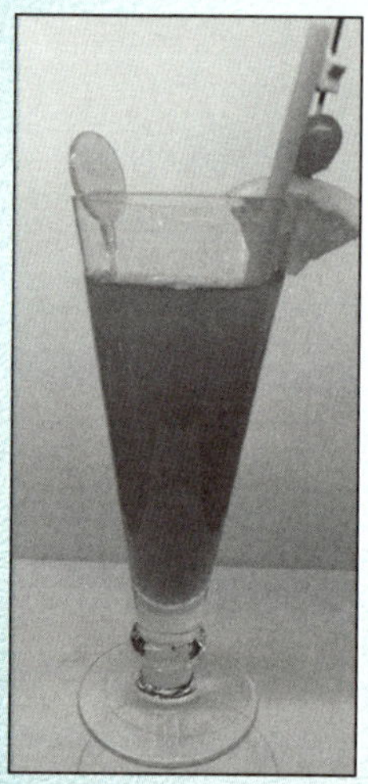

**Recipe**

Light Rum 1oz
Blue Curacao 1oz
Coconut Flavored Rum 1oz
Pineapple Juice $2\frac{1}{2}$oz

**Technique** Shaking
**Decoration** A Wedge of Fresh Pineapple & Cherry
**Glass** Footed Pilsner Glass

## ❺ Tequila Base

### Tequila Sunrise

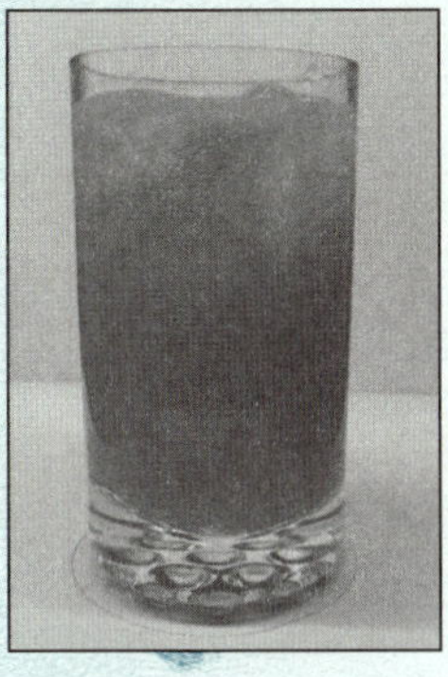

**Recipe**

Tequila $1\frac{1}{2}$oz
Fill with Orange Juice
Grenadine Syrup 1/2oz

**Technique** Build+Float
**Decoration** Undecorated
**Glass** Footed Pilsner Glass

### Margarita

**Recipe**

Tequila $1\frac{1}{2}$oz
Triple Sec 1/2oz
Lime Juice 1/2oz

**Technique** Shaking
**Decoration** Rimming with Salt
**Glass** Cocktail Glass

## ❻ Brandy Base

### Sidecar

**Recipe**

Brandy 1oz
Cointreau 1oz
Lemon Juice 1/4oz

**Technique** Shaking
**Decoration** Undecorated
**Glass** Cocktail Glass

### Brandy Alexander

**Recipe**

Brandy 3/4oz
Cr?me de Cacao(Brown) 3/4oz
Light Milk 3/4oz

**Technique** Shaking
**Decoration** Nutmeg
**Glass** Cocktail Glass

### Honeymoon

**Recipe**

Apple Brandy 3/4oz
Benedictine D.O.M 3/4oz
Triple Sec 1/4oz
Lemon Juice 1/2oz

**Technique** Shaking
**Decoration** Undecorated
**Glass** Cocktail Glass

## Stinger

**Recipe**

Brandy $1\frac{1}{2}$oz
Créme de Menthe(White) $\frac{3}{4}$oz

**Technique** Shaking
**Decoration** Undecorated
**Glass** Cocktail Glass

## Olympic

**Recipe**

Brandy $\frac{3}{4}$oz
Triple Sec $\frac{3}{4}$oz
Orange juice $\frac{3}{4}$oz

**Technique** Shaking
**Decoration** Undecorated
**Glass** Cocktail Glass

## Brandy Sour

**Recipe**

Brandy $1\frac{1}{2}$oz
Lemon juice $\frac{1}{2}$oz
Powdered sugar 1tsp($\frac{1}{8}$oz, 3.7㎖)
Top with soda water 1oz

**Technique** Shaking+Build
**Decoration** A Slice of lemon and cherry
**Glass** Sour Glass

## ❼ Liqueur Base

### Sloe Gin Fizz

**Recipe**

Sloe Gin $1\frac{1}{2}$oz
Lemon Juice 1/2oz
Powdered Sugar 1tsp(1/8oz, 3.7㎖)
Fill with Club Soda

**Technique** Shaking+Build
**Decoration** A Slice of Lemon
**Glass** Highball Glass

### June Bug

**Recipe**

Midori or Melon Liqueur 1oz
Coconut Flavored Rum 1/2oz
Banana Liqueur 1/2oz
Pineapple Juice 2oz
Sweet & Sour Mix 2oz

**Technique** Shaking
**Decoration** A Wedge of Fresh Pineapple & Cherry
**Glass** Collins Glass

### Apricot

**Recipe**

Apricot-Flavored Brandy $1\frac{1}{2}$oz
Dry Gin 1tsp(1/8oz, 3.7㎖)
Lemon Juice 1/2oz
Orange Juice 1/2oz

**Technique** Shaking
**Decoration** Undecorated
**Glass** Cocktail Glass

# Grasshopper

**Recipe**

Créme de Menthe(Green) 1oz
Créme de Cacao(White) 1oz
Light Mlik 1oz

**Technique** Shaking
**Decoration** Undecorated
**Glass** Champagne Glass

# B-52

**Recipe**

Coffee Liqueur (Kahlûa) – 1/3Part
Bailey's Irish Cream 1/3Part
Grand Marnier 1/3Part

**Technique** Float
**Decoration** Undecorated
**Glass** Sherry Glass

# Pousse Cafe

**Recipe**

Brandy 1/3part
Creme de Menthe(Green) 1/3part
Grenadine Syrup 1/3part

**Technique** Float
**Decoration** Undecorated
**Glass** Stemed Liqueur Glass

## Golden Cadillac

**Recipe**

Galliano 1oz
Creme de Cacao(white) 1/3part
Light milk 1oz

**Technique** Shaking
**Decoration** Undecorated
**Glass** Saucer Champagne Glass

### 7) 와인 바(Wine bar)

5성급 이상 호텔에서는 대부분 와인 바를 갖춰놓고 영업을 하는데 가장 중요한 것은 얼마나 경쟁력을 갖추고 영업에 임하느냐가 성공의 열쇠인 것 같다.

그러한 측면에서 첫째, 와인 소믈리에의 전문가 매니저가 있어야 하며 두 번째, 내부 인테리어 바의 디자인 고급화와 세 번째, 고객의 선호도에 맞는 다양한 가성비 좋은 와인 리스트업 네 번째, 와인과 잘 어울리는 안주를 제공할 수 있는 전문가 주방셰프 등 이러한 네 가지 이상의 경영마인드를 가지고 영업에 임해야 하겠다.

[그림 6-8] 5스타 호텔 와인 바

## (1) 칵테일 만들기(Cocktail Making)

### ❶ Wine Base

#### Mimosa

**Recipe**

Sparkling Wine $2\frac{1}{2}$oz
Oringe Juice $1\frac{1}{3}$

**Technique** Build
**Decoration** Undecorated
**Glass** Saucer Champagne Glass

## Kir

**Recipe**

White Wine 3oz
Créme de Cassis $\frac{1}{3}$oz

**Technique** Build
**Decoration** Slice Lemon
**Glass** Ice and Red Wine Glass

## Bishop

**Recipe**

Red Wine 3oz
Oringe Juice 1oz
Lemon Juice $\frac{1}{3}$oz

**Technique** Build
**Decoration** Undecorated
**Glass** Ice and Red Wine Glass

## Wine Cooler

**Recipe**

White Wine 3oz
Oringe Juice 1oz
Grenadine Syrup $\frac{1}{3}$oz

**Technique** Build
**Decoration** Orange Slice
**Glass** Ice and Red Wine Glass

## Spitzer

**Recipe**

White Wine 3oz
Soder Water $1\frac{1}{2}$oz

**Technique** Build
**Decoration** Undecorated
**Glass** Ice and White Wine Glass

### 8) 사케 바(Sake bar)

호텔에서 사케 바는 생소한 영업장일 수 있다. 최근의 글로벌화된 호텔영업에 꼭 있어야 하나? 영업이 되나? 고객이 있을까? 라는 의문점이 있으나 본 저자는 다르게 생각하는데 와인 바와 더불어 일본인 관광객이 많이 찾아오는 명동 근처의 호텔에서는 어느 정도 경쟁력이 있다고 판단이 되며 와인 바와 같이 영업하기 전 충분한 사업계획서를 검토한 후 가능성이 있을 때 과감하게 영업을 하는 것도 방법이다.

예전에 사케를 공부하면서 사케에 대해 알고 싶어서 후배에게 사케주점을 소개받아서 압구정동에 있는 주점을 둘러보고 직접 접해본 결과 충분한 영업장으로써 경쟁력이 있다는 생각을 했으며 어떤 음료 업장이든지 특색 있고 영업 전략만 갖춰진다면 성과를 내는 데는 어려움이 없다고 생각한다.

### 9) 맥주 바(Beer bar)

맥주는 세계에서 다양하게 생산되고 있다. 우리나라에서도 여러 나라에서 들여온 맥주를 마시고자 하는 고객이 많아지는 추세이며 어느 곳을 가든지 손쉽게 유럽의 맥주를 접할 수 있어서 고객층이 갈수록 넓어지고 있다. 호텔도 이러한 부분에 영업전략을 세우는 것이 도움이 될 거라 생각한다.

지금 젊은 세대는 예전의 기성세대와 다르게 본인의 취향에 맞는 음식과 술을 마시는 패턴으로 바뀌고 있으며 이러한 것은 영업을 하는 사람들에게 참고가 될 중요한 정보이다.

또 하나 전에는 생맥주가 유행한 적이 있었는데 요즈음은 어떤지? 술을 만들고 파는 법이 예전에 비해서 많이 완화되어 술 만드는 전문가가 늘어나고 수제맥주를 바로 그 자리에서 파는 맥주 바가 늘어나고 있다. 앞으로 맥주시장은 더 커지고 다양화하는 추세로 계속 발전하리라 예상한다.

### 10) 전통주 바(Korea alcohor bar)

90년대 전에는 외국 술인 양주와 맥주가 대세인 때가 있었다. 그때는 우리나라 술보다 외국 술을 마시면 뭔가 내가 다른 사람보다 나아 보인다는 돈 좀 있는 주류의 술 문화였다.

그러나 2000년대 급속한 발전을 이루며 선진국 대열에 접어들면서 우리나라의 다양한 문화가 알려지고 주목받으면서 점차적으로 모든 문화와 산업의 제품들이 세계적으로 인정받는 추세이다.

K-Culture(K-Drama, K-Movie, K-POP, K-Beauty, K-Food, K-Tourism, K?Medical Tour, K-Electronic Product)와 한국의 모든 사람과 문화 특징들을 각국의 나라에서 연구하고 있다. 특히 우리나라 한국어는 K-POP 최고의 스타인 BTS에 열광하는 세계의 청소년과 어른들까지도 보이그룹의 영향으로 한국어 배우기 열풍이 불고 있다.

2019년에 미국 명문 대학인 펜실베니아 대학교 사회학과 교수이자 미국 전체에서 가장 인기 있는 강좌를 진행하는 샘리처드(SamRichards) 박사가 강의에서 BTS을 언급하면서 이제는 BTS를 배우지 않으면 세계를 리드할 수 없을 정도다. 많은 학생들에게 상당한 반향을 주었으며, 미국의 브리검영대학교 Mark Arlen Peterson(한국이름, 배도선) 교수는 한국의 한글사랑, 한국문화를 높게 평가하고 세계에 알리는데 문화대사 역할을 마다하지 않는다. 이러한 추세는 대한민국이 문화의 강국으로 계속해서 뻗어나갈 것으로 의심의 여지가 없다고 생각한다.

예컨대 앞으로 우리가 만든 전통주가 세계인에 인정받고 사랑받을 날이 곧 올 것이며 더 나아가 우리가 130년 전 호텔을 받아들여서 영업을 하고 있는데 앞으로 10년 후에는 우리나라 호텔경영 시스템이 세계를 주름잡을 날도 현실화될 것이다. 이 같은 징후는 곳곳에서 나타나는데 2015년 9월 데일리안 기사의 내용을 보면 송영덕 호텔롯데 사장은 "전 세계 주요 도시 33개 호텔 추가 인수 검토" 2020년까지 50개로 늘릴 계획이라고 언급했으며, 2019년 09월 18일 온라인 신문인 한경 기사에서는 미래에셋 박현주 회장이 7조 원 "통 큰 베팅" 美 최고급 호텔 15개 쓸어 담았다. 박 회장의 투자를 관통하는 키워드는 '관광 서비스업'과 '수익성 자산' 이 둘의 접점을 '호텔' 사업에서 찾고 과감한 베팅에 나섰다는 분석이 나온다.

### (1) 전통주 칵테일

#### ❶ 감홍로 베이스

**■ 힐링**

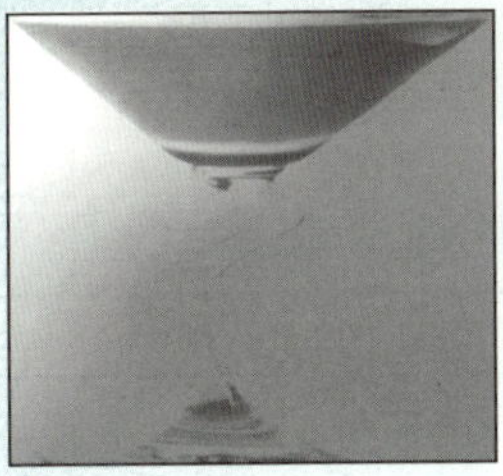

**글라스** 칵테일 글라스
**기 법** 셰이킹
**가니쉬** 레몬필
**재 료** 감홍로 45mℓ
베네딕틴 10mℓ
크렘 드 카시스 10mℓ
스위트 앤 사워 30mℓ

**■ 감홍로사워**

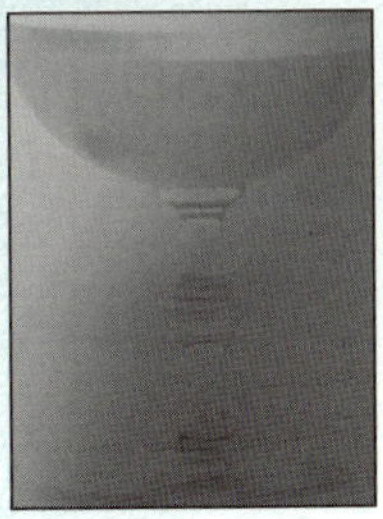

**글라스** 소서 샴페인
**기 법** 쉐이킹
**가니쉬** 시나몬스틱
**재 료** 감홍로 45mℓ
대추식초 7.5mℓ
생강시럽 15mℓ
계란흰자 1mℓ

### ■ 파격

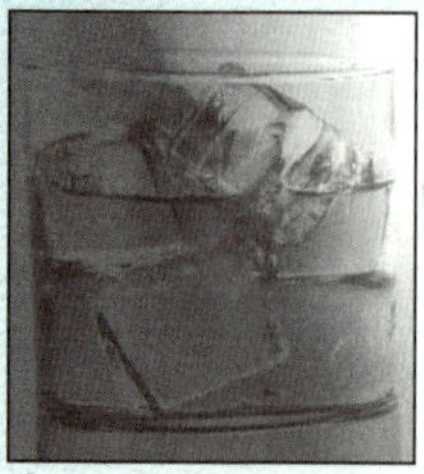

**글라스** 올드 패션드(온더락, 템블러)
**기 법** 빌드
**가니쉬** 레몬필
**재 료** 감홍로 45㎖
드람뷔이 15㎖

## ❷ 금산인삼주 베이스

### ■ 금산

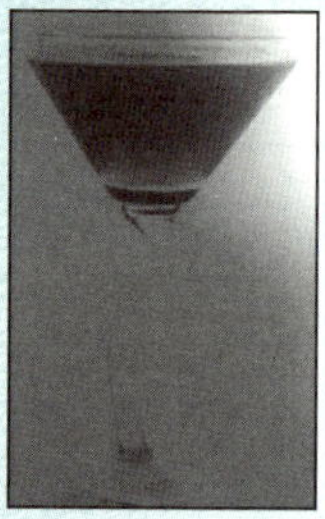

**글라스** 칵테일
**기 법** 셰이킹
**가니쉬** 없음
**재 료** 금산인삼주 45㎖
칼루아 15㎖
애플사워 15㎖
라임주스 5㎖

### ■ 홍삼

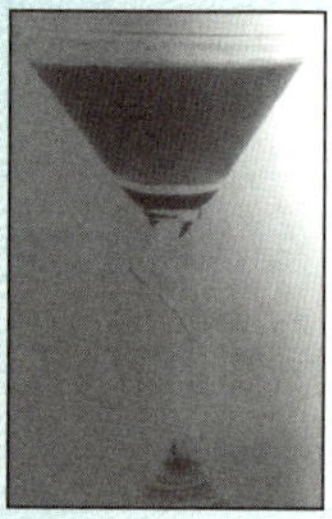

**글라스** 칵테일 글라스
**기 법** 셰이킹
**가니쉬** 없음
**재 료** 금산인삼주 30㎖
크림 드 카시스 15㎖
크림 드 민트(W) 5㎖
크랜베리 쥬스 30㎖
라임주스 5㎖

### ❸ 담솔 베이스

■ **노을**

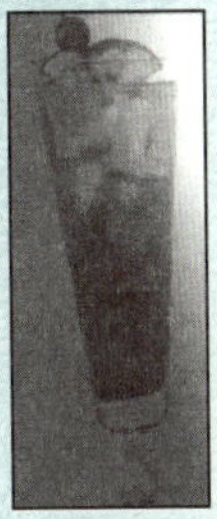

**글라스** 푸티 필스너
**기 법** 셰이킹, 빌딩
**가니쉬** 레몬 & 체리
**재 료** 담솔 45mℓ
레몬스쿼즈 15mℓ
토닉워터 Fill up
체리브랜디 15mℓ
그레나딘시럽 5mℓ

■ **솔바람**

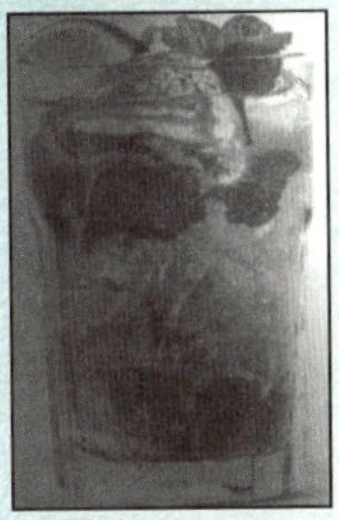

**글라스** 콜린스
**기 법** 머들링
**가니쉬** 없음
**재 료** 담솔 45mℓ
블루퀴라소 15mℓ
라임웨이지 2조
스피아민트 10잎
토닉워터 Fill up

■ **담솔티**

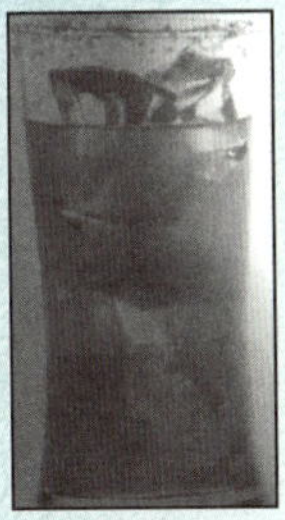

**글라스** 하이볼
**기 법** 빌딩
**가니쉬** 소금리밍
**재 료** 담솔 30mℓ
Fill up

## ❹ 두레앙 베이스

### ■ 두레앙 마티니

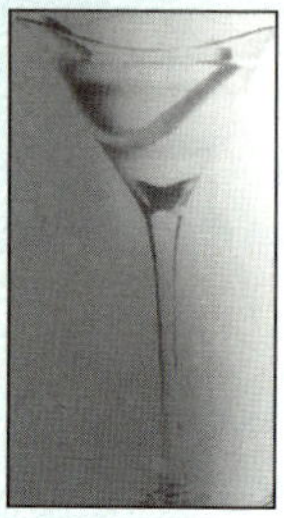

**글라스** 칵테일
**기 법** 스터
**가니쉬** 레몬필
**재 료** 두레앙 60㎖
드라이버무스(베르무트) 15㎖

### ■ 가을하늘

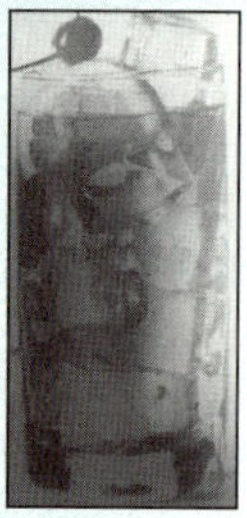

**글라스** 하이볼
**기 법** 빌드
**가니쉬** 레몬 슬라이스
**재 료** 두레앙 45㎖
블루퀴라소 10㎖
유자시럽 15㎖
토닉워터 Fill up

### ■ 행복

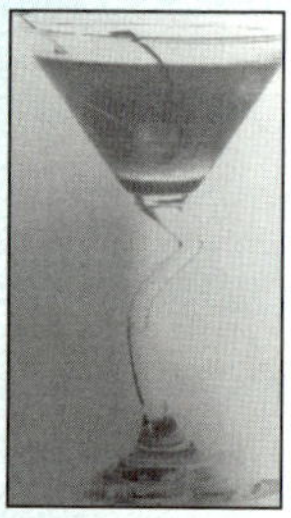

**글라스** 칵테일
**기 법** 스터
**가니쉬** 체리픽
**재 료** 두레앙 45㎖
비앙코 10㎖
복분자 시럽 10㎖
라임슈스 10㎖
아고스트라비터 1dash

## ❺ 문경바람 베이스

### ■ 바람

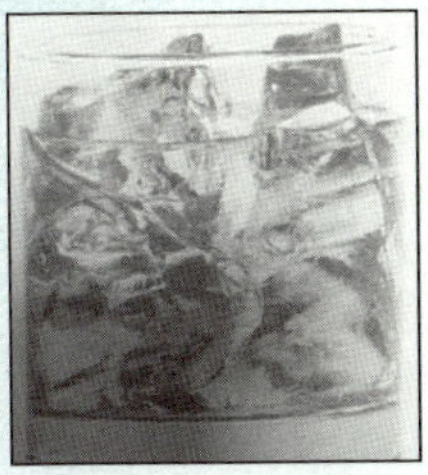

**글라스** 올드 패션드
**기 법** 빌드
**가니쉬** 없음
**재 료** 문경바람 30㎖
베네딕틴 20㎖

### ■ 아삭

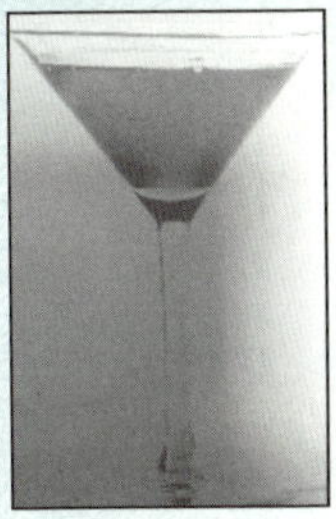

**글라스** 칵테일
**기 법** 스터
**가니쉬** 없음
**재 료** 문경바람 30㎖
스위트 버무스(베르무트) 20㎖
슬로진 15㎖
스위트앤샤워 15㎖

## ❻ 문배술 베이스

### ■ 단풍

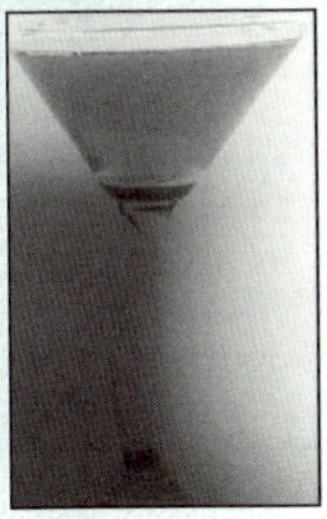

**글라스** 칵테일
**기 법** 셰이킹
**가니쉬** 없음
**재 료** 문배주 40㎖
꼬엥뜨로 5㎖
오미자시럽 15㎖
크랜베리 주스 30㎖

## ■ 레드문

**글라스** 콜린스
**기 법** 빌드
**가니쉬** 레몬필 & 체리
**재 료** 문배주 45㎖
자몽주스 60㎖
토닉워터 60㎖
크램드 카시스 15㎖

### ❼ 산삼가득명술 베이스

## ■ 불로장생

**글라스** 올드 패션드
**기 법** 셰이킹
**가니쉬** 레몬필
**재 료** 산삼주 30㎖
슬로진 5㎖
생강시럽 10㎖
라임주스 15㎖
베네딕틴 10㎖

## ■ 존경

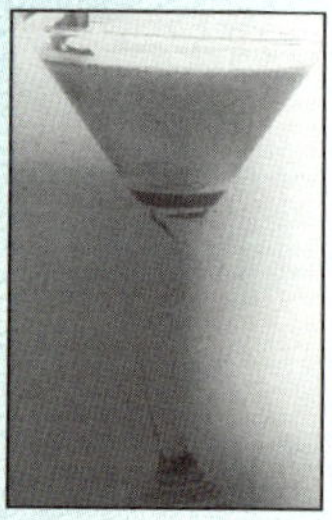

**글라스** 칵테일
**기 법** 셰이킹
**가니쉬** 라임필
**재 료** 산삼주 45㎖
에프리콧 브랜디 15㎖
크랜베리주스 15㎖
라임주스 10㎖

### ❽ 명인안동소주 베이스

#### ■ 양반

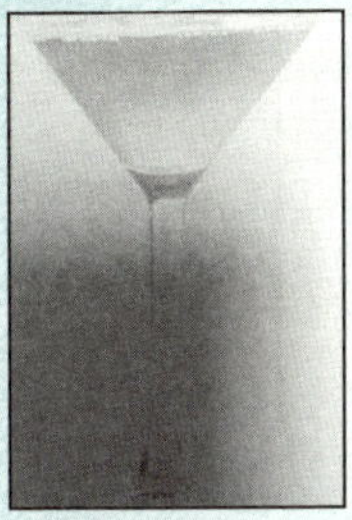

**글라스** 칵테일
**기 법** 셰이킹
**가니쉬** 없음
**재 료** 명인안동소주 60㎖
대추식초 5㎖
아카시아꿀 10㎖

#### ■ 풋사랑

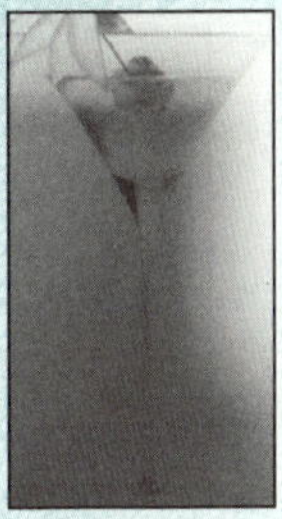

**글라스** 칵테일
**기 법** 셰이킹
**가니쉬** 사과 슬라이스
**재 료** 명인안동소주 30㎖
트리플섹 10㎖
애플사워 30㎖
라임주스 10㎖

### ❾ 이강주 베이스

#### ■ 이강주 마티니

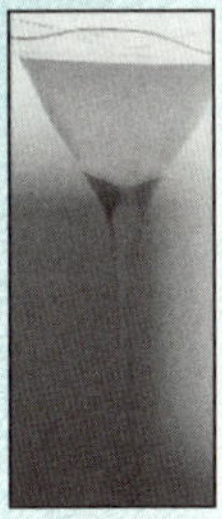

**글라스** 칵테일
**기 법** 셰이킹
**가니쉬** 없음
**재 료** 이강주 60㎖
생강시럽 10㎖

## ■ 강갈술래

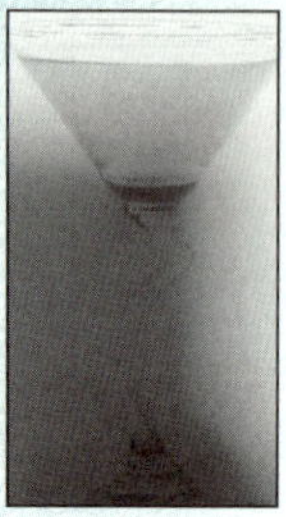

**글라스** 칵테일
**기 법** 셰이킹
**가니쉬** 없음
**재 료** 이강주 45㎖
꼬엥뜨로 15㎖
캄파리 15㎖

### ⑩ 진도 홍주 베이스

## ■ 홍주 올드 패션드

**글라스** 올드 패션드
**기 법** 빌드
**가니쉬** 오렌지필
**재 료** 진도홍주 50㎖
각설탕 1개
앙고스트라비터 3dash

## ■ 진도

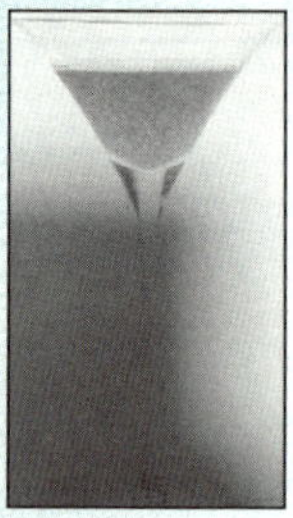

**글라스** 칵테일
**기 법** 셰이킹
**가니쉬** 없음
**재 료** 진도홍주 3㎖
드렘 드 민트(W) 15㎖
청포도주스 20㎖
라스베리 시럽 15㎖

## ⓫ 황금보리 베이스

### ■ 황금보리

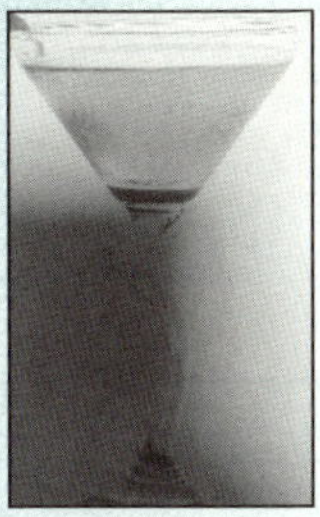

**글라스** 칵테일
**기 법** 쉐이킹
**가니쉬** 레몬필 다양한 모양
**재 료** 황금보리 45㎖
피치트리 15㎖
현미식초 1tsp
오미자 시럽 10㎖

## *국제코리안컵칵테일대회 수상작*

### 1. 친구에게

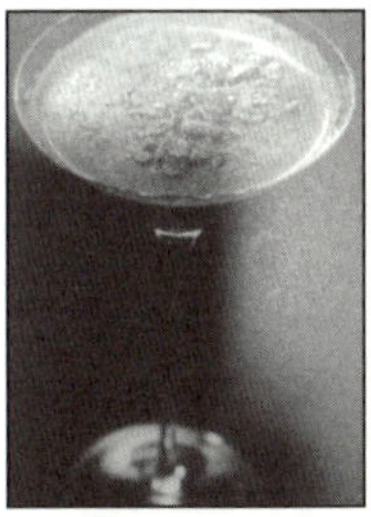

**글라스** 마티니
**기 법** 셰이킹
**가니쉬** 카카오 파우더& 칠리 페이퍼 파우더, 초콜릿
**재 료** 문배술(40%) 30㎖
Bols Advocaat 30㎖
Bols Cerme de Cacao White 10㎖
Fresh Cream 20㎖

### 2. 아리랑

**글라스** 마티니
**기 법** 셰이킹 리밍
**가니쉬** 흑임자, 레몬
**재 료** 문배술(40%) 30㎖
볼스 블루큐라소 7.5㎖
감홍로 10㎖
레몬주스 7.5㎖
오미자시럽 10㎖

### 3. 자각몽

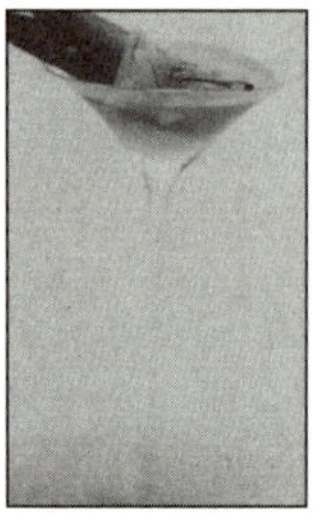

**글라스** LSA 마티니 글라스
**기 법** Shaking & Double strain
**가니쉬** 파인애플, 금가루
**재 료** 전주이강주 50㎖
꿀유자 담터 1tsp
Tio Pepe Sherry Wine 30㎖
블루베리시럽(Monin) 10㎖
Fresh Pineapple Juice 20㎖

### 4. 취화선

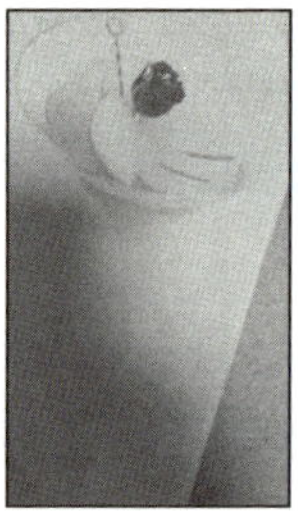

**글라스** 마티니 글라스
**기 법** 셰이킹 리밍
**가니쉬** 배, 장미, 금가루
**재 료** 이강주 60㎖
마티니 비앙코 45㎖
베네딕틴 15㎖
모닌로즈 시럽 15㎖

### 5. 하이원토디

**글라스** 찐 단호박 글라스
**기 법** Build, Stir
**가니쉬** 유자, 단호박
**재 료** 복분자 보해 60㎖
드람브이 15㎖
유자청 30㎖
뜨거운 물 90㎖

### 6. 동 틀 무렵

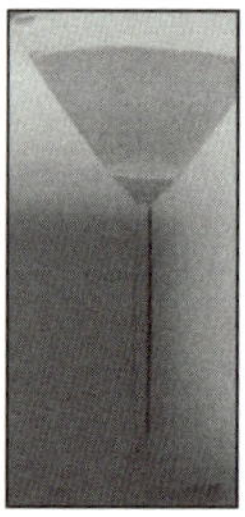

**글라스** 칵테일 글라스
**기 법** Shaking, Strain
**가니쉬** Apple Wheel, Cinnamon Powder
**재 료** 감흥로 $1\frac{1}{4}$oz　Dry Vermouth $\frac{1}{2}$oz
Apple Pucker $\frac{1}{2}$oz　Campari $\frac{1}{4}$oz
비락수정과 $\frac{1}{2}$oz　Honey $\frac{1}{4}$oz
Angostura Bitters 1dash

Chapter

7

# 연회팀

## Banquet Team

연회의 의미를 해석하면 식음료 시설을 갖춰 놓고 2인 이상의 단체고객에게 다양한 형태의 크고 작은 국제회의, 전시회, 결혼식, 디너쇼, 패션쇼 등의 행사를 치르는 곳이라고 얘기할 수 있다.

따라서 호텔에서 없어서는 안 되는 업장이기도 하면서 식음료부서의 식당부서와 음료 연회 팀은 서로 유기적인 협력과 또한 음식을 준비해 주는 조리부서와의 절대적인 협력을 통해서 고객 서비스에 최선을 다해야 하는 막중한 부서이다.

이는 호텔 역사를 보더라도 항상 호텔의 수입을 창출하는 여러 생산부서가 있지만 연회장만큼 직원의 직무능력이 갖추어져 있어야 크고 작은 많은 행사를 아무 문제없이 치러낼 수 있다. 소위 무에서 유를 창조하는 부서이기 때문에 연회장에서 근무하는 최고 수장부터 아르바이트까지 일사 분란한 팀워크를 갖춰야 좋은 결과를 얻을 수 있다.

연회장은 식당팀, 음료팀과 다르게 두 가지 모든 업무를 기본으로 하고 더 나아가서 창의적인 생각과 몸가짐을 가졌을 때 진정으로 연회장의 업무를 수행해 나갈 수 있다고 생각한다.

연회장에서 근무하는 직원은 식음료 모든 부분에서 직무 스킬을 갖춰야 하는데 첫 번째, 서비스마인드로 호텔리어의 기본적인 마음가짐이며 특히 뱅켓 근무에서는 특히 강조해도 부족하지 않는 부분이다. 두 번째, 다양한 고객의 취향을 이해하고 마음을 읽을 수 있는 선견지명, 세 번째, 앞서도 언급했듯이 서비스기술인데 다양한 형태의 Lay out과 의전, 식음료 지식, 식음료 서비스, 연회기획, 연회세일즈, 리더십 등의 다양한 업무지식은 곧 식음료 부서의 이익창출에 막대한 영향을 미치는 것은 부인할 수 없는 사실이다.

연회장은 근무하는 직원이 어떻게 하느냐에 따라 매출이 천차만별로 유동성이 많이 발생한다고 말할 수 있겠다. 연회판촉부서에서 중요한 행사를 하나 Order 받아왔다고 가정하자. 1,000명 행사의 기업체 행사인데 펑션에 있는 연회내용을 보면 7코스 양식메뉴에 와인 2종류 해서 가격은 1인당 12만 원이고 1,000명이라 가정했을 때 1억 2천만 원의 매출이 발생되고 고객층도 기업행사이기 때문에 신경을 많이 써야 하는 행사다.

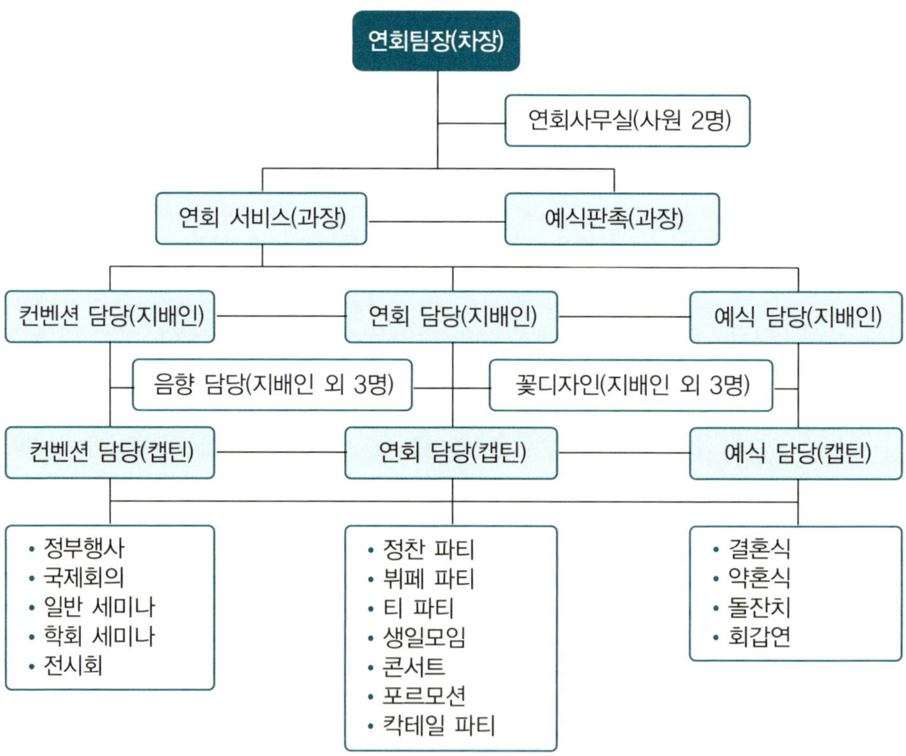


[그림 7-1] 연회팀 조직도

코스는 에피타이저, 스프, 화이트와인, 피쉬, 셔벳, 레드와인, 앙뜨레인 안심스테이크, 샐러드, 디저트, 커피 코스 순서이다. 서비스하는 직원은 음식의 적절한 온도와 격식에 맞는 접객용어, 스마일 서비스, 와인소믈리에 서비스 등 고객에게 최고의 만족을 주어야 한다.

행사를 마치고 나서 최종적으로 요금을 정산하는데 계산하는 행사 담당자가 전체적인 평가에서 정말 만족스러운 서비스를 받았고 주빈인 많은 고객이 음식도 맛있고 와인도 좋고 직원의 서비스도 좋았다라고 평가를 받았을 때 서비스하는 연회서비스 직원은 두말할 필요 없이 행복하고 보람을 느낄 것이다. 더욱 중요한 것은 만족을 느낀 고객은 자기가 아는 지인들에게 호텔의 좋은 점을 홍보와 마케팅해준다는 것이다. 그러면 호텔로서는 마케팅 홍보비용을 부담하지 않고도 가장 좋은 마케팅을 한다는 결과를 도출하는 것이다.

반대로 서비스가 형편이 없었다고 가정했을 때 불 보듯 뻔한 최악의 시나리오가 발생한다. 서비스가 실패했을 때 처리비용과 고객이 돌아서서 악소문을 낼 경우 치명적인 호텔의 경영위기가 올 수도 있다. 이렇듯 한 가지 행사로 다양하게 생각할 수 있는 시사점을 주는데 후자보다는 전자의 사례가 호텔리어 연회장에서 근무하는 호텔리어의 태도이다.

식음료 영업장은 소규모 영업장에서 대규모 연회행사장, 크고 작은 영업장이 있는데 그중에서도 연회장은 많은 사람들이 왕래를 하기 때문에 그만큼 서비스에 각별하게 신경을 써야 한다.

## 1. 연회팀 조직도 및 담당업무

### 1) 직급별 담당직무

#### (1) 연회팀장(차장)

호텔연회팀장은 연회장에서 가장 높은 직위에 있는 수장으로서 식음료 부서장 바로 아래 직급에 위치해 있으며 부서장을 보좌하여 연회장의 모든 부분을 총괄 · 관리하고 서비스하는데 탁월한 능력을 갖추고 있어야 하는 막중한 자리이다. 회사의 정책에 한치의 오차도 없이 임무를 수행하는데 선구적인 역할을 해야 한다.

팀장으로서 갖춰야 하는 덕목을 나열하면 첫 번째, 식음료에서 연회장이 차지하는 부분은 매출, 인원, 기자재 등 업장하고는 스케일 자체가 크므로 보통 어려운 점이 한두 가지가 아니다. 인원이 많기 때문에 아르바이트부터 바로 아래 과장까지 촘촘히 연결되어 있는 관계를 잘 융화해서 고객에게 최고의 서비스를 한다는 전제하에 포커스를 맞춰야 하고 매출부문에서도 기존 판촉에서 오더를 받아 오면 실질적인 행사를 진행하면서 Up selling 할 수 있는 부분이 많기 때문에 이것 또한 추가적인 매출에 힘써야 한다. 또 연회장은 조리 쪽과 밀접한 업무 협조가 이뤄져야지만 결과를 내는 것처럼 조리 쉐프 직원들과 원만한 인간관계를 형성해야 만찬 행사 풀코스 행사 등 다양한 식사가 제공되는 행사에 좋은 사항과 결과를 낸다.

그리고 가장 중요한 덕목은 앞을 내다보고 조직을 이끌어 나간다는 선견지명과 타 호텔과 경쟁에서 우위를 점하기 위해 부단한 노력과 끊임없는 연구를 통해서 식음료 연회팀의 활기를 넣어 목표에 도달하기 위하여 최선을 다하여야 한다.

업무에 관한 세부항목은 다음과 같다.

- 연회팀 청사진(예, 5성급 호텔 내 뱅켓 고객서비스 만족도 최고 호텔)
- 매출목표 달성방안(연 350억 목표)
- 조직운영방안(인력채용 등)
- 서비스 운영방안(메뉴, 음료 등)
- 직원 서비스 교육방안(연도별 교육내용)
- 실무영어 서비스교육방안 등

### (2) 연회팀 과장

연회팀 조직도상의 직급체계를 나눠어 보았는데 규모가 작은 호텔의 연회장보다는 규모가 5성급이며 고객수용면적은 1,000명 이상의 행사를 치를 수 있는 규모의 조직으로 나열해 보았다. 영업의 조직이라는 것은 호텔의 규모와 오너의 영업 방향 정책 등 여러 가지 변수에 적합하고 어떠한 방향으로 호텔을 이끌어 가느냐에 따라서 객실과 식음료 회원제클럽의 방향이 설정되어 호텔을 영업하는데 여기에서는 큰 뱅켓을 운영하는 조직을 기준으로 해서 이렇게 운영하는 게 합리적이고 나은 방향이라고 생각해서 조직체계를 나뉘었다.

차장 밑에 연회서비스과장, 예식판촉과장 두 축을 두고 그 밑에 컨벤션행사 담당지배인, 연회행사담당지배인, 예식담당지배인 순으로 넣고 다음은 지배인 아래 캡틴을 두고 헤드웨이터, 웨이터, 아르바이트 순으로 조직을 꾸며서 연회장 업무를 관장한다.

앞서도 언급한 2명의 과장 중 연회서비스과장이 선임이라고 가정하에 업무는 부서장 팀장을 보좌하여 팀장의 부재 시 팀장역할을 하며 팀장의 지시를 받아서 연회장을 이끌어 가되 예식판촉과장과의 업무협조가 중요하며 각자의 업무에 최고의 성과를 낼 수 있도록 하여야 한다.

### ❶ 연회 서비스 과장의 역할

- 부서장, 팀장의 보좌하며 팀장부재 시 팀장대행
- 부서별 세일즈마케팅, 객실팀, 조리팀, 식음료팀, 관리팀의 긴밀한 업무협조
- 조직운영방안(인력채용 등)
- 서비스 운영방안(메뉴, 음료 등)
- 직원서비스 교육방안(연도별 교육내용)
- 실무영어 서비스교육방안 등

### ❷ 예식판촉 과장

- 예식 외부 판촉활동
- 경쟁호텔 예식장, 디자인, 매출 등 벤치마킹 후 업무 반영
- 부서별 세일즈마케팅, 조리팀, 식음료팀, 업무협조

### ❸ 연회 지배인의 역할

- 부서장, 팀장, 과장을 보좌하며 연회과장 부재 시 과장역할
- 서비스 운영방안(연회메뉴, 음료 등)
- 연회서비스 직무교육
- 연회실무 영어교육

#### ❹ 컨벤션 지배인의 역할

- 서비스 운영방안(컨벤션 메뉴, 음료 등)
- 컨벤션 서비스 직무교육
- 컨벤션 실무영어교육

#### ❺ 예식 지배인의 역할

- 서비스 운영방안(예식메뉴, 음료 등)
- 예식서비스 직무교육
- 예식영어교육

## 2. 연회(Party)

연회서비스 상품은 호텔마다 어떻게 운영되느냐에 따라 다른데 대부분의 호텔에서는 세일즈마케팅 부서의 외부판촉에서 식음료 행사를 유치하는 행태를 띠며 세일즈 직원이 세부적으로 파트를 나눠서 영업을 나간다.

예를 들어 행사별로 나누든지, 지역별로 나누든지 아님 기업체별로 나누든지 호텔 특성에 맞게 직원들을 효율성 있게 나눠 효과적으로 세일즈하는 것이 무엇보다 중요하다. 이렇게 나누게 되면 각자 담당업무를 특성화하여 연회행사, 세미나행사, 컨퍼런스 행사 등으로 전문적인 지식과 업무스킬을 가지고 고객을 상대하며 행사를 유치하여 상세히 예약서에 기록하여 영업현장에 예약서를 제공하여 행사준비에 차질이 없게 임무를 하면 된다.

영업장 연회장에서는 이 예약서를 참고하여 행사를 준비를 하게 되는데 영업장에서는 예약서를 연회장 본부에서 예약서를 전문적으로 관리를 하는 직원이 체크하여 지배인에게 전달하거나 요즘은 연회장에서 직접 예약서를 누구나 볼 수 있게끔 정보화 시스템이 갖춰져 있기 때문에 편리하게 내용을 볼 수 있다.

지금까지의 설명은 식음료 연회장에서 예약이 확정되면 예약서를 보고 행사장에 Lay out을 보고 거기에 맞는 행사준비를 하는 것이다. 다음은 여기에 다양한 연회상품에 대한 설명이다.

# 3. 다양한 연회행사 Lay out

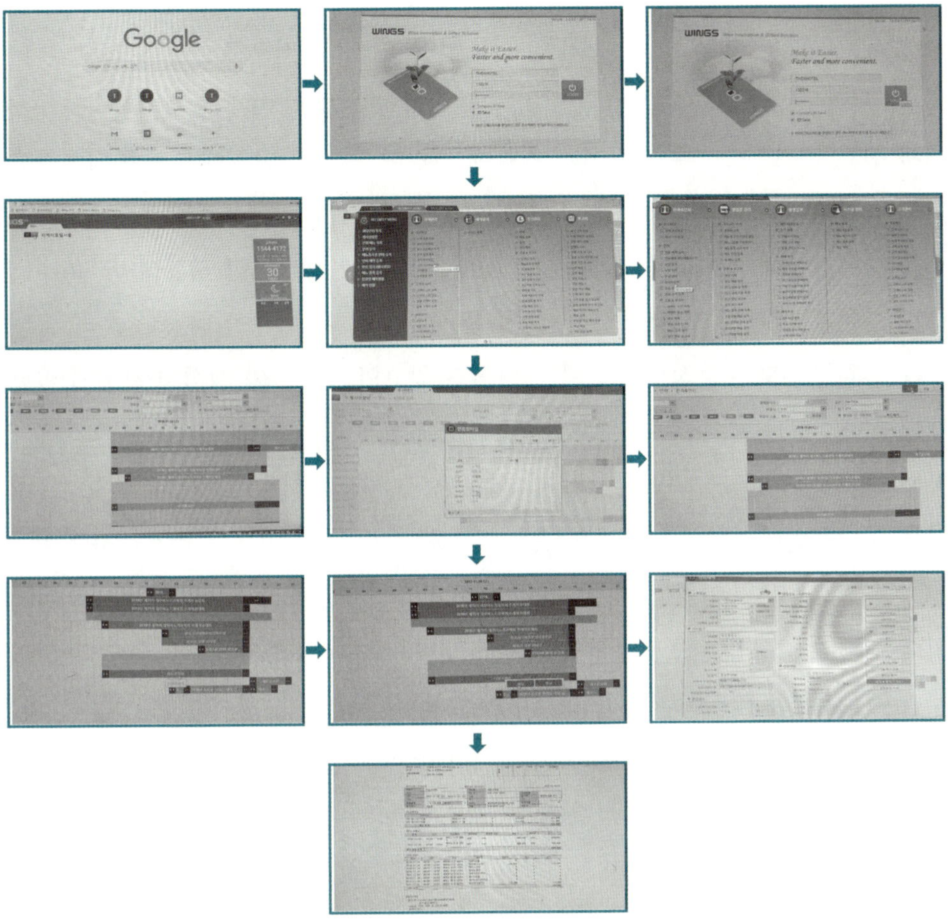

[그림 7-2] 연회행사 펑션 윙스 시스템 프로그램

## 1) 연회상품

### 연회상품 순서

1. 결혼식 2. 약혼식 3. 돌잔치 4. 장수연 5. 사은회
6. 동문회 7. 신년회 8. 송년회 9. 칵테일 파티 10. 티 파티
11. 콘서트 12. 디너쇼 13. 와인 갈라디너 14. 와인행사 15. 기타 행사

### (1) 결혼식

예전에는 결혼식을 호텔에서 못하도록 하였는데 이는 호텔이 사치를 조장한다고 해서 국회의원, 국민들, 여론 등의 인식이 있었다가 점차적으로 우호적으로 인식전환이 된 시점은 얼마 되지 않는다. 이러한 분위기의 전환은 이제는 우리나라도 중진국에서 선진국으로 잘사는 나라이기 때문에 다양한 의견의 반영에서 비롯되었다고 생각되며 호텔에서 예식장 허용은 특2급 호텔부터 시작되었고 특1급 호텔은 카지노사업을 허용하였다. 좀 더 지나서는 관광호텔은 급수에 상관없이 허용되었으며 이것이 불과 15여년 정도 된 것 같다.

중상류층 부모는 자식의 결혼을 이왕이면 최고의 서비스와 시설이 갖춰져 있는 호텔에서 해주고 싶은 마음으로 비싸지만 일생에 한 번 최고급 호텔에서 결혼식을 올리고자 한다. 이러한 고객의 니즈를 파악한 5성급 호텔에서는 경쟁적으로 고객유치에 심혈을 기울인다. 호텔에서 결혼식을 유치하는 가장 큰 이유는 예식행사를 받으면 1,000명 이상 많은 인원이 되고 객단가도 높아서 단일행사 매출이 가장 많으며 일반연회 행사 Vip 행사는 호텔리어의 최고급 서비스로 해야 하고 많은 에너지가 소비되지만 예식만큼은 예외이며 컴플레인이 가장 적다는 게 큰 장점이다.

예식장 준비는 3파트로 나눠서 하는 것이 좋은데 첫 번째 파트는 식사 테이블세팅을 하고 두 번째 파트는 예식을 진행할 수 있도록 예식장으로 꾸미는 직원이 4~5명, 마지막 3번째 파트는 음향장비를 세팅하는 음향직원 파트 2명 정도이다. 큰 호텔규모에서는 디자인 파트가 있어서 꽃 장식을 준비하지만 보통 호텔에서는 꽃방이라는 연회장에 소속되어 있는 곳에서 예식장의 모든 준비가 끝나면 맨 나중에 꽃 장식을 세팅한다.

[표 7-1] 결혼식 Process

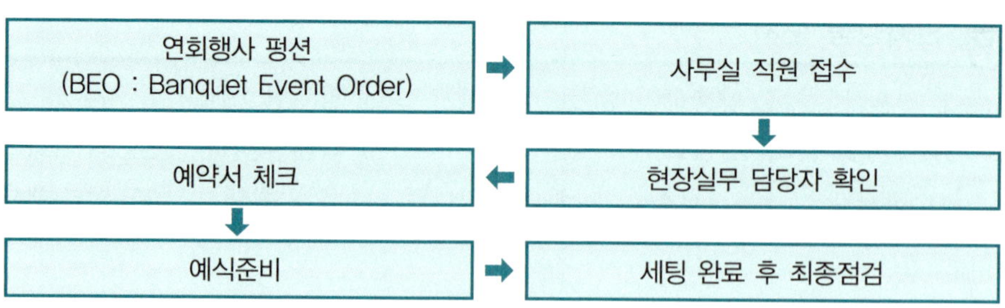

### 예식에 필요한 물품

- 주례연단 3세트
- 사회자포디움
- 그랜드피아노
- 연주용 보면대 4EA
- Mic 4EA
- 스탠드 Mic 3EA(축가용)
- 워킹보드
- 꽃길(오브제)
- 라운드테이블
- 의자
- 카빙테이블
- 혼주용 암체어 와 티테이블
- 신랑신부 포토테이블
- 접수테이블과 의자
- 예식보드판
- 방명록, 축의금봉투, 사인펜, 방명록 노트, 혼주용장갑, 신랑신부장갑 등
- 결혼식식순, 혼인서약, 성혼선언문

결혼식 연회는 양식, 한식, 중식, 뷔페식으로 하는데 주로 호텔에서는 양식으로 많이 하는 편이며 양식세팅은 라운드테이블로 한다. 맨 먼저 Lay out을 잡는데 예식무대가 정해지면 양쪽으로 구분해서 오른쪽은 신랑 쪽 왼쪽은 신부 쪽으로 인원에 맞게 라운드테이블의 기준을 잡아서 세팅을 한다. 보통 세팅할 때 캡틴이 Lay out을 잡고 테이블을 배치하면 그 다음 직원 헤드웨이터가 Table Cloth를 깔고 이때 빠르게 세팅을 하기 위해서 연회장 직원 전부 클로스를 깐다. 그다음 연회장의 막내격인 직원이 세팅의 기본이 되는 밑 나이프와 밑 포크를 테이블 명수에 따라 8개, 9개, 10개 11개 12개까지 세팅한다. 라운드 테이블 사이즈에 따라 세팅 인원이 달라지기 때문에 기물 개수도 그에 따라 테이블 중앙 밑에 놓으면 헤드나 고참직원이 세팅을 해서 순서대로 빠르게 기준을 잡는다.

다음에는 Meat Knife, Meat Fork를 세팅하면 다음 사람이 우측에 Soup Spoon을, 다음 사람이 Appetizer Knife(Fish Knife)를, 다음 사람이 왼쪽에 Meat Fork 옆에 Salad Fork, 다음 사람이 Appetizer Fork(Fish Fork), 다음은 Knife fork 사이 위쪽 중앙 쪽에 Dessert Fork, Tea Spoon을 놓고 그 위에 Coffee Cup Saucer, Coffee Cup을 놓고 Fork 쪽 옆에 Bread Plate와 Bread Knife를 세팅하고 우측 Knife 쪽 위에 글라스 종류를 놓는다. Water Goblet(Water glass)는 기본이고 Beverage를 어떤 것을 주문했느냐에 따라 달라지는데 와인을 주문했으면 Wine Glass를 세팅하고 Beer를 주문했으면 Pilsner glass(High ball glass)를 세팅하면 된다. 그다음 Cloth

Napkin을 깔면 세팅은 마무리된다. 끝으로 Center Pieces(Suger Case, Salt & Pepper Shaker) 2 Set를 무대 기준으로 앞뒤에 세팅하면 테이블 세팅은 끝난다.

다음은 예식장 장식을 꾸미는데 무대 위에 주례 연단과 워킹보드 그리고 오브제를 차례대로 세팅하고 음향담당자는 음향장비 일체를 예식에 맞게 세팅을 하면 예식장 세팅은 모두 마무리가 된다.

예식진행은 5성~1성급 호텔별로 차이가 있으며 5성급도 호텔마다 약간씩 다르며 예식진행은 담당 연회 지배인의 지휘에 따라 한치의 오차 없이 30여분 가량 소요되는 시간에 예식을 주관하여 서비스를 제공한다.

### (2) 약혼식

약혼식은 소규모 행사로 결혼식에 앞서 양가에서 상견례 형식으로 치러지는 약식 결혼식이라 보면 된다. 인원도 30명 내외로 가족, 친지, 친구, 동료 친한 사람들만 꼭 초대해서 이루어지는 행사이다.

행사 준비는 결혼식과 약간의 Lay out이 달라지는데 Head Table이 만들어지며 다음 신랑 쪽 일자 테이블 설치가 신부 쪽도 설치되며 11자 형태를 갖춘다.

식사 세팅은 결혼식과 동일하게 메뉴를 어떤 것으로 하느냐에 따라서 기물이 달라진다. 약혼식의 식사 메뉴는 주로 양식, 한식, 중식코스로 하며 약혼식 식순에 따라 식 진행과 식사 서브까지 마무리한다.

### (3) 돌잔치

돌잔치는 아기의 첫돌을 기념하기 위해 치러지는 행사로서 부모가 가족과 친지 직장 동료들에게 잔치를 치르는 우리나라 고유의 풍속에서 비롯되어 예전에는 집에서 치러졌다가 요즘은 대부분 외부에서 전문적인 외식 행사장에서 치러지며 호텔에서도 많이 행사를 유치하여 진행된다.

돌잔치 세팅은 첫 번째로 Head Table과 돌상을 같이 준비를 하며 아기의자(Baby chair)를 준비한 다음 돌잔치에 초대받은 손님의 테이블을 준비하고 양식과 뷔페식으로 하느냐에 따라서 기본세팅과 Food Table이 달라진다. 이것도 예식장에서처럼 거의 비슷하게 세팅이 들어간다.

### (4) 장수연(회갑, 고희연)

장수연(회갑연, 진갑연, 고희연, 희수연, 산수연, 미수연, 졸수연, 백수연)은 자식들이 부모님의 건강과 장수를 바라는 마음에서 잔치를 열어주는 것인데 호텔에서도 이러한 행사를 많이 유치해서 치러진다.

장수연은 부모님의 60년 이상 오래고 많은 사람과의 관계로 고객이 많이 초대받고 오는 것이기 때문에 행사 성격이 대부분 100명에서 200명 이상 많이 축하해 주는 행사이다.

식사는 주로 양식, 중식, 뷔페식으로 제공되며 행사 성격에 따라 주인공되는 분이 결정하게 된다.

### (5) 사은회

대학에서 학기를 모두 마치고 지도해 주신 교수님의 가르침에 감사하다는 표시로 개최해 교수님께 감사하는 마음을 표시하는 행사이다.

사은회 세팅은 특별한 형식은 없고 일반 연회 세팅처럼 하면 되는데 무대에 주인공이 앉을 수 있는 헤드 테이블, 폴딩 테이블이 설치되고 학생은 라운드 테이블에 인원수 별로 앉아서 진행하며 식사는 양식, 한식, 중식, 뷔페식으로 세팅이 가능하다.

### (6) 동문회

동문회는 초, 중, 고, 대학, 대학원 그 밖의 군인, 학원 등에 연관된 동문행사로 크게는 1,000명에서 적게는 20명 정도의 규모로 다양하게 행사를 진행한다.

무대가 설치되고 행사장 내에 식사 메뉴에 따라 테이블 배치가 다르게 세팅되며 양식, 중식, 뷔페식이 주로 메뉴로 선정이 된다.

### (7) 신년회

한 해의 시작을 잘해보자는 의미로 하는데 송년회는 직원들에게 감사하는 행사라면 신년회는 1년의 목표를 정해서 잘 해보자는 큰 뜻이 내포되어 있는 행사이므로 여러 가지 다양한 프로그램으로 직원의 사기진작에 도움을 줄 수 있어야 진정한 신년회의 성과를 낼 수 있다.

### (8) 송년회

송년회는 한 해를 보내면서 다사다난했던 지난 시간을 감사하게 생각하고자 마련한 자리이다. 많은 기업체 중소 회사에서 직원들의 사기를 높이기 위해서 마련하기도 하지만 동문모임도 이시기에 맞춰서 행사를 하기도 한다.

### (9) 칵테일 파티

칵테일 파티는 연회행사에서 세미나, 컨퍼런스, 콩그레스 같은 성격의 행사에 참여하는 고객들의 친목도모와 사교 모임으로 마련한 행사이다. 국제행사의 컨퍼런스 국제회의 같은 행사의 딱딱한 분위기의 전환을 위해서 행사 중간과 마무리 시점에 칵테일 파티를 열어서 참석한 귀빈들의 사교의 장이 되도록 가교역할의 일환으로 하는 행사이다.

### (10) 티 파티

티 파티는 출판기념회, 꽃꽂이 행사 등 간단한 행사에 참석한 고객에서 제공하는 것으로 주최하는 담당자가 가볍게 티와 간단한 쿠키를 제공하는 것을 말한다.

### (11) 콘서트(쇼케이스)

콘서트는 주로 유무명 가수들이 호텔 컨벤션센터에서 하는데 일반연회장은 규모가 작고 무대의 사이즈도 크지 않기 때문에 장소로 맞지 않다. 콘서트는 디너쇼와 달라서 가수의 공연 위주로 하기 때문에 관객의 공연 관람을 위해서 의자를 일자 형태로 예약한 인원에 따라 배치를 한다.

콘서트는 무대 주위의 크고 작은 여러 가지 조명과 가수가 최상의 조건에서 공연을 할 수 있도록 꾸미는데 이때 무대에 관련된 것은 콘서트를 주관하는 기획사에서 주로 맡아서 하고 호텔 컨벤션 직원과 소통을 해서 무대를 설치해 이상이 없어야 한다.

### (12) 디너쇼(쇼케이스)

디너쇼는 주로 많이 하는 계절이 겨울이며 큰 5성급 호텔은 컨벤션센터와 연회장

시설이 갖춰져 있어야 할 수 있으며 하얏트호텔, 롯데호텔, 워커힐호텔이 전통적으로 이름있는 디너쇼 장소이다. 디너쇼는 공연장에서 식사 후 공연을 하는데 라운드테이블에 양식을 세팅해 코스요리가 제공되며 식사가 끝나면 이때부터 가수의 공연이 시작된다.

### (13) 와인 갈라디너(와인 메이커스)

와인 갈라디너 행사는 와이너리회사나 호텔 측 식음료에 관계된 담당자에 의해서 프로모션 성격의 행사로 와인과 어울리는 음식과 음악이 곁들어진 격식이 있는 행사로 진행되며 초청받은 사람들의 수준도 있는 행사이다.

**와인 갈라디너 계획(안)**

20○○. ○○.

**영 업 기 획 팀**

**Ⅰ 목 적**

- 연말 와인 이벤트를 통한 영업 활성화 및 매출에 기여
- 품격있는 디너 행사를 통한 ○○○ 브랜드 이미지 제고

**Ⅱ 개 요**

1. 행사명 : ○○○ 와인 갈라디너
2. 와 인 : ■ 미국 와인 5종
   -지라드 까베르네쇼비뇽(트럼프와 시진핑 만찬주) 외 종
   ■ 웰컴 와인 1종
   -호메세라 브륏 네이처 리제르바 까바
3. 일 시 : 20○○년 ○○월 ○○일(금) 18:00~21:00
4. 장 소 : ○○○
5. 가 격 : ₩100,000(부가세포함)
   - ○○○회원 및 ○멤버십 회원, ○○○가족 10% 할인
6. 메 뉴 : 양식 풀코스
7. 대 상 : 와인매니아, 당사 주요고객, 공제회원, 초청고객 등
8. 인 원 : 50명
9. 매출목표 : ₩4,740,000(부가세포함)

**Ⅲ 운영계획(안)**

1. 판매 계획

가. 고객 모집

- 총 모집인원 : 50명
- 당 사 : 26명
- 와인수입사 : 24명 보증(초청 및 유료고객)

나. 판매 대상

- 공제회원, OOO가족, O멤버십회원, 영업장 단골고객, 와인관련행사 참여고객, 와인매니아 등 고객 DB를 활용하여 우선적으로 판매

다. 예약 및 접수

- 선착순 예약 마감
- 입금시 예약 완료(당사 OO 예약급통장)
- 예약 취소 환불은 행사 3일전까지 가능

2. 상품 구성

가. 판매 상품

- 판매 가격 : ₩100,000 / 부가세포함
  - OOO 공제회원 및 O멤버십 회원, OOO 가족 10% 할인
- 상품 구성 : 오드볼+양식 풀코스+통배김치+와인 6종

4. 인력 운용 방안

| 구 분 | | 인원 | 내 용 | 비 고 |
|---|---|---|---|---|
| 진 행 | | 1 | 행사 전반 진행 | 홍보팀 |
| 인포데스크 | 안내 | 2 | 고객안내 및 경품응모 | |
| | 캐셔 | 1 | 티켓팅 | 우첼로 |
| 행사장 운영 (식음료부) | 총괄 | 1 | 행사장 운영 총괄책임자 | |
| | 서브 | 5 | 식사코스 및 와인 서브 | |
| | 리필 | 1 | 리필 서비스 전담 직원 | |
| 조리 | | 4 | 양식 코스 준비 | 조리부 |
| 계 | | 15 | 일일 기준 | |

※ 경품추첨 사회자 식음료팀 직원 대체

5. 홍보 및 마케팅 전략

- OOO 호텔 송년이벤트 이미지 제고를 위해 전 직원의 홍보 및 판촉을 독려하여 고객 유치

| 구 분 | 대 상 | 방 안 |
|---|---|---|
| 온라인 · SNS | 당사 SNS 회원 | • PR 릴리즈<br>• 페이스북 광고<br>• 포털사이트 연관 키워드광고 및 온라인 네트워크 배너 광고 |

[그림 7-3] 기획서 사례

## (14) 와인행사

와인행사는 와인수입사 업체의 홍보 마케팅 강화의 성격으로 여러 나라의 와인을 출품할 수도 있고 소규모의 단일 와이너리나 한 국가의 와인을 전시, 시음, 교육 등 다양하게 프로그램하여 행사를 진행한다.

[그림 7-4] 와인행사

## (15) 기타행사

### ■ Craft Beer Festival

**Craft Beer Festival**
**운영계획(안)**

20○○. ○○.

영 업 기 획 팀

**1 운영 목적**

- 신규 고객 창출 및 당사 주요고객 로열티 제고
- 브랜드 이미지 제고를 통한 영업활성화에 기여
- 당사 대표 야외 이벤트로써 국내 맥주 페어 랜드마크로 부상

**2 개 요**

(1) 일 정 : 20○○년 ○○월 ○○일(금)~○○월 ○○일(일) 3일간
- 우천 시 참여업체 간 협의 결정

(2) 장 소 : ○○가든

(3) 시 간 : 1일차(금)16:00~22:00 / 2일차(토)16:00~22:00
3일차(일)15:00~ 21:00

(4) 대 상 : CRAFT MANIA, 당사 주요고객, ○ 가족 임직원, 지역주민

(5) 예상인원 : 3,000명

(6) 매출목표 : 약 ₩46,000,000

**3 운영 계획**

(1) 입장권 운영
- 정상판매가 : ₩20,000 / 부가세 포함(물 1병, 팝콘, 크래프트맥주 시음)
- 할인 적용 : 20%
- 대학교 학생 : 50%(학생증제시)

(5) 인력 운용

| 구 분 | 인원 | 내 용 | 비 고 |
|---|---|---|---|
| 총 괄 | 3 | 행사전반 관리, 참가업체 관리 | 홍보 기획 |
| 티켓부스 | 4 | 고객안내 및 경품 응모, 맥주잔 제공, 종이팔찌 착용 등 | |
| 캐 셔 | 2 | 티켓팅 및 메뉴 판매 | 우첼로 케셔 |
| 조 리 | 5 | 안주메뉴 준비 | 일일A/T Helper 포함 |
| 행사장 운영 (식음, 연회) | 8 | 행사 준비 및 식음료 전반 운영 | |
| 계 | 22 | ※ 1일 운영 기준<br>※ 행사 전일 준비인력 추가 운영 | |

## 4 세부 운영 계획

(1) 부스 운영
- 총 30개 부스 운영
  - 맥주부스 : 20개(맥주 20 / 기타 음주류 10)
  - 당사부스 : 4개(티켓박스 1, 식음료 1, 조리 2)
  - 부스용 캐노피 텐트 렌탈 : 33개

(2) 테이블 세팅
- 총 600석 세팅(4인 1T/B 기준)
  - 테이블 렌탈:테이블,의자 400석+의자만 200석+돗자리

(3) 이동식 카드단말기 렌탈
- 참가업체의 주류 판매 결제를 위한 당사 가맹 카드기 사용

## 5 홍보 및 판촉 전략

- 전 직원 홍보 · 판촉을 독려하여 전사적인 행사로 고객 유치 동참
- 고객DB 및 당사 홍보채널을 활용하여 유효고객 중점으로 홍보

| 구 분 | 대 상 | 방 안 |
|---|---|---|
| 온라인 · SNS | 당사 SNS 회원 | • PR 릴리즈<br>• 페이스북 광고 |
| ○○○가족 | ○○○공제회 및 ○○○가족 임직원 | • 공제회신문 게재<br>• 초대권 배포 |
| 출자회사 및 MOU업체 | ○○○손해보험 외 | • 뉴스레터 발송 |
| 멤버십회원, 주요고객 | ○멤버십, 예식고객, 피트니스 및 객실 회원 | • SMS 발송 |
| 판촉 네트워크 | 판촉 거래처 | • 이메일 및 SMS 발송<br>• 대형 판촉거래처 초대권 배포 |
| 홈페이지 | 홈페이지 방문고객 및 개인정보동의회원 | • 홍보 및 할인권 게시<br>• 개인정보동의회원 대상 SMS 발송 |
| 인근 지역주민 | 양재, 우면, 과천 등 | • 당사 주변 산책로 현수막 게시<br>• 양재역 에어리어 리플렛, 초대권배포 |


(5) 인력 운용

| 구 분 | 인원 | 내 용 | 비 고 |
|---|---|---|---|
| 총 괄 | 3 | 행사전반 관리, 참가업체 관리 | 홍보 기획 |
| 티켓부스 | 4 | 고객안내 및 경품 응모, 맥주잔 제공, 종이팔찌 착용 등 | |
| 캐 셔 | 2 | 티켓팅 및 메뉴 판매 | 우첼로 케셔 |
| 조 리 | 5 | 안주메뉴 준비 | 일일A/T Helper 포함 |
| 행사장 운영 (식음, 연회) | 8 | 행사 준비 및 식음료 전반 운영 | |
| 계 | 22 | ※ 1일 운영 기준<br>※ 행사 전일 준비인력 추가 운영 | |

## 4 세부 운영 계획

(1) 부스 운영
- 총 30개 부스 운영
  - 맥주부스 : 20개(맥주 20 / 기타 음주류 10)
  - 당사부스 : 4개(티켓박스 1, 식음료 1, 조리 2)
  - 부스용 캐노피 텐트 렌탈 : 33개

(2) 테이블 세팅
- 총 600석 세팅(4인 1T/B 기준)
  - 테이블 렌탈:테이블,의자 400석+의자만 200석+돗자리

(3) 이동식 카드단말기 렌탈
- 참가업체의 주류 판매 결제를 위한 당사 가맹 카드기 사용


## 11 기대효과

- 그린가든을 활용한 야외 이벤트로 이용고객의 만족도 제고를 통해 당사 Loyalty 높이며,
- 온 · 오프라인을 통한 다양한 호텔 브랜드 홍보 효과와 이후 진행될 행사에 간접 효과를 도모
- 내년 봄, 여름 3회 정기적 행사로 발전시켜 강남 최고의 베버리지 축제 명소로 브랜드화함.

## 12 검토의견

- Craft Beer Pop Festival In The-K Hotel 를 시작으로 분기별 Food?Beverage?Music?Culture 를 결합한 행사에 하드웨어 시스템을 갖춰서 진행하면 장기적으로 블루오션을 창출할 수 있으며
- 이를 토대로 점진적으로 기획업무를 전문화 하여 호텔 야외 행사시 문화와 수익을 동시에 추구 하고자 함.

■ 가을맞이 가든 페스티벌

# 가을맞이 가든 페스티벌 시행 계획(안)

-October's Breeze-

20○○. ○○.

영 업 기 획 팀

## Ⅰ 목 적

- 신규 고객 창출 및 브랜드 이미지 제고를 통한 영업활성화
- 공연 이벤트를 통한 고객서비스 증진 및 대외적 홍보 강화

## Ⅱ 시행 계획(안)

1. 일 시 : 20○○년 ○○월 ○○일(금)~○○일(토)/18:30~21:50
2. 장 소 : ○○광장 (우천시 ○○○)
3. 티켓가격 및 판매계획 (단위 : 원, VAT포함)

| 구분 | 내 용 | | 비 고 |
|---|---|---|---|
| 티켓 가격 | 일 반 | 66,000 | 일반고객 |
| | 회 원 | 55,000 | 공제회원, VIP멤버 더케이가족, 쇼설업체 임대업체, 명절선물용 |
| 판매 계획 | 전화예매 | 240매 | ※ 예상판매인원 : 840명<br>• 판매 상황에 따라 일부 조정 가능 |
| | 쇼셜판매 | 200매 | |
| | 명절선물용 | 100매 | |
| | 단골고객&거래처 | 100매 | |
| | ○○○가족/임대업체 | 200매 | |

4. 판매메뉴
- 숯불 연회뷔페A(일부메뉴 조정) / 맥주 무제한
- 수입처리 : 우첼로 식료 수입

7.홍보 및 마케팅 전략

| 구 분 | 대 상 | 방 안 |
|---|---|---|
| 온라인 · SNS | 당사 SNS 회원 | • PR 릴리즈<br>• 페이스북 광고 |
| ○○○가족 | ○○○공제회 및 ○○○가족 임직원 | • 공제회 홈페이지 게재<br>• SNS 발송 |
| 출자회사 및 MOU업체 | ○○○손해보험 외 | • 뉴스레터 발송 |
| 멤버십회원, 주요고객 | ○멤버십, 예식고객, 피트니스 및 객실 회원 | • SMS 발송 |
| 판촉 네트워크 | 판촉 거래처 | • 이메일 및 SMS 발송<br>• 대형 판촉거래처 홍보 |
| 홈페이지 | 홈페이지 방문고객 및 개인정보동의회원 | • 홍보 및 할인권 게시<br>• 개별 SMS 발송 |
| 인근 지역주민 | 양재, 우면, 과천 등 | • 당사 주변 현수막 게시 |

8.부서별 업무 협조

| 부 서 | 내 용 |
|---|---|
| 식음료부 | • 영업장 행사 준비<br>– 예약, 행사장, 고객 서비스 등 전반적인 운영 |
| 객실부 | • 예약안내 |

## Ⅳ 기대효과

- 문화공연 이벤트를 통한 고객만족도 제고 및 호텔 브랜드 향상
- 기획행사 진행을 통한 당 호텔 이미지 온 · 오프라인 홍보 기여

**붙 임 : 1. Banquet Buffet 메뉴1부.**
**2. 예상 출연진 1부.**
**3. 마케팅 추진 일정 1부. 끝.**

붙임 1 2017 International Banquet Buffet

COLD DISHES / 찬요리
Oven Baked Vegetable 야채 오븐 구이
Smoked Salmon 훈제 연어
Tomato & Mozzarella 토마토 모짜렐라
Mixed Seafood 모듬 해산물
Sliced Ham and Cheese 햄과 치즈
Smoked Duck Breast 훈제 오리 가슴살 (훈제오리-국내산)

SALADS / 샐러드
Lettuce Salad 양상추 샐러드
Sweet Potato Salad 고구마 샐러드
Fruits Salad 과일샐러드
Sweet Corn Salad 콘 샐러드
Kiwi, Strawberry Dressing 샐러드 드레싱

SOUPS / 스프
Soup of the Day 오늘의 수프

## ■ OOO호텔 가을 와인맥주 축제

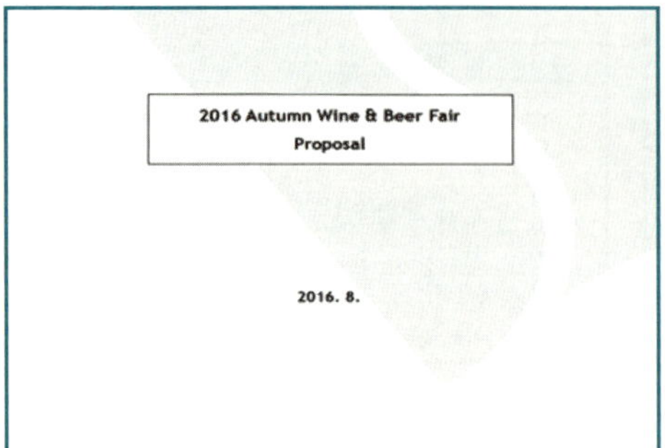


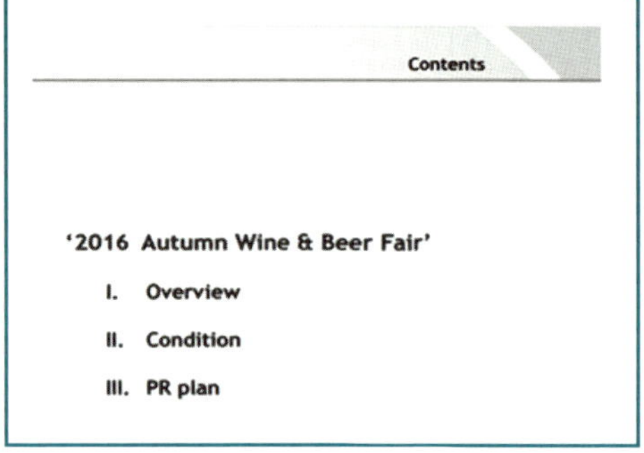


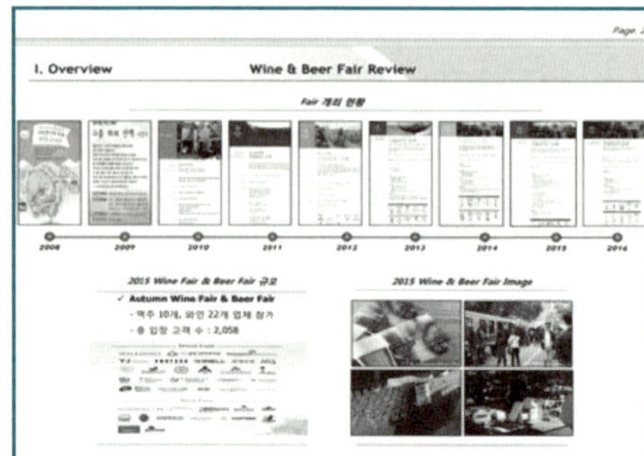


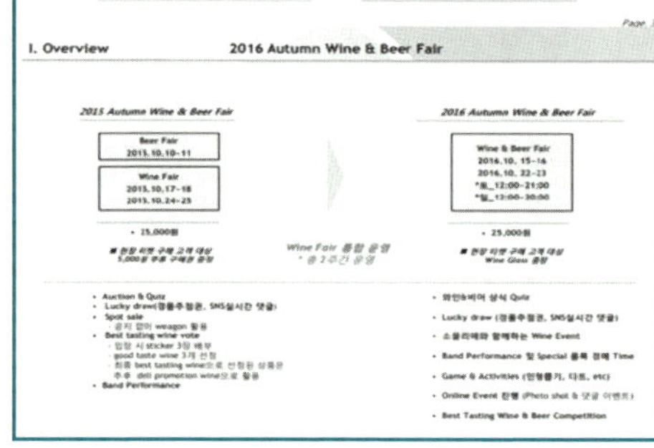


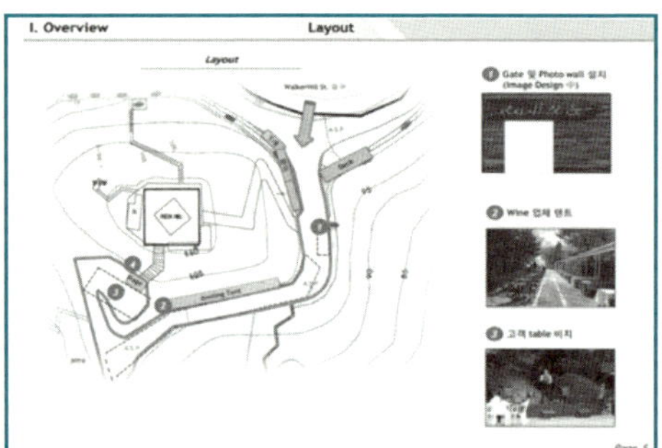

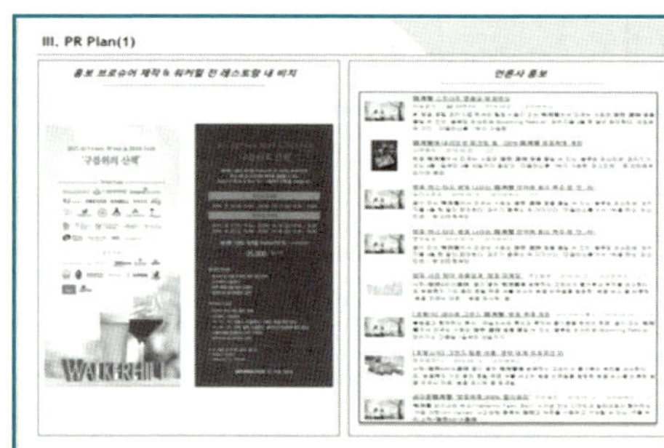


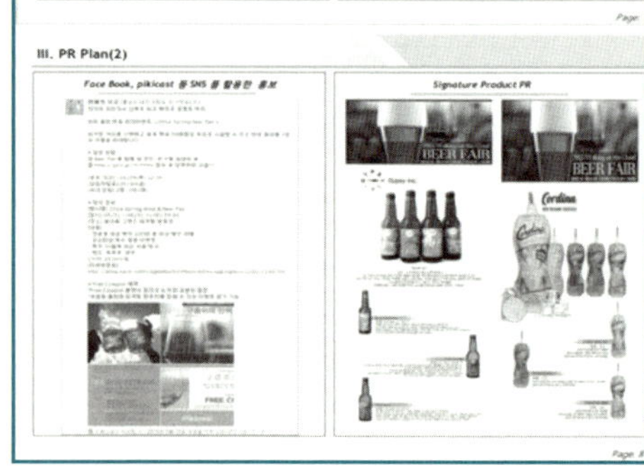

## 4. 연회행사 테이블 및 의자

### 1) Table

- 라운드 테이블(Round Table, Ø2200×750mm VIP용, Ø2000×750mm, 大, Ø1900×750mm 中, Ø1600×750mm小)
- 하프라운드 테이블(Half Round Table, 1800×1/2×H750mm)
- 폴딩 테이블(Fold Table, 1800×900×750mm)
- 세미나 테이블(Seminar Table, 1800×450×750mm)
- 스퀘어 테이블(Square Table, 900×900×750mm)
- 쿼터 라운드 테이블(Quota Round Table, Ø1800×1/4×750mm)
- 크로센트 테이블(Crecent Table, Ø3600×114×900×750)
- 사각 글라스 테이블(1800×900×750mm)

### 2) Chair

- 스타킹 체어(Starking Chair)
- 암체어(Arm Chair)
- 혼주용 의자(Arm Chair)

## 5. 연회 기자재

### 1) 일반 기자재

- 그랜드피아노(Grand Piano)
- 포디엄(Podium)
- 사인보드(Sign board)
- 화이트보드(White board)
- 이동식 스크린(Portable screen)
- 플립 차트(Flip chart)
- 이동식 무대(Portable stage)
- 댄스 플로어(Dance floor)
- 플래트폼(Platform)

### 2) 시청각 기자재

- 마이크 & 스텐드(Microphone)
- 슬라이드 프로젝트(Slide Projector)
- 오버헤드 프로젝트(Over Head Projector)
- 빔프로젝트(Beam Projector)
- 노트북(Notebook)
- TV
- 비디오(Video)
- DVD플레이어(DVD Play)
- 무전기(Walkie talkie)
- 동시통역 시스템(Simultaneous Interpretation System)

### 3) 조명 기자재

- 핀 스포트 라이트(Pin spot light) 어느 한 전시물을 비춰서 멋있게 보이게 하는 장치, 아이스카빙을 주로 비춘다.
- 롱 핀 스포트 라이트(Long pin spot light) 공연이나 행사 시 전체 주위를 어둡게 하고 무대 위의 주인공을 비춰주는 라이트이다.
- 미러볼(Mirror ball) 무대 위에 설치한 동그란 공 모양의 조명기구이다.
- 랙턴(Lectorn) 사회자용, 포디엄용으로 불을 밝히는 스탠드이다.

## 6. Service ware

### 1) Flat ware/Cutlery

- 밑 나이프(Meat Knife) 서양에서 식사할 때 쓰이는 식사 도구로 고기종류의 육류요리를 썰어 먹을 때 사용하며 밑 나이프와 밑 포크가 항상 한 세트로 세팅되며 한식의 젓가락, 숟가락으로 생각하면 좋을 것 같다.
- 피시 나이프(Fish Knife) 생선요리를 먹을 때 사용하는 나이프로 밑 나이프처럼 칼 앞부분에 날이 없는 게 차이점이며 길이도 약간 짧은 편이다.
- 에피타이저 나이프(Appetizer Knife) 보통 에피타이저의 용도에 따라서 나이프가 세팅될 수도 있으나 야채가 들어가지 않는 에피타이저이면 포크를 세팅한다.

- **버터 나이프( Knife)** 빵을 먹을 때 사용하는 도구로 길이는 작은 편이며 손잡이와 버터를 빵에 바를 수 있도록 앞쪽이 약간 뾰족하게 생겼다.
- **수프 스푼(Soup Spoon)** 수프를 먹기에 좋게 손잡이 앞부분이 동그란 모양으로 되어 있다.
- **티 스푼(Tea Spoon)** 커피나 티를 마실 때 찻잔 안에 설탕을 저을 때 사용하는 도구이다.
- **디저트 스푼(Dessert Spoon)** 티 스푼보다 크고 테이블 스푼보다 작은 아이스크림이나 팥빙수, 디저트 빵, 일반 케이크 종류의 빵을 먹을 때 사용하는 스푼이다.
- **테이블 스푼(Table Spoon)** 보통 이탈리아음식인 리조또를 먹을 때 사용하는 스푼으로 사용되며 오므라이스, 카레라이스, 볶음밥 종류를 먹을 때에도 사용되는 다양한 용도의 스푼이다.
- **밑 포크(Meat Pork)** 양식 코스에서 스테이크를 밑 나이프로 자르면 포크를 사용하여 자른 스테이크 조각을 소스나 사이드디쉬를 먹을 때 사용되는 밑 나이프와 세트로 사용되는 도구이다.
- **에피타이저 포크(Appetizer Pork)** 에피타이저 나이프와 더불어 오른손은 나이프, 왼손은 포크로 에피타이저 음식을 먹을 때 사용되는 포크이다.
- **피쉬 포크(Fish Pork)** 피쉬 나이프와 세트로 사용하며 나이프로 자르고 포크로 생선요리를 먹을 때 사용한다.
- **샐러드 포크(Salad Pork)** 야채를 먹을 수 있게 만든 포크로 포크 날 부분이 밑 포크처럼 길지 않고 조금 짧은 편이다.
- **디저트 포크(Dessert Pork)** 코스 요리에서 디저트 요리의 케이크 등을 먹을 때 사용하는 포크이다.
- **아이스크림 스푼(Ice cream spoon)** 풀코스 요리에서 샤벳코스의 샤벳을 떠먹을 때 사용하며 아이스크림을 먹을 때도 쓰인다.
- **아이스텅(Ice Tongs)** 얼음을 담는 그릇에 있는 얼음을 집는 집게를 일컫는 말이다.
- **굴 포크(Oyster Fork)** 석화 안에 있는 굴을 먹을 때 사용되는 포크이다.

### 2) Hol · low ware

- **소금통(Solt Shaker)** 다양한 레스토랑에서 기본적으로 테이블에 세팅되는 음식의 간을 맞출 때 쓰이는 용도로 특히 스테이크에 뿌려서 사용된다.
- **후추통(Pepper Shaker)** 다양한 레스토랑에서 기본적으로 테이블에 세팅되는 수프를 먹을 때 넣어서 먹기도 한다.
- **슈가볼 케이스(Suger Bow Case)** 커피나 티를 마실 때 설탕을 사용한다.
- **투스픽 케이스(Tooth Pick Case)** 육류요리를 먹고 난 후 치아에 낀 음식물을 제거할 때 쓰이는 용도이다. 일명 이쑤시개통이라 한다.
- **칵테일 냅킨 케이스(Cocktail Napkin Case)** 칵테일 냅킨을 넣는 통으로 센타피스 세팅 시 들어가는 통을 말한다.
- **크림볼(Cream Ball)** 커피를 마실 때 크림을 담아서 넣는 볼을 말한다.
- **커피컵(Coffee Cup)** 커피를 담는 컵을 말한다.
- **커피컵 소사(Coffee Cup Saucer/Underliner)** 커피컵 받침을 말한다.
- **전통차컵** 전통차를 담는 컵을 말한다.
- **전통차컵 소사(Underliner)** 전통차를 담는 컵 받침을 말한다.
- **쇼플레이트(Show Plate)** 정통 풀코스 메뉴를 주문받으면 미리 세팅을 해놓는데 이때 보기 좋게 시각적인 효과를 주기 위해 냅킨 밑에 놓는 접시를 말한다.
- **메인 접시(Main Plate)** 앙뜨레 접시라고도 하며 풀코스 메인디쉬가 나갈 때 음식을 담아 나가는 접시를 말한다.
- **피쉬 접시(Fish Plate)** 생선요리를 담아내는 그릇을 말한다.
- **브래드&버터 접시(Bread & Butter Plate)** 빵을 담는 그릇으로 보통 양식 코스 세팅 시 항상 좌측에 놓는다.
- **버터&잼 볼(Butte & gem Bowl)** 브래드앤 버터 플레이트 위에 세팅을 하며 양식 코스나 그 밖의 빵이 나갈 때 같이 세트로 세팅을 한다.
- **수프볼(Soup Bowl)** 샐러드볼보다는 조금 크며 예전에는 수프 트레이로 서브를 나갈 때 세트로 보면 되고 수프 트레이를 래들에 담아 수프볼에 한 스푼 반 정도 서브를 하는 것이 정석이다.

- **샐러드볼(Salad Bowl)** 코스요리나 알라카트 메뉴에 보통 따라서 나가는데 샐러드를 담아서 나가는 용기를 말한다.

## 3) Glass ware

- **워터 글라스(Water Glass, Goblet)** 고블렛이라고도 하며 볼 밑 부분에 스템이 있어서 손으로 잡을 수 있으며 물을 먹을 때 사용되는 글라스이다.
- **하이볼 글라스(High ball Glass, Tumbler)** 템블러라는 용어도 같이 사용되며 가장 다양한 용도로 사용되는 글라스로 물, 주스, 소프트드링크, 맥주 등을 넣을 수 있고 연회장에서는 음료를 넣을 수 있는 용도로 사용된다.
- **화이트와인 글라스(White wine Glass)** 통상 화이트와인을 마실 때 사용되는 글라스이다
- **레드와인 글라스(Red wine Glass)** 다양한 레드와인을 담는 글라스로 모양은 둥근 편이며 립 주위는 좁고 글라스가 내려갈수록 항아리 모양의 글라스이다.
- **샴페인 글라스(Champagne glass)** 2가지 종류가 있는데 튤립(Tulip)형은 기다란 샤워 글라스보다는 길고 가느다랗게 생겼으며 연인들의 데이트할 때 사용하면 좋고, 소서(Saucer)형은 튤립형의 반대로 넓은 모양을 가지고 있으며 결혼식, 약혼식 건배주로 주로 사용한다.
- **칵테일 글라스(Cocktail glass)** 역삼각형의 모양을 띠며 칵테일 맨허튼(Manhattan)의 글라스로 사용된다.
- **올드 패션 글라스(Old fashioned glass)** 여러 종류의 증류주를 얼음과 같이 마실 때 사용되는 잔으로 글라스의 크기는 중간 종류이며 넓게 라운드형으로 언더락 글라스라고도 부른다.
- **쉐리와인 글라스(Sherry wine glass)** 포트와인과 쉐리와인 등을 마실 때 사용되는 잔이다.
- **위스키 샤워 글라스(Whisky sour glass)** 버번위스키와 레몬주스, 설탕시럽을 넣고 칵테일을 만들어 마실 때 사용하는 잔이다.

- **브랜디 글라스(Brandy glass)** 콘약이나 브랜디를 마실 때 사용되는 잔으로 항아리 모양의 바디와 스템이 짧고 브랜디 향이 오래도록 날아가지 않도록 립 주위가 좁아지는 것이 특징이다.
- **칼린스 글라스(Collins glass)** 하이볼 글라스보다 약간 크며 주스, 칵테일, 음료수 등 다양한 용도로 사용한다. 칵테일 브랜디 에그낙(Brandy Eggnog) 글라스로 사용되며 하이볼 글라스보다 약간 크다고 해서 일명 톨하이볼 글라스(Tall Highball)라고도 한다.
- **샷 글라스(Shot glass)** 스트리트 글라스, 코디알 글라스 등으로도 불리며 다양한 스프리츠의 1온스를 스트레이트로 마실 때 사용되는 잔이다. 글라스 종류는 1oz, 2oz 두 종류가 있다.
- **필스너 글라스(Pilsner glass)** 하이볼 글라스에 입 주위가 중간 부분부터 넓어지는 글라스로 주로 맥주잔으로 사용되는데 때에 따라서는 주스나 우유 등 다양한 용도로 사용한다.
- **머그 글라스(Mug glass)** 주로 생맥주잔으로 사용되는데 손잡이가 있어서 맥주를 마시기 편리하며 330, 500cc, 1,000cc 등의 다양한 크기가 있다.

## 7. 그 밖의 물품

### 1) 스테인리스류

- **커피포트**(Coffee Pot)
- **워터픽처**(Water pitcher)
- **쟁반**(Service Tray)
- **와인바스켓**(Wine Basket)
- **샴페인 쿨러 세트**(Champagne Cooler set)
- **아이스 바스켓&텅**(Ice Basket&Tong)
- **브래드텅**(Bread Tong)

### 2) 클로스류(Cloth)

- **라운드 클로스(Round Cloth)**〈지름 3800mm, 3600mm, 3500mm, 3200mm 4종〉 연회장에서 라운드 테이블 위에 클로스를 깔고 여러 행사를 치를 수가 있으며 분위기 연출을 위해서 화이트, 블랙, 핑크, 그린, 아이보리 등의 색배열로 연회행사의 격을 높일 수 있다.
- **직사각 클로스(Folding Cloth)** 연회장에서 다양한 용도로 테이블이 쓰이며 클로스 또한 다양한 용도에 맞게 사용되는데 연회행사의 해드 테이블용 클로스, 뷔페용 푸드, 테이블용 클로스, 접수 테이블 클로스 등 변화무쌍하게 사용된다.
- **롱 클로스(Long Cloth)**〈9700×1600mm, 7400×1600mm, 5600×1600mm〉 주로 연회 뷔페용 테이블 클로스로 길게 한 번에 클로스를 씌울 때 사용된다.
- **탑 클로스(Top Cloth)** 테이블 클로스 위에 까는 용도로 사용되며 고급 연회행사의 다양한 분위기 연출을 하여 빛을 내는데 사용하는 클로스이다.
- **언더 클로스(Under Cloth)**〈지름 2800mm, 2600mm, 2500mm, 2200mm 4종〉 테이블 클로스 밑에 까는 용도로 Silence Cloth라고도 하며 기물이나 접시 등을 서브할 때 소리나는 것을 방지하며 테이블 클로스가 주름지지 않는 역할도 한다.
- **미팅 클로스(Meeting, Seminar Cloth)** 주로 세미나 행사에 많이 쓰이는 세미나 테이블 위에 까는 클로스로 눈이 피로하지 않게 그린색과 검정색을 주로 사용한다.
- **푸드 테이블 클로스(Food Table Cloth)** 연회의 뷔페 행사에 들어가는 푸드 테이블 위에 까는 클로스로 주로 흰색이며 길이는 4m~7m 또는 9m까지 용도에 맞게 주문, 제작하여 연회장에서 사용한다.
- **테이블 러너(Table Runner)** 주로 소규모 10명에서 20명 내외의 양식이나 고급 연회 행사에 다양한 색깔로 테이블 중앙에 세팅되어 테이블의 멋스러움을 연출하는데 제격이다.
- **무대 스커트(Stage Skirt)** 이동무대 스커트, 고정무대 스커트가 있다.
- **테이블 스커트(Table Skirt)**〈10,000×750mm〉 연회행사에서 다양한 용도

로 사용되는 스커트로 세미나행사나 연회행사 뷔페 테이블, 티파티, 케이터링 서비스 등에 사용된다.

- **크리센트 테이블 클로스(Crecent Table cloth)**〈900×1420×2835×750mm〉 주로 연회행사에서 다양한 뷔페 식사 때 멋스럽게 연출하기 위해 사용하는 테이블 위에 덮는 클로스를 말하며 흰색과 그 외 다양한 색상으로 연출도 가능하다.
- **스타킹 체어 커버(Starking Chair Covers)**〈의자 등카바, 410×530mm 백색〉 세미나 행사의 의자에는 사용되지 않으나 연회행사의 테이블 행사에 클로스가 같이 의자 커버를 사용하는 분위기를 연출한다.
- **클로스 냅킨(Cloth Napkin)**〈500×500mm〉 식사 테이블 세팅 시 쇼플레이트 위에 세팅하며 고객의 입을 닦는데 사용되며 호텔 연회장 근무자의 암타올 용도로도 사용되는 클로스이다.
- **체어 리본**〈450×450×900mm, 아이보리〉 주로 세미나, 연회, 그 밖의 모든 행사에 의자가 들어가는데 의자커버를 씌운 다음 멋스럽게 리본을 의자커버 위에 덧붙이는 형태이며 특히 예식장 세팅 시 더 나은 디스플레이를 연출할 수가 있고 다양한 색상으로 연하면 더 멋스럽다.
- **도일리, 매트(Doily)** 연회행사에는 많이 사용되지 않으나 간단한 특별한 세팅에 사용되기도 한다.
- **예식용 무대커버**〈18000×5000×900mm, 12000×3300×900mm 2종류〉 예식장 무대 위에 한 겹 더 까는 주단을 말하는데 요즈음에는 시설이 워낙 좋아서 있는 상태로 예식을 진행한다.
- **예식용 발판커버**〈1800×500×200mm〉 호텔연회장은 고정으로 모든 행사에 세팅되어 있는 것이 아니기 때문에 어떤 행사든 그때그때 행사에 맞춰서 모든 종류의 것을 새로 만드는데 먼저 예식용 무대가 설치가 되고 그 주위로 예식용 발판을 설치한다.
- **예식용 주단**〈2000×40000×400mm, 1800×25000×400mm 2종류〉 예식용 발판이 설치되면 그 위에 주단을 덮어 깐다.

• **예식용 워킹보드커버**〈2000×40000×400mm, 1800×25000×400mm 2종류〉 요즈음은 가벼운 재질로 만들어 무게가 줄들어 직원들이 많은 힘을 쓰지 않아도 되어 일하기가 수월하고 다치는 일도 드물다. 예식용 무대가 설치되면 워킹보드가 세팅된 후 그 위에 흰색의 커버를 씌어서 워킹보드 위에 정갈하게 세팅한다.

## 8. 컨벤션(Convention)

컨벤션은 1996년 12월 문화체육관광부 주무부처에서 제정된 「국제회의산업육성에 관한 법률」 후 컨벤션산업 발전을 위해 지원하고 있다. 2008년 3월 주무부처인 지식경제부에서 「전시산업발전법」 등 컨벤센산업 육성에 관한 정부정책과 관련 업체의 노력으로 우리나라 컨벤션산업은 나날이 발전하고 있다. 다른 나라에 비해 한발 늦게 시작했지만 현재는 외국과 비교해도 크게 뒤지지 않으며 착실하게 인재양성과 시설투자를 한다면 우리나라도 가까운 시기에 선두 주자로 올라설 수 있을 것으로 믿어 의심치 않는다.

이러한 국제 · 국내 여건에서 컨벤션센터를 운영하는 호텔이 서울뿐 아니라 지방에서도 운영하고 있으며 규모가 큰 호텔은 국제회의를 많이 유치하고 경쟁하므로 뱅킷에 근무하는 호텔리어는 필수적으로 컨벤션에 관한 여러 가지 업무인 실무와 이론을 갖추고 있어야 한다.

### 1) 컨벤션 장비 기자재

- 메인방송실
- 마이크[Lectern Microphone(유선), Lavaliere Microphone(무선)]
- 음향시스템
- 비디오테이프
- 슬라이드 프로젝트(Slide Projector) and Try(140매, 80매)
- 오버헤드 프로젝트(OHP)
- 빔 프로젝트(Beam Projector)
- Multi-cube System
- LCD Projector

- DVD플레이어(DVD Play) • 무전기(Walkie talkie)
- 동시통역 시스템(Simultaneous Interpretation System)
- 스크린

## 2) 국제회의(Meeting)

국제회의는 국제기구 본부에서 주체하거나 국내단체가 주체하는 회의 가운데 참가국수 3개국 이상 외국인 참가자수 10명 이상, 회의 시간 1시간 이상인 회의를 말한다. 국내 단체가 주체하는 회의 가운데 전체 참가자수가 300명 이상이며 참가자 중 외국인 40% 이상, 참가국수 5개국 이상이 참가하는 회의로 기간은 3일 이상인 회의라고 말할 수 있다.

세계 각국에서 경쟁적으로 국제회의 산업을 육성하는 목적은 서비스산업으로써 고용창출, 외화 획득, 세수증대 효과, 지역경제 활성화 등 한 나라의 경제에 파급효과가 막대하기 때문에 앞다퉈 유치하려고 심혈을 기울이고 있다. 국제회의 행사에서 많이 쓰이는 용어가 있는데 이러한 용어는 기본적으로 숙지하는 것이 호텔리어로서 업무에 도움이 될 것이다.

### ❶ 컨퍼런스

회의진행상 컨벤션에 비해 토론회가 많으며 참가자들에게 참여기회도 많이 주어지고 토론기회도 부여된다. 주로 과학기술 학문분야의 새로운 지식습득 및 특정문제점 연구를 위한 회의이며, 다수 주체를 다루는 업계의 정기회의에 자주 사용되는 컨벤션과 다른 개념이다.

### ❷ 컨그레스

사회 · 자연과학 분야의 각종 학회의 모임으로 대표자들에 의한 회담, 회합, 집회 등을 의미하고 유럽지역에서는 컨벤션이라는 명칭보다 컨그레스를 주로 사용하며 행사 중심의 국제회의를 말한다. 즉 컨벤션과 컨그레스는 본회의 관광행사 · 사교행사 등 다양한 프로그램과 연차적으로 개최되고 대규모 인원이 참가한다.

### ❸ 세미나

교육 및 연구목적으로 개최되는 회의로 참가자와 발표자가 단일한 주제에 대해 발표 · 토론하며 발표자가 우월한 위치에서 지식의 전달자 역할을 하며 30명 이하의 참석자가 전문가적 견해를 발표하고 공개적으로 토론한다,

### ❹ 컨벤션

정기집회에 많이 사용되며, 전시회를 수반하는 경우가 많고, 회의분야에서 가장 널리 사용되는 용어로 정보전달을 주목적으로 하는 총회, 휴회 기간 중 개최되는 위원회 회의, 각종 소규모 회의 등을 포괄적으로 의미하는 용어이다. 예전에는 각 기구나 단체에서 개최하는 연차 총회(annual meeting)의 의미로 쓰였다.

### ❺ 포럼

동일 분야의 전문가들이 사회자의 주도에 따라 제시된 한 가지 주제에 대해 상반된 견해를 청중 앞에서 벌이는 자유로운 공개토론으로 참가자가 질의할 수 있으며, 사회자가 의견을 종합한다.

### ❻ 심포지엄

청중에게 질의 기회가 주어지고 공개토론의 형식이며 포럼에 비해 형식이 갖춰진 행사이다.

### ❼ 워크숍

30~40명 정도의 인원이 특정의 문제나 과제에 대한 프로그램으로 새로운 지식 · 기술 · 통찰방법 등을 서로 교환하는 모임이다.

### ❽ 화상회의

참가자들이 각기 다른 장소에서 TV화면을 통해 상대방과 의견을 교환하는 것으로 고도의 커뮤니케이션 기술을 이용한다. 화면을 통하여 여러 개의 장소에서 회의를 동시에 할 수 있는 방법이다.

#### ⑨ 패널토의

사회자의 주도로 서로 다른 분야에서의 발표자가 전문적인 의견을 발표하는 공개 토론이다. 전문가 발표자의 비중이 높아 청중의 의견발표가 제한적이라는 점에서 심포지엄과 비슷하다.

#### ⑩ 클리닉

특별한 교육, 기술, 훈련하는 모임으로 거의 모두가 소집단에 의해 진행되는 것이 특징이다.

#### ⑪ 강연회

전문가 한 사람이 일정한 형식에 따라 강연하며, 청중에게 질의응답의 시간을 주기도 한다.

### 3) 전시회

전시회는 국제회의와 더불어 호텔컨벤션센터에서 행사를 많이 유치하는데 국제회의보다 신경 쓰는 부분이 적기 때문에 유치하는 입장에서는 선호도가 높은 편이다. 전시회의 구성을 보면 전시 주체자 PEO(Professional Exhibition Organizer), 참가업체(Exhibitors), 참관객(Visitors)으로 구성되어 있다. 전시주체자(PEO)는 참가업체 및 참관객유치와 프로그램개발, 행사개발, 참가업체교육, 참가업체와 바이어 간 연결기회를 제공하며, 참가업체(Exhibitors)는 상담 및 계약, 정보교환, 이벤트 및 리셉션 행사진행, 신상품개발 및 전시, 잠재고객발굴 등의 일을 한다. 참관객(Visitors)은 세계시장동향 파악, 새로운 정보 및 기술입수, 새로운 거래선 확보 등을 한다.

## 9. 예식(Wedding)

### 1) 꽃방(The Flower Shop)

규모가 큰 5성급 호텔에서는 객실부서나 식음료 부서에서 필요한 다용도의 꽃을 전문적으로 취급하는 곳으로 활용도가 높아서 꼭 필요한 곳이다. 호텔에 따라서 부르는 용어가 다르고 인원도 규모에 따라 달라지기 때문에 가장 좋은 방법은 호텔 특성에 맞게 디자인하는 것이 바람직한 방향이라고 하겠다. 여기서는 객실 350개 규모와 식음료부 연회장과 컨벤션 시설이 갖춰져 있으면서 대규모 행사를 치를 수 있는 기준으로 꽃방인 명칭을 사용하여 업무내용을 설명하겠다.

꽃방의 인적구성원은 책임자급의 꽃 실장(지배인)을 두고 그 밑에 캡틴, 사원, 계약직, 아르바이트 인적구성으로 하되 탄력적 인원으로 목적에 부합하는 생산적인 성과를 낼 수 있는데 포커스가 맞춰져 업무에 임해야 한다.

객실에서의 꽃사용도는 객실 방 내부 장식에 필요한 꽃을 생산하고 VIP고객의 투숙 시 그에 걸맞은 꽃의 종류를 만들어서 영업의 촉매제 역할을 하며 그 밖의 객실 내 동선에서 필요한 로비, 응접실, 프런트, 비즈니스룸, 1층 라운지 등의 다양한 곳에 꽃을 디자인해서 배치한다. 다음은 식음료부서에서 많은 꽃을 필요로 하는데 연회장, 컨벤셜홀, 식당, 음료 등이 있는데 특히 연회 컨벤션 대규모 행사에 필요한 꽃이 많이 필요하다. 예식장웨딩홀 안에 주례쪽 연단, 오브제인 꽃길쪽, 식사 라운드 테이블 위의 꽃장식에 많은 꽃이 들어간다. 이러한 꽃의 가격은 천만 원 단위의 가격이 높게 책정되어 일이 많아지고 숙련된 기술자가 있지 않으면 그만큼 비효율적으로 고생은 많이 하면서 판매한 것에 비하여 수익이 나지 않아 꽃방의 경쟁력은 약화된다. 이는 인건비 상승으로 인한 호텔 운영에 마이너스로 작용하지 않도록 책임을 맡고 있는 실장은 확실한 경쟁 우위의 전략을 가지고 있어야 한다.

## 2) 음향실(Sound Box)

음향실은 호텔에 맞게 중앙음향시스템실이 있고 대 · 중 · 소 장소와 현장 식음료부 연회장 · 컨벤션홀에서 없어서는 안 될 음향전문가로 이루어지는 인적구성원이 배치되어 있어야 한다. 5성급 호텔은 식음료 부서에서 크고 작은 행사가 치러지는데 국제행사에서는 음향시스템이 행사 주체 측에서 전체 반입하여 이루어지지만 그렇지 않은 경우에 자체적인 시스템을 갖춰야 하고 중소 행사에서 음향은 꼭 필요한 감초역할을 하기 때문에 거기에 맞는 장비를 다룰 줄 아는 전문기사가 꼭 필요하다. 이러한 부분에서 꽃방과 마찬가지로 인적구성을 하여야 하며 중요한 것은 어떠한 행사에도 기술진에 의해 행사를 치를 수 있는 완벽한 구성을 해야 한다는 원칙이 있어야 한다.

## Banquet Service Technology Engine

## I 연회팀

1.거문고ABC 평면도

- 높이: 5M
- 넓이: 1,178㎡
- 길이: 2,550㎡
- 양식코스: 700명
- 리셉션: 1,000명
- 세미나: 1,300명
- 극장식: 1,300명

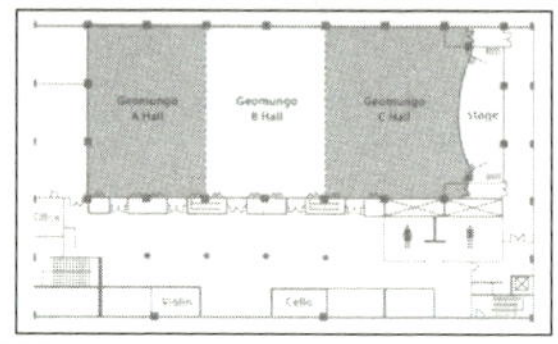


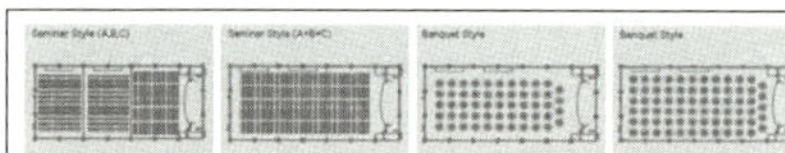


| Hall | Location | Dimension(m²) | Seminar | Banquet | Theater | Reception |
|---|---|---|---|---|---|---|
| A Hall | Hotel 3F | 395 | 200 | 120 | 250 | 200 |
| B Hall | | 395 | 200 | 120 | 250 | 200 |
| C Hall | | 495 | 270 | 150 | 300 | 200 |
| BC Hall | | 925 | 430 | 300 | 600 | 500 |
| ABC Hall | | 1,178 | 800 | 700 | 1,300 | 1,000 |
| Stage | | 70 (14,300 x 4900 x 750) | - | - | - | - |

1.거문고ABC 평면도

(1) 연회행사

❶ 결혼식(미션)

거문고ABC(Lay out)

거문고ABC - 결혼식 양식코스 메뉴 64Table•10명씩 셋팅시

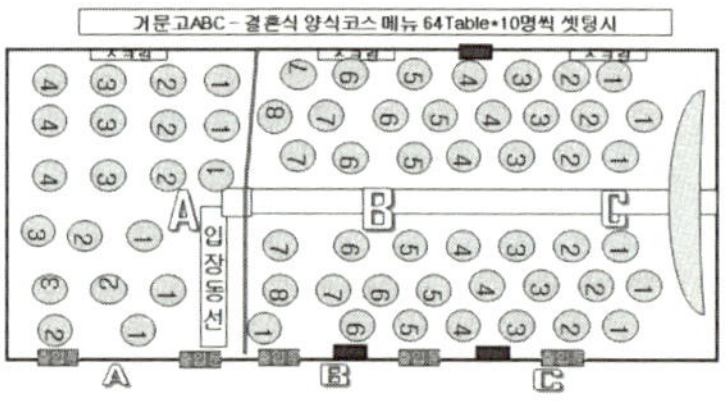


- 예식인원이 많으면 R/Table 11명×64Table=704석 세팅 가능하다.
- 예식장 세팅은 연회와 달리 기본세팅만 하므로 테이블세팅 시 좁지는 않다.

거문고BC(Lay out)

거문고BC/결혼식 양식코스메뉴40Table•10명씩 셋팅시

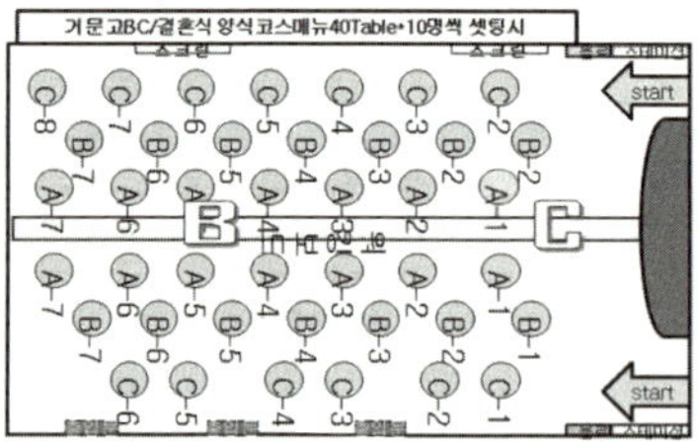


- 예식인원이 많으면 R/Table 11명×40Table=440석 세팅이 가능하다.
- 예식장 세팅은 연회와 달리 기본세팅만 하므로 테이블세팅 시 좁지는 않다.
- 반대로 예식인원이 적으면 R/Table 9명×40Table=360석 또는
- R/Table 10명×35Table=350석 세팅도 가능하다.(전체적으로 넓은 느낌을 선사함)

❷ 양식코스(미션)

거문고ABC(Lay out) 〈거C홀 무대일 때〉

거문고ABC - 연회(양식)테이블 배치도

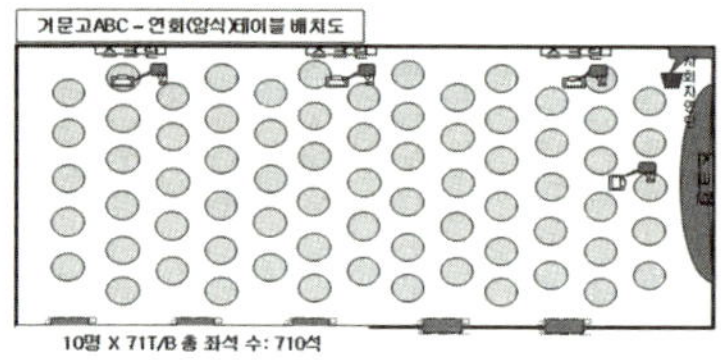

10명 X 71T/B 총 좌석 수: 710석

- 특별하게 식사만 할 경우 R/Table 10명×71Table=710석이 기본이다
- 콘서트공연 시 앞줄 공간 확보로 R/Table 10명×60Table =600석 세팅
- 가장 스텐다드 세팅은 첫줄 5개×11줄=600석이 가장 적합하다
- VIP행사시 R/Table 8명×60Table=480석이 서비스하는데 알맞다.

거문고BC(Lay out) 〈거C홀 무대일때〉

거문고BC - 연회(양식)테이블 배치도

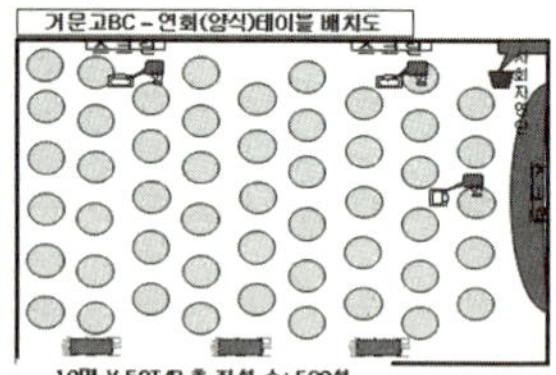

10명 X 50T/B 총 좌석 수: 500석

- 특별하게 식사만 할 경우 R/Table 10명×50Table=500석이 기본이다
- 콘서트공연시 앞줄 공간 확보로 R/Table 10명×44Table =440석 세팅
- 가장 스텐다드 세팅은 첫줄 5개×8줄=400석이 가장 적합하다
- VIP행사시 R/Table 8명×40Table=320석이 서비스 하는데 알맞다.

❸ 뷔페식 세팅(미션)
거문고ABC(Lay out) 〈거C홀 무대일 때〉

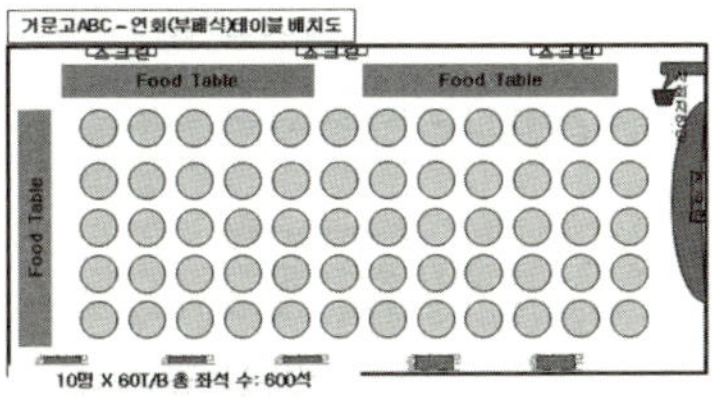


- 식사만 할 경우 R/Table 10명×60Table=600석이 기본이다
- 가장 스텐다드세팅은첫줄 10명×55Table=550석이 가장 적합하다.(5개×뒷줄11줄=55Table)
  -F/Table 4Line S/Tab3개 4줄, 2개 3줄 세팅 그리고 로스트비프, 커피, 국수테이블 등.
- VIP행사시R/Table 9명×50Table=450석이 서비스하는데 알맞다.(5개×뒷줄11줄=50Table)

❹ 세미나 형식(미션)
거문고ABC(세미나Lay out) 〈거C홀 무대일 때〉

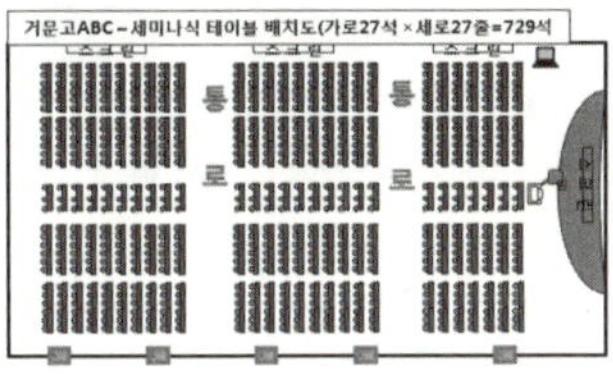


- Schoo식 스텐다드는 S/Table 9개×3명=27명 첫줄, 뒤로 27줄 세팅하면 729석 완료.
- Schoo식(5,5,3,5,5명 첫줄 23명×뒤로 27줄 세팅하면 621석) 고객간의 충분한 간격유지.
- Theater식

❺ 스텐딩 뷔페(미션)
거문고ABC(St/Buff) 〈거C홀 무대일 때〉

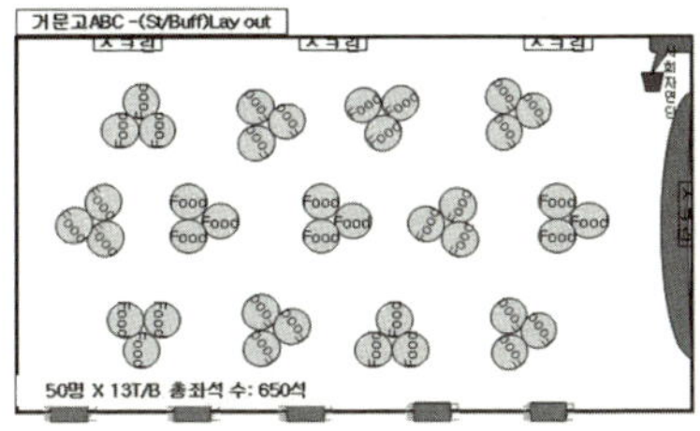


거문고BC(St/Buff) 〈거C홀 무대일 때〉

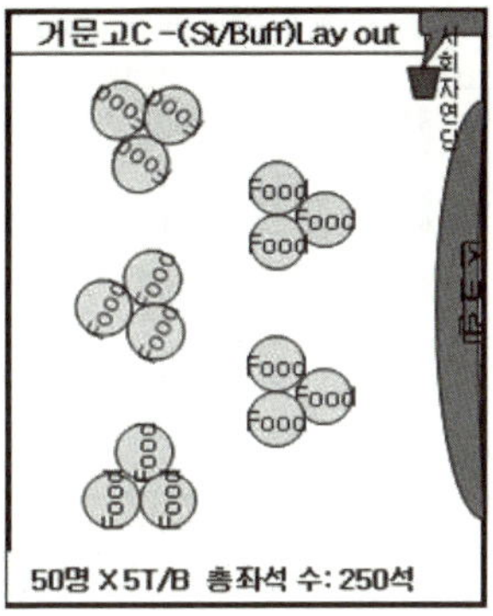


## 2. 가야금AB 평면도

- 높이: 5M
- 넓이: 1,178㎡
- 길이: 2,550㎡
- 양식코스: 700명
- 리셉션: 1,000명
- 세미나: 1,300명
- 극장식: 1,300명

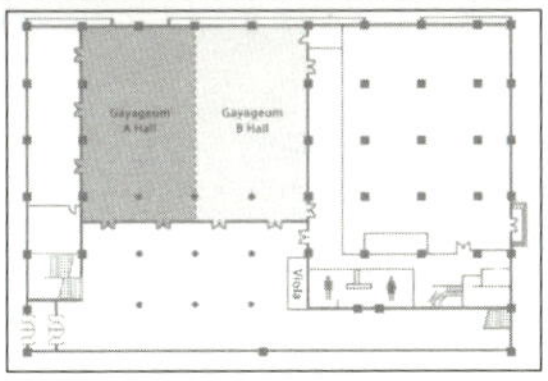


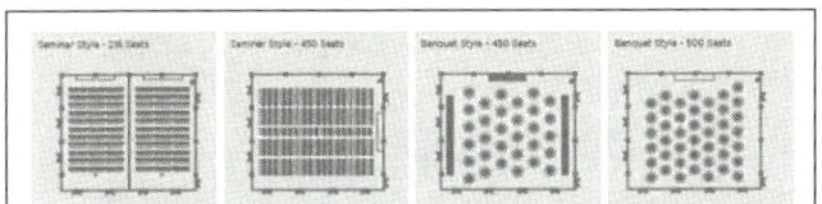

| Type | Location | Dimension(m²) | Seminar | Banquet | Theater | Reception |
|---|---|---|---|---|---|---|
| Gayageum Hall A | Hotel 2F | 395 | 200 | 120 | 250 | 200 |
| Gayageum Hall B | | 395 | 200 | 120 | 250 | 200 |
| Gayageum Hall AB | | 790 | 430 | 350 | 600 | 500 |

(1) 연회행사

❶ 결혼식(미션)
가야금AB(Lay out) 결혼식 양식 400석 세팅

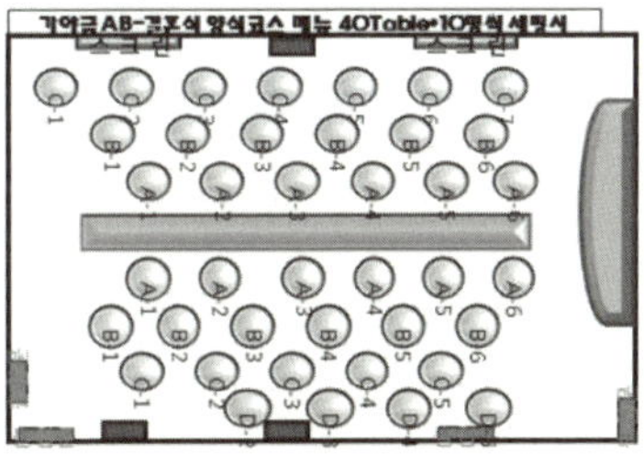


❷ 양식 코스(미션)
가야금AB(Lay out) 〈가B홀 입구 우측 무대일 때〉

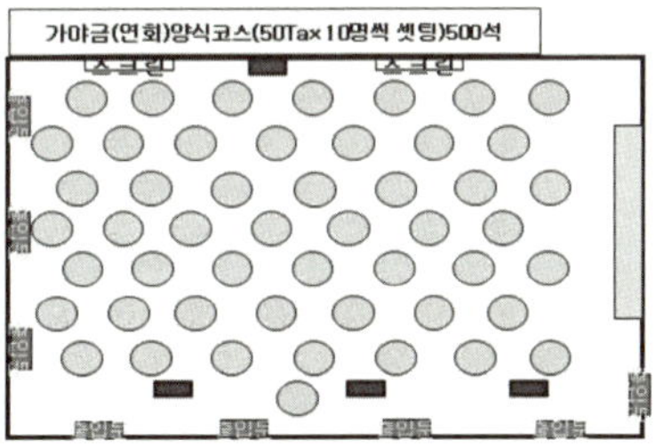

❸ 뷔페식 세팅(미션)
가야금AB홀(Lay out) 〈가B홀 입구 우측 무대일 때〉

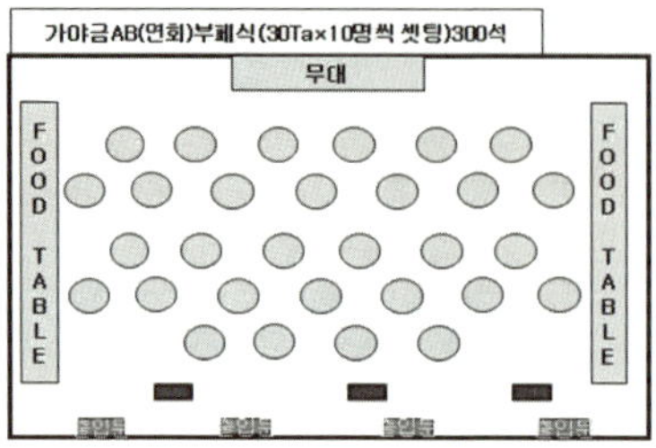


가야금AB(Lay out) 〈가A or B 출입구 정면 무대일 때〉 B형

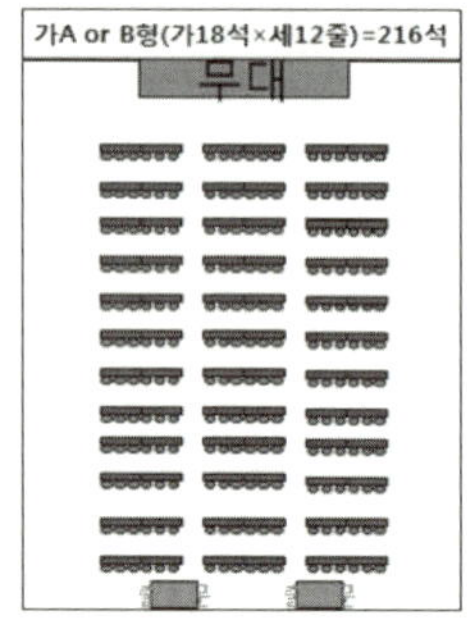


❹ 세미나 형식(미션)
가야금AB홀(세미나Lay out) 〈가B홀 우측 무대일 때〉

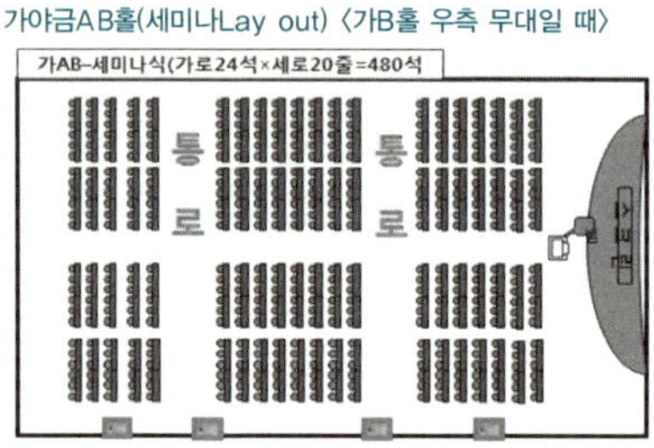


❺ 스텐딩 뷔페(미션)
가AB홀(St/Buff) 〈거B홀 우측 무대일 때〉

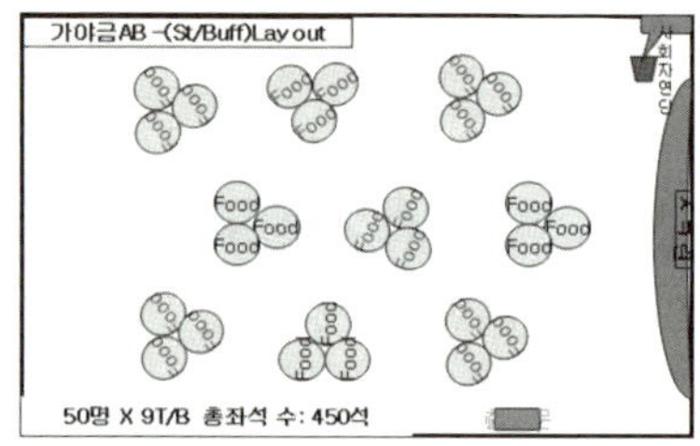


3. 대금 평면도

- 높이: 5M
- 넓이: 1,178㎡
- 길이: 2,550㎡
- 양식코스: 700명
- 리셉션: 1,000명
- 세미나: 1,300명
- 극장식: 1,300명

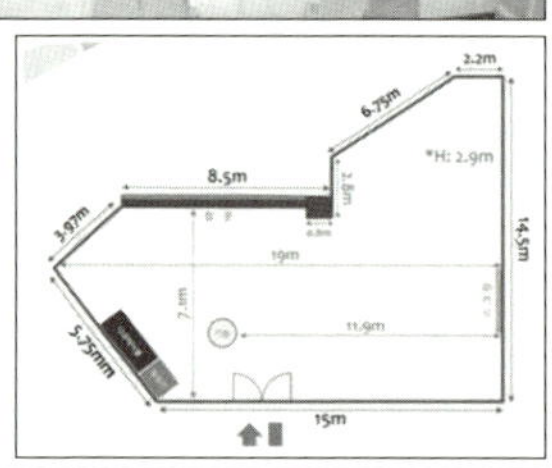


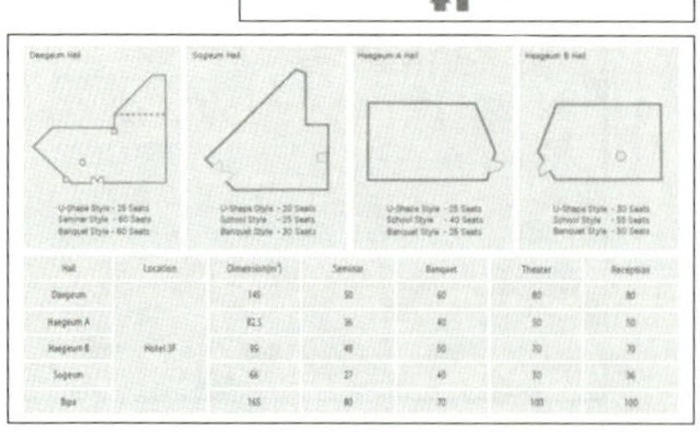

❶ 결혼식 추가장소(미션)
(Lay out) 결혼식 양식 100석 세팅

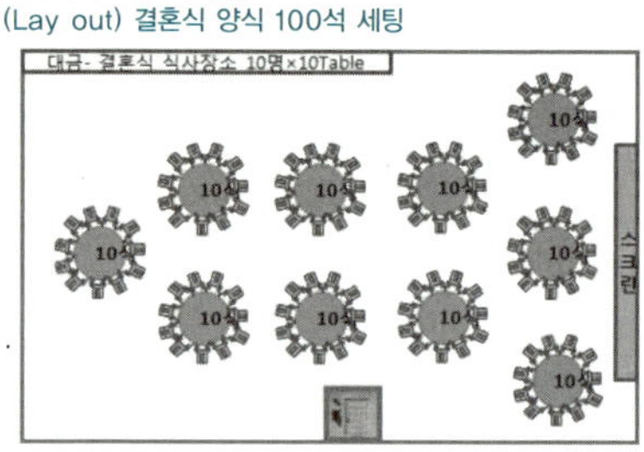


❷ 양식 코스(미션)
대금(Lay out) 양식 70석 세팅

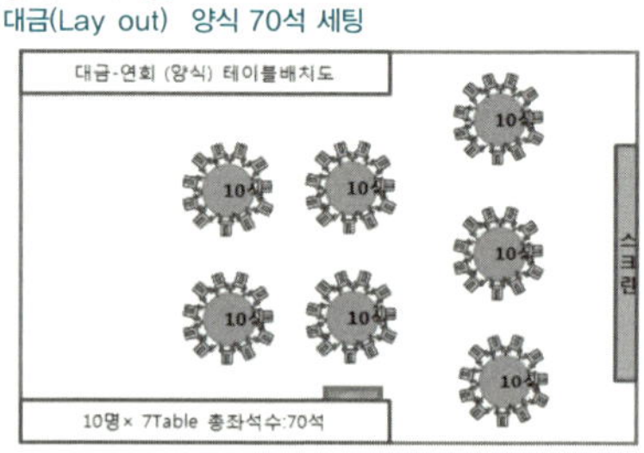

❸ 뷔페식세팅(미션)

대금(Lay out) 뷔페 60석 세팅

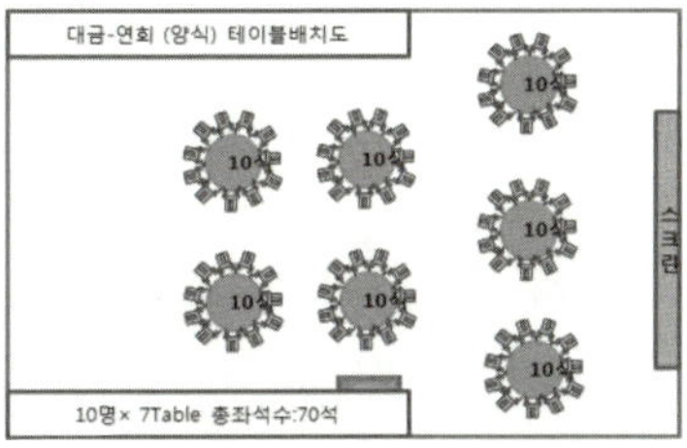


❹ 세미나 형식(미션)

대금(Lay out) 라운드식 60석

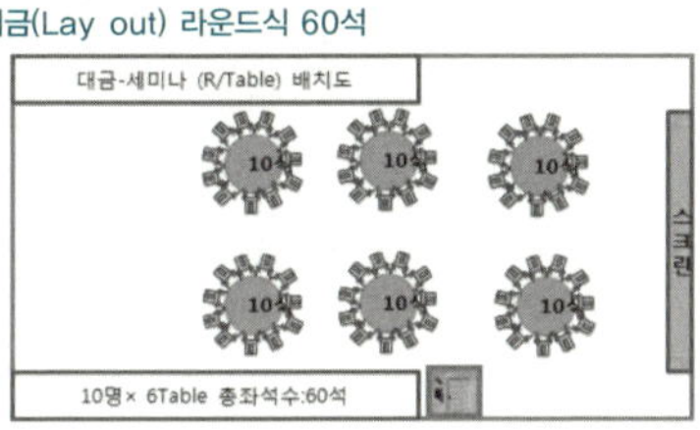


대금(Lay out) U자형 34석 세팅

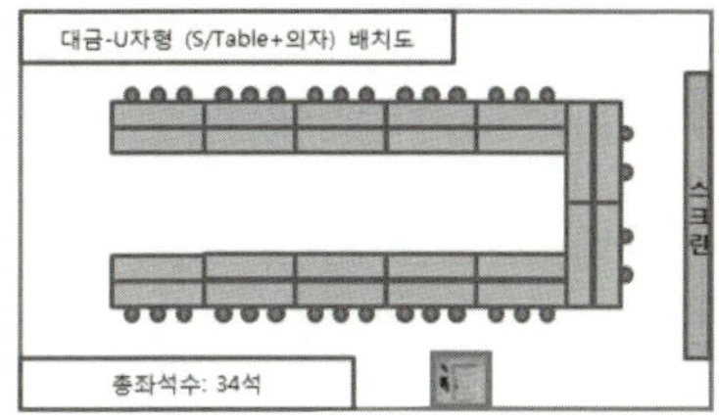


❺ 약혼식(미션)

대금(Lay out) U자형 32석 양식 세팅

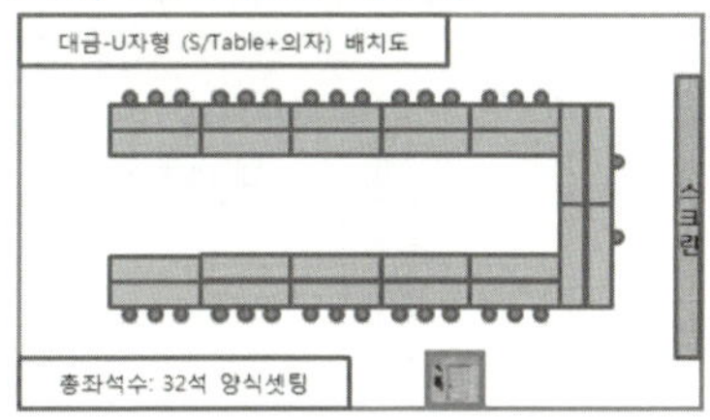


4. 소금 평면도

- 높이: 5M
- 넓이: 1,178㎡
- 길이: 2,550㎡
- 양식코스: 700명
- 리셉션: 1,000명
- 세미나: 1,300명
- 극장식: 1,300명

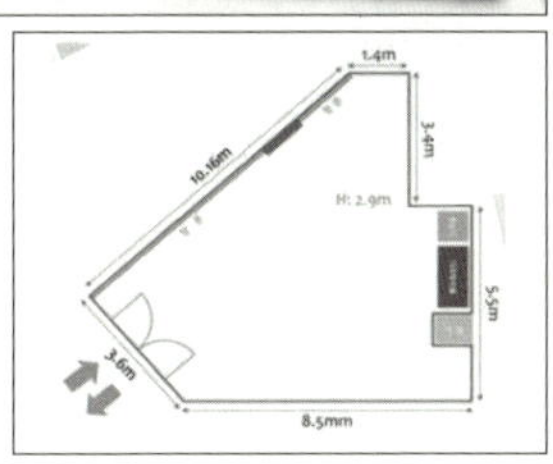


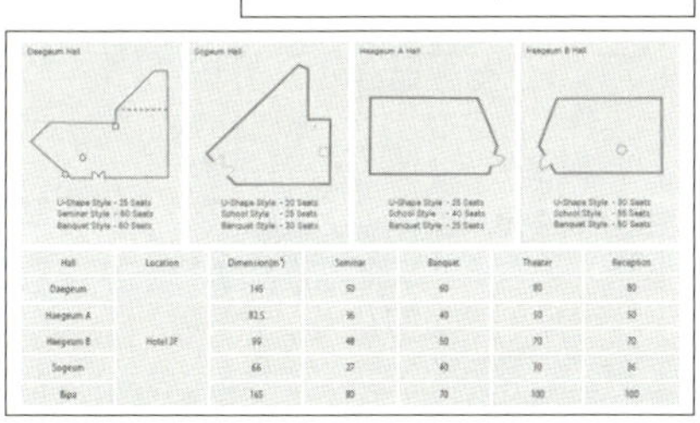

❶ 결혼식 추가장소(미션)

(Lay out) 결혼식 양식 30석 세팅

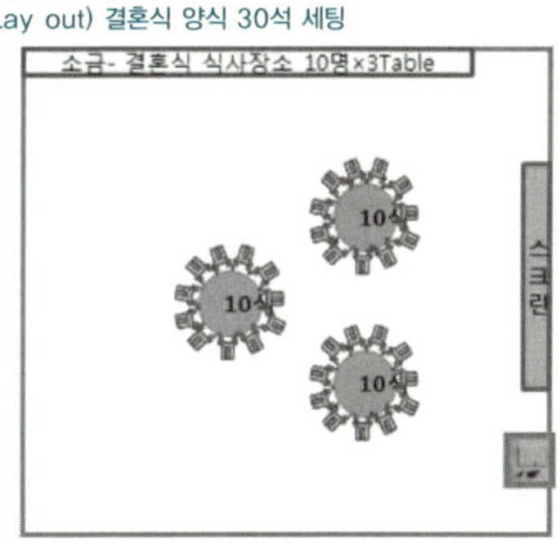


❷ 양식 코스(미션)

소금(Lay out) 양식 30석 세팅

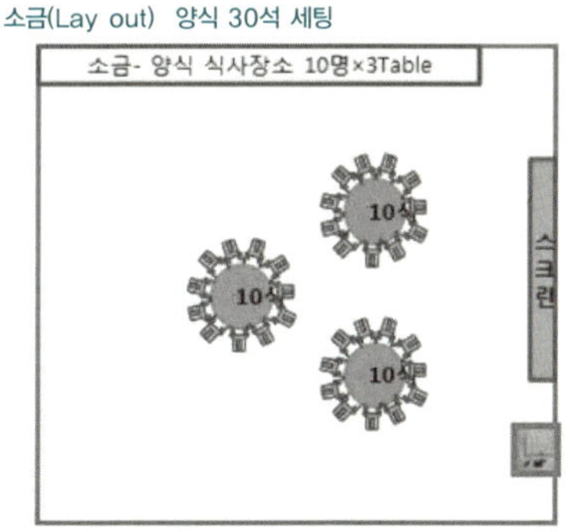

❸ 세미나 형식(미션)
소금(Lay out) 라운드식 30석

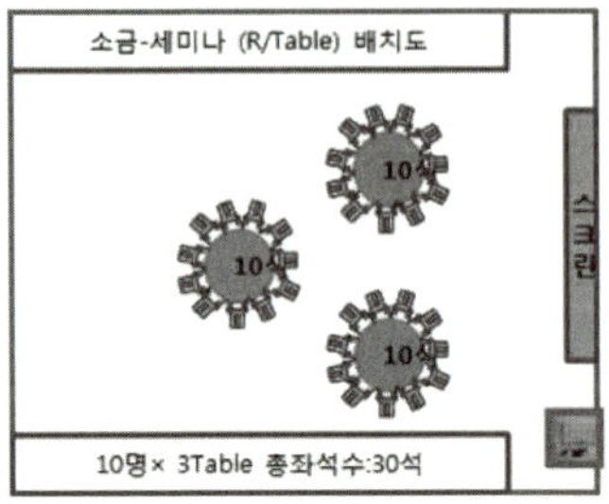


❺ U자 양식(미션)
소금(Lay out) U자형 16석 양식 세팅

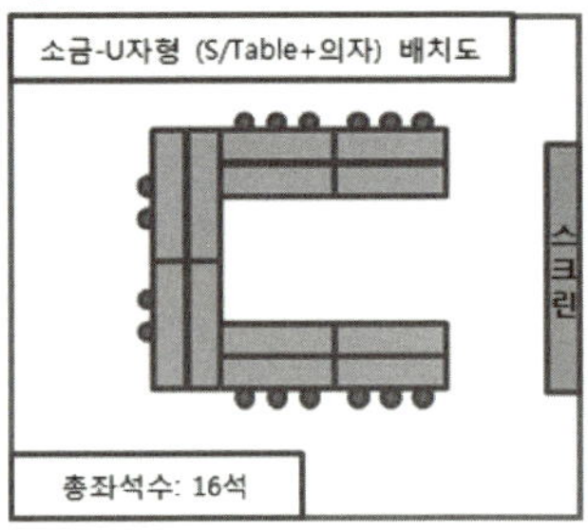


5. 해금A 평면도

- 높이: 5M
- 넓이: 1,178㎡
- 길이: 2,550㎡
- 양식코스: 700명
- 리셉션: 1,000명
- 세미나: 1,300명
- 극장식: 1,300명

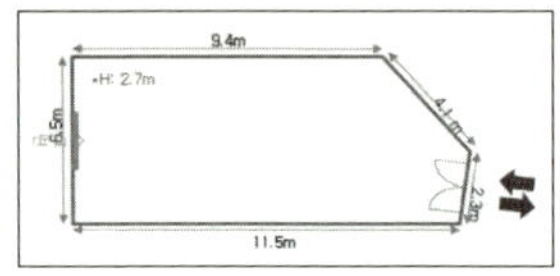


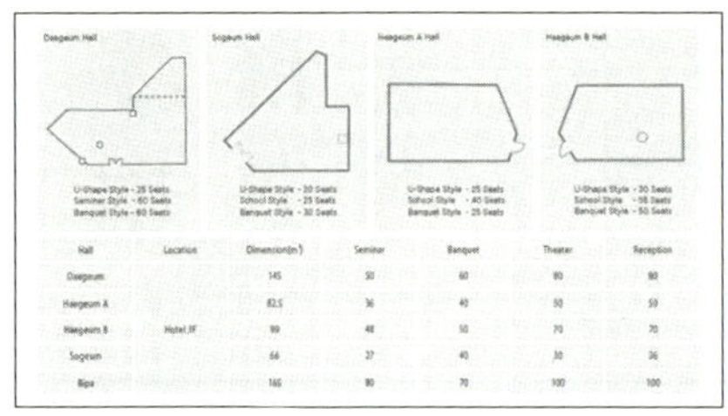

(1) 연회행사

❶ 양식코스(미션)
해금A(Lay out) 양식 40석 세팅

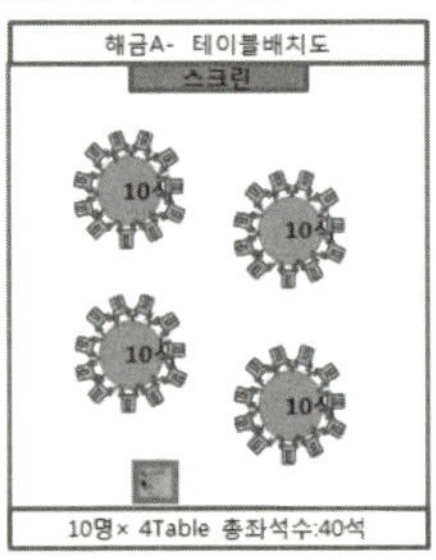


❷ 세미나 형식(미션)
해금A(Lay out) 라운드식 40석

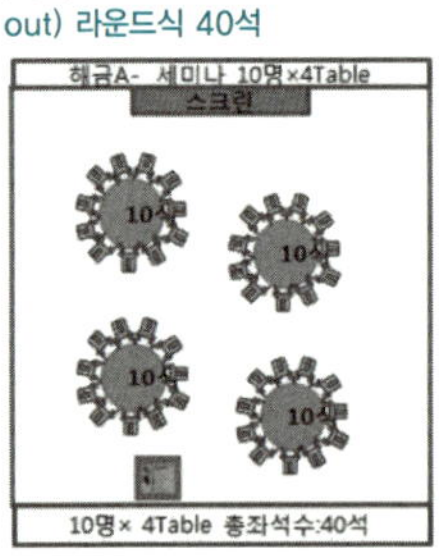


6. 해금B 평면도

- 높이: 5M
- 넓이: 1,178㎡
- 길이: 2,550㎡
- 양식코스: 700명
- 리셉션: 1,000명
- 세미나: 1,300명
- 극장식: 1,300명

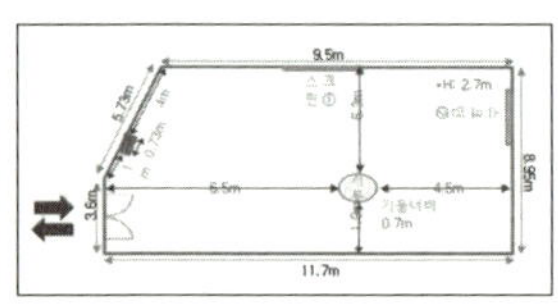


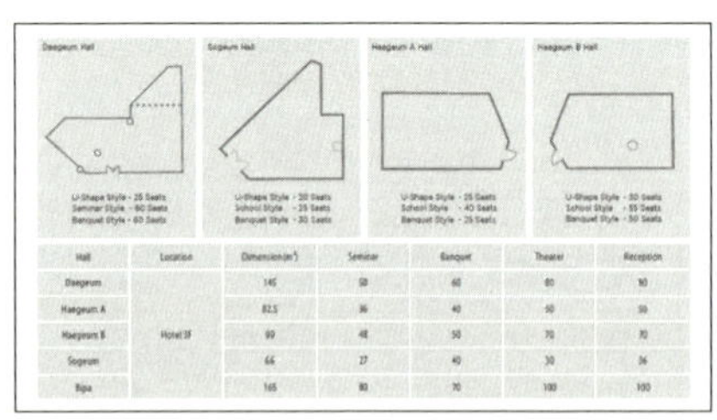

(1) 연회행사

❶ 양식 코스(미션)

해금B(Lay out) 양식코스 80석 세팅

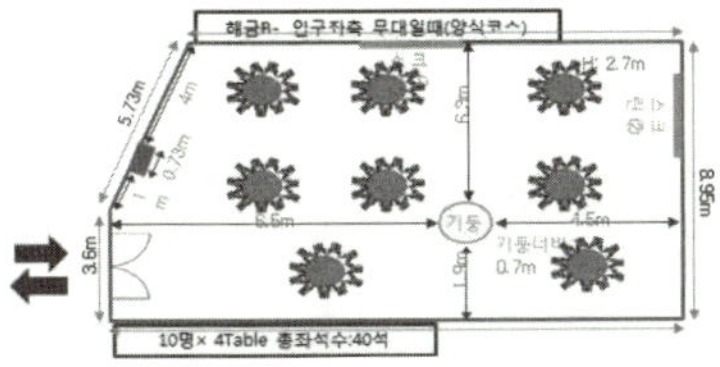

❷ 세미나 형식(미션)

해금B(Lay out) 라운드식 70석 테이블 배치도

해금B(Lay out) 스쿨식 57석 세팅〈입구 왼쪽 무대일 때〉

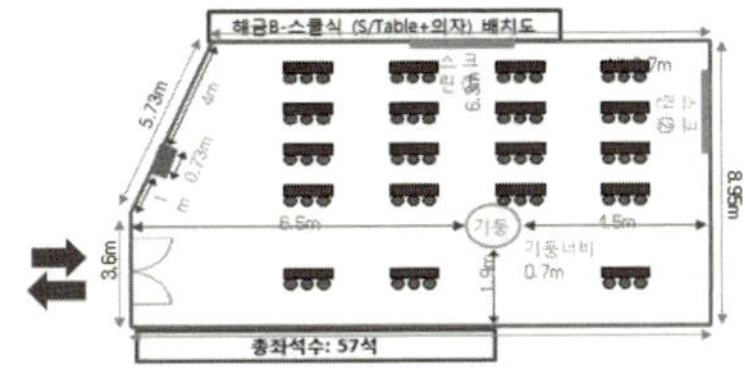

해금B(Lay out) U자형 28석 세팅

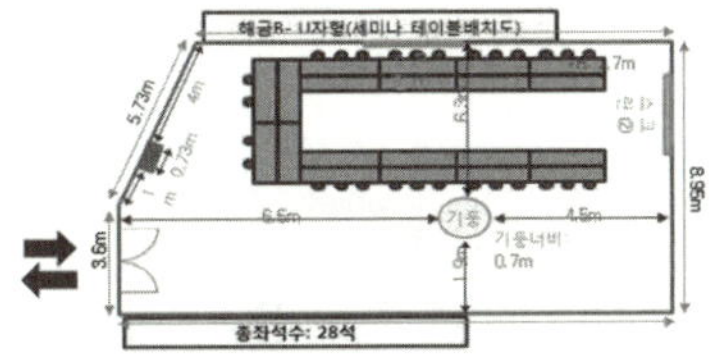

❸ 주문뷔페 형식(미션)

해금B(Lay out) 라운드식 70석 테이블 배치도

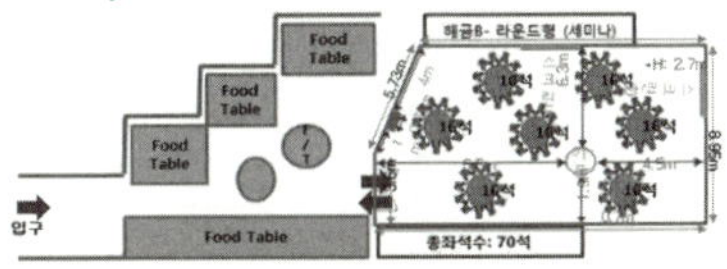

7. 비파홀 평면도

- 높이: 5M
- 넓이: 1,178㎡
- 길이: 2,550㎡
- 양식코스: 700명
- 리셉션: 1,000명
- 세미나: 1,300명
- 극장식: 1,300명

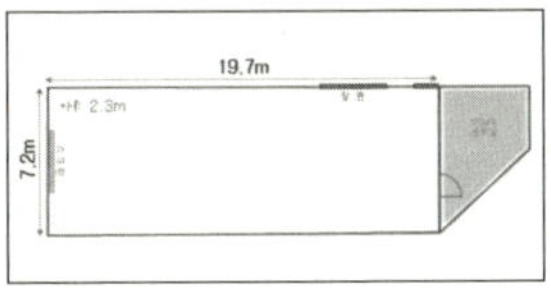

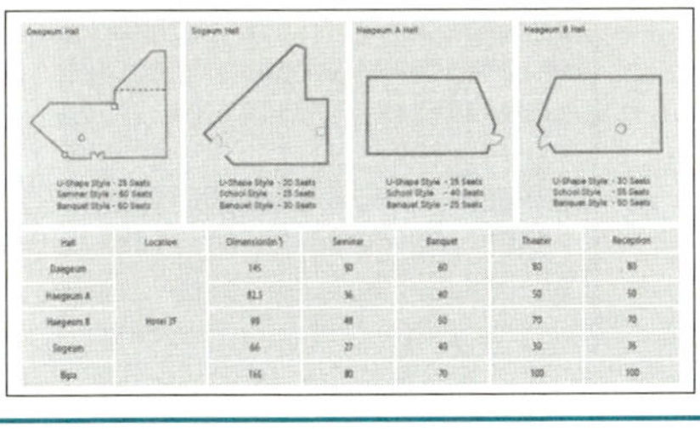

(1) 연회행사

❶ 양식 코스(미션)

비파(Lay out) R/Table〈입구 왼쪽 무대일 때〉

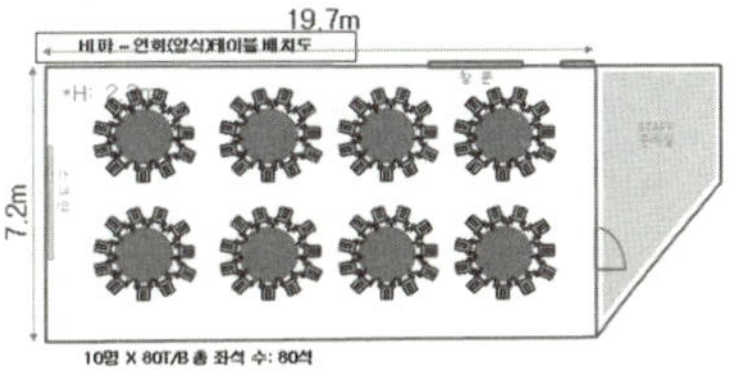

❷ 세미나 형식(미션)

비파(Lay out) R/Table〈입구 왼쪽 무대일 때〉

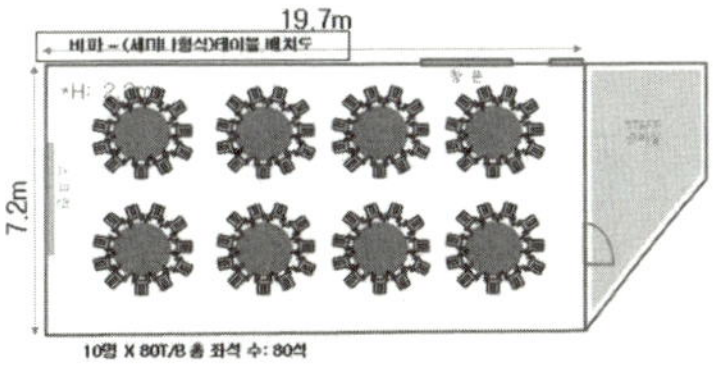

❷ 세미나 형식(미션)
비파(Lay out) R/Table〈입구 왼쪽 무대일 때〉

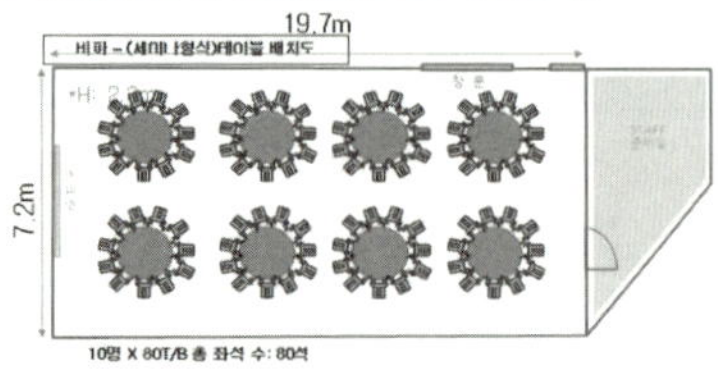


❸ 뷔페식 세팅(미션)
비파(Lay out) R/Table〈입구 왼쪽 무대일 때〉 80석 세팅

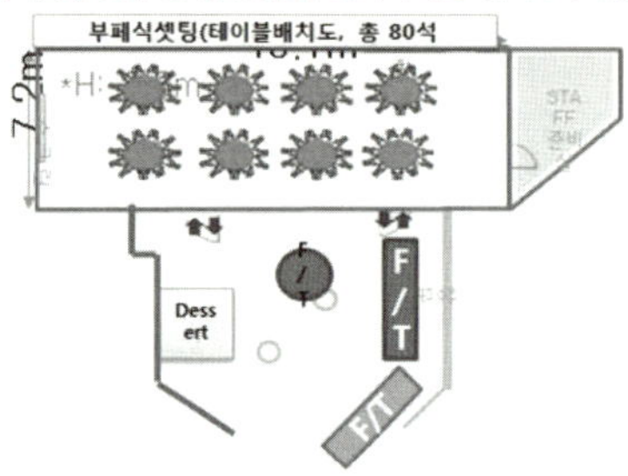


## Ⅱ 컨벤션

1. 그랜드볼륨 AB

- 높이: 5M
- 넓이: 1,178㎡
- 길이: 2,550㎡
- 양식코스: 700명
- 리셉션: 1,000명
- 세미나: 1,300명
- 극장식: 1,300명

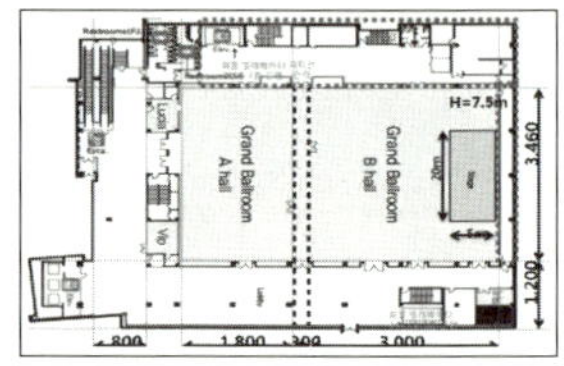


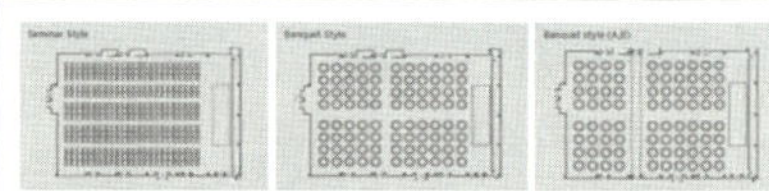


| Hall | Location | Dimension(m²) | Seminar | Banquet | Theater | Reception |
|---|---|---|---|---|---|---|
| A Hall | Convention center 2F | 706 | 400 | 300 | 550 | 500 |
| B Hall | | 1,188 | 800 | 600 | 900 | 1,000 |
| AB Hall | | 1,893 | 1,500 | 1,100 | 1,800 | 2,000 |
| Stage | | 106.5 (20,300 x 5200 x 800) | - | - | - | - |

(1) 연회행사

❶ 결혼식(미션)
그랜드볼륨 AB(Lay out)〈중앙 무대일 때〉

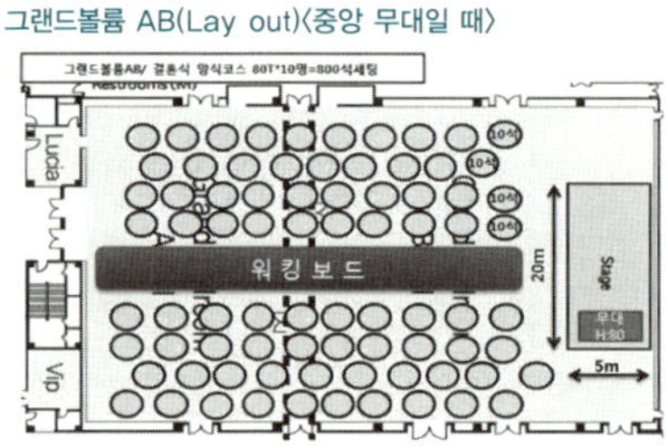


❷ 양식 코스(미션)
그랜드볼륨 AB(Lay out)〈중앙 무대일 때〉

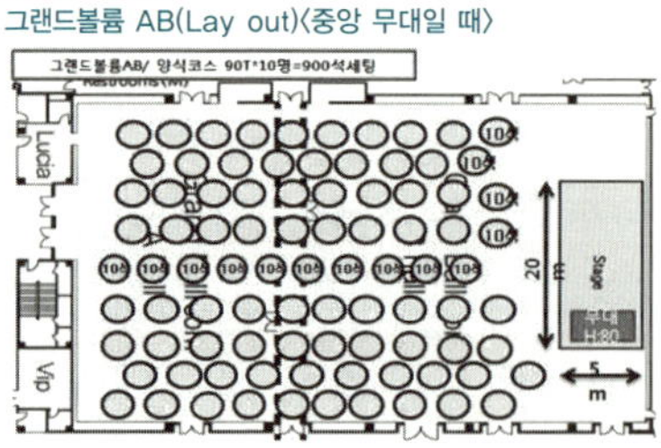


❸ 뷔페식 세팅(미션)
그랜드볼륨 AB(Lay out)〈중앙 무대일 때〉

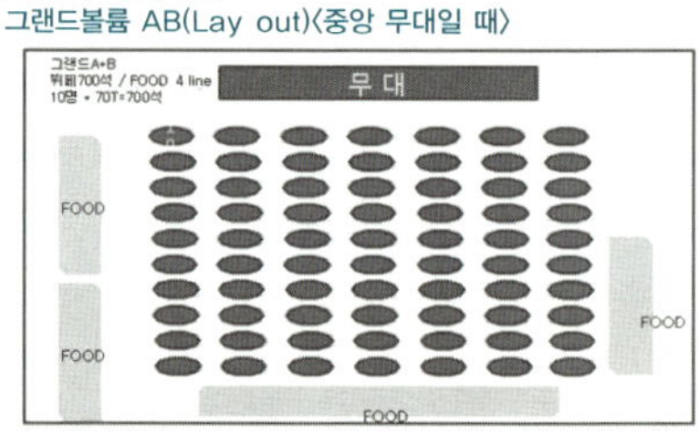


❹ 세미나 형식(미션)
그랜드 AB(세미나 Lay out) 〈중앙 무대일 때〉 1,176석

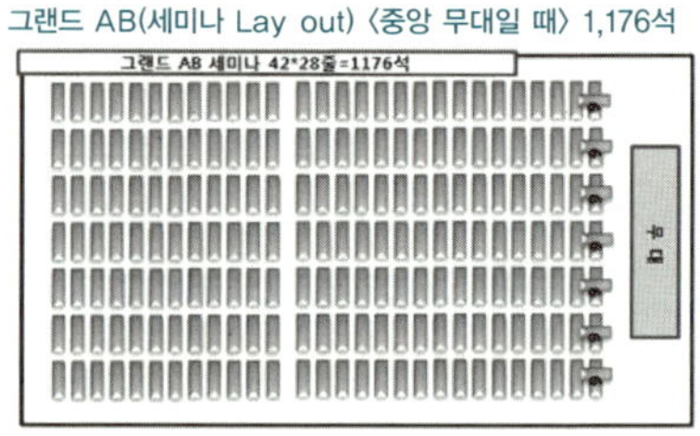

2. 크리스탈 AB 평면도

- 높이: 5M
- 넓이: 1,178㎡
- 길이: 2,550㎡
- 양식코스: 700명
- 리셉션: 1,000명
- 세미나: 1,300명
- 극장식: 1,300명

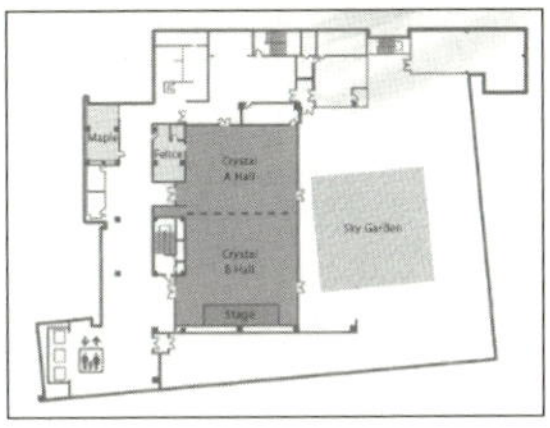

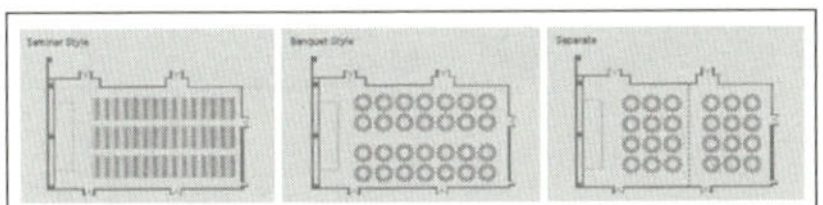


| Hall | Location | Dimension(m²) | Seminar | Banquet | Reception |
|---|---|---|---|---|---|
| Crystal Hall A | Convention center 3F | 266 | 120 | 90 | 110 |
| Crystal Hall B | | 342 | 180 | 100 | 140 |
| Crystal Hall AB | | 308 | 350 | 240 | 300 |
| Stage | | 42 (12,000 x 3000 x 800) | - | - | - |

(1) 연회행사

❶ 결혼식(미션)

크리스탈 AB(Lay out)〈중앙 무대일 때〉

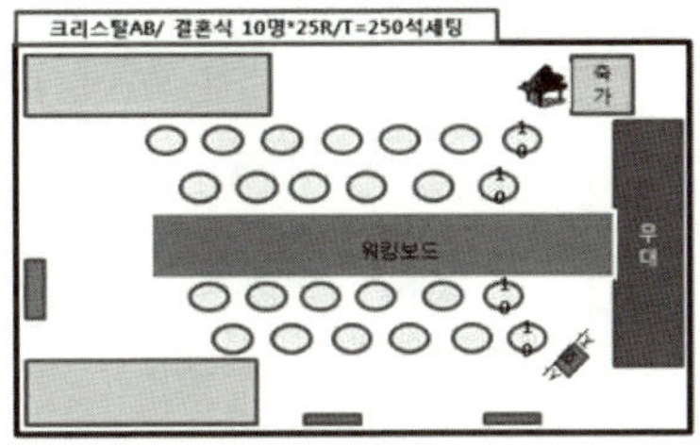


❷ 양식 코스(미션)

크리스탈 AB(Lay out)〈중앙 무대일 때〉

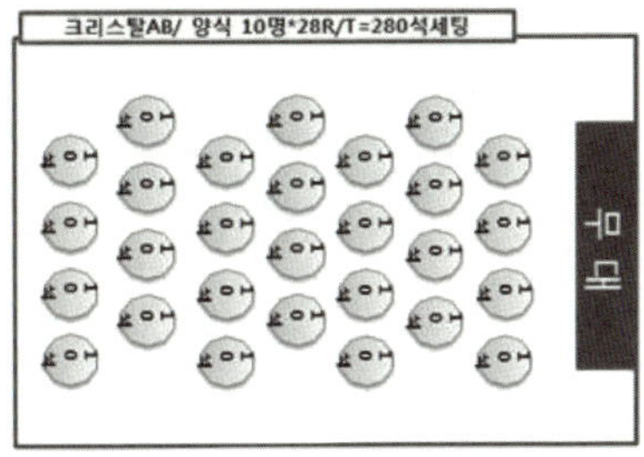


❸ 뷔페식 세팅(미션)

크리스탈 AB(Lay out)〈중앙 무대일 때〉

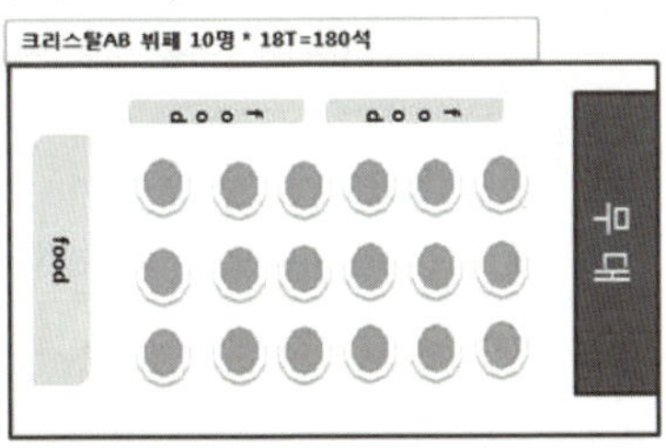


❹ 세미나 형식(미션)

크리스탈 AB(세미나Lay out) 〈중앙 무대일 때〉 357석

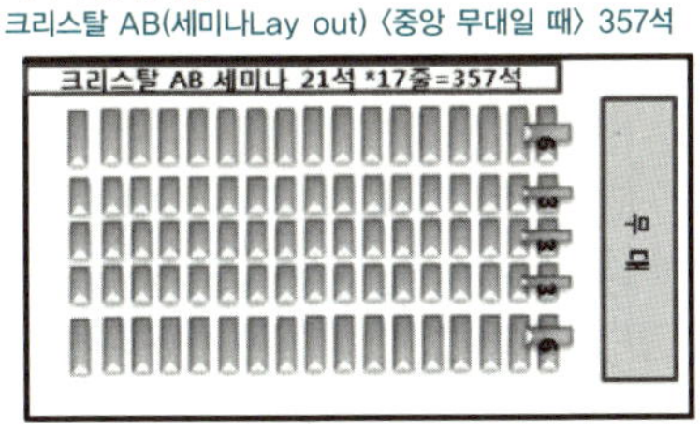


3. 오크룸 평면도

- 높이: 5M
- 넓이: 1,178㎡
- 길이: 2,550㎡
- 양식코스: 700명
- 리셉션: 1,000명
- 세미나: 1,300명
- 극장식: 1,300명

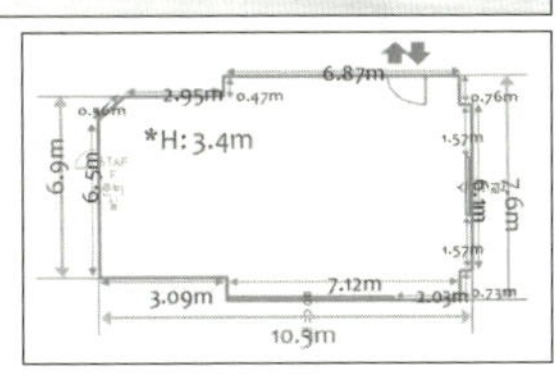


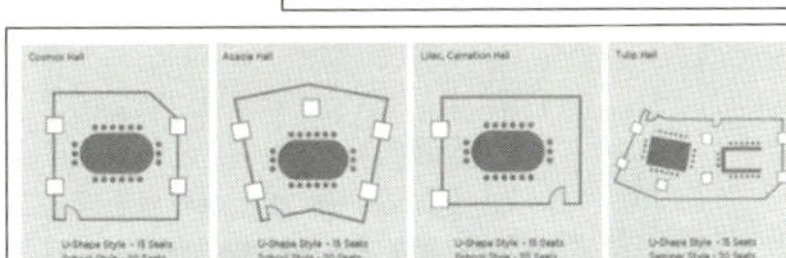

| Hall | Location | Dimension(m²) | Seminar | Banquet | Theater | Reception |
|---|---|---|---|---|---|---|
| Cosmos | Hotel 2F | 41.25 | 18 | 15 | - | - |
| Acacia | | 36.3 | 18 | 15 | - | - |
| Lilac | | 36.3 | 18 | 15 | - | - |
| Canation | | 41.25 | 18 | 15 | - | - |
| Tulip | | 72.36 | 30 | 50 | - | - |

(1) 연회행사

❶ 양식(미션)

오크룸(Lay out) 라운드 테이블 〈중앙 무대일 때〉 40석

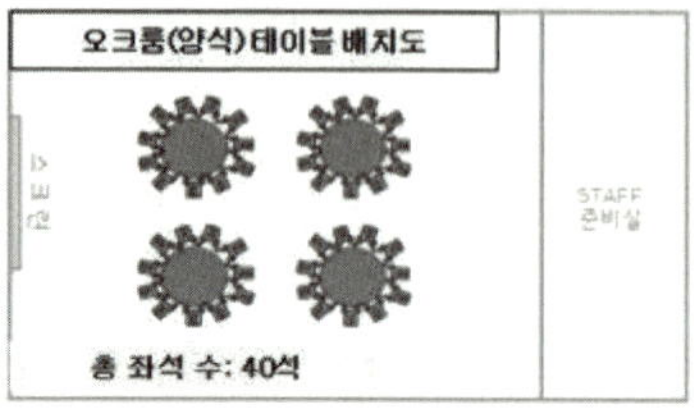


❷ 한식(미션)

오크룸(Lay out) 라운드 테이블 〈중앙 무대일 때〉 40석

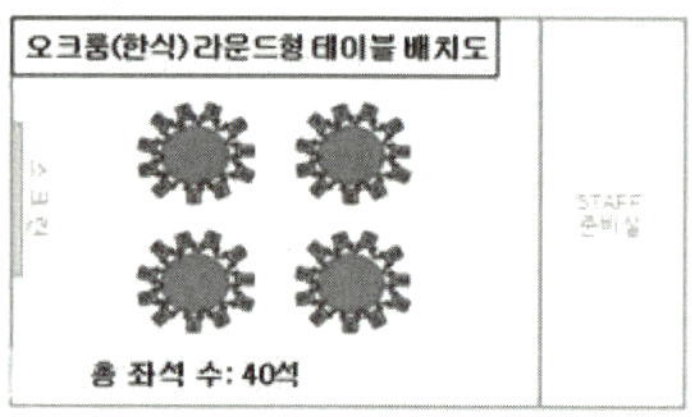


4. 포시즌 평면도

- 높이: 5M
- 넓이: 1,178㎡
- 길이: 2,550㎡
- 양식코스: 700명
- 리셉션: 1,000명
- 세미나: 1,300명
- 극장식: 1,300명

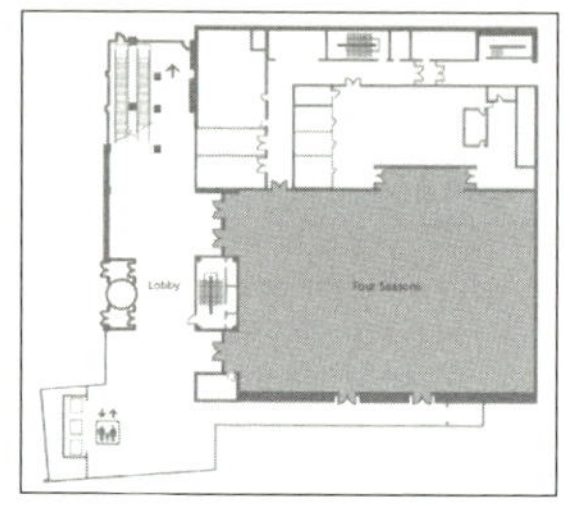

| Hall | Location | Dimension(m²) | Width | Length | Height | Capacity |
|---|---|---|---|---|---|---|
| Four Seasons | Convention Center 1F | 900 | 27,000 | 37,000 | 5,000 | 1,000 |

(1) 단체식사 장소

❶ 결혼식 피로연 장소(미션)

포시즌(Lay out)〈중앙 무대일 때〉 뷔페식 : 542석 세팅

❷ 양식 코스 세팅(미션)

포시즌(Lay out)〈중앙 무대일 때〉 10석×45Table=540석 세팅

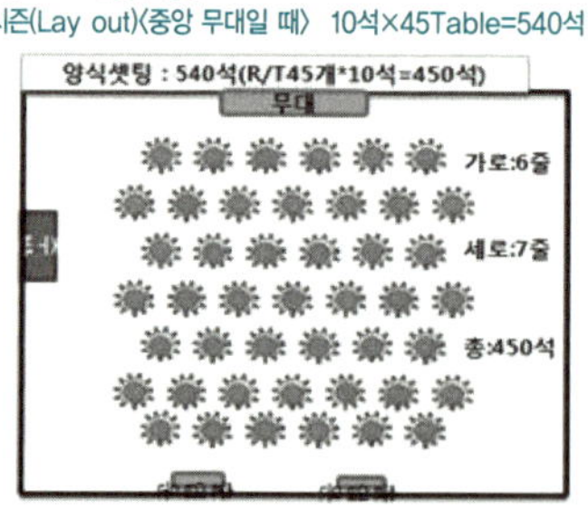


## Ⅲ 에비뉴

1. 한강홀 평면도

- 높이: 5M
- 넓이: 1,178㎡
- 길이: 2,550㎡
- 양식코스: 700명
- 리셉션: 1,000명
- 세미나: 1,300명
- 극장식: 1,300명

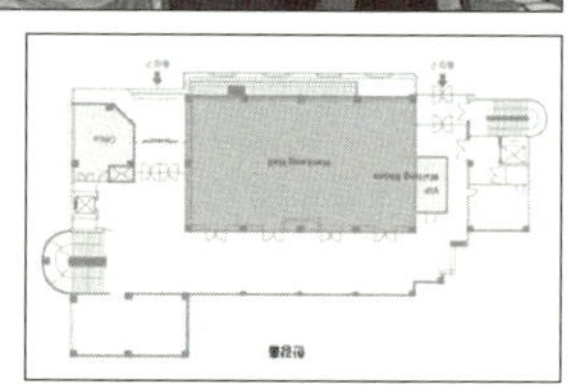

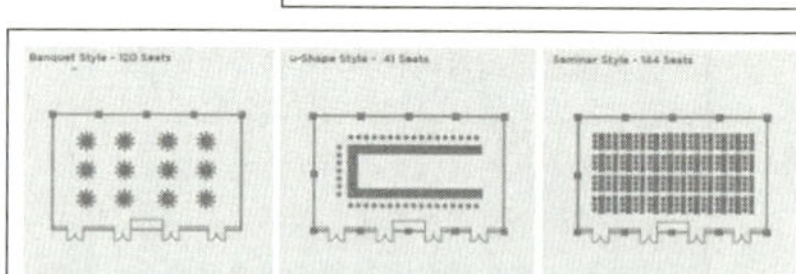


| Hall | Location | Dimension(m²) | Seminar | Banquet | Theater | Reception |
|---|---|---|---|---|---|---|
| Hangang Hall | K AVENUE 2F | 285 | 150 | 120 | 200 | 200 |
| Stage | | 55 (8,400 x 2,000 x 800) | | | | |

(1) 연회행사

❶ 결혼식(미션)

1층 한강홀(Lay out)〈중앙 무대일 때〉

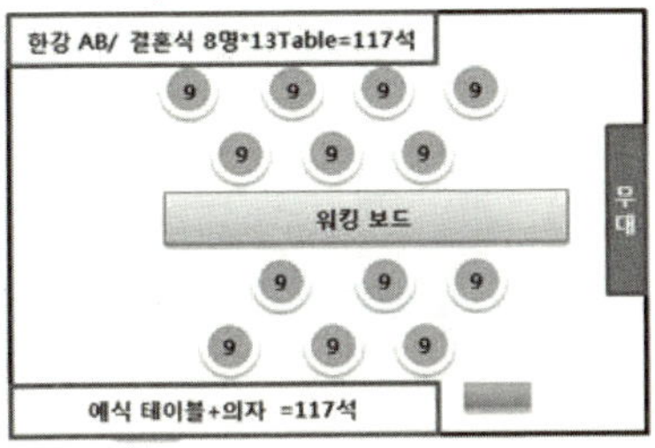


❷ 양식 코스(미션)

1층 한강홀(Lay out)〈중앙 무대일 때〉 라운드 테이블형

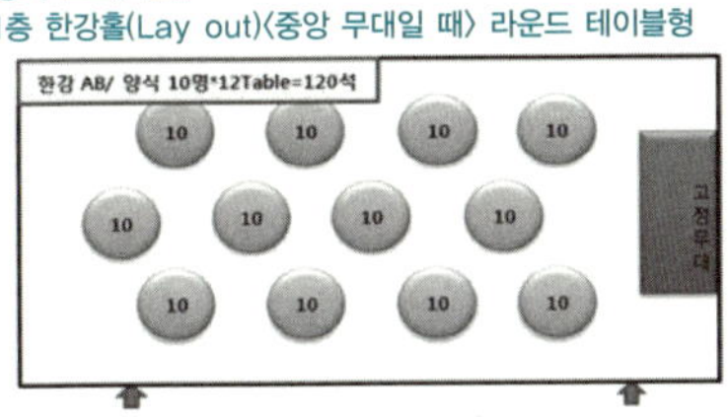


❸ 한정식 코스(미션)

1층 한강홀(Lay out)〈중앙 무대일 때〉 라운드 테이블형

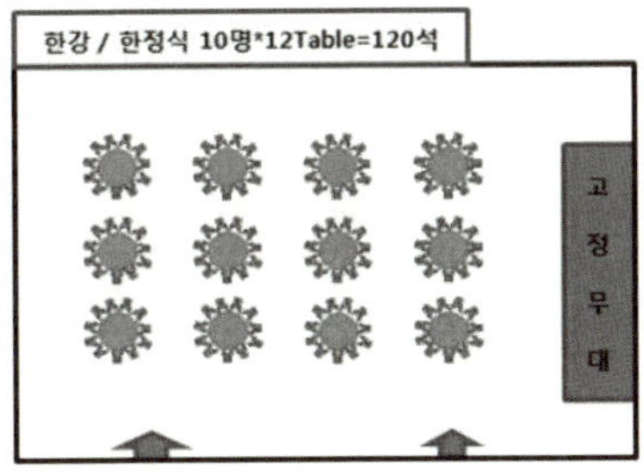


❹ 뷔페식 세팅(미션)

1층 한강(Lay out)〈중앙 무대일 때〉 90석 세팅

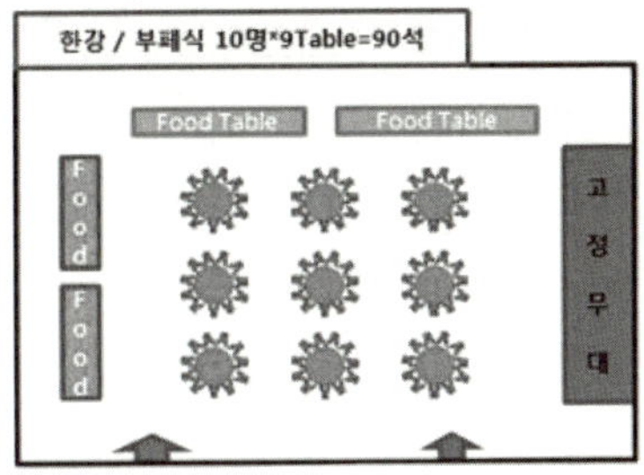


2. 금강A홀 평면도

- 높이: 5M
- 넓이: 1,178㎡
- 길이: 2,550㎡
- 양식코스: 700명
- 리셉션: 1,000명
- 세미나: 1,300명
- 극장식: 1,300명

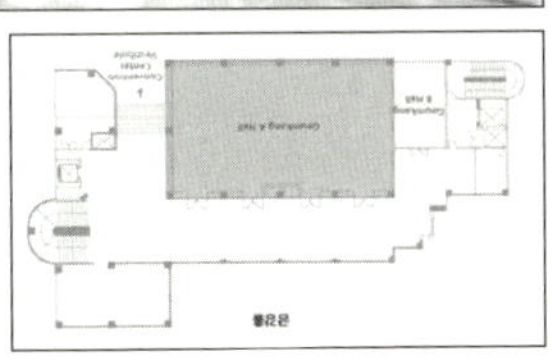

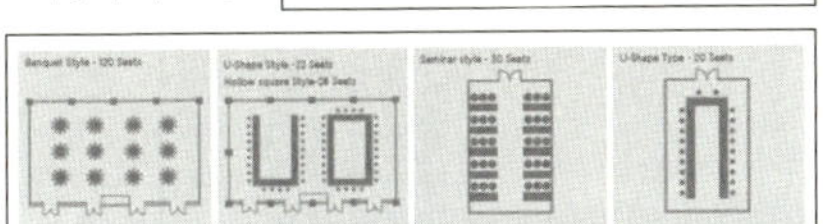


| Hall | Location | Dimension(m²) | Seminar | Banquet | Theater | Reception |
|---|---|---|---|---|---|---|
| Geumkang Hall A | | 286 | 150 | 120 | 200 | 200 |
| Stape | K AVENUE 2F | 54 (6800 x 2400 x 400) | | | | |
| Geumkang Hall B | | 43 | 30 | 15 (U shape) | 40 | - |

(1) 연회행사

❶ 양식 코스(미션)

2층 금강 A홀(Lay out)〈중앙 무대일 때〉 라운드 테이블형

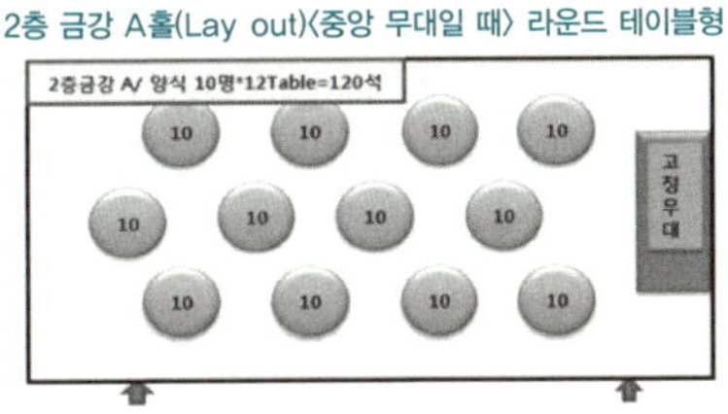


❷ 한정식 코스(미션)

2층 금강A 홀(Lay out)〈중앙 무대일 때〉 라운드 테이블형

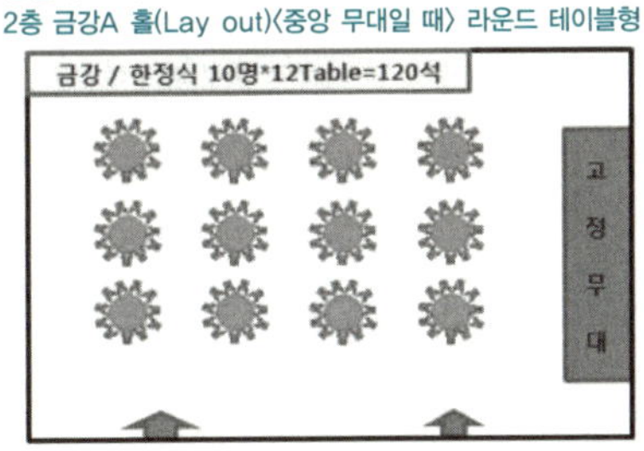

❸ 뷔페식 세팅(미션)
2층 금강 A홀(Lay out)〈중앙 무대일 때〉 90석 세팅

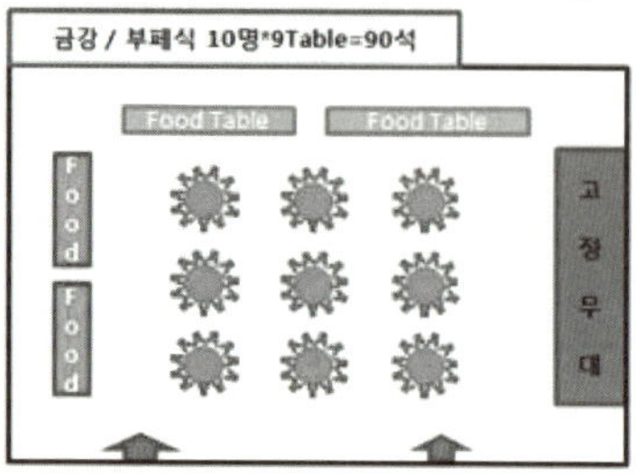


❹ 세미나 형식(미션)
2층 금강 A홀(세미나Lay out) 〈중앙 무대일 때〉 150석

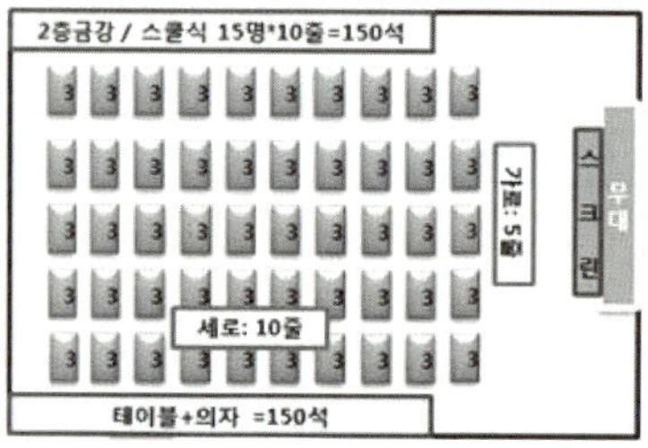


3. 동강 ABCD홀 평면도

- 높이: 5M
- 넓이: 1,178㎡
- 길이: 2,550㎡
- 양식코스: 700명
- 리셉션: 1,000명
- 세미나: 1,300명
- 극장식: 1,300명

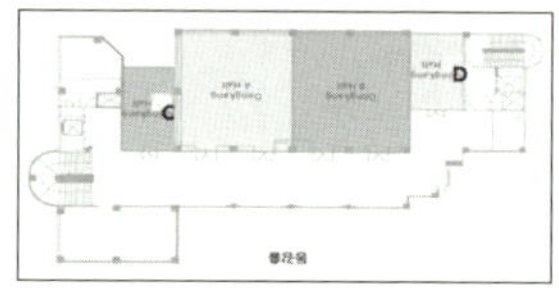

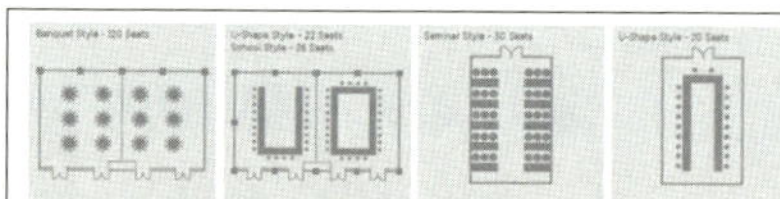

| Hall | Location | Dimension(m²) | Seminar | Banquet | Theater | Reception |
|---|---|---|---|---|---|---|
| Dongkang Hall A | K AVENUE 3F | 141 | 70 | 60 | 100 | 70 |
| Dongkang Hall B | | 141 | 70 | 60 | 100 | 70 |
| Dongkang Hall C | | 43 | 30 | 15 | 40 | - |
| Dongkang Hall D | | 43 | 30 | 15 | 40 | - |

(1) 연회행사

❶ 세미나 행사(미션)
3층 동강 A홀(Lay out)〈중앙 무대일 때〉 스쿨식 84석

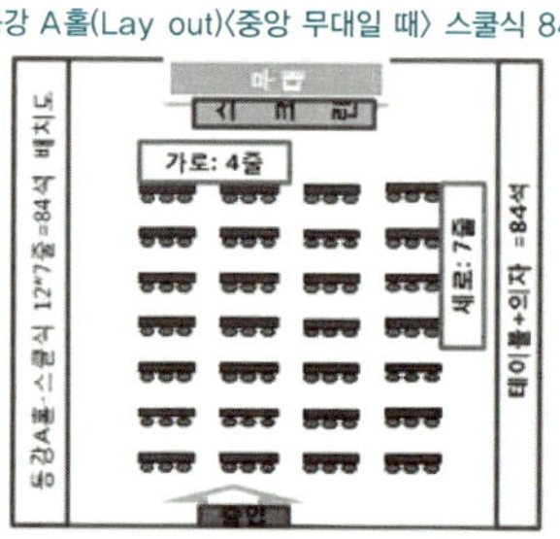


3층 동강 A홀(Lay out)〈중앙 무대일 때〉 ㅁ자형 36석

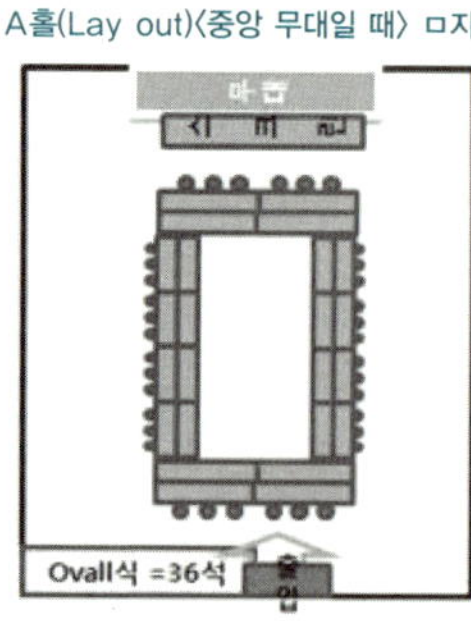


3층 동강 D홀(Lay out)〈중앙 무대일 때〉 통ㅁ자형 24석

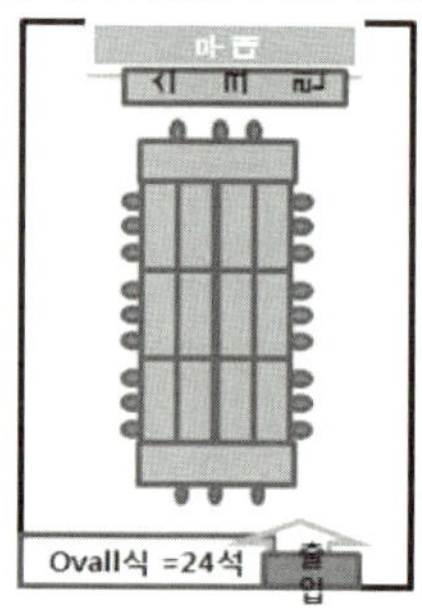


3층 동강 D홀(Lay out)〈중앙 무대일 때〉 통U자형 21석

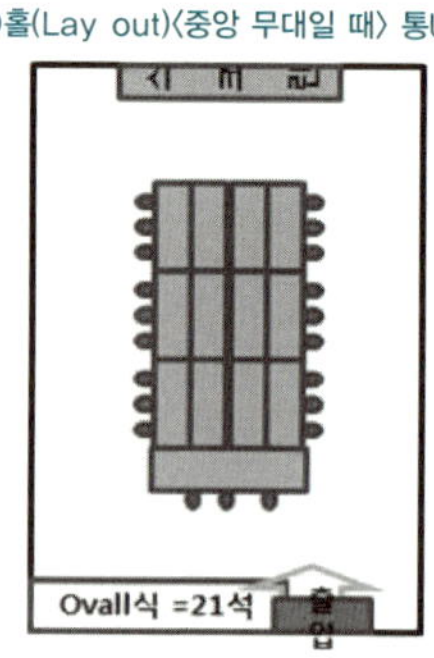

4. B1 남강 ABC홀 평면도

- 높이: 5M
- 넓이: 1,178㎡
- 길이: 2,550㎡
- 양식코스: 700명
- 리셉션: 1,000명
- 세미나: 1,300명
- 극장식: 1,300명

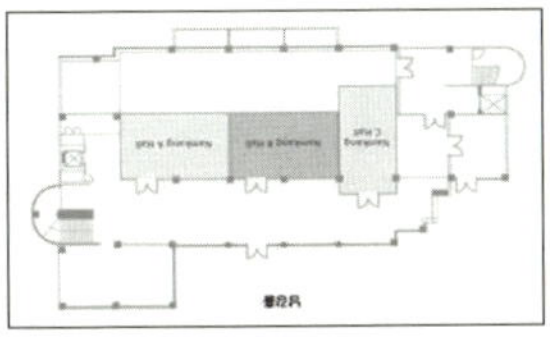

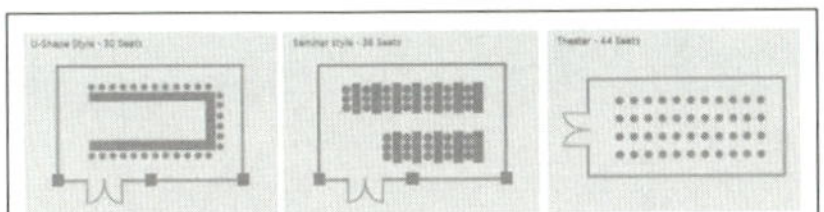

| Hall | Location | Dimension(m²) | Seminar | Banquet | Theater | Reception |
|---|---|---|---|---|---|---|
| Namkang Hall A | K AVENUE B1F | 69 | 36 | 20 | 50 | - |
| Namkang Hall B | | 69 | 36 | 20 | 50 | - |
| Namkang Hall C | | 36 | 30 | 15 | 40 | - |

(1) 연회행사

❶ 세미나 행사(미션)

지하 남강 A홀(Lay out)〈중앙 무대일 때〉 스쿨식 36석

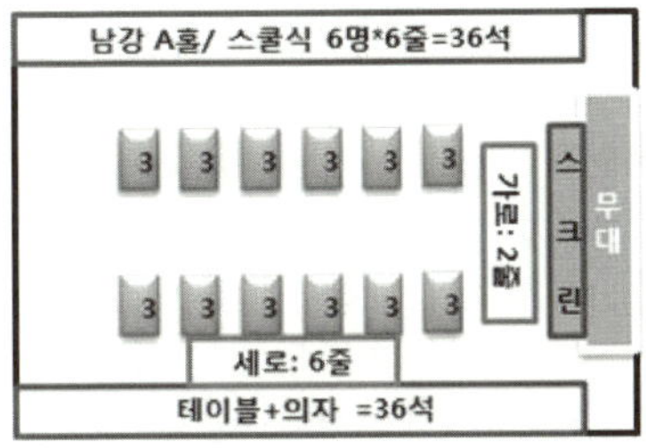


지하 남강 A홀(Lay out)〈중앙 무대일 때〉 통ㅁ자 36석

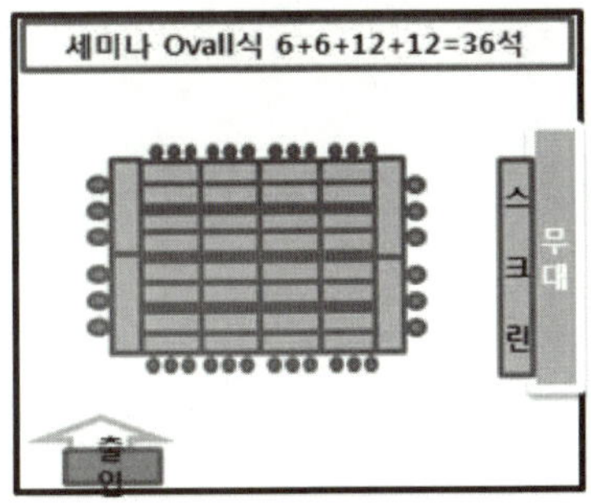


지하 남강 B홀(Lay out)〈중앙 무대일 때〉 통ㅁ자 36석

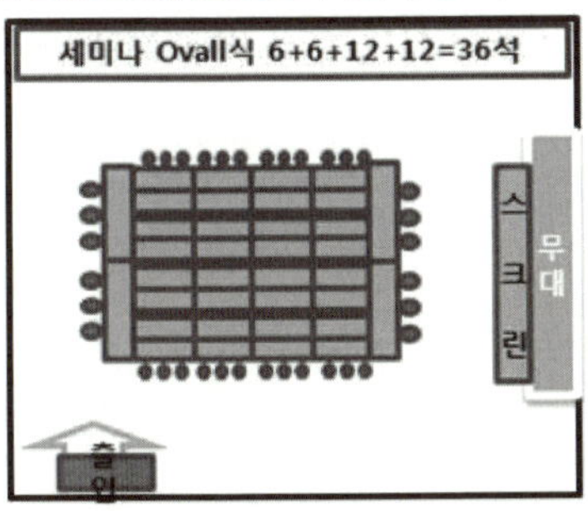


지하 남강 B홀(Lay out)〈중앙 무대일 때〉 U자형 30석

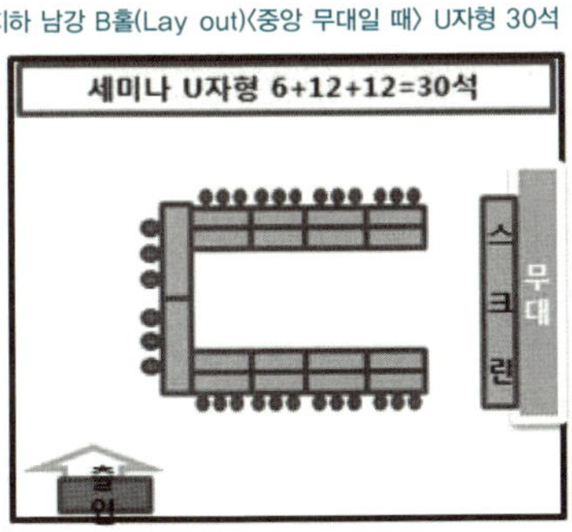


지하 남강 C홀(Lay out)〈중앙 무대일 때〉 통ㅁ자 36석

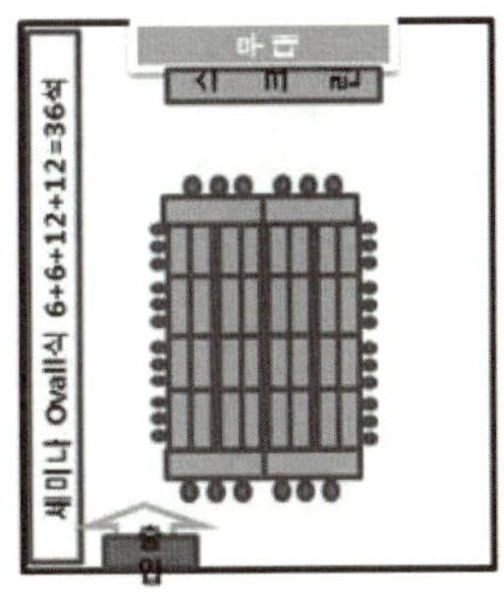


지하 남강 C홀(Lay out)〈중앙 무대일 때〉 U자형 30석

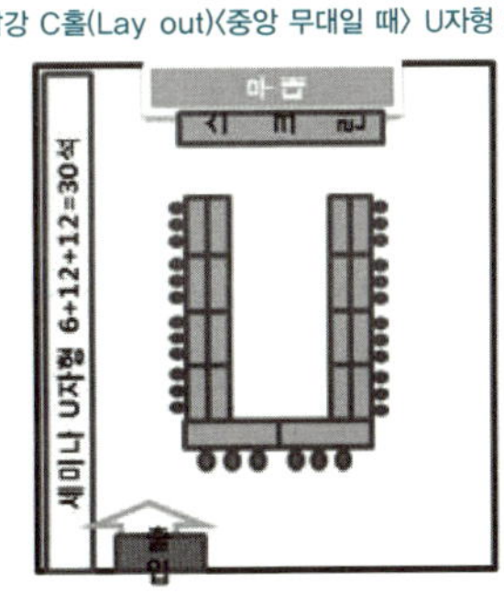

# Part III

# 조리부

Cooking Department

人joy

# Hotel Technology

호텔공학

Chapter 8

# 조리부
Cooking Department

## 1. 조리부(Cooking Department)

조리부서는 호텔의 전체적인 퀄리티 높은 음식을 기획하고 식음료부서와 협의해서 원하는 다양한 경쟁력 있는 상품 아이템을 가지고 타 호텔과 경쟁의 우위를 선점하는 최고의 음식을 지속적으로 만들어 호텔의 발전에 밑거름이 되어야 한다.

### 1) 조리부 직급별 직무

#### (1) 조리부 부서장(총주방장)

조리부 부서장은 조리부문에 관한 한 최고 책임자로서 주방업무를 총괄하고 관리하며 예산된 목표를 달성하기 위해서 새로운 메뉴를 개발하고 인사관리 시설 및 주방 안전과 위생관리 식자재 구매 및 발주를 총괄 관리, 감독한다.

그리고 의사 전달자로서 여러 형태의 경영진 회의에 참여하고 단위 주방 간의 업무를 조정하여 분담시키고 각 주방장들과 협의하여 모든 주방의 기능이 효과적으로 발휘하도록 한다. 또한 총지배인의 영업정책에 따라 호텔음식을 책임진다는 목표와 호텔에서 최고의 음식을 만들어 고객에게 제공하겠다는 자부심을 갖고 조리부 직원을 잘 훈련시키고, 각자의 맡은바 소임을 다할 수 있도록 최상의 조직으로 이끌고, 팀 이하 조직이 일사불란하게 경영목표에 의해서 움직일 수 있도록 끊임없이 소통과 대화로 리더십을 발휘해야 한다. 각 부서의 부서장과의 협조와 소통으로 혹 부서 이기심에 빠지지 않도록 항상 열린 마음으로 솔선수범하는 자질과 역량을 갖춰야 하고 직원의 직무향상 자질향상, 서비스마인드, 영어교육 등 조직이 끊임없이 발전할 수 있도록 막중한 책임이 주어진다.

### (2) 조리부 차장(팀장)

조리부 팀장은 총주방장을 보좌하며 부재 시에 업무를 대행하고 각 주방장들을 지휘 및 감독을 하고 주방의 실질적인 책임자라고 할 수 있다.

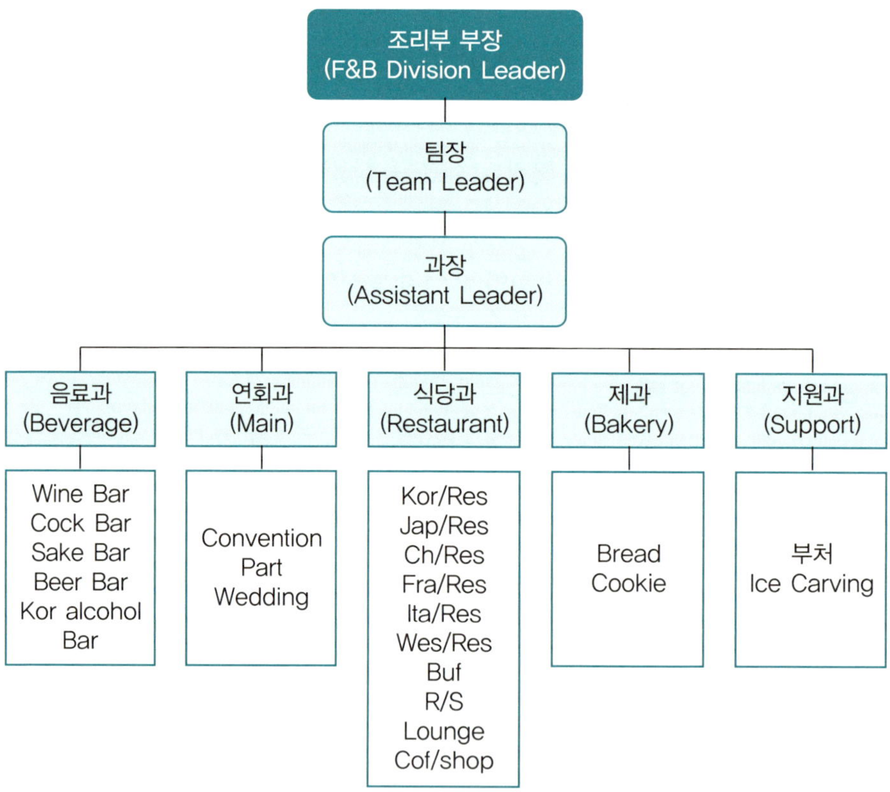


[그림 8-1] 조리부 조직도

조리부서의 중·단기 영업계획 수립 및 모든 조리직원 교육을 계획하고, 단위 주방장들의 근무관리 및 고과평가를 한다. 회사영업에 가장 중요한 총지배인의 영업정책을 따르고, 과장 이하 직원들의 업무에 어려운 점이나 애로사항 등을 잘 경청하고, 부서장에게 보고하여 소통함으로써 조직이 일사분란하게 막힘이 없도록 솔선수범하는 자세로 과장 이하 직원에게 믿음과 신뢰를 줄 수 있는 리더의 자질을 갖춰야 한다.

그리고 조리부하고 관련 있는 타 부서의 팀장들과도 막힘 없이 소통하며, 부하직원들의 발전을 위해서 팀워크, 공동체의식, 서비스정신, 직무훈련, 영어교육 등의 체계적인 프로그램을 만들어 조직 강화에 직접적인 리더십을 발휘하여야 한다.

### (3) 조리부 과장

과장의 역할은 부서장과 팀장의 지시를 받고 시행하며 부서장, 팀장 그리고 대리급 이하 직원들의 중간적인 입장에서 아래 직원들의 불편하고 힘든 부분을 경청하여 잘 걸러서 팀장과 부서장에게 적절하게 전달하여 업무에 왜곡이 생기지 않도록 소통에 힘써야 한다. 타 부서의 직원들과도 불편함이 없도록 소통을 해야 하며, 특히 식음료 책임자와 협업하여 최고의 영업장이 될 수 있도록 메뉴개발과 음식의 질을 높이는데 최선을 다하여야 한다. 대리급 이하 하위직원의 직무향상, 서비스마인드, 위생관리감독, 영어교육 등도 직접적으로 관여하여 최상의 중견 간부로서의 역할을 해야 한다.

### (4) First chef(대리) 식당

영업장의 대리는 전쟁터에서 실질적인 장수로 생각하면 다를 바가 없다. 부서장과 팀장 과장의 영업정책을 수반하여 운영하는 실무자로서 최고의 영업장이 될 수 있도록 최상의 매뉴얼 개발에 힘써야 하며 계절별 월별, 주별, 일일별, 스페셜, 기념일 등 다양한 창의성이 수반된 독창적인 자기만의 노하우를 갖춰서 영업에 임해야 한다. 또한 영업장 지배인의 영업정책을 보좌하는 파트너로서 수장이 영업을 잘할 수 있도록 파트너 조력자가 되어야 하며 식음료직원과 조리하위직원들과의 소통에도 신경을 써야 하다. 서비스마인드교육, 직무향상교육, 위생관리감독 등 최고의 영업장과 주방이 될 수 있도록 한다.

### (5) First chef(대리) 연회

연회행사장의 막중한 임무를 수행하는 책임자로서 영업장과는 차별화된 마인드로 임해야 최고의 성과를 낼 수 있다. 마찬가지로 부서장과 팀장, 과장의 영업정책을 수반하여 운영하는 연회장 실무자로서 연회장 뱅켓 지배인과 업무적인 협조를 해야 한다. 크고 작은 연회 행사에 성과를 이룰 수 있도록 최상의 연회메뉴는 물론 뱅킷 식음료직원과 조리직원의 원활한 소통을 위해서 책임감을 갖고 노력하여야 한다.

많은 호텔에서 부서 간의 이기심에 주안점을 두어 정작 고객에게 서비스를 도외시하는 경향이 많은데 이 점을 깊이 생각하여 고객 우선주의를 항상 생각하고 업무에 임해야 한다.

# Part IV

# 세일즈 마케팅부

Sales Marketing

人joy

# Hotel Technology

호텔공학

Chapter

9

# 세일즈 마케팅부

Sales Marketing

세일즈 마케팅부서는 호텔의 규모와 객실 식음료의 판매 상품 비율에 따라 비례하여 조직이 짜여지고 식음료 특히 컨벤션 연회 규모가 큰 조직이라면 세일즈 하부조직이 그만큼 많이 있어야 한다. 또한 호텔 상품을 직접 외부로 나가 다양한 기업체, 관공서, 여행사, 학교, 병원, 스포츠단체, 학회, 협회 등의 행사를 할 수 있는 키맨들을 찾아가서 예약을 성사시키는 어려운 업무를 맡는 곳이다.

그러면 이러한 무에서 유를 창조하는 부서에서 근무하려면 여기에 속한 직원들은 어떠한 자질과 능력과 소양을 갖춰야 하는가?

첫 번째, 어떠한 어려운 점이 있어도 회사를 위해서라면 불길도 뛰어들겠다는 투철하고 강한 정신력과 애사심을 갖춰야 한다. 혹 뭐 그렇게 극단적으로 꼭 그렇게라고 생각하는 사람도 있을 것이다. 하지만 외부로 나가서 영업을 하는 것은 그리 쉬운 업무는 아니다. 그렇기에 마음가짐을 굳건하게 하면 못 이룰 것이 없다라는 면에서 얘기한 것이다.

두 번째, 내향적이 아닌 외향적인 성향의 성격과 주위에서 발이 넓다라는 평가를 받는 자는 여기에 속한다.

세 번째, 호텔의 식음료부서와 객실부를 두루 경험을 해보고 고객응대 접객서비스, 연회행사 등의 많은 경험과 외부 필드에서 충분하게 실력을 발휘할 수 있는 자질을 갖춰야 한다.

마지막으로 원만한 인간관계를 가진 사람이라면 더욱 좋다. 예를 들어서 어렵게 행사를 유치해서 받아왔는데 식음료 부서나 객실부서, 조리부에서 크레임이 발생하여 호텔 내에서 여러 가지 이유로 어려움이 생겼다면 이것을 슬기롭게 극복할 수 있는 성격과 인내심, 노력 등이 필요하다.

세일즈 마케팅부서의 조직도상 직무를 설명하면 본부장(부장)은 총지배인의 영업정책을 가장 최일선에서 보좌하여 호텔의 명운을 짊어지는 역할을 맡았다고 생각하

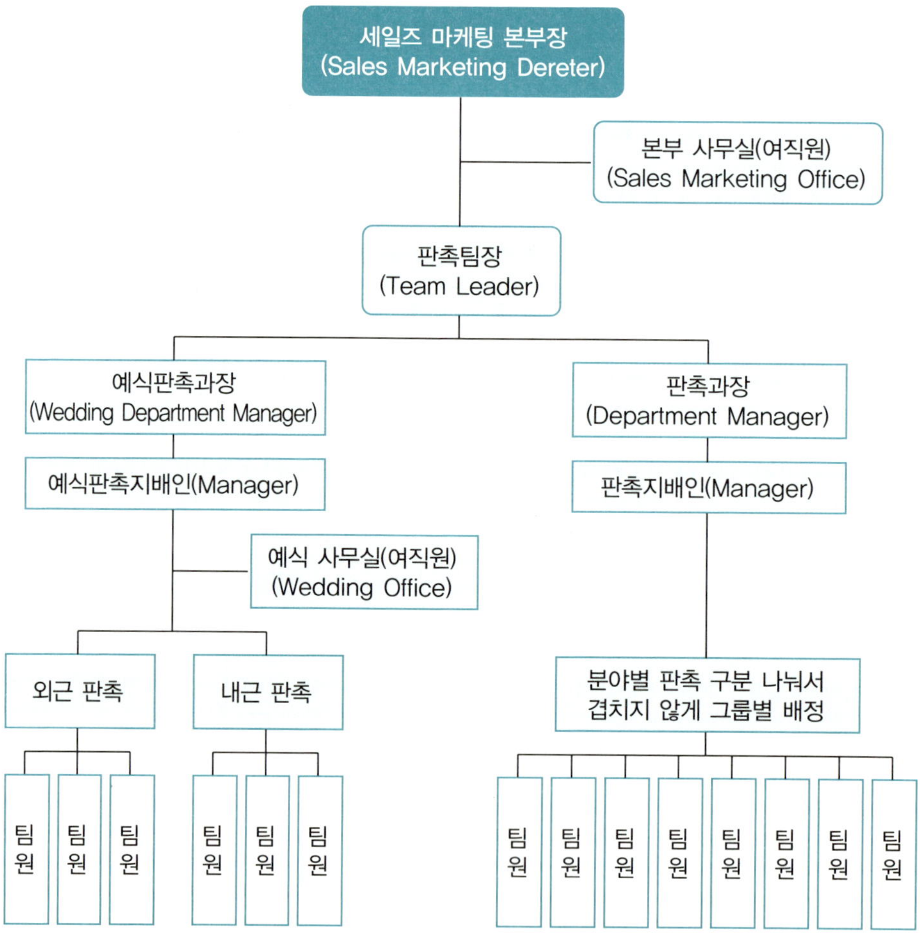


[그림 9-1] 세일즈 마케팅부 조직도

면 가장 정확한 말일 것이다. 부서 내 직원들의 판촉활동을 잘 지원해주고 어려운 부분은 신속하게 해결하여 최상의 세일즈 분위기를 연출하여 직원들이 행사 장소가 부족해서 행사를 못 받겠다 할 정도로 행사장 100% 달성이 될 수 있도록 리더십이 중요하다.

또한 대외적인 호텔 내 부서장과의 호흡이 중요하고 특히 식음료, 조리, 객실과의 유기적인 협업이 잘 이루어져서 부서 내 만연한 이기주의가 생기지 않도록 많은 노력을 기울여 직무에 충실할 때 가장 빛을 발할 것이다.

팀장은 본부장의 업무방향성을 정확하게 인지하여 바로 아래 과장부터 지배인, 팀원을 일사분란하게 진두지휘하여 최고의 매출을 올리는데 소임을 다하여야 한다. 타 부서와의 협조체제도 중요하여 부서의 협업을 가장 큰 과업으로 생각하여 최소한 2주에 한 번은 부서별 미팅을 주선하여 개선해야 할 부분은 머리를 맞대고 해결해서 행여 다른 부서에서 도와주지 않는다고 행사를 힘들어서 못 받겠다라는 문제가 없도록 최선을 다하여 팀에 힘을 보태야 한다. 그러면서 외부의 행사에도 적극적으로 판촉활동을 하여 부하직원보다 매출이 더 많아서 역시 팀장은 부서의 능력자라는 팀원의 존경을 받도록 하여야 한다.

과장의 역할은 본부장, 팀장의 적극적인 대변자가 되고 또한 아랫사람과의 관계를 잘 형성하는 가교 역할과 타 부서와의 협력관계, 외부판촉도 적극적으로 세일즈하여 매출을 올리는데 솔선수범하는 자세를 가져야 한다.

지배인은 과장의 역할은 기본이고 아래 직원의 소소한 부분까지도 잘 챙겨서 항상 직장 분위기를 좋게 하기 위해 노력하고 최고 세일즈맨의 기본기에 충실하여야 하겠다.

세일즈 팀원은 자기가 맡은 분야별 판촉역할에 충실하여 매출목표에 도달하고 가장 질 높은 예약을 받는다는 마음가짐으로 임해야 한다.

## 식음료 판촉

호텔에서 식음료부문이 차지하는 비중에 따라 크면 클수록 세일즈 마케팅부문도 커지고, 작으면 작게 운영하는 것이 바람직한데 그러한 면에서 직원의 구성도 효율적으로 포지셔닝하여 전문가 위주로 편성한다. 식음료 세일즈를 하는 호텔리어가 식음료에 대한 해박한 실무 이론을 알지 못하고 판촉을 하는 것은 백전백패이며, 고객과의 예약 컴펌에서 꼭 오더를 받겠다는 신념이 가장 중요하다. 어떠한 경우라도 고객의 심리를 파악해서 임무를 완수해야 하는 막중한 자리이다. 그러므로 이러한 기본적인 자질을 갖춰야 근무하는 곳이다.

### 1. 분야별 판촉부문

호텔별로 가장 효율적으로 판촉할 수 있도록 조직을 구성하는데 중요한 부분은 세일즈 직원이 겹치지 않고 전문적으로 오더를 받아올 수 있도록 편성하는 것이다. 이러한 부분에서 분야별로 팀원들을 나눠 행사를 유치하는데 최선을 다하여야 한다.

#### 1) 기업체

기업체는 대기업부터 중소기업 등으로 나뉘어져서 회사의 발전을 위해서 크고 작은 많은 행사를 주로 호텔에서 한다. 신년회부터 송년회 신입생연수, 중간간부교육, 신차발표회, 팀장회의, 신제품발표회 등의 행사를 타 호텔보다 먼저 찾아가서 행사를 받아와야 한다.

#### 2) 관공서

국가에서 운영하는 여러 단체가 있는데 예를 들어 공기업, 준정부기관, 공공기관이 있는데 기획재정부(3), 교육부(21), 미래창조과학부(39), 외교부(3), 통일부(2), 법무부(3), 국방부(2), 안전행정부(3), 문화체육관광부(33), 농림축산식품부(9), 산업통

산자원부(41), 보건복지부(18), 고용노동부(12), 여성가족부(3), 국토교통부(21), 해양수산부(14), 국무조정실(24), 방송통신위원회(1), 원자력안전위원회(2), 금융위원회(9), 공정거래위원회(1), 국가보훈처(3), 방위사업청(2), 문화재청(1), 산림청(2), 농촌진흥청(1), 중소기업청(8), 특허청(4), 식품의약품안전청(3), 기상청(1), 경찰청(1), 소방방재청(1) 등으로 295개이다. 이러한 기관은 주무부처가 되고 공기업은 시장형이냐 준시장형이냐에 따라 나뉜다. 시장형은 자산규모가 2조 원 이상이고 총수입액 중 자체 수입액이 85% 이상인 공기업을 말하며, 준시장형은 시장형 공기업이 아닌 공기업(한국관광공사, 한국방송광고진흥공사 등)을 말한다. 준정부기관은 기금관리형과

■ 4 Star Hotel(예약서 펑션)

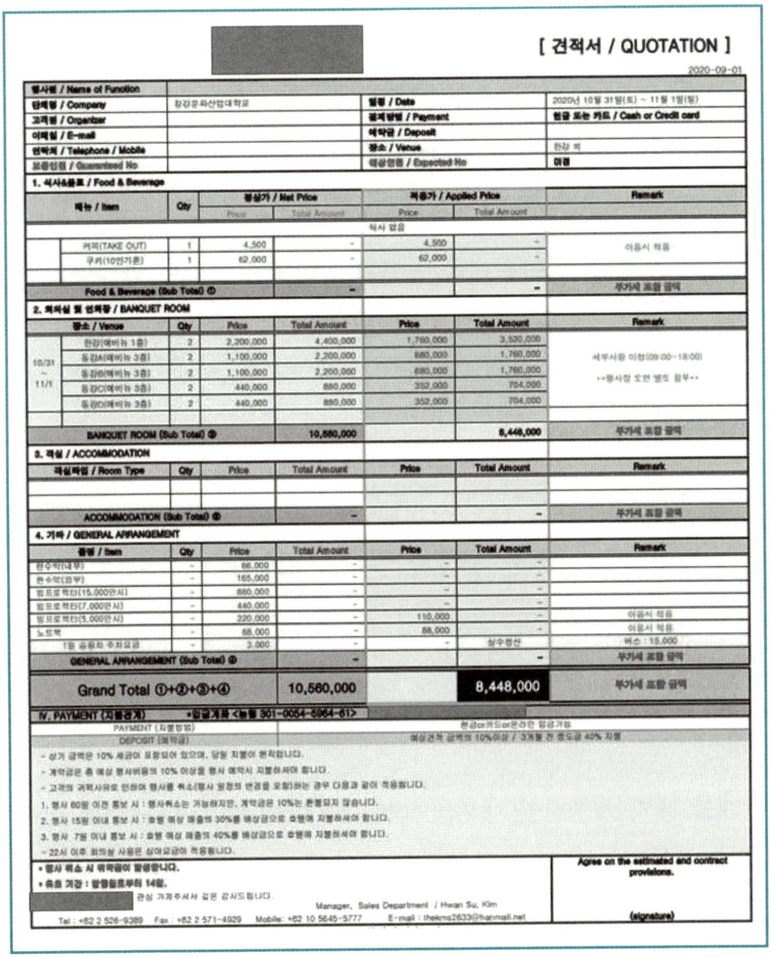

[ 견적서 / QUOTATION ]

2020-09-01

| 행사명 / Name of Function | | | |
|---|---|---|---|
| 단체명 / Company | 한강문화산업대학교 | 일정 / Date | 2020년 10월 31일(토) ~ 11월 1일(일) |
| 고객명 / Organizer | | 결제방법 / Payment | 현금 또는 카드 / Cash or Credit card |
| 이메일 / E-mail | | 예약금 / Deposit | |
| 연락처 / Telephone / Mobile | | 장소 / Venue | 한강 外 |
| 보증인원 / Guaranteed No | | 예상인원 / Expected No | 미정 |

| | | | 정상가 / Net Price | | 적용가 / Applied Price | | |
|---|---|---|---|---|---|---|---|
| **1. 식사&음료 / Food & Beverage** | | | | | | | |
| 메뉴 / Item | | Qty | Price | Total Amount | Price | Total Amount | Remark |
| 식사 없음 | | | | | | | |
| | 커피(TAKE OUT) | 1 | 4,500 | - | 4,500 | - | 이용시 적용 |
| | 쿠키(10인기준) | 1 | 62,000 | - | 62,000 | - | |
| Food & Beverage (Sub Total) ① | | | | - | | - | 부가세 포함 금액 |
| **2. 회의실 및 연회장 / BANQUET ROOM** | | | | | | | |
| 장소 / Venue | | Qty | Price | Total Amount | Price | Total Amount | Remark |
| 10/31 ~ 11/1 | 한강(애비뉴 1층) | 2 | 2,200,000 | 4,400,000 | 1,760,000 | 3,520,000 | 세부사항 미정(09:00~18:00) **행사장 도면 별도 첨부** |
| | 동강A(애비뉴 3층) | 2 | 1,100,000 | 2,200,000 | 880,000 | 1,760,000 | |
| | 동강B(애비뉴 3층) | 2 | 1,100,000 | 2,200,000 | 880,000 | 1,760,000 | |
| | 동강C(애비뉴 3층) | 2 | 440,000 | 880,000 | 352,000 | 704,000 | |
| | 동강D(애비뉴 3층) | 2 | 440,000 | 880,000 | 352,000 | 704,000 | |
| BANQUET ROOM (Sub Total) ② | | | | 10,560,000 | | 8,448,000 | 부가세 포함 금액 |
| **3. 객실 / ACCOMMODATION** | | | | | | | |
| 객실타입 / Room Type | | Qty | Price | Total Amount | Price | Total Amount | Remark |
| ACCOMMODATION (Sub Total) ③ | | | | - | | - | 부가세 포함 금액 |
| **4. 기타 / GENERAL ARRANGEMENT** | | | | | | | |
| 품명 / Item | | Qty | Price | Total Amount | Price | Total Amount | Remark |
| 현수막(내부) | | - | 66,000 | - | - | - | |
| 현수막(외부) | | - | 165,000 | - | - | - | |
| 빔프로젝터(15,000안시) | | - | 880,000 | - | - | - | |
| 빔프로젝터(7,000안시) | | - | 440,000 | - | - | - | |
| 빔프로젝터(5,000안시) | | - | 220,000 | - | 110,000 | - | 이용시 적용 |
| 노트북 | | - | 88,000 | - | 88,000 | - | 이용시 적용 |
| 1일 승용차 주차요금 | | - | 3,000 | - | - | 실수정산 | 버스 : 15,000 |
| GENERAL ARRANGEMENT (Sub Total) ④ | | | | - | | - | 부가세 포함 금액 |
| Grand Total ①+②+③+④ | | | | 10,560,000 | | 8,448,000 | 부가세 포함 금액 |

Ⅳ. PAYMENT (지불관계) *입금계좌 <농협 301-0054-5964-61>

| PAYMENT (지불방법) | 현금or카드or온라인 입금가능 |
|---|---|
| DEPOSIT (예약금) | 예상견적 금액의 10%이상 / 3개월 전 중도금 40% 지불 |

- 상기 금액은 10% 세금이 포함되어 있으며, 당일 지불이 원칙입니다.
- 계약금은 총 예상 행사비용의 10% 이상을 행사 예약시 지불하셔야 합니다.
- 고객의 귀책사유로 인하여 행사를 취소(행사 일정의 변경을 포함)하는 경우 다음과 같이 적용됩니다.
1. 행사 60일 이전 통보 시 : 행사취소는 가능하지만, 계약금은 10%는 환불되지 않습니다.
2. 행사 15일 이내 통보 시 : 호텔 예상 매출의 30%를 배상금으로 호텔에 지불하셔야 합니다.
3. 행사 7일 이내 통보 시 : 호텔 예상 매출의 40%를 배상금으로 호텔에 지불하셔야 합니다.
- 22시 이후 회의실 사용은 심야요금이 적용됩니다.

* 행사 취소 시 위약금이 발생합니다.
* 유효 기간 : 발행일로부터 14일.

관심 가져주셔서 깊은 감사드립니다.

Manager, Sales Department / Hwan Su, Kim

Tel : +82 2 526-9389 Fax : +82 2 571-4929 Mobile: +82 10 5645-5777 E-mail : thekms2633@hanmail.net

Agree on the estimated and contract provisions.

(signature)

위탁집행형으로 나뉘는데 기금관리형은 국가재정법에 따라 기금을 관리하거나 기금의 관리를 위탁받는 준정부기관(서울올림픽기념국민체육진흥공단, 한국문화예술위원회 등)이며, 위탁집행형은 기금관리형 준정부기관이 아닌 준정부기관(한국교육학술정보원, 한국과학창의재단 등)이다.

### 3) 여행사

우리나라 여행사를 순위별로 나눠보면 레드캡투어, 롯데JTB, 롯데관광, 한진관광, 참좋은여행, NHN여행박사, 하나투어, 투어2000, 모두투어, 인터파크투어, 노랑풍선, 자유투어, 온라인투어, 여행바보KRT 등이 있으며, 15개 여행사가 매출이나 서비스부분에서 이름이 알려져 있다.

### 4) 학교

2016년 기준 학교 수는 20,835개로 유치원 8,987개, 초등학교 6,001개, 중학교 3,209개, 고등학교 2,353개이다. 대학교는 2017년 기준 408개교로 일반대학, 산업대학, 교육대학 전문대학, 대학원대학, 방송통신대학, 사이버대학, 기술대학, 각종 학교 등이 있다.

### 5) 학회

분야별로 분류한 학회 수는 대략 2,500~2,600개로 인문학회, 사회과학학회, 자연과학학회, 간호학회, 경영학회, 공학회, 농업생명과학회, 미술학회, 법학회, 교육학회, 생활과학학회, 수의학회, 약학학회, 음악학회, 의학회 등이 있다.

### 6) 일반 행사

위의 5단계를 제외한 행사를 내외근직에서 오더를 받으며, 내근직 근무자는 홈페이지 방문고객이나 직접 호텔에 방문해서 예약하고자 하는 고객을 대상으로 전담하는 부문이라고 보면 되겠다.

## 예식 판촉

### 1. 외근 외딩판촉

외딩판촉은 일반판촉과 많이 다르게 외부로 나가서 하는 경우가 드문데 그럼에도 내부에 방문하는 고객만 바라보는 것은 올바른 기준은 아니다. 판촉 부서장이나 팀장의 영업기준에 의해서 인력을 배치하며 리더는 항상 고정관념을 버리고 창의적인 관점에서 고객판촉을 바라봐야 호텔에 도움이 된다. 적극적인 판촉방안과 마인드 변화로 최일선 판촉직원을 독려하여 매출을 달성할 수 있도록 하는 자세가 가장 중요하다.

### 2. 내부 방문 예약

예식예약은 일반예약과 다르게 보편적으로 방문고객이 많이 호텔을 찾아오기 때문에 예식예약 전담 여직원을 상시로 대기해야 한다. 5성급 호텔 기준으로 1년에 200~300건이면 3명~5명의 인력배치를 적절하게 하여 최고의 성과를 낼 수 있도록 해야 한다.

# Part V

# 경영관리부

Management Department

人joy

# Hotel Technology

호텔공학

Chapter

10

# 경영관리부

## Management Department

경영관리부는 호텔영업을 지원하는 관리부서로 가장 중요한 것은 실질적인 영업을 지원한다는 목표가 뚜렷해야 한다. 자칫 관리를 위한 관리부서가 되지 않기 위해서는 관리 본연의 업무에 충실하여 조직이 비대해지는 것을 계해야 하며 관리 책임을 맡은 본부장은 이 점을 명심하여 책임을 다하여야 한다.

영업부서의 총지배인은 야전에서 최고의 매출을 올려야 하는 책무와 반대로 경영지원부서는 야전에서 잘 싸울 수 있도록 인재, 정보, 구매, 재무, 시설 등 영업을 하는데 한치의 소홀함이 없이 최상의 효과를 달성할 수 있도록 모든 지원을 아끼지 말아야 하며 이러한 생각과 실천이 경영관리부의 최상의 시나리오일 것이다.

요즘 컴퓨터가 최첨단화되어서 웬만한 작업능력은 사람이 하는 일보다 빠르고 정확해서 컴퓨터 정보 관리시스템을 잘 갖춘다면 많은 사람이 하는 작업을 반으로 줄일 수 있으므로 인력 효율화를 이룰 수 있고, 인건비 비중이 날로 높아지는 요즘에 가장 현명한 관리 부서로 거듭날 것이다. 이러한 인력이 세이브되면 영업 현장에 인력배치를 높여 고객에게 더 많은 서비스로 보답할 때 최고의 호텔이라는 수식어가 따라올 거라고 의심치 않는다.

## 인적자원관리팀

호텔기업은 하드웨어 즉 내부 인테리어 디자인과 객실 내의 시설 스포츠센터 내의 시설 그리고 식음료의 음식과 음료 등을 호텔종사원이 최고의 인적 서비스를 가미하여 주어진 임무를 수행하느냐에 따라 경영성과가 달라진다. 이는 바꿔 말하면 관리부서든 영업부서든 사람이 어떻게 일을 하느냐에 따라 천차만별의 결과로 나타나며 사람이 가장 중요하다는 결론에 도달하게 된다.

그러므로 호텔경영자는 가장 기본인 인적자원을 어떻게 배분해야 기업의 본질인 이익실현에 다가갈 것인가? 이런 질문에 명쾌한 답을 제시하고자 한다.

호텔조직도의 기초를 바탕으로 경영자가 원하는 방향으로 조직을 관리와 영업으로 나누고 관리하는 부서는 영업부서 활동을 적극적으로 지원하게 하는 시스템으로 최상의 시나리오를 만들어서 목표에 매진해야 한다.

인적자원관리를 보통 호텔에서는 인사팀, 인사총무팀, 총무관리팀, 경영기획팀 등으로 나누며 비슷하게 인사부서라 부른다.

### 1. 인력자원관리과

호텔의 인적자원관리 시스템은 인적자원 확보, 인적자원 개발유지, 직무관리, 인사고가, 인적자원 보상, 인적자원 방출, 아웃소싱 등으로 설계, 계획하여야 하며 어느 한 부분이라도 소홀히 다루면 원하는 성과를 내기 힘들다.

#### 1) 인적자원 확보

호텔의 인적자원 확보는 여러 기업과 마찬가지로 관리와 영업부서로 나눠 특성에 맞는 인재를 선택해서 배치하여야 하고 이러한 부분에서 인적자원을 모집하고 선발하는 일을 인적자원 확보라 하며 인적자원 계획, 모집, 선발, 평가의 과정을 거친다.

인적자원 계획은 현재 필요한 인원과 나중에 필요하게 될 수요 예측까지 미리 계산해 놓아야 하는 과정이다. 예를 들어 호텔의 영업장이 장사가 잘 되고 매출이 예상 외로 높아지면 직원이 필요로 하다는 지표로 나타나기 때문에 이때 미리 수요를 감안하여 채용계획을 세우는 것을 의미한다. 또한 연장선상에서 추가적인 식음료 영업장을 새로 오픈한다는 계획이 서면 거기에 맞는 서비스직원과 조리직원을 충당한다는 사전 계획을 가져야 한다는 의미이다.

다음은 인적자원 계획에 의해 직원채용이 결정되면 모집을 하는데 구체적으로 내부모집과 외부모집이 있다. 내부모집은 사내공모제도, 전환배치, 승진 등이 있으며, 외부모집은 공개적으로 외부에서 지원자를 모집하는 것이다. 호텔 홈페이지를 통한 광고모집, 리크루트모집, 인턴십모집, 기존 직원의 추천, 대학에서의 산학실습에 의한 모집, 자발적인 지원에 의한 모집 등 다양한 방법으로 모집을 하게 된다.

이러한 방법으로 모집을 하면 다음 단계로 업무에 맞는 직원을 직무 중심의 인재관, 경력 중심의 인재관, 기업 중심의 인재관, 경영전략 중심의 인재관 등으로 선발한다. 이러한 인재관 확립 후 서류전형, 선발시험, 선발면접 후 평가를 거쳐 최종 신원조회 및 신체검사 후 선발한다.

### 2) 인적자원 개발 · 유지

갖춰진 인적자원을 환경변화에 맞게 성공적인 업무수행을 하기 위해서는 지속적으로 종사원의 직무수행 능력이나 태도 그리고 성과 창출, 개발, 유지하는 것이 필요하다. 이러한 목적을 달성하기 위해서는 인적자원 개발, 교육 · 훈련, 경력개발, 안전, 보건관리, 경영참여, 노사관계 관리 등의 구체적인 활동을 수행한다.

구체적으로 교육 · 훈련과 경력개발에 대하여 열거하면 교육 · 훈련은 종사원의 육체적, 정신적 능력과 성과창출 의지 및 태도에 직접적으로 영향을 줌으로써 종사원의 태도를 향상시키는 활동을 의미한다. 예를 들어 총무, 구매, 시설, 재무, 기획 등의 파트에서는 회사 내의 실무전문가의 교육과 전문적인 외부강사, 인터넷 온라인강의 등 실질적인 본인의 역량에 맞는 교육훈련을 통하여 한 단계 더 도약하는 인적자원 개발이다.

경력이란 한 개인이 직장 내에서 업무와 관련하여 계속해서 쌓이는 실무경험을 의미하며, 이러한 실무경험에 이론을 겸비하고 지속적인 개발을 통하여 성장욕구가 충족되고 직무수행이 향상될수록 직무안정감과 경쟁력 확보로 회사에 공헌을 할 수 있으며 가장 중요한 자신의 꿈을 이룰 수 있는 기회가 주어지는데 이를 경력개발이라 한다.

### 3) 직무관리

직무란 개념은 일을 수행하는 업무이며, 이것을 어떻게 규정하고 설계할 것인가? 즉 직무의 체계적이고 합리적인 관리를 의미한다.

구체적으로 적절한 직무관리 활동이 수행되지 않는다면 인적자원 확보, 개발 · 유지, 보상, 방출 등 사람관리에 관련된 활동을 수행할 수 없다. 예를 들어 객실부 내의 프런트 데스크에서 객실판매를 어떻게 진행해야 하는지, 이러한 직무를 수행하는 종사원의 자격요건은 무엇인지, 어떻게 객실판매 직무를 설계하는 것이 호텔기업의 목표 달성에 바람직한가 등을 이해하지 못하고 어떤 종사원을 뽑아야 하는지, 보상은 적절한지, 외국어는 능숙하게 하는지, 상냥한 태도와 긍정적인 마인드, 절제된 호텔 용어를 적절하게 표현하는지 등의 폭넓은 업무를 이해 못하면 이는 관리가 불가능하고 결과적으로 호텔의 경영성과에 영향을 미친다.

이러한 일련의 직무활동에서 중요한 것은 직무에 관한 설계 · 분석 · 평가이며 직무설계는 호텔기업의 목적과 조직구성원의 욕구를 동시에 달성하고 최종적으로 고객의 니즈를 만족시키는 방향으로 설계해야 한다. 이를 통해서 행동 특성 등 직무수행자의 자격요건을 밝히는 체계적인 과정이 나타나는 분석을 통한 직무기술서(Job description)로 정리되고 이러한 것은 직무수행자가 직무를 수행했을 때 직무에 대한 직무성과 호텔의 목적에 부합하는 직무평가에 기초자료가 된다.

### 4) 인사고가

인사고가(Performance appraisal)는 종사원이 회사의 목적달성에 얼마나 기여와 성과를 냈는지의 평가활동으로 성과평가, 직무수행평가, 인사평점 등과 동일한 용어로 사용된다.

종사원이 회사의 목적달성에 얼마나 기여하고 있는지에 대한 평가인 성과고가와, 종사원이 목적달성에 얼마나 기여할 수 있는지에 대한 평가인 능력고가로 구분된다. 능력고가는 다시 태도고가로 구분된다. 성과고과는 업적을 평가한다는 의미에서 업적고가 또는 발휘업적고가라고도 하며, 능력고가는 종사원이 보유 · 발휘할 수 있는 잠재적 업적을 평가한다는 의미에서 보유업적고가라고 한다.

즉 인사고가의 목적은 회사의 목표달성에 기여한 공로의 잣대가 되므로 공정한 시스템화로 정확하게 제도화해서 종사원 누구라도 인사에 불만이 생기지 않도록 하는 것이다. 향후 모든 직원이 열심히 일하고 성과를 내면 보상을 받는다는 평범한 진리가 자리 잡도록 인사 책임자는 명심해야 할 것이다. 기여도가 높은 직원은 임금 인상, 승진 등의 보상으로 더 잘할 수 있도록 동기를 부여해야 한다.

### 5) 인적자원 보상

인적자원 보상의 본래 취지는 회사의 목적달성에 기여한 공헌의 대가로 종사원에게 제공하는 경제적, 비경제적 가치를 말한다. 여기서 경제적 보상은 임금, 수당, 각종 복리후생이며, 비경제적 보상은 경력상의 보상과 사회 · 심리적 보상으로 이루어지며 승진 등 경력상의 보상과 인정, 교육 · 훈련의 기회 제공 등이 있다.

### 6) 인적자원 방출

호황기가 있으면 불황기도 있기 마련인데 이는 외부적인 환경 요인과 내부적인 환경요인 또는 오너의 잘못된 경영 판단에 의해 회사가 어렵움에 처했을 때 처방과 수술을 해서 회생의 길을 모색해야 재도약을 할 수 있을 것이다. 과거 IMF 금융위기로 일반기업이나 호텔기업 대부분이 명예퇴직, 정리해고 등으로 직원을 감축하였다.

또 다른 이유는 개인의 발전이나 회사에 대한 불만으로 새로운 직장으로 옮기는 것이 있고, 적성에 맞지 않는 직무의 불만, 직원 간의 갈등 등 여러 가지 이유가 해당한다. 인적자원 방출은 인사관리 개념을 심도 있게 생각하고 운영의 묘를 잘 살릴 수만 있다면 회사의 발전에 도움이 되므로 적절하게 잘 관리하는 것이 기업의 발전에 도움이 될 것이다.

### 7) 아웃소싱

아웃소싱은 점차적으로 늘어나는 추세여서 전에는 전혀 생각하지 않았지만 책임자의 경영 여건상 인력감축, 방출 등 경직된 사고에서 벗어나 폭넓은 경영의 운영 방안으로 잘만 이용하면 어려운 경영 여건을 타계하는 방법으로 안성맞춤의 효과를 볼 수 있다.

특히 오래전부터 호텔의 시설과 전기 · 방재 · 기계실 등은 아웃소싱이 이루어지고 있으며 객실부의 하우스키핑도 마찬가지로 자리를 잡고 있다. 최근에는 호텔이 오픈을 할 때부터 몇 개의 업장은 임대형식과 아웃소싱으로 기획, 운영하기도 한다.

## 2. 총무과

총무는 회사의 대내외적인 업무의 총괄 사항과 직원에 대한 직접적인 사항을 수행하는 곳이다. 책임자인 과장은 팀장을 보좌하여 대내외적인 업무와 인력자원관리과를 제외한 총무일반업무 기획, 임금, 급식, 복리후생, 차량관리 및 배차, 보험 및 공과금 관리, 사무실임대차 관리, 부동산관련 세금납부, 민원서류 발급 및 열람, 각종 사인물 및 부착물 관리, 공사관리, 문서이관 및 폐기, 비서, 리셉션, 지시사항 접수 및 전달, 해외출장, 의전행사, 회사행사, 보안업무, 재해대책 등 집안의 살림을 도맡아서 한다고 보면 된다. 이러한 업무를 처리할 때에는 직원편성은 최대한 적게 하고 효율성은 높게 하는 시스템을 갖춰야 한다.

총무책임자는 관리지배인을 보좌하며 대내외적인 업무와 인사, 임금, 후생, 종업원 급식, 물품 구매관리 등을 총괄한다.

### (1) 인사담당

인사담당은 인원 수급 사항을 계획하고 실천해야 하며, 전 호텔의 영업장별 인원수급과 조정 등 인력관리에 관한 업무를 수행하며, 인사관리 업무도 포함한다.

### (2) 후생복지담당

호텔 종사원의 후생 복지, 휴게실, 교양관련 업무 등을 담당한다.

### (3) 의무담당

국가가 인정하는 의무유자격자로 호텔의 의무실을 관리, 운영하며, 고객의 건강과 종사원의 건강을 보살피고, 개인위생과 환경위생의 책임을 다한다.

### (4) 교육담당

신입사원의 초보교육과 기존 종업원의 재교육을 담당하고 연차교육 계획의 준비와, 해외 파견, 훈련 관계 등을 책임진다.

### (5) 경비담당

배치근무지 순찰강화와 주차관리, 호텔과 고객의 재산과 안전에 최선을 다하고, 근무 상태 보고와 관계 업무에 협조하며, 종업원의 출퇴근 현황과 물건의 방출 · 반입을 통제한다.

### (6) 총무담당

대외업무를 담당하며 특히 관청업무가 주이고, 관련 기업과의 계약업무를 담당한다.

### (7) 관재담당

회사에서 구입한 모든 물건을 기록관리한다.

다음은 5스타 호텔 총무 인사 파트 조직도 및 주요 업무내용이다.

## 1. 조직도

**○○○ 팀장 (4급)**

- **인사노무**
  - 대리 ○○○(5급)
  - 사원 ○○○(7급)
  - 사원 ○○○(8급)
- **총무 · 교육 외**
  - 사원 ○○○(7급)
  - 사원 ○○○(7급)
  - 사원 ○○○(계약)

## 2. 인원현황

| 구 분 | 1급 | 2급 | 3급 | 4급 | 5급 | 6급 | 7급 | 8급 | 9급 | 계약 | 상근 | 계 |
|---|---|---|---|---|---|---|---|---|---|---|---|---|
| 인원(명) | – | – | – | 1 | 1 | – | 3 | 1 | – | 1 | – | 7 |

## 3. 개인별 업무분장

| 직위 | 직급 | 성명 | 담 당 업 무 |
|---|---|---|---|
| 팀장 | 4급 | ○○○ | 총무팀 업무총괄 |
| 대리 | 5급 | ○○○ | 인사노무, 인허가, 임대차 및 용역계약 |
| 사원 | 7급 | ○○○ | 급여 및 4대 보험관련 업무 |
| 사원 | 7급 | ○○○ | 직원교육, 산업안전보건관리, 복리후생, 행사업무 |
| 사원 | 7급 | ○○○ | 대표이사 비서, 아르바이트 급여지급 |
| 사원 | 8급 | ○○○ | 퇴직금, 근태관리, 세금과공과, 문서관리 |
| 사원 | 계약 | ○○○ | 차량관리(셔틀버스 3, 임원차량 1대, 업무용 1대) |

## 5. 20○○ 사업계획 및 중점 추진업무

(1) 운영방향

- ■ 효율적인 인력관리로 생산성 향상 및 영업수지 개선에 주력
- ■ 연차 및 O/T, 대휴 월별 인력운영 통제기능 강화
- ■ CS 역량강화를 통한 특급호텔 서비스 구현

(2) 주요업무

- ■ 직원 연차 및 OT, 대휴 월별 관리시스템 강화
  - • 비수기(1~3월, 7~8월) 연차 및 대휴 의무적 최대 소진
  - • 연 2회 휴가 촉진제 실시, 팀별 연차소진 관리 철저

## 6. 총무(노무담당)노사 단체협약 내용

### 단 체 협 약

조합(이하 "조합" )은 노사협조 정신에 입각하여 상호, 신의, 성실의 원칙하에 노사관계의 안정을 도모하고, 회사의 경영 및 노동자의 노동권을 상호 존중하며, 근로조건의 개선, 사업의 번영, 조합원의 경제 · 사회 · 문화적 지위향상 등을 기하며 이를 계기로 평화적이고 발전적인 노사관계를 위하여 교섭대표 노동조합과 상호 성실하게 준수할 것을 서약하며 본 협약을 체결한다.

제 1 장 총 칙

제1조 (교섭단체)

회사는 '노동조합 및 노동관계조정법' 에 의거 선정된 교섭대표 조합이 조합원을 대표하여 임금, 노동조건, 조합활동 권리 및 기타사항에 관하여 교섭하는 노동단체임을 인정한다.

제5조 (기득권 보장)

회사는 시행되어 오던 근로조건 등을 관계법 및 본 협약에 누락되었다는 이유로 저하시키지 못한다.

제6-1조 (조합활동의 보장)

① 회사는 조합원의 정당한 조합활동의 자유를 보장하며, 조합활동을 이유로 불이익한 처우를 하지 못한다.
② 회사는 조합에 대한 상급 노동단체의 정당한 활동을 보장한다.
③ 회사는 정당한 조합운영에 조합의 요구없이 개입해서는 안 된다.

## 경영지원팀

경영관리는 상호 보안적인 협업을 통하여 관리부서의 시너지 효과를 낼 수가 있는 관리의 파트너인 것이다. 여기에서는 구매와 회계, 검수 부분을 다루도록 하겠다.

### 1. 구매과

구매는 호텔 영업에서 가장 중요한 부분을 차지한다. 경영의 생산관리 관점에서 봤을 때 객실부서를 예를 들어 설명하면 객실 룸의 인테리어 디자인을 꾸며야 하는데 옷장, 서랍장, 장식장, 침대, 쇼파, 의자 등의 가구류 고정자산과 전자제품인 TV, 냉장고, 에어컨, 드라이기, 물 포트 등과 욕실에서 사용되는 어메니티 제품인 비누, 샴푸, 스킨로션, 바디로션 등과 같은 제품을 얼마나 좋은 제품을 싸게 구매하는가? 그리고 F&B부서의 다양한 업장에서 필요로 하는 많은 제품들, Food 제품, 소고기부터 시작해서 다양한 음식의 재료가 되는 것과 Beverage 제품들, 술과 음료인 알코올, 비알코올 제품들이 필요하다. 이렇듯 수많은 제품을 가공하기 전 구매하는 역할을 담당하는 파트로 가성비가 좋은 제품을 영업장에 신속하게 구매해 주는 것이 본연의 업무라고 보면 된다.

그 외에 업체와의 계약서를 한치의 오차도 없이 실행하여 법적인 부분과 민사에 걸림돌이 되지 않도록 최선을 다하여야 한다.

## 2. 재무회계과

호텔의 조직은 일반기업과 다른 서비스기업으로 사람과의 관계에서 비롯된 상품을 매개로 고객접점에서 수익을 창출하는 특수한 기업이다. 호텔경영자들에게 어느 특정 분야에 국한된 정보를 제공하는 것이 아니라 기업 전체의 경영활동에 필요한 포괄적인 정보를 제공하는 부서이다. 예를 들어서 경영자들에게 경영관리 분야의 의사결정에 필요한 재무제표나 예산서, 성과보고서와 같은 정보를 제공하고 재무관리 분야의 의사결정에 필요한 현금흐름을 파악할 수 있는 정보를 제공한다. 또한 인사관리 분야에서는 급여정보, 마케팅 분야에서는 판매보고서나 원가보고서를, 생산관리 분야에서는 생산보고서와 원가보고서를 제공한다.

재무(회계) 담당은 일반 경리와 현장 경리로 구분하며, 경리는 출납회계와 관재, 세무, 급여 관계 업무를 수행, 처리하고, 현장 경리는 호텔 각 영업장 수금과 장소별 영업수입을 집계하여 입금하고 영업일보와 통계를 작성하여 보고처리한다.

- 호텔 운영자금 계획수립, 대외업무, 전표결산, 보고서 작성 제출 등 경리회계 전반에 대한 자금을 관리한다.
- 자금수지계획 작성분석, 임금관계, 어음관리, 환전, 감사대비, 대외업무 등을 수행하며 타 관계 업무를 협조한다.
- 소액현금출납업무, 동전교환, 거래선 물품대 지급업무, 접대비, 기타의 업무를 한다.
- 전표정리, 구매지출 승인 및 청구업무, 경리제반서류, 보관관리 확인 점검, 기타 관계 업무에 협조한다.
- 세무관계 서류작성 및 세금납부, 원천징수, 자료납부정리, 각종 교육수강자료 정리, 외화수급, 사업등록, 기록관리, 세금계산서 발행기록관리, 각종 전표검사, 기타 관계 업무를 협조한다.

- 종사원 급여 및 임금지급업무, 보험 및 상여금, 퇴직금, 관계 업무와 기타 관련 사무에 협조한다.
- 호텔 내 모든 영업장에서 들어오는 계산서를 집계하여 청구서를 작성한다. 현금 수납과 보관, 각 영업장 수납원의 지도와 외화취급업무, 여행자수표, 후불판매에 따른 사항들을 취급한다. 대고객수납, 고객원장 정리 및 기록, 환전업무 지원, 수납금 임금, 귀중품 관리업무, 일일보고서 작성 등의 업무를 수행하고, 현금보고서 작성, 영업마감 업무 등을 책임진다.
- 수금담당, 외상매출금 작성보고, 대외 후불카드 정리, 거래처별 외상매출금 정리, 외상매출금 관리, 해외여행사 및 특약사 수수료 지급업무, 신용카드업무 등을 담당한다.
- 호텔 일반재산관리업무와 영업부문 식기류의 망실피해를 계획적으로 관리한다. 망실품은 통상 연간매상에서 식기류가 0.4%, 유리 및 도기류가 1.3%, 객실부문이 1.1%로 예산의 2.8%를 손실 처리한다. 이와 같은 비율을 낮추기 위해 영업장 종사원의 사용과 취급에 대한 교육을 수시로 실시한다. 관재담당업무로는 고정자산관리, 고정자산의 사후관리, 매입 · 매각 등의 승인, 감가상각 업무, 비품 및 소모품의 규정관리, 반출입 관계 등의 업무를 담당한다.

다음은 4스타 호텔 재무회계 조직도 및 주요 업무내용이다.

1. 조직도

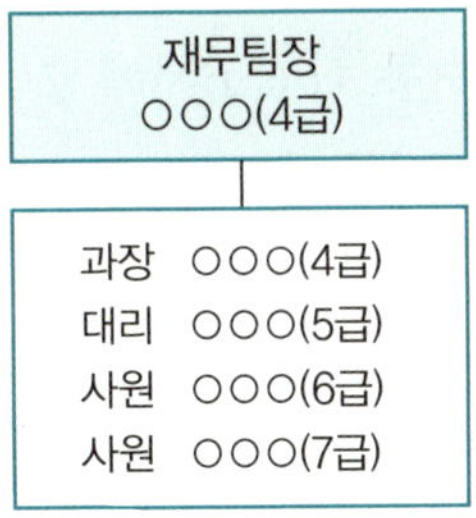


2. 인원현황

| 구 분 | 3급 | 4급 | 5급 | 6급 | 7급 | 8급 | 합계 |
|---|---|---|---|---|---|---|---|
| 재무 | – | 1 | 1 | 1 | 1 | – | 4 |

3. 개인별 업무내용

| 직급 | | 성명 | 담 당 업 무 |
|---|---|---|---|
| 팀장(3급) | | ○○○ | 재무업무 총괄 |
| 재무 | 과장(4급) | ○○○ | 장기채권 소송 관련업무 |
| | 대리(5급) | ○○○ | • 서울 월결산 및 종합 재무제표 작성<br>– 사업부 월결산 자료 수합 및 상호간 조정사항 점검<br>– 각 부서 결의서 점검 및 회계기록 유지 관리<br>• 임 · 직원의 급료 및 제수당 지급 업무<br>• 자금운영 계획과 집행에 관한 사항 |
| | 사원(6급) | ○○○ | • 원천세 및 부가가치세 신고<br>• 개인별 근로소득 연말정산, 지방세 신고 관련 업무<br>• 각 부서 결의서 점검 및 회계기록 유지 관리 |
| | 사원(7급) | ○○○ | • 금전출납 및 신용카드 업무<br>• 일반여신 후불관리업무 |

4. 재무업무 운영방향

가. 기본 운영 방향
- ■ 안정적인 자금운용으로 이자수익 증대
- ■ 제세금의 적정 신고 및 납부
- ■ 새로운 거래형태에 대한 적절한 회계처리로 지원부서 역할 수행

나. 부문별 중점 추진계획
- ■ 체계적인 자금관리로 유동성 자금 확보

## 3. 검수과

구매파트에서 구매가 이루어지면 최종적으로 지하에 위치한 검수실로 들어오는데 검수실 근무자는 최초의 구매하고자 하는 부서나 물건이 정확한지를 파악하여 필요한 곳에 전달하는 업무를 한다.

검수실에서 근무하는 직원은 보통 아침 6시에 출근해서 오후 3시에 퇴근하는 것이 통례이다. 호텔의 부서 운영에 따라 탄력적으로 근무를 편성하여 영업장에 지장이 없도록 하고 식음료 부서에는 신선한 재료를 날마다 아침에 공급한다.

## 시설팀

호텔 전체 시설을 담당하며 건물, 기계, 전기, 통신, 목공, 도장, 냉동, 미장, 방송, 안전관리 등 전문분야별로 분담하여 영업장에 불편이 없도록 호텔 건물 관리에 만전을 기한다,

경영상 주 근무하는 직원의 80~90%는 아웃소싱으로 외주를 두고 책임자급의 팀장이나 과장급은 호텔관리부서에서 맡아 운영하는 것이 효과적인 방법이지만 5성급 호텔과 4성급 이하의 호텔에서 운영하는 방식이 많이 다르기 때문에 합리적인 방법을 찾아서 운영하는 것이 중요하다.

### 1. 설비과

냉동관리사, 보일러, 열관리사, 배관, 화부 등의 설비로 구성되어 냉동기, 저장시설, 환경관리, 급수관리, 보일러원동기, 연료저장탱크의 안전관리와 배관시설, 욕조시설의 업무을 담당한다.

### 2. 영선과

도장, 목공, 미장 등으로 구성되며 영선과 책임자는 아침 일찍부터 출근하여 작업일지를 상급자에게 보고하여 작업을 할 수 있도록 하며 호텔 내외부 건물의 도장, 객실도배, 부대시설 개 · 보수 등 시설의 정비와 미화를 관리한다. 또한 객실 안에 있는 모든 고정자산 중 책장, 옷장, 서랍장, 장식장, 침대, 쇼파, 응접세트, 의자 등의 수선업무를 하는 것이 주업무이다.

## 3. 방재과

방재과는 방화관리 책임자를 두고 업무에 임하여 재해로부터 사전 예방과 긴급사고 시 응급처리의 의무를 가지며 전기누전탐지기, 비상방송기기, 자동화재경보기 등과 휴대용 소화기, 소화설비, 소화기, 비상탈출용 기계 등의 관리 · 유지와 안전점검을 수시로 체크하고 소방훈련 등의 업무를 담당한다.

## 4. 전기과

전기안전책임자와 전기기사 1, 2급, 전기를 다룰 줄 아는 전기공으로 편성되며, 전기기계 · 통신기계의 보수, 유지와 발전실, 변전실, 전기배선 조명시설 등의 다양한 관리와 업무를 하고 특히 호텔영업장 내에 조명이 어둡거나 전구가 손상됐을 때 빠르게 처리하는 일을 도맡아 한다.

[그림 10-1] 4스타 호텔 방재실 전경

비상발전기

[그림 10-2] 4스타 호텔 전기실 전경

[그림 10-3] 4스타 호텔 기계실 전경

Part

# Ⅵ

# 야전부서

joy

Hotel Technology

호텔공학

Chapter

# 11

# 야전부서

## 1. 감사실

호텔에서 감사실을 운영하는 것은 여러 가지 크고 작은 사고나 문제가 발생하면 조직을 원래의 자리로 되돌려야 하는데 이러한 면에서 합리적으로 공정하게 방향을 잡아주고 원칙을 세워 조직이 올바른 방향으로 발전할 수 있도록 암행감시나 부정의 감시도 하나의 업무에 속한다.

## 2. 전략기획팀

전략기획팀은 회사에서 가장 핵심적인 부서로 합리적인 경영을 위해서 영업장별 운영분석을 실시하여 이익의 증진과 사용물자의 합리적인 비용 관리 및 통제를 담당한다. 경영전반에 대한 대표이사의 철학을 뒷받침하는 참모역할을 하는 것이 전략기획실이다.

영업 전반에 영향을 미치는 부서로 각 분야에서 전력을 다하고 있는지를 검토하고 수정하여 정상적으로 영업이 되도록 일 년간 수입, 지출, 예산을 편성하고 관리, 운영한다. 그리고 경영에 있어 신규사업 개발, 시장분석, 호텔외식사업 계획 등 새로운 영업장 개발에 대한 조사분석을 하여 결과를 도출한다. 또한 영업 전반에 대한 기획과 예산편성 계획을 수립 · 수행하며, 통계와 계수의 전문적인 지식으로 각 영업장의 현황이 원하는 방향대로 진행되는지 조사 · 분석하여 시정지시와 지도 · 감독을 한다. 타 업체와의 영업을 비교분석하여 자사에 맞는 영업전략으로 전환하고, 식음료에 대한 조사와 메뉴에서 물품매입, 품질검수, 입고, 지출, 조리판매 · 조주판매 과정을 분석하여 계획대로 판매되는지 조사하고 품목별 매출통계를 작성 집계하여 영업계획을 기획한다.

마지막으로 호텔영업 전체의 실적과 계획이 잘 되고 있는지, 그렇지 않을 경우 잘 진행되도록 조정하여 관리한다.

전략기획팀의 업무내용을 정리하면 다음과 같다.

- 합리적인 경영을 위해 영업장별 운영분석을 실시하여 이익률의 증진과 사용물자의 합리적 비용 관리 및 통제를 담당하여 경영전반에 대한 참모역할을 하는 것이 전략기획팀의 업무이다.
- 업무감독의 기구로 호텔 각 분야에서 해당사항에 전력을 다하고 있는지를 검토하고 수정하여 정상적으로 유지되도록 하며, 일 년간 수입, 지출, 예산을 편성하고 관리, 운영을 한다.
- 호텔 영업 전반에 대한 기획과 예산편성 및 조사 등 더욱 발전적 방향으로 계획을 수립 · 수행한다.
- 호텔 경영에 있어 신규 사업개발, 시장분석, 호텔외식사업 계획 등 새로운 영업장 개발에 대한 조사분석을 실시한다.
- 호텔의 일반적인 업무를 기획하고 분석하며 타 업체와의 비교분석과 새로운 방향을 설정한다.
- 계수와 통계의 전문적인 지식으로 호텔 내 각 영업장의 영업현황이 계획대로 실시되고 있는지 조사 · 분석하며 시정지시와 지도 · 감독을 한다.
- 식료에 대한 조사와 메뉴에서 물품매입, 품질검수, 입고, 지출, 조리판매 과정을 추적 분석하고, 계획대로 적정량으로 가공, 판매되었는지 조사하고 품목별 매상통계를 집계하여 영업계획에 반영한다.
- 음료에 대한 기본지식을 소유하고 음료 메뉴에서 매입, 검수, 입고, 지출, 조주

판매과정을 분석하여 계획대로 적정량이 판매되고 있는지 조사하고 품목별 매상통계를 작성하여 앞으로의 영업계획을 수립한다.

- 호텔 영업의 실적과 계획이 일치되는지 비교, 분석하여 계획대로 진행되도록 조정, 관리한다.

## 3. 고객만족과(팀, 파트)

5성급 호텔 이상 조직에서 고객만족에 관련된 파트를 두는 이유는 고객을 만족시키는 것, 서비스 후의 평가 피드백, 멤버십 프로그램 개발, 고객관리, 종사원 서비스 교육, 호텔 홈페이지 관리, 피드백 등 호텔의 지속적인 발전을 위해서이다.

이러한 주제에 어떻게 하면 잘할 수 있을까 고민해 보면 고객만족을 책임지는 책임자의 자질은 호텔을 전공한 사람으로 다양한 업무를 경험한 것이 유리하다. 또한 넓은 시야와 창의력을 겸비하고 서비스에 대해 해박한 자질이 무엇보다 중요한 요소이다. 고객만족과는 호텔을 맨 앞에서 리드해 가는 선봉자 역할을 한다.

요즈음 5성급 호텔에서 고객만족 파트를 넓은 시각에서 보는 것이 아니라 좁은 안목으로 인건비를 축내는 것으로 인식하여 없애는 경우가 늘어나는 추세이다. 저자는 이러한 현상에 반대의 의견을 제시하는데 호텔에서 어느 한 곳 중요하지 않는 부서는 없다고 생각하며 바꿔 말하면 조금 덜한 부분과 꼭 있어야 될 부분에서 약간의 차이점이 있는 것이다. 중요한 파트인 경우 책임을 맡고 있는 리더의 자질과 실력이 중요하기 때문에 인사가 만사이듯이 사람을 잘 뽑아서 성과를 내는 것이 중요하다고 생각한다.

서비스 품질 수준을 높인다는 것은 고객을 대하는 접점부서와 접점직원만 잘 교육시켜서 고객응대를 잘한다고 가능한 것이 아니다. 기업의 서비스 품질을 결정하는 것은 어떻게 서비스 품질 전략을 수립하고, 기획하여 실천하는가 하는 종합적인 문제로 인식하는 것이 필요하다.

그렇다면, 왜 종합적으로 서비스 품질을 기획하고 관리하는 것이 중요한가? 그것은 첫째, 각자 기업에 맞는 고객 지향적인 서비스상을 정립하는 것이 필요하기 때문이다. 어디까지 서비스를 해주어야 하나? 친절하기만 하면 서비스를 잘하는 것인가하는 서비스에 대한 컨벤션스가 미흡하기 때문에 발생하는 문제점을 해결하기 위해서는 먼저 기업이 고객에게 어떤 가치를 제공하는가를 인식하고, 거기에 맞는 서비스상을 고객지향적으로 정립하는 것이 필요하다.

둘째, 우수한 서비스의 모습을 전 직원이 공유하기 위해서이다. 지점과 담당자마다 상이한 서비스 수준과 태도를 보이는 것을 흔히 발견할 수 있다. 이것은 제공해야 할 서비스의 표준과 더불어 우수한 서비스 모습을 전 직원이 공유하고 그것을 실천하는 활동이 미흡하여 발생하는 것이다. 그러므로 전사적인 차원에서 우수한 서비스 수준을 발굴, 관리하여 전 직원이 공유하는 것은 서비스 직원이 실천해 할 모범을 제시함과 더불어 서비스 직원의 동기를 유발할 수 있는 방안이 될 것이다.

셋째, 서비스 개선을 위한 효과적이고 일관된 방법론을 갖기 위해서이다. 서비스 수준을 올리는 효과적인 방법의 부재와 서비스 요원에 대한 일관된 관리 부재는 서비스 관리의 어려움을 더하게 한다. 이것을 해결하기 위해서 전사적인 차원에서 효과적이고 일관된 관리 방법론을 도입하여 시행하면 서비스를 일관되게 관리할 수 있을 것이다.

이러한 필요성에 의해 서비스 품질기획과 관리를 하고자 하는 호텔기업은 서비스 현상을 진단하고, 호텔에 맞는 서비스상과 서비스 표준을 설정하여 서비스 품질관리 방안을 수립하는 프로세스를 통해 추진할 수 있을 것이다. 이를 프로세스별로 좀 더 세부적으로 알아본다면, 호텔의 서비스 현상을 진단한다는 것은 서비스 품질관리 요소를 정의하고, COI 조사 등의 정량적인 요소에 대한 진단과 정성적인 내용을 인터뷰 등을 통해 진단하여 바람직한 서비스 방향과 콘셉트를 도출하는 과정이다.

다음으로 서비스상 및 서비스 표준을 설정하는 것은 호텔업의 특성을 이해하고, 고객을 명확히 정의하며 우리가 제공할 서비스 가치를 도출하는 것이다, 이를 통해서 서비스상을 정립하고 서비스 이념과 표준을 도출하는 과정을 거치게 된다. 마지막으로 서비스 관리방안을 정립하는 것은 서비스 평가 시스템을 갖추고, 서비스 Boom-up을 위한 방안을 수립하고, 서비스 장기발전계획 수립과 서비스 level-up 교육 시행과 이를 추진하기 위한 기능 및 조직을 갖추는 활동을 전개하는 것이다.

## 4. 영업기획과(팀, 파트)

영업기획 파트는 호텔에서 전략기획팀과 더블어 가장 핵심이 되는 파트로 전략기획팀이 호텔의 큰 그림을 그린다면 그 그림에 색칠을 하는 파트로 보면 된다. 호텔의 영업은 크게 3가지로 나뉘는데 첫째, 호텔의 멤버십영업을 어떻게 기획하고 경쟁력 있는 상품을 만들어서 영업장에 뿌리내리게 할 것인가? 둘째, 객실부서의 다양한 상품구성을 기획하고 만들어서 경쟁력을 높일 수 있게 하는 것과 셋째, 식음료부서의 Food & Beverage 상품과 조리부서의 상품구성을 같이 공유해서 더 좋은 메뉴를 개발하는 것도 영업기획에서 해야 할 업무이다.

영업기획은 전략 전술을 다양하게 장착한 책임자가 소임을 맡아야 하는데 무엇보다도 창의력이 뛰어난 사람, 호텔의 영업에 대한 이론과 실무를 겸비한 능력이 탁월한 사람이 적임자일 것이다.

그러면 이러한 명제에 목표를 이루려면 어떻게 조직구성을 갖춰야 할까? 조직구성원을 편성할 때 가장 좋은 포멧은 최소의 인원으로 최대의 효과를 발휘하는 조직이 바람직한 방향이 아닐까 생각하며 여기에서 하나 더 제안을 하면 영업기획과로 정해졌을 때 책임자 과장, 대리, 사원의 체제로 구성하여 목적을 달성하면 좋을 것 같다.

저자는 식음기획과 영업기획, 홍보기획에서 다양한 상품을 기획해서 영업에 실질적인 매출에 기여하여 좋은 성과를 냈는데 그 중에 기획한 상품은 호텔멤버십카드, 객실패케이지 상품, 객실어메니티 상품구성, OTA 상품구성, 식음료에서 명절선물 세트구성, 와인페어, 크레프트 페스티발, 와인 갈라 디너, 크리스마스 팝업 스토어, 와인장터, 바비큐 페스티발, 와인 리스트 메뉴개발 등 호텔의 영업체계와 시스템을 진일보시키며 호텔의 브랜드 가치와 매출을 높이는데 상당한 기여를 했다고 자부한다.

이렇게 영업에 공헌할 수 있었던 것은 앞서 얘기했던 자질 부분에서 모든 것이 갖춰져야 자신감을 갖고 실패를 두려워하지 않는 추진력으로 정진했기에 최고의 성과로 나타난 것이 아니었나 싶다.

다음은 실질적인 5성급 호텔에서 영업기획 호텔상품을 기획한 13단계별 품의, 기안, 결재 등을 순서대로 나열해 보겠다.

### 영업기획업무 프로세스

1. 상품 기획 실무자(담당자)
2. 팀장 과장에게 보고
3. 상품에 대한 직원들과 회의
4. 상품의 우수성 채택
5. 실무자 상품기획서 작성
6. 상품기획서 영업총지배인 보고
7. 총지배인 OK
8. 영업기획팀장(사장에게 보고)
9. 상품기획 품의서 작성
10. 상품기획 기안서 작성
11. 전자결재 기안서 제출
12. 부서별 결재라인 OK
13. 결재한 후 상품 판매

## 20○○년 연말 와인 프로모션 판매 계획(안)

20○○. ○○.

영 업 기 획 팀

### Ⅰ 목 적

- 연말연시 풍성한 와인 행사로 인한 매출증진 도모
- 합리적인 가격대의 와인 구성을 통한 이용고객 만족도 제고

### Ⅱ 와인 판매 현황

1. 와인판매 현황
   - 상반기 실적기간 : 1. 1~9. 30
   - 전년대비 와인판매 현황

(단위 : 병, 천원, 부가세별도)

| 구 분 | | 20○○년 9월말 | | 20○○년 9월말 | | 전년 9월말까지 실적대비 증감 | |
|---|---|---|---|---|---|---|---|
| | | 수량 | 매출 | 수량 | 매출 | 수량 | 매출 |
| 연회장 | 연회장 | 2,089 | 80,434 | 3,783 | 152,835 | △1,694 | △72,401 |
| | 아베뉴 | 161 | 6,649 | 240 | 10,937 | △79 | △4,288 |
| | 컨벤션 | 2,396 | 99,865 | 2,897 | 128,185 | △501 | △28,320 |
| | 소 계 | 4,646 | 186,948 | 6,920 | 291,957 | △2,274 | △105,009 |
| 상설매장 | 이탈리아 레스토랑 | 3,664 | 65,753 | 4,255 | 69,753 | △591 | △4,000 |
| | 부페식당 | 509 | 15,366 | 521 | 15,535 | △12 | △169 |
| | 소 계 | 4,173 | 81,119 | 4,776 | 85,288 | △603 | △4,169 |
| 합 계 | | 8,819 | 268,067 | 11,696 | 377,245 | △2,877 | △109,178 |

2. 검토의견
   - 전년 상반기 실적대비 수량은 2,877병, 매출은 109,178천원 감소하였음.
   - 이는 연회장과 우첼로의 판매 부진의 영향이 크다고 사료됨.
   - 행사가 가장 많은 연말시즌에 와인 매출을 극대화시켜야 할 필요성 대두됨.

### Ⅲ 세부계획(안)

1. 와인 프로모션

가. 크리스마스 케익 & 와인 프로모션
- 판매 기간 : 2018. 12. 17~2018. 12. 31(15일간)
- 판매 장소 : 로비라운지, 델리
- 판매 방식 : 테이크아웃 / 코케이지 ₩10,000
- 상품 구성 : 케익 4종 / 와인 3종

(단위 : 원, %, 부가세별도)

| 구분 | | 규격 | 원산지 | 추정원가 | 특별가 | 원가율 | 비 고 |
|---|---|---|---|---|---|---|---|
| 와인 | 비노레또 가르나차 드라이 | 750ml (레드) | 스페인 | 7,000 | 13,636 (15,000) | 51.3 | • 신규<br>• 와이브라더스 |
| | 비노레또 가르나차 세미스위트 | 750ml (레드) | 스페인 | 7,000 | 13,636 (15,000) | 51.3 | |
| | 비노레또 아이렌 세미스위트 | 750ml (레드) | 스페인 | 7,000 | 13,636 (15,000) | 51.3 | |

### Ⅴ 업무협조

| 부 서 | 내 용 |
|---|---|
| 식음료팀 | • 프로모션 운영<br>• 양목표 작성 |
| 판촉팀 | • 프로모션 판촉 |
| 전산팀 | • 신규 상품 포스 입력 |
| 구매팀 | • 신규 상품 포스코드 등록<br>• 신규 상품 단가계약<br>• 프로모션 기간 종료 후 반품처리 |
| 홍보팀 | • 홍보 베너 시안 |

### Ⅵ 검토의견

- 이탈리아식당, 부페식다양 영업장의 기존 와인의 단조로움을 탈피하여 연말 분위기에 맞춰 당사 고객 선호도에 맞는 신규 와인상품 구성으로 고객 서비스 향상
- 풍성한 와인 행사 홍보를 통한 영업 활성화 기대
- 와인업체와 자사간의 지속적인 관계 유지를 하여 향후 당사 야외 및 실내 와인 행사 참여를 독려하고 업체와의 관계에서 우위를 선점

## 5. 홍보과(팀, 파트)

홍보과는 호텔에서 사업의 계획이나 활동 상황 등을 고객에게 널리 알려 호텔에 대한 이행과 신뢰감을 높이는 것이다. 그러면 실질적으로 어떠한 주제를 가지고 홍보를 할까? 첫째로 호텔의 브랜드 가치를 높이는데 홍보를 하고, 둘째, 호텔의 상품이 만들어졌을 때 영업기획과 밀접한 관계를 형성하여 제품에 대한 다양한 정보와 고객이 구매할 수 있도록 매출을 높이는 역할일 것이다.

또한 호텔의 홈페이지를 최신 트렌드에 맞게 지속적으로 관리하고 대내외적으로 미디어 쪽과 관계를 유리하게 잘 형성했을 때 호텔에 도움이 되고 이익이 많이 창출되기 때문에 홍보책임자는 이러한 역할을 명심해야 할 것이다.

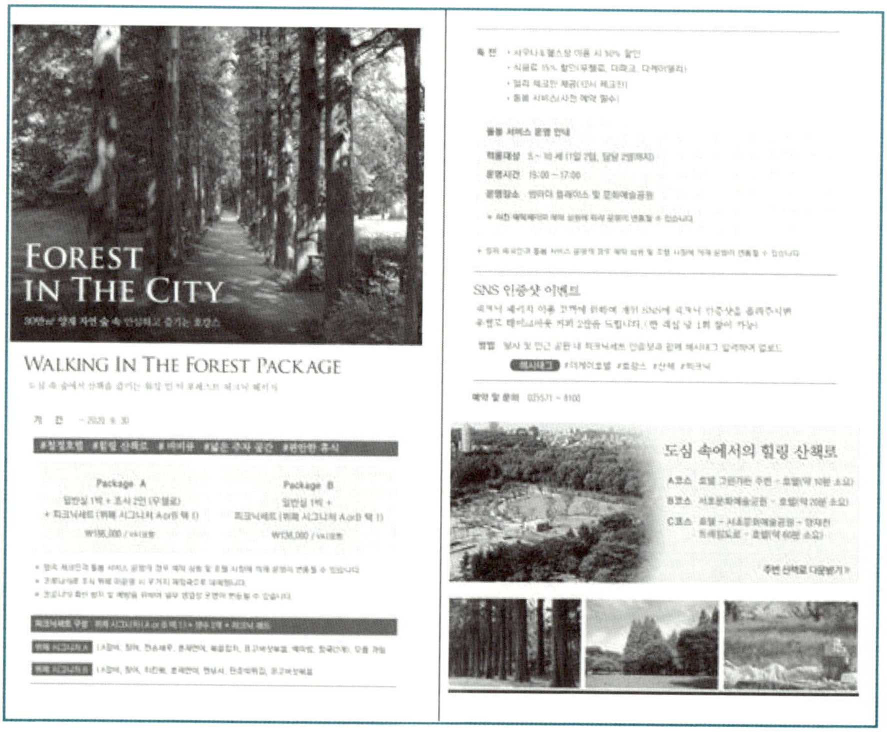

## 6. 전산팀(과, 파트)

전산실은 호텔의 모든 정보시스템의 시발점이 되는 곳이다. 다음은 전산실 업무는 4성급 호텔 직무 내용의 사례이다.

### 1. 조직도

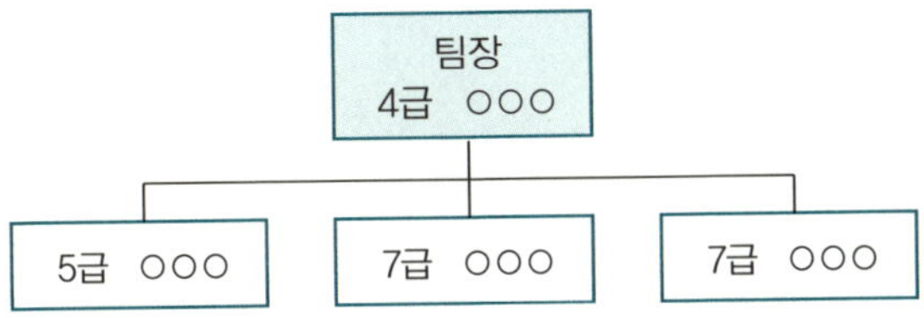


### 2. 인원현황

| 구 분 | 팀장(4급) | 6급 | 7급 | 계 |
|---|---|---|---|---|
| 인원 | 1 | 1 | 2 | 4명 |

### 3. 개인별 업무분장

| 직급 | 성명 | 담 당 업 무 |
|---|---|---|
| 팀장<br>(4급) | ○○○ | • 전산시스템 운영 및 유지관리 총괄<br>• 객실영업 및 연회예약시스템 통합관리<br>• 경영정보 · 통합고객 · 통합예약시스템 통합관리<br>• 인터넷예약시스템 통합관리 |
| 사원<br>(6급) | ○○○ | • 인사 · 급여 · 근태 · 예산 · 회계 · 고정자산시스템 통합관리<br>• 전산장비 관리(인터페이스 시스템 외)<br>• 전산시스템 관련 고정자산 관리<br>• 하드웨어, 소프트웨어 도입 계약업무 |
| 사원<br>(7급) | ○○○ | • 구매자재 · 원가 · 업장관리 · 품질관리시스템 통합관리<br>• 영업장 POS 시스템 통합관리<br>• 전산장비(서버 외) 및 전산소모품 관리 |
| 사원<br>(7급) | ○○○ | • 네트워크 관리(업무망, 고객망)<br>• 업무용 컴퓨터, 프린터 관리<br>• 전화정비 관리 |

### 4. 20○○ 사업계획 및 추진업무

(1) 운영방향

- 호텔통합정보시스템의 신규 구축 및 운영에 따른 시스템 안정화 구현
- 호텔통합정보시스템의 체계적이고 효율적인 운영관리
- 호텔통합정보시스템 운영의 극대화를 위한 사용자 교육 지속
- 개인정보의 안전성 확보 및 관련법규 준수를 위한 보안체계 확립

# 부록

## 호텔리어의 필수 자격증

人joy

Hotel Technology

호텔공학

# 부록

## 호텔리어의 필수 자격증

## 1. 호텔서비스사

### 1) 응시자격

■ **응시자격** 제한없음

■ **결격사유**

다음 각 호의 어느 하나에 해당하는 자는 관광사업의 등록 등을 받거나 신고를 할 수 없고, 제15조제1항 및 제2항에 따른 사업계획의 승인을 받을 수 없음. 법인의 경우 그 임원 중에 다음 각 호의 어느 하나에 해당하는 자가 있는 경우에도 또한 같음.

• **호텔서비스사 결격사유자**

1. 피성년후견인 · 피한정후견인
2. 파산선고를 받고 복권되지 아니한 자
3. 이 법에 따라 등록 등 또는 사업계획의 승인이 취소되거나 제36조제1항에 따라 영업소가 폐쇄된 후 2년이 지나지 아니한 자
4. 이 법을 위반하여 징역 이상의 실형을 선고받고 그 집행이 끝나거나 집행을 받지 아니하기로 확정된 후 2년이 지나지 아니한 자 또는 형의 집행유예 기간 중에 있는 자

### 2) 시험과목 및 배정

■ **시험과목 및 방법**

| 구분 | 시험과목 | 배점 | 문항수 | 시험시간 | 시험방법 |
|---|---|---|---|---|---|
| 제1차 시험 | 1. 관광법규<br>2. 호텔실무(현관 · 객실 및 식당 중심) | 30%<br>70% | 15<br>35 | 100분<br>(09:30~11:00) | 객관식<br>4지택일형 |
| 제2차 시험 | • 면접시험 : 국가관 · 사명감 등 정신자세, 전문지식과 응용능력, 예의 문행 및 성실성, 의사발표의 정확성과 논리성 등 | | | | 면접 |

### 3) 합격기준

■ **합격기준**

| 구분 | 합격결정기준 |
|---|---|
| 1차 시험 | 매 과목 4할 이상이고, 전 과목 점수가 배점비율로 환산하여 6할 이상 득점한 자 |
| 2차 시험 | 총점의 6할 이상을 득점한 자 |

■ **면제대상자**

- 경력에 의한 제1차 시험 면제자

  1) 「초 · 중등 교육법」에 따른 고등학교 또는 고등기술학교 이상의 학교를 졸업한 자 또는 다른 법령에서 이와 동등한 학력이 있다고 인정되는 교육기관에서 관광분야의 학과를 이수하고 졸업한 자(졸업예정자 포함)에 대하여 제1차 시험 면제

  2) 관광숙박업소의 접객 업무에 2년 이상 종사원 경력이 있는 자에 대하여 제1차 시험 면제

- 전년도 제1차 시험 합격에 의한 면제자

  1차 시험 및 외국어 시험에 합격하고 2차 시험에 불합격한 자에 대하여는 다음 회의 시험에만 1차 시험 및 외국어 시험을 면제함

## 2. 호텔관리사

### 1) 자격정보

#### (1) 호텔관리사

❶ 호텔관리사란 관광진흥법에 의하여 문화체육관광부장관이 실시하는 호텔관리사 자격시험에 합격한 후 문화체육관광부장관에게 등록한 자를 말한다.

❷ 호텔관리사는 관광통역안내사, 국내여행안내사, 호텔경영사, 호텔서비스사와 함께 관광업무에 종사하는 관광종사원으로 규정되어 있다.

#### (2) 주요업무

호텔관리사는 특2등급 이상의 관광호텔업의 객실관리 업무와 1등급 이하의 관광호텔업과 한국전통호텔업, 수상호텔업, 휴양콘도미니엄업 및 가족호텔업의 경영업무를 담당한다.

#### (3) 관광숙박업 관련 국가자격증

| 종류 | 내용 |
|---|---|
| 호텔경영사 | 호텔경영사는 관광사업소의 호텔에서 객실예약업무, 객실판매 및 정비업무, 접객업무, 회계업무, 식당업무 등 제반 호텔관리업무에 대한 계획을 수립, 조정하며 종사원의 근무상태를 지휘 감독하는 직무를 수행한다. |
| 호텔서비스사 | 호텔서비스사는 호텔에서 고객에게 각종 서비스를 제공하기 위하여 영접, 객실안내, 짐운반, 객실예약, 우편물의 접수와 배달, 객실열쇠관리, 객실정리, 세탁보급, 음식제공 등 각종 서비스를 제공하는 업무를 담당한다. |

### 2) 시험정보

#### (1) 응시자격

❶ 호텔서비스사 또는 조리사 자격을 취득한 후 관광숙박업에서 3년 이상 종사한 경력이 있는 자

❷「고등교육법」에 따른 전문대학의 관광분야 학과를 졸업한 자(졸업예정자 포함) 또는 관광분야의 과목을 이수하여 다른 법령에 이와 동등한 학력이 있다고 인정되는 자

❸「고등교육법」에 따른 대학을 졸업한 자(졸업예정자 포함) 또는 다른 법령에서 이와 동등 이상의 학력이 있다고 인정되는 자

❹「초 · 중등교육법」에 따른 고등기술학교의 관광분야를 전공하는 과의 2년 과정 이상을 이수하고 졸업한 자(졸업예정자 포함)

#### (2) 결격사유

❶ 금치산자 · 한정치산자

❷ 파산선고를 받은 자로서 복권되지 아니한 자

❸ 관광진흥법에 따라 등록 등 또는 사업계획의 승인이 취소되거나 제36조제1항에 따라 영업소가 폐쇄된 후 2년이 지나지 아니한 자

❹ 관광진흥법을 위반하여 징역 이상의 실형을 선고받고 그 집행이 끝나거나 집행을 받지 아니하기로 확정된 후 2년이 지나지 아니한 자 또는 형의 집행유예 기간 중에 있는 자

## 3. 호텔경영사

■ 시험과목 및 방법

| 구분 | 시험과목 | 배점 | 문항수 | 시험시간 | 시험방법 |
|---|---|---|---|---|---|
| 제1차 시험 | 1. 관광법규<br>2. 호텔회계론<br>3. 호텔인사 및 조직관리론<br>4. 호텔마케팅론 | 10%<br>30%<br>30%<br>30% | 과목 당<br>25문항<br>(총 100문항) | 100분<br>(09:30~11:00) | 객관식<br>4지택일형 |
| 제2차 시험 | • 제1면접(외국어면접) : 발음, 역양, 표현의 정확성 등 해당 외국어 구사능력<br>• 제2면접(호텔실무상식면접) : 호텔관련 전문 지식, 관광자원 해설 및 관광안내 시 필요한 각종 상황 대처 능력 등 | | | | 면접 |

■ 합격기준

| 구분 | 합격결정기준 |
| --- | --- |
| 1차 시험 | 매 과목 40할 이상이고, 전 과목 점수가 배점비율로 환산하여 6할 이상 득점한 자 |
| 2차 시험 | 총점의 6할 이상을 득점한 자 |

호텔경영사 자격증 취득자는 각종 관광사업소의 호텔에 취업하여 관광호텔업의 총괄관리 및 경영업무를 담당할 수 있는데, 관광진흥법은 관광숙박업자에게 호텔경영사 자격을 가진 사람이 특2등급 이상의 관광호텔업의 총괄관리 및 경영업무, 특2등급 이상의 관광호텔업의 객실관리 책임자 업무, 1등급 이하의 관광호텔업과 한국전통호텔업, 수상관광호텔업 등의 총괄관리 및 경영업무에 종사하게 하도록 권고할 수 있다고 규정하고 있다고 한다.

## 4. 조주기능사

■ 자격 시험정보

• 시험과목 및 활용 국가직무능력표준(NCS)

<table>
<tr><th>필기과목명</th><th>NCS 능력단위</th><th>NCS 세분류</th></tr>
<tr><td rowspan="3">음료특성, 칵테일조주 및 영업장 관리</td><td>위생관리<br>음료 특성 분석<br>칵테일 기법 실무<br>칵테일 조주 실무<br>고객 서비스<br>음료영업장 관리<br>바텐더 외국어 사용</td><td>바텐더</td></tr>
<tr><td>식음료 영업 준비</td><td>식음료접객</td></tr>
<tr><td>와인장비 · 비품 관리</td><td>소믈리에</td></tr>
</table>

<table>
<tr><th>실기과목명</th><th>NCS 능력단위</th><th>NCS 세분류</th></tr>
<tr><td rowspan="3">바텐더 실무</td><td>위생관리<br>음료 특성 분석<br>칵테일 기법 실무<br>칵테일 조주 실무<br>고객 서비스<br>음료영업장 관리<br>바텐더 외국어 사용</td><td>바텐더</td></tr>
<tr><td>식음료 영업 준비</td><td>식음료접객</td></tr>
<tr><td>와인장비 · 비품 관리</td><td>소믈리에</td></tr>
</table>

## 5. 컨벤션기획사 2급

### ■ 자격 시험정보

• 시험과목 및 활용 국가직무능력표준(NCS)

| 필기과목명 | NCS 능력단위 | NCS 세분류 |
|---|---|---|
| 컨벤션 기획 | 경영계획 수립 | 경영기획 |
| | 회의 홍보 및 마케팅<br>회의 프로그램 설계<br>회의 개최 기획 | 회의기획 |
| | 전시회 참가업체유치 관리 | 전시기획 |
| 컨벤션 운영 | 회의 현장 조성<br>의전 · 수송 · 관광 · 식음료 관리<br>회의 위기 관리<br>회의등록 및 숙박관리<br>회의 제작물 기획 관리<br>회의 인력 관리 | 회의기획 |
| 부대행사 기획 · 운영 | 이벤트 현장 연출<br>이벤트 영상 제작 기획 · 관리 | 이벤트기획 |
| | 전시회 공식 · 부대행사 기획 · 운영 | 전시기획 |

| 실기과목명 | NCS 능력단위 | NCS 세분류 |
|---|---|---|
| 컨벤션 기획 실무 | 회의등록 및 숙박관리<br>의전 · 수송 · 관광 · 식음료 관리<br>회의 프로그램 설계<br>회의 홍보 및 마케팅<br>회의 위기 관리<br>회의 현장 조성 | 회의기획 |
| | 전시회 참가업체유치 관리<br>전시회 현장 운영 계획 및 관리<br>전시회 공식 · 부대행사 기획 · 운영 | 전시기획 |
| | 이벤트 현장 연출 | 이벤트기획 |

## 6. 소믈리에(와인)

### 1) 응시자격

| 구분 | 등급 | 응시자격 |
|---|---|---|
| 와인소믈리에 | 마스터<br>(Master) | • (사)한국국제소믈리에협회의 어드밴스드 소믈리에 자격을 취득한 후 5년 이상 된 자<br>• 인터내셔널 A.S.I 디플로마 소믈리에 자격증을 취득한 자<br>• 한국국가대표소믈리에 경기대회 국가대표부분 입상자<br>• 해외에서 소믈리에 자격증을 취득한 후 와인관련 직무분야에서 7년 이상 근무한 자<br>• 사단법인 한국국제소믈리에협회가 공인하는 전문교육기관에서 소믈리에 특별교육(200시간 이상)을 이수하고 관련 직무 분야에서 4년 이상 근무한 자 |
| | 어드밴스드<br>(Advanced) | • (사)한국국제소믈리에협회의 인터미디에이트 소믈리에 자격을 취득한 후 2년 이상 실무에 근무한 자<br>• 국내 교육 인적자원부 인정 와인 · 소믈리에학과 석사과정을 이수한 자<br>• 사단법인 한국국제소믈리에협회가 공인하는 전문교육기관에서 소믈리에 특별교육(200시간 이상)을 이수한 자<br>• 대학(2년제/4년제)의 와인관련학과를 졸업한자로 관련 직무분야에서 3년 이상 근무한 자<br>• 와인관련 직무분야에서 5년 이상 실무에 근무한 자<br>• 해외에서 소믈리에 자격증을 취득한 후 2년 이상 근무한 자<br>• 국내 타 기관에서 소믈리에 자격증을 취득한 후 3년 이상 실무에 근무한 자 |
| | 인터미디에이트<br>(Intermediate) | • 관광관련 고등학교에서 와인 · 소믈리에(음료) 특별과목을 1과목 이상 이수한 자<br>• 전문학사 교육기관의 와인관련학과를 졸업한 자<br>• 대학(4년제)의 와인관련학과를 졸업한 자<br>• 대학(2년/4년제)의 호텔, 외식관련 학과에서 소정의 와인 · 소믈리에(음료) 교과목을 1과목 이상 이수한 자<br>• 국내 · 외 와인 관련 학원 또는 대학의 특별과정에서 3개월(48시간) 이상 과정을 포함하여 교육과정을 수료한 자<br>• 관련 직무분야에서 실무에 1년 이상 근무한 자<br>• 사단법인 한국국제소믈리에협회(혹은 한국와인소믈리에학회)가 공인하는 소믈리에 특별 교육과정을 수료한 자<br>• 해외에서 전문학사 이상의 호텔, 외식관련 학과에서 소정의 와인 · 소믈리에(음료) 교과목을 1과목이상 이수한 자<br>• 교육기관에서 수업을 받지 않고 본인 스스로 공부하여 시험에 응시하고자 하는 자 |
| | 영<br>(Young) | • 관광관련 고등학교 재학생으로 와인 · 소믈리에(음료) 과목을 1과목 이상 이수한 자<br>• 전문학사 교육기관, 대학(4년제)의 재학생으로 와인관련 학과에 재학중이거나 소정의 와인 · 소믈리에(음료) 교육을 받은 자<br>• 전문학사 교육기관, 대학(4년제)의 재학생으로 국내 와인 교육기관에서 교육받은 자<br>• 정규 고등학교, 전문학사 교육기관, 대학(4년제)의 재학생으로 스스로 와인 공부를 하여 시험에 응시하고자 하는 자 |

## 2) 검정유형

| 구분 | 등급 | | 문제유형 |
|---|---|---|---|
| 와인소믈리에 | 마스터 | 필기시험 | 총 80문항(100점) : OX유형 30문제(각 1점), 객관식 40문제(각 1점), 단답형 8문제(각 2점), 서술형 2문제(각 7점) |
| | | 실기시험 | 블라인드테이스팅(68점) / 칵테일제조(12점) / 와인리스트 작성(10점) / 구술(10점) |
| | 어드밴스드 | 필기시험 | 총 80문항(100점) : OX유형 30문제(각 1점), 객관식 40문제(각 1점), 단답형 8문제(각 2점), 서술형 2문제(각 7점) |
| | | 실기시험 | 블라인드테이스팅(50점) / 서비스(40점) 및 구술(10점) |
| | 인터미디에이트 | 필기시험 | 총 80문항(100점) : OX유형 20문제(각 1점), 객관식 40문제(각 1점), 단답형 20문제(각 2점) |
| | | 실기시험 | 블라인드테이스팅(50점) / 서비스(40점) 및 구술(10점) |
| | 영 | 필기시험 | 총 40문항(100점) : OX유형 10문제(각 1점), 객관식 25문제(각 3점), 단답형 5문제(각 3점) |
| | | 실기시험 | 블라인드테이스팅(50점) / 와인오픈서비스(50점) |

# 7. 바리스타

## 1) 바리스타 2급

### (1) 시험 목적

❶ 전문 직업인으로서의 위상 제고

❷ 커피산업 발전에 공헌

❸ 커피 산업체와의 산학협력을 통한 발전적 방향 제시

❹ 커피문화 발전과 서비스의 질 향상

### (2) 시험 명칭

'(사)한국커피협회 주관 바리스타(2급)시험' 이라 칭한다.

### (3) 응시자격

응시자격에 대한 제한은 없다.

### (4) **전형방법**(일반전형)

#### ❶ 필기시험(50문항)

- 출제범위 : 커피학 개론, 커피 로스팅과 향미 평가, 커피 추출 등
- 출제형태 : 사지선다형
- 시험시간 : 60분

❷ 실기시험

- 시험의 범주 : 준비 평가, 에스프레소 평가, 카푸치노 평가, 서비스 기술 평가
- 시험방식 : 기술적 평가와 감각적 평가로 구분하며, 1인의 피 평가자를 3인의 평가자가 평가
- 시험시간 : 사전 준비시간 5분, 시연시간 10분

## 2) 바리스타 1급

### (1) 시험 목적

❶ 전문 직업인으로서의 위상 제고

❷ 커피 전문가로서의 자부심 함양

❸ 커피산업 발전에 공헌

❹ 커피 산업체와의 산학협력을 통한 발전적 방향 제시

❺ 커피문화 발전과 서비스의 질 향상

### (2) 시험 명칭

'(사)한국커피협회 주관 바리스타(1급)시험' 이라 칭한다.

### (3) 응시자격

협회 주관 바리스타(2급) 자격인증 취득 후, 필기시험에 응시 가능하다.

### (4) 전형방법(일반전형)

❶ 필기시험(50문항)

- 커피학 개론, 커피 로스팅과 향미 평가, 커피 추출, 우리 차(녹차)
- 출제형태 : 객관식(사지선다형), 영어 평가 커피문제(사지선다형, 10% 내외 포함)
- 시험시간 : 60분

❷ 실기시험 사전준비자세, 에스프레소 평가, 카푸치노 평가

❸ 시험방식

- 사전준비 과정 : 응시자는 제공되는 커피 원두와 그라인더 중 각각 1가지씩을 선택 후 시험에 응한다. 응시자는 자신이 선택한 원두에 알맞은 그라인더 분쇄도를 설정하고 향미를 체크한다.
- 에스프레소 4잔 평가 : 응시자는 선택한 원두로 에스프레소 4잔을 완성 후 제공한다. 응시자는 자신이 추출한 에스프레소의 향미에 대해 정확히 설명한다.
- 카푸치노 4잔 평가 : 라떼아트로 시각적으로 동일한 로제타 2잔과 3단 튤립 2잔 총 4잔을 각각 같은 패턴끼리 제공한다. 단, 도구를 사용한 에칭은 허용하지 않는다.

- 평가방식 : 기술적 평가와 감각적 평가로 구분하며, 테크니컬 심사위원 1명과 센서리 심사위원 2명이 심사한다.
- 시험시간 : 준비과정 10분과 시연과정 10분

## 8. 서비스평가사(Mystery Shopper)

### ■ 서비스평가사 1급

- **자격증 종류** 등록(비공인) 민간자격
- **자격발급기관** 한국관광서비스평가원

### ■ 서비스평가사 2급

- **자격증 종류** 한국직업능력개발원 등록(비공인) 민간자격
- **자격발급기관** 한국관광서비스평가원

### ■ 서비스평가지도사

- **자격증 종류** 등록(비공인) 민간자격
- **자격발급기관** 한국관광서비스평가원

### ■ 객실관리서비스사

- **자격증 종류** 등록(비공인) 민간자격
- **자격발급기관** 한국관광서비스평가원

# 참고문헌


김일호 외(2011), 한 권에 다 있다 커피의 모든 것, 백산출판사

김진강 외(2009), 호텔 · 레스토랑 식음료경영론, 대왕사

노동형(2010), 1등기획서 상식사전, 길벗

노정미(2017), 한국음식, 창지사

박영기 외 1인(2012), 호텔식음료경영론, 한올출판사

박재성 외 2인(2016), 호텔식음료이론과 실무, 기문사

손창호(2010), 한식 세계를 요리하라, 럭스미디어

송대근(2011), 호텔객실 서비스 실무,대왕사

______(2011), 호텔식음료경영실무론, 백산출판사

오정환(1995), 호텔경영학원론, 기문사

원융희(1999), 와인이야기, 학문사

______(2003), 맥주이야기, 학문사

위키백과

유인선 외 11인(2011), 상품학, 도서출판청람

이석현(2016), 우리술 조주사 쉽게 따기, 베버리지출판사

이석현 외 4인(2011), 조주학개, 백산출판사

________ 7인(2014), 조주기능사 필기 쉽게 따기, 백산출판사

________ 21인(2014), 조주기능사 쉽게 따기, 사)한국바텐더협회출판부

________ 17인(2016), 소믈리에 자격증 쉽게 따기, 베버리지출판사

이수광 · 이재섭(2005), 서비스산업의 인적자원관리, 대왕사

이수광 · 윤세남(2008), 서비스기업의 조직행동론, 대왕사

이화인(2014), 서비스 고객의 심리와 행동, 기문사

정재홍 외 8인(2016), 한식조리, 형설출판사

조영현(2012), The WINE 조영현의 와인이야기, 백산출판사

차길수(1997), 서비스기업의 인간관계관리, 대왕사

______(2008), 서비스인간관계론, 대왕사

차길수 · 윤세목(2017), 호텔경영학원론, 학림출판사

천덕사 외 9인(2015), 한국음식의 맛, 백산출판사

최훈(2009), 프랑스와인, 자원평가연구원(IRE)

한국커피교육연구원, 도서출판아카데미아

[Hotel & Restaurant]
Food & Beverage Service Manual
The Wine Bible(2010)Karen Macneil
The World Atlas of WINE(2009)Hugh Johnson&Jancis Robinson
Andre Domine Wine(2004)Konemanne
The Global Encyclopedia of Wine(2001)James Halliday
SEOUL HILTON STANDARD OPERATION PROCEDURE
Cavaliere, swissotel SEOUL THE SWISS GRAND HOTEL
Service-sequence
Walkerhill Hotel Wine fair
Wine Review
Hotel Avia

[국외문헌 및 관련 사이트]
www.alsacewine.com
www.aoc-cabardes.com
www.beaujolais.com
www.bordeaux.com
www.champagne.com
www.chateau-latour.com
www.coteaux-languedoc.com
www.cru-fitou.com
www.keumyang.com
www.languedoc-wines.com
www.limoux-aoc.com
www.lynchbages.com
www.pape-clement.com
www.pomerol.com
www.sopexa.co.kr
www.vinsdeprovence.com
www.vins-malepere.com
www.vins-pomerol.fr
www.vins-rhone.com
www.vins-saint-emilion.com

## 저자소개

### ■ 박재성

[학력]

- 경기대학교 일반대학원 호텔경영학과 졸업(박사)
- 경기대학교 일반대학원 호텔경영학과 졸업(석사)

현) The-K Hotel(서울) 근무

[호텔 경력]

- 코리아나호텔
- 리버사이드호텔
- 아스토리아호텔

[호텔 프로젝트 경력]

- WINE FAIR Director
- Restaurant Wine List Director
- Craft Beer FESTIVAL Director
- Wine BAZAAR Director
- Wine GALA Dinner Director
- BBQ FESTIVAL Director
- GARDEN FESTIVAL Director
- Christmas POP-UP Store Director
- 명절선물세트판매기획 Director

[강의 경력]

- 전) 오산대학교 외 다수(호원대학교, 신성대학교, 청운대학교, 인덕대학교, 대림대학교, 동서울대학교, 안양대학교 등)

[겸임교수 경력]

- 전) 오산대학교
- 전) 강원도립대학
- 전) 서정대학교

[자격사항]

- 서비스평가사 1급(Mystery Shopper) 취득 (사) 한국관광서비스평가원
- 서비스평가사 2급(Mystery Shopper) 취득 (사) 한국관광서비스평가원
- 우리술조주사 자격 취득 (사)한국바텐더협회
- 조주기능사 자격 취득 한국산업인력공단
- 커피조리사 1급 자격 취득 (사) 한국음료산업연구원
- 주니어소믈리에 자격 취득 (사) 한국소믈리에협회장
- 와인관리사 교육자 자격 취득 (사) 한국평생능력개발원
- 커피조리사 자격 취득 (사) 한국평생능력개발원
- 와인관리사 자격 취득 (사) 한국평생능력개발원
- 관광종사원자격증(한국관광공사) 〈호텔서비스사〉

[학회 · 협회 활동, 대학교자격시험감독 활동, 국가기술자격(NSC) 활동]

- 한국관광산업학회(현 상임이사, 홍보위원회 위원)
- (사)한국음료직업교육개발원(현 교육위원회 부위원장)
- 한국서비스산업학회(정회원)
- (사) 한국관광레저학회(전이사, 평생회원)
- (사)한국공공사회학회(정회원)
- (사)한국소믈리에협회(전교육위원, 정회원)

- (사)한국소믈리에학회(정회원)
- (사)한국와인소믈리에학회(전 이사)
- (사)한국컨벤션학회(전 이사)
- (사)한국관광산업학회(전 이사)

[연구실적 및 교재출판]

■ 학위논문

- 전략적 인적자원관리 시스템이 고객지향성에 미치는 영향연구 –상사의 서번트 리더십의 조절효과를 중심으로– (호텔경영학박사)
- 호텔 매니저의 리더십이 부하직원의 직무만족, 조직몰입에 미치는 차별적 영향에 관한 연구(호텔경영학석사)

■ 연구논문

- 패밀리 레스토랑 근로자의 직무만족이 조직몰입에 미치는영향 –서울을 중심으로– (한국호텔리조트학회) 외 다수

■ 대학교재

- 호텔 식음료이론과 실무(박재성 외 2인)
- 조주기능사 쉽게 따기(이석현 외 공저)
- 소믈리에자격증 쉽게 따기(이석현 외 공저)

## ■ 김종규

[학력]

- 강원대학교 관광경영학과 졸업(박사)
- 경희대학교 경영대학원 관광경영학과 졸업(석사)

현) 국제대학 관광경영계열 교수

[경력]

- 전) 롯데호텔 근무
- 사단법인한국바텐더협회부회장
- 조주기능사 실기 심사위원
- 한국 호텔외식경영학회 정회원
- 대한관광경영학회 정회원
- 국제관광무역학회 정회원
- 한국관광정보학회 정회원

[논문 및 저서]

- 호텔 조직 내의 커뮤니케이션이 직무 만족 및 경영성과에 미치는 영향 외 다수
- 현대 칵테일과 음료 이론 외 다수

## ■ 한은숙

[학력]

- 중앙대학교 대학원 식품영양학과 졸업(이학박사)

현) 배화여자대학교 식품영양학과 교수

[경력]

- 한식 세계화 자문교수 역임
- 서울시 교육청 서울교육멘토 교육기부단
- 산업인력관리공단 NCS 워킹그룹 심의위원
- 경기도 테크노파크 경영지원 및 기업 지원사업 전문인력
- 서울시 노인종합복지관 급식 자문 교수
- (주) 센트럴바이오 기술 자문 교수

## ■ 김규년

[학력]

- 경기대학교 일반대학원 호텔경영학과 졸업(박사)
- 경기대학교 일반대학원 관광경영학과 졸업(석사)

현) 롯데호텔 근무

Hotel Technology 호텔공학

2021년 3월 10일 초 판 인쇄
2021년 3월 20일 초 판 발행

저 자 박재성 · 김종규 · 한은숙 · 김규년
발행인 한 인 환
발행처 도서출판 **기 문 사**
등 록 1978. 8. 9. NO. 6-0637
주 소 서울시 동대문구 안암로 50-1(용두동) 홍신빌딩 3층
전 화 02) 2265-7214 / 922-8662~8663
팩 스 02) 922-8772

homepage : www.kimoonsa.co.kr
e-mail : book@kimoonsa.co.kr

ISBN : 978-89-7723-883-1 93320

정가 : 28,000원

저자와의 협의하에 인지생략